KB269379

성공회대학교 동아시아연구소 학술총서

열전 속 냉전, 냉전 속 열전:
냉전 아시아의 사상심리전

성공회대학교 동아시아연구소 기획

백원담, 강성현 편

진인진

:::지은이

백원담	성공회대학교 동아시아연구소 소장, 중어중국학과 교수
이임하	성공회대학교 동아시아연구소 HK연구교수
김일환	서울대학교 사회학과 박사과정
정준영	서울대학교 규장각한국학연구원 조교수
김민환	한신대학교 정조교양대학 교수
옥창준	서울대학교 정치외교학부 외교학전공 박사과정 수료
백정숙	만화평론가, 한국예술종합학교 강사
허우쑹타오	중국정법대학 마르크스주의학원 부교수
창청	홍콩과학기술대학교 인문학부 조교수
전갑생	서울대학교 아시아연구소 연구원
장보웨이	대만사범대학교 동아시아학과 교수
고바야시 소메이	일본대학 법학부 준교수

:::역자

정령	서울대학교 사회학과 박사과정 수료
박해조	서울대학교 사회학과 석사과정
이민정	서울대학교 외교학과 석사과정

열전 속 냉전, 냉전 속 열전: 냉전 아시아의 사상심리전

초판 1쇄 발행 | 2017년 5월 15일

엮은이 | 백원담, 강성현
기　획 | 성공회대 동아시아연구소
편　집 | 배원일
발행인 | 김영진
발행처 | 진인진
등　록 | 제25100-2005-000003호
주　소 | 경기도 과천시 별양상가 1로 18 614호(별양동 과천오피스텔)
전　화 | 02-507-3077~8
팩　스 | 02-504-3079
홈페이지 | http://www.zininzin.co.kr
이메일 | pub@zininzin.co.kr

ⓒ 진인진 2017
ISBN 978-89-6347-330-7　93300

이 저서는 2007년도 정부(교육과학기술부)의 재원으로 한국연구재단의 지원을 받아 수행한 연구결과물임(NRF-2007-361-AM0005).

책머리에

1.

나는 왜 냉전연구를 하게 되었을까를 자문해보면 그것은 숙명과도 같다고 입버릇처럼 되뇌곤 한다. 돌이켜보면 나의 성장 과정이 바로 사상심리전으로서의 냉전에 철저하게 포획되어 있었기 때문이다. 1965년 초등학교에 입학한 이후 학교에서 가장 많이 했던 것을 생각해보면 그 과정은 여실하다.

하필이면 한일협정과 월남전 참전이 모두 이루어진 그 해에 입학한 우리들은 천진난만한 어린이로서가 아니라 전시 상황을 방불케 하는 후방의 일상을 살아가야 했다. 학교의 아침조회시간부터 선생님은 군가를 부르게 했다. 자유통일 위해서 조국을 지키시는 그 이름 맹호부대 용사들이 "가시는 곳 월나암 땅 하늘이 멀더라도 한결같은 겨레마음으로 그대 뒤를 따르리라." 지하 교실이 떠나가도록 고래고래 목이 터져라 이역만리에서 아저씨들이 들을 만큼 노래를 불러드려야 용사들이 베트콩을 무찌르고 승리해서 돌아올 수 있다는 것이 선생님의 협박이었다. 그리고 하루가 멀다 하고 월남전에 참전한 맹호부대, 청룡부대 용사들에게 위문편지를 쓰고 집에서 가져온 위문품을 보내야 했다.

"아저씨가 이번에 베트콩 귀를 여덟 개나 잘라서 깡통에 넣어 왔단다." 지금이었다면 휴대폰에 첨부되어 온 그 끔찍하고 괴기한 사진에 아이들은 모두 전율했을지 모른다. 그러나 친구가 맹호부대 용사로부터 온 위문편지를 자랑스럽게 읽어나가자 선생님은 큰소리로 말씀하셨다. "'아저씨 그럼 다음에는 10개를 잘라 보내주세요.' 이렇게 답장을 보내보렴, 그럼 아저씨가 더 힘이 나서 베트콩들을 물리치실 테니…" 학년이 올라가면서 우리들은 끝나지 않은 남의 나라 전쟁의 용병들에게 더 자주 위문편지와 위문품을 보내야 했고, 더 목이 터져라 군가를 불러야 했다. 거기에 반공 표어와 포스터, 글짓기, 반공웅변대회가 더해지고, 4학년 때부터는(1968년) 국민교육헌장과 국기에 대한 경례로 학교에서의 일상을 시작하고 마감해야 했다. 그렇게 우리는 냉전적 규율, 적과 나의 이분법으로 외부의 적에 대한 적대의식뿐 아니라 내부의 적 만들기 교육선전에 의해 철저히 훈육되어갔다.

방과 후 일상은 미국 혹은 미국적 가치가 좀 더 내재화되는 시간이었다. 학교가 파하면 삐라 주우러 남산 밑을 헤매기 일쑤였지만 그 조악한 종이더미들은 유독 내 눈에만 띄지 않았다. 그래서 아이들이 가져온 남한 괴뢰집단 어쩌구 하는 그 종이쪼가리들을 볼 때면 부아가 치밀어 오르곤 했다. 낯선 사람을 보면 간첩이 아닐까 의심부터 하고 신문에 간첩사건이 보도되면 막걸리반공법으로 잡아넣은 것이거나 조작된 것이라고 생각하기는커녕 다음에는 잘 살펴서 신고하고 상금 탈 생각에 부풀었다. 물론 학교 운동장에서나 집 앞 골목길에서 고무줄 놀이를 할 때도 우리들의 노래는 다름 아닌 "무찌르자 오랑캐 몇천만이냐 대한 남아 가는데 조기로구나(초개로구나) 나아가자 나아가 승리의 길로"였으니, 학교 마당에 이승복 동상은 다름 아닌 우리들의 자화상이었다.

우리 집 앞에는 백수관이라고 일제 때 큰 극장이었다고도 하고 이른바 기생집이었다고도 하는 시커먼 건물이 있었다. 거기에는 방마다 한 세대씩 수백 세대가 켜켜이 살고 있었는데 암스트롱이 달에 도착했을 즈음 그 식민지 적산가옥은 수명을 다했다. 7평짜리 아파트의 입주권딱지 둘러싸고 시비가 끊이지 않았지만, 어느새 이사보따리를 수레에 싣고 어디론가 사라졌고 백수관을 헐어낸 자리에는 엄청난 쓰레기더미 앞에서 친구도 놀이터도 잃은 난감한 지경이이었다. 백수관 안쪽에는 남산에서 내려오는 맑은 샘물이 있어 동네사람들은 거기서 빨래를 했고 외할머니가 바위 위에 하얗게 널던 속옷이며 이불보 등은 지금도 눈에 선하다. 그 샘물가로 가는 길목에는 눈이 깜박깜박하는 노란 머리 인형을 가진 백인 혼혈아 마리가 할머니와 둘이 살았는데, 아이들은 마리의 미제 장난감과 학용품들이 부러워 언제나 그 집 앞에 줄을 서곤 했다. 그러나 한 반에 7명씩이나 되던 고아원 아이들 중 흑인 혼혈아들을 보면 남자아이들은 돌을 던지고 깜둥이라 놀려대기 일쑤였다.

외할머니네 적산가옥 뒷간 쪽을 헐어 지은 우리 집 위에는 회현동 유엔센터가 있었는데, 그 밑에 있던 경동호텔까지 미군들은 시도 때도 없이 택시를 타고 한국 아가씨들과 팔짱을 끼고 오갔다. 한번은 한 살 어린 남동생이 아침마다 출근하느라 바쁜 엄마가 안쓰러웠는지 자기가 돈을 벌어오겠다며 "미군들한테 '헤이 택시'하면서 택시 잡아다주면 돈도 주고 초코렛도 준다"고 큰소리치다가 난생 처음 엄마에게 흠씬 두들겨 맞고는 울면서 달아난 적도 있었다.

내가 다닌 학교는 일본제국주의의 산물이었다. 서울 장안에서 다섯 손가락 안에 드는 좋은 학교였다고 담임선생님은 역사와 전통을 강조하셨지만 친구들 부모님은 남대문시장에서 미제물건 장사를 하거나 미군부대에서 나오는 물건들을 받아다 보따리장사를 하는 분들이 많았다. 지금은 헐려버린 회현시민아파트 공사를 하는 깎아지른 벼랑 위 다 허물어져가는 하꼬방에 살던 친구는 하나뿐인 방안의 캐비닛을 열어 미제 텔레비전을 보여줬다. 그 옆에 외제담배며 화장품들과 치즈, 버터 등이 가득

했다. 매일 도시락 반찬으로 짠지무만 싸오던 그 친구는 자기는 집에서 이런 것들만 먹는다고 자랑했지만 어둠이 내리도록 돌아오지 않는 엄마를 기다리는 배고픈 두 남매를 바라보다 혼자 돌아오던 회현동 내리막길은 아득하게 멀었다.

나는 주말이면 아버지의 재촉에 남동생과 남산 범바위 약수터까지 달려갔다. 약수터 매점에서 파는 노오란 달걀 반숙을 얻어먹는 맛에 졸린 눈을 부비며 쏜살같이 따라나서곤 했던 것이다. 그때마다 잠에서 깨면 제일 먼저 눈 안에 어김없이 들어온 것이 있었다. 다름아닌 아버지 책꽂이에 꽂힌 『들어라 양키들아』였다. C.W 밀즈, 신일철역이라는 책 표지까지 또렷한 그 기억 속에는 아버지가 인적 없는 약수터 숲속을 바라보며 불러주시던 '스텐카 라친' 노래도 있고, 이층집 창문을 열면 바로 내려다보이던 미군들의 거침없는 행태와 그 억센 팔뚝에 매달려 가는 이른바 '양공주' 아가씨들의 요란한 치장과 불안한 동동거림도 있다.

중학교 2학년 때 7·4남북공동성명 당시 나는 처음으로 북한사람들이 뿔이 난 도깨비도 아니고 얼굴이 빨갱이가 아니었다는 사실을 알고 충격에 휩싸였다. 평양은 폐허가 아니라 남한의 여느 도시처럼 차도 다녔으며 사람들은 평상복을 입고 다니는 장면을 보도하는 기자도 흥분하기는 마찬가지였다. 그러나 온 사회가 들뜬 통일의 미몽도 잠시 그 해 가을, 박정희는 10월 유신을 선포했다. 윤리시간에 대한민국에는 언론의 자유가 있는 자유민주주의 국가라고 배웠다. 그러나 선생님은 한국적 민주주의 하에서는 국가위기를 극복하기 위해 언론이 제약받을 수 있다고 말을 바꾸며 얼버무렸다. 대통령의 아들인 동갑내기 박지만이 공부를 못해서인지 평준화라는 미명하에 고등학교 입시도 없어졌다.

그리고 해가 바뀌자 박정희는 긴급조치를 발동했다. 내가 중학교 졸업하던 날 새벽 아버지는 긴급조치 1호 위반으로 군사재판에 회부되었고, 포승줄에 칭칭 묶인 채 무장군인들이 둘러싼 군사법정에서 장준하 선생님과 함께 15년 구형을 받았다. 아버지는 『사상계』 주편이셨던 장준하 선생님과 민간연구소인 백범사상연구소를 개설하고 반독재민주화투쟁을 이끌었다. 그리고 『항일민족시집』, 『내가 걷는 이 길은: 김구자서전』, 『보난 대로 죽이리라: 屠倭實記』, 『알려지지 않은 이야기-미국노동운동비사』, 『앎과 함』 문고 등을 펴냈는데, 새 책이 나올 때마다 어떻게든 읽어보려고 끙끙거렸던 기억이 난다. 장준하 선생님은 7·4남북공동성명 당시 『민족주의자의 길』이라는 작은 책자를 펴내셨고, 남북공동성명을 찬성하며, 민족의 통일을 위해 사리사욕을 버리고 민족의 대단결을 통한 평화통일의 길을 제시하였다.

고등학교 1학년 때 일주일에 한번 서대문형무소에 아버지의 솜옷 등을 가지고 면회를 가는 날, 커다란 보퉁이를 교실 청소함 위에 올려두면 담임선생님은 슬그머니 청소함 안에 넣어주셨다. 한편 입학하자마자 우리는 교관 선생님에게 제식훈련을 받아야 했다. 그리고 그해 여름 육영수가 피살되면서부터 포스터와 표어, 글짓기에는 반공 주제가 더 강화되었다. 어느 날 특별활동의 영어회화 선생님으로 나타난 젊은 미국 청년은 평화봉사단으로 소개되었는데, 학교마다 한 사람씩 배정되어 학생들과 자연스럽게 어울리며 영어와 미국문화를 가르쳐준다는 것이었다. 중·고등학교에 고정·확산된 프로그램은 다름 아닌 '피스 코Peace corps'였다. 1961년 케네디가 창설한 신식민주의의 첨병으로, 미국 국방예산으로 활동하는 그들은 파견 국가의 언어문화교육은 물론 핵배낭을 지고 달리는 훈련까지 받고 제3세계 근대화기획이자 문화냉전의 일환으로 한국에 왔다. 그들의 임무가 미국의 방식the American Way을 대다수 한국민의 삶의 지향이자 기준으로 만드는 미국화를 수행하는 데 있다는 것을 인식한 것은 대학에서 케네디의 제3세계 근대화론과 이에 대한 대응으로 일어난 제3세계에서의 문화운동을 공부하고 실제로 경험한 이후였다.

세월호를 타고 제주도로 수학여행을 가던 단원고 학생들이 목포 앞

바다에 속수무책으로 사라지던 끔찍스런 재앙의 날을 베이징에서 중국 국영방송으로 맞닥뜨린 기막힌 순간, 그 경악과 안타까움 속에서도 나는 1975년 포항으로 수학여행을 떠나던 여고시절을 떠올렸다. 기차 안에서 환하게 웃던 우리들, 울산 현대중공업을 거쳐 포항제철소에서 조국근대화의 면모를 둘러보고 나서야 바닷가를 거닐 수 있었던 우리는 해방감에 모래사장을 뛰어다니며 깔깔거렸을 것이다.

그런데 나중에 사진첩을 보니 그 영어선생이었던 미국 청년도 우리 곁에 서있었다. 브루스 커밍스도 평화봉사단 출신이라고 하니 그 청년이 반드시 신식민지주의의 첨병으로 살아가지만은 않았을지도 모른다는 생각이 들기도 한다. 하지만 문화냉전의 함의는 바로 그 수행주체 자신이 그 수행성을 인식하지 못하거나 그것에 가치부여를 함으로써 냉전적 주체가 된다는 데 본질이 있다. 따라서 그(들)는 팍스 아메리카나의 평화가 세상을 자유롭게 하리라는 미국적 가치, 미국의 방식을 믿고 사상과 정보를 전파하는 일을 게을리 하지 않았을 것임은 말할 나위가 없다.

프란시스 손더스의 책 『문화적 냉전: CIA와 그 적들』도 미국 문화냉전의 수행주체인 CIA와 그 컨서시움이 표현의 자유라는 이름 뒤에 숨어서 상당한 규모의 자금을 복잡한 경로로 지출하며 문화적 전위조직을 운영했음을 지적했다. "이 컨서시움은 냉전을 '사상전'으로 정의하면서 잡지, 서적, 학술회의, 세미나 미술전시회, 콘서트, 시상식 등 방대한 양의 문화적 무기를 비축했다." 그 수법이 교묘해서 아서 슐레진저 같은 고결한 지식인마저 "CIA를 소중한 자유주의를 담은 황금단지"로 여기게 만들 정도였다.

2.

내가 겪은 사상심리전으로서의 냉전은 결코 나 개인에게 국한된 것이 아니다. 냉전적인 국민적 정동을 주조하고 국민문화를 구성했다. 그런데 여기서 간과되지 말아야 하는 것은 냉전의 사상심리전이 기본적으로 전쟁 위협을 매개로 한다는 점이다. 그런 점에서 '전후'라는 시기에 대한 명명을 문제삼을 필요가 있다. 나는 아시아에서 전후란 일본이 담론화한 한번의 '전후'와 그 지속상태가 아니라 '전후'의 연속임을 제기한 바 있다. 중국내전에 이어 한국전쟁, 인도차이나반도와 서아시아에서의 민족해방전쟁, 그리고 베트남전쟁에 이르기까지 제2차 세계대전 이후 세계는 냉전 체제 하에 편제되었다고 하지만 아시아의 시간성은 그 전형적인 이분법에 적용되지 않았다. 중국공산당이 국공내전에서 승리하고 사회주의 중화인민공화국을 건설함에 따라 세계적 냉전의 중심축은 사실상 아시아로 이전했다. 세계적인 냉전이 아시아에서는 열전에 의해 강화되는 구조였으며, 그 어느 한 체제로의 편제는 결국 냉전의 사상심리전의 성격을 본격적으로 가동하게 되는 결과를 이루었다.

실제로 한반도에서 냉전은 열전으로 전화되었고 그 열전 과정에서 사상심리전의 본질을 갖는 냉전은 열전의 보완구조였다. 『적을 삐라로 묻어라』 등 한국전쟁기 '삐라' 연구들이 보여주듯이, 한국전쟁 3년 동안 40억장의 삐라가 정말 눈처럼 쏟아져 내렸고, 그것은 "특정 주체가 사실은 누군가가 바라는 대로 움직인다 해도 스스로는 자신의 의지에 따라 움직이게 되는 것"으로 정의되는 "가장 효과적인 선전"을 위해서였다. 또한 폭력적인 '사상검증과 재교육'이 이루어진 포로수용소도 열전을 지탱하는 보완구조로서 냉전적 장소의 원형이었다. 그런 점에서 냉전 아시아와 한반도에서 냉전 속 열전, 열전 속 냉전의 연계적 전환은 '총력전-병참학-심리전'이라는 근대전近代戰의 구조가 탈경계적 범주로 형성되는 냉전적 권역으로 체제화되는 양상이었다고도 할 수 있다.

그리하여 한반도와 아시아에서의 냉전의 전선은 외재화된 경계와 내재화된 경계를 동시에 가지고 사상문화지리를 형성해나갔다고 할 수 있다. 나는 그것을 동아시아에서 한류의 문화선택과정을 설명하는 과정에 국민문화의 구성문제로 접근해본 바 있다(『한류 동아시아의 문화선택』, 2005). 그런데 냉전의 사상문화지리를 형성한 수행주체로서 남한에서의 지식사회가 겪는 미국화의 경험은 꼭 부정적인 것만은 아니다. 포로수용소에서의 사상심리전의 현장연구, 소비에트화된 한반도 지역의 조사 과정에서 미국 군학복합체에 의해 동원되는 남한 지식계의 존재양식은 미국 정책 입안자들의 지시와 요구에 의해 이루어졌지만 동시에 스스로 적극적 행위자로서 그 지시와 요구에 부응한 것이기도 했다. 그것은 아마도 전후 베를린에서와 같이 미군정청OMGUS의 악명 높은 '성분조사서Frage-bogen'를 통과한 부류일 것이다. 그리고 그 '사사로운 인맥'은 '선발된 자'로서의 권리를 냉전적 권력/지식장의 구축과 재생산과정에서 누리고 강화해갔을 것이다. 거기에서 그들이 개입·동원한 지식과 학술기제는 무엇이었는지, 그리고 그것의 장치 효과로서 냉전아시아에서 냉전적 규율권력은 어떠한 관료제도와 교육메커니즘을 제도화하였는지 좀 더 착근한 연구가 필요할 것이다.

다른 한편으로 미국문화와 대치되는 소련/중국의 사회주의 문화의 긍정적 측면을 냉전아시아의 사상문화풍경 속에서 어떻게 쟁론화할 것인지는 아직도 본격적으로 논의되기 어려운 지점이 있다.

3.

냉전 아시아를 하나의 시공간적 범주로 놓기에는 여러 가지 난관이 있다.

무엇보다 아시아에서 냉전은 유럽에서처럼 냉전의 동일한 시간성을 게재할 수 없다. 아시아에서 탈식민화는 냉전과 중첩되었지만, 그것은 민족해방전쟁이라는 재식민화에 대항하는 열전과 계급내전의 열전으로 격돌되며 국제전화하는 양상을 띠었다. 아울러 아시아에서 냉전은 초기단계부터 냉전의 체제화라는 세계적인 권력재편 과정에 저항하며 대안적 지역주의를 비동맹운동과 제3세계운동으로 전개해가면서 일방적으로 세계적인 냉전 구조에 편제되지 않았다. 오히려 중간지대, '동방체제'의 구축을 통해 냉전의 세계적인 편제를 파탈했을 뿐 아니라 전후 세계의 재편에 주도적으로 간여했다는 점에서 탈냉전적인 수행성의 면모를 보여주었다. 또한 미·소 제국주의와 신식민지주의에 대항한 새로운 대안적 공간화 실천으로서 냉전 아시아의 재편을 주도해갔다는 점을 주목할 필요가 있다.

냉전은 흔히 미·소라는 거시권력의 대치 및 적대 양상으로 표상되지만, 그것은 국민문화 내부 또는 국민문화들 사이에서, 또는 지역적regional-local 스케일을 오가며 쌍방향 또는 다방향적으로 전개되는 '문화정치'로 전개되어 왔다. 이에 착근한 분석의 일부가 미국과 유럽에서 '문화적 전환cultural turn'을 꾀하며 이루어졌던 문화냉전 연구 성과들로 이어졌다. 문제는 미국과 유럽의 문화냉전이라는 발상이 여전히 '상상의 전쟁' 패러다임 내에 국한되어 있으며, 냉전 아시아의 탈식민 사회에서는 수사적·문화적 상징을 넘어선 무차별적 폭력으로 자행되었다는 사실에 무감각한 채 문화이론에 편향되어 있다는 것이다. 상상의 기호론적 폭력에 그친 것이 아니라 동시에 광범위한 물리적 폭력을 수반해왔음을 강조하기 위해 이 책에서는 '사상심리전'이라는 개념을 새롭게 만들었다.

잘 알려져 있듯이, '심리전psychological warfare'이란 용어는 제2차 세계대전 시기인 1941년에 탄생했다. 즉 나치스가 적에 대한 이데올로기적 승리를 위한 수단으로서 선전, 테러, 제5열 활동을 과학적으로 응용한 것을 미국이 모방하면서 나타났다. 미국은 심리전을 전장에서의 선전, 우방국 군대를 위한 이데올로기 교육, 국내에서의 사기와 규율 진작과 같은 전시 문제들에 사회과학을 응용하는 것으로 확대시켰다. 그리고 냉전 초기 미국은 심리전을 "적의 전투 의지와 역량을 파괴"하고 "적에 대한 동맹국과 중립국의 지원을 제거"하며, "아군과 동맹국의 승리에 대한 의지를 증대"시키기 위해 모든 정신적·물질적 수단을 활용하는 것으로 정의했다. 여기에서 수단은 '프로파간다'(백색선전, 흑색선전, 회색선전)에 국한되지 않는다. 전복, 사보타지, 특수작전, 게릴라전, 스파이 활동 등 효과의 측면에서 심리적인 모든 수단의 포함을 의미한다.

그런데 일본 제국과 그 식민지 아시아에는 이와 같은 선전전 및 심리전과 차별적인 '사상전思想戰, thought warfare'의 계보가 존재했다. 일제가 창출한 '마음 속 사상'을 들여다보는 법제와 기관 및 '사상문제 전문가', 그리고 '사상범'과 '사상동원단체'가 바로 그것이다. 방공防共과 반공反共을 사상전의 틀로 바라보는 인식과 권력기술은 이러한 배경에서 탄생했다. 이렇게 공산주의에 맞서기 위해서는 공산주의를 이겨낼 수 있는 어떤 사상을 만들어내며 그것을 주입해야 한다는 생각이 철칙(나치적 의미에서 보면 '세계관')이 되어갔다. 예컨대 해방 이후 장제스식 파시즘 계보에 서 있는 이범석과 대한민국정부 수립 이후 일제 사상검찰 및 사상경찰 계보의 명맥을 이은 오제도(서울지검 정보부 검사)와 최운하(서울시경 사찰과장)의 생각이 바로 그러했다. 이들은 어떤 사상에 의해서 사람이 움직인다는 인식 아래 공산주의를 배격하기 위해서는 더 훌륭한 사상이 필요하다고 주장했다.

문제는 이렇게 사상 차원에서 공산주의에 대항하려는 이들의 방법은 미국의 생각, 통치술과 맞지 않았다. 미국은 파시즘적인 방법을 통한 반공에 상당히 경계했다. 더 중요한 것은 제2차 세계대전을 거치면서 사상전이 아닌 심리전을 통치술로 발전시키고 있었다는 점이다. 사상전이 사상으로 움직이는 인간을 전제로 하는데 반해 심리전에서는 사람이 체계적인 사상으로 움직인다고 보지 않는다. 무의식을 포함한 인간의 심리를 대상으로 하는 것이 심리전이므로 여기에서는 사상이 행동으로 표현된다는 도식이 무효화된다. 그래서 심리전에서는 인간의 어떤 행동behavior을 먼저 분석하고 이 행동을 가능하게 한 조건을 조성하는 것이 관건이 된다.

이 논의들을 전제로 냉전의 형성 과정이 사상전에서 심리전으로 이행하는 과정이라고 논의하는 연구자도 있지만, 이 책의 필자들은 냉전 아시아에서 사상전과 심리전이 서로 착종되었다고 생각했다. 미국은 분명 사상전을 파시즘적 또는 공산주의적 방법으로 간주하고, 이를 철저히 배격했다. 이러한 사실은 예컨대 '족청계'의 몰락이 사상전의 퇴장이었다는 주장(후지이 다케시의 『파시즘과 제3세계주의 사이에서』)으로 이어지기도 한다. 그러나 사상전이라는 지층은 결코 단절되지 않았다. 예컨대 '공보' 영역을 중심으로 미국이 주도하는 심리전의 지층은 사상전의 그것을 덮어버린 듯 했지만, 사상계 기관들은 '공안'으로 성공적으로 변모했고, 이 공안의 인적 구성원들과 논리, 매뉴얼, 문화 및 관행들은 다시 심리전 기관들로 점차 침투하면서 둘은 구분할 수 없을 정도로 하나로 용해되어 버렸다. 아시아의 냉전화된 열전, 열전화된 냉전이 용광로로 작용했다.

이 책의 글들은 시간적으로는 아시아·태평양전쟁 시기에서부터 1950년대까지, 공간적으로는 한반도와 거제도, 일본과 오키나와, 중국과 대만 금문도, 필리핀 등을 무대로 삼은 냉전 아시아의 사상심리전을 대상으로 하고 있다. 더 나아가 사상심리전이 냉전적 학지의 형성에 어떤 작용을 했는지, 특히 미국에 의해 다른 국가로의 일방적 '전파'가 아닌 다중 스케일multi-scale의 '환류還流' 차원에서 접근하고 있다. 다시 말해서 냉전 아시아의 전개 속에서 사상심리전의 제도/기술이 언제, 어떤 내용으로 출현했는지, 이에 개입하거나 동원된 지식이 무엇이었고 이것이 어떻게 대학/교육에 제도화되었는지, 이 장치의 효과로서 주체화 양상, 더 나아가 국민화 양상이 어떠했는지 분석해나가는 것이다. 구체적으로 살펴보면 다음과 같다.

1장 「심리전, 전후 세계질서를 구성하다」는 태평양전쟁과 한국전쟁 때 살포된 〈낙하산 뉴스落下傘ニュース〉와 〈자유세계〉를 통해 심리전이 전후 세계질서를 구성하는 미국의 주요한 정책 수단임을 살핀다. 제2차 세계대전 기간 중 본격화된 심리전은 주로 적 병사나 민간인을 대상으로 이루어졌다. 미국은 주로 '종이폭탄'이라고도 불린 전단(삐라)을 통해 심리전을 진행했다. 제2차 세계대전기 유럽전선에는 약 80억장의 이상의, 일본에는 2~3개월이라는 짧은 기간에도 불구하고, 2억장의 전단이, 한국전쟁에는 25억 장 이상의 전단이 살포되었다. 이 글은 전단을 통해 전선에 투하된 〈낙하산 뉴스〉와 〈자유세계〉의 내용과 이미지를 분석하는 동시에, 전단의 내용을 통해 살포된 냉전 이데올로기가 냉전의 언어와 상징으로 변모하는 과정을 함께 포착한다. 이를 통해 심리전이 단순히 전쟁터에서 적의 심리와 행동을 좌우한 것이 아니라, 전후 점령 정책과 냉전의 관점에서 이해되어야 함을 주장한다.

2장 「한국전쟁의 '현장'은 어떻게 냉전 사회과학의 지식으로 전환되는가?」는 미 공군 산하 연구기관인 '인적자원연구소HRRI'가 작성한 한국전쟁기의 심리전 및 소비에트화 연구보고서를 통하여, 냉전적 사회과학 지식의 산출 과정과 그 효과를 살펴본다. 한국전쟁은 우리 사회에 전대미문의 고통스러운 사회적 격변을 일으켰지만, 이런 재앙에 가까운 사회 변동은 갈등의 중심에서 한 발자국 떨어져 있을 수 있던 관찰자들에게는 주변부 사회에 대한 다양한 지식, 특히 냉전기 '적'에 대한 지식을 생산해낼 수 있는 예외적인 시공간이 창출되었음을 의미했다. 이러한 이유로 냉전 초기 미국 군부와 학계의 이해관계 결합의 산물인 '군학복합체'들은 한국전쟁을 일종의 '실험장'으로 활용하면서, 다양한 학적 연구를 진행했다.

이 글은 그 한 사례로서 미 공군 HRRI의 심리전 프로젝트에 참여한 윌버 슈람Wilbur Schramm, 존 라일리John Riley jr., 존 펠젤John C. Pelzel 등의 사회과학자들이 1950년 12월~1951년 1월에 한국 현지에서 수행한 조사 연구 활동에 주목한다. 이들은 한국전쟁기 북한의 현지 점령 경험을 '소비에트화' 과정으로 이해하고, 이에 대한 연구를 통해 군의 심리전 전략에 대한 함의를 도출하고 있다. 그런데 HRRI의 사회과학 연구자들의 현지 조사 활동은, 한편으로는 현지 군이 전쟁포로 심문 등의 형식으로 진행해왔던 적에 대한 정보 수집 활동과 긴밀하게 연계되어 있었으며, 다른한편으로는 한국인 사회과학자들의 조력을 반드시 필요로 했다. 이 글에서는 HRRI 팀이 자신의 연구 자료를 생산하는 과정을 면밀히 추적하면서, 군학복합체의 현지 자료 생산의 구조가 냉전적 사회과학 지식에 미치는 효과 및 그 함의를 살펴보고 있다.

2장이 한국전쟁기 진행된 냉전적 학지의 양상을 다룬다면, 3장 「냉전의 텍스트화, 텍스트의 냉전화」는 *The Reds Take a City*(1951)(빨갱이가 서울을 점령하다)라는 책의 탄생과 변주, 그리고 이 책이 동아시아를 경유해 다시 한국으로 돌아오는 과정을 살펴보고 있다. 이를 통해 적치하赤治下 90일의 서울, 소위 '적화삼삭赤禍三朔'의 서울에서 생산된 텍스트가 어떻게 지역적·지구적 차원의 반공 심리전과 접속되었는지를 밝히고자 했다.

*The Reds Take a City*는 미국 공군 인적자원연구소HRRI 보고서라는 영어텍스트와, 『고난의 90일』 및 『나는 이렇게 살았다』라는 한국어 텍스트의 번역본이 결합된 기묘한 책이었다. *The Reds Take a City*는 공산주의에 대한 비판이라는 일반적 성격과 지역의 특수한 성격 등이 결합된 독특한 방식으로 '변주'되어 다양한 언어로 번역되었다. 이 과정을 통해 한국전쟁이라는 고유한 맥락에서 생산된 텍스트가 냉전 차원의 지구적

보편성을 획득하게 된다.

4장 「전쟁 속의 만화, 만화 속의 냉전」은 한국전쟁 기간 만화출판이 급속도로 증가한 현상을 문제시하면서, 이를 '문화냉전cultural cold war'의 관점에서 분석하고 있다. 우선 한국전쟁 기간 동안 전단이나 신문, 포스터를 포함한 다양한 형태의 만화가 남북한을 막론하게 심리전 차원에서 진행되었다. 만화가들의 기술은 문맹률이 높던 한국전쟁의 상황에서 매우 유용했는데, 북을 위해서 선전전 만화를 그리기도 했던 만화가들이 서울 수복 이후에는 바로 국군과 유엔군의 심리전 만화 생산에 투입되기도 했다. 백정숙은 한국전쟁기 발간된 여러 선전 만화에 대한 이미지 분석뿐만 아니라, 이와 같은 심리전에 투입되었던 만화가들의 체험이 한국전쟁 이후 급속도로 팽창하기 시작한 한국 오락만화의 냉전적 이미지 차용에 깊숙이 녹아들어 있음을 세밀하게 보여주고 있다.

4장이 주로 한국전쟁기 북한/한국 만화가들의 활동을 다룬다면, 5장 「'열혈냉전'」은 한국전쟁('항미원조전쟁')기 중국인들을 대상으로 한 '후방' 만화선전 활동과 이와 같은 활동이 낳은 사회적 효과에 주목하고 있다. 이 글은 '열혈냉전'이라는 조어를 통해서, 공식적으로는 뜨겁게 진행된 중국의 만화선전과 실제 중국 인민들의 한국전쟁에 대한 냉담한 반응을 함께 포착하고 있다. 하지만 뜨거운 선전 활동을 통해 냉전 이미지가 서서히 중국 인민들 사이에 확산되었다. 미국은 '가장 위험하고 사악한 적'이 되었고, 조선은 '가오리빵쯔'가 아니라 '서로 의지하는 형제'가 되었다. 소련에 대해서는 '우호적인 큰 형'의 이미지가 형성되었다. 이 글은 한국전쟁기 고착화된 냉전 이미지가 훗날 중소분쟁 당시 소련의 이미지를 재설정하는 데 어떻게 활용되었는지, 미국에 대한 나쁜 이미지가 미중수교 당시 중국 인민들에게 어떤 충격을 주었는지까지 세밀하게 포착하고 있다.

6장 「미국의 포로 자원송환과 재교화 정책, 전쟁의 최종 결과를 결정하다」는 미국의 '자원송환'과 '포로의 재교화'라는 두 가지 심리전 정책의 형성과정 및 그 결과를 분석한다. 한국전쟁은 어떠한 의미에서는 '두 개의 전쟁'이었다. 첫 번째 전쟁은 1950년 6월부터 1951년 여름까지 진행된 영토를 둘러싼 싸움이었고, 두 번째 전쟁은 1951년 후반에서 1953년 7월까지 진행된 포로를 둘러싼 싸움이었다. 글에서는 이 '두 번째 전쟁'의 주 무대인 거제도 포로수용소에서 적용된 미국 심리전 계획의 기원을 추적하며, 인천상륙 직전 포로 교화를 지시한 중국 백서, NSC-48, NSC-59, NSC-68 및 NSC-1/81의 연관성을 증명한다.

그런데 포로문제를 둘러싼 두 번째 전쟁은 미국의 주도면밀한 계획, 혹은 '음모'에 따라 진행된 것은 아니었다. 1951년 봄, 포로 교화 계획은 중국인 포로도 포함하도록 확장되었고, 대만에서 소수의 통역가와 교사가 고용되었다. 이 계획은 포로수용소의 권력 균형을 근본적으로 바꿔 놓았으며, 반공주의 포로가 거대한 두 중국인 집단과 한국인 집단의 일부를 지배할 수 있게 하여 의도치 않게 많은 사람들로 하여금 자원송환을 거부하도록 유도한 것이다. 심리전 전략의 이러한 의도하지 않은 결과로 인해 전쟁 기간은 두 배로 연장되었고, 미국의 동맹국은 원래의 목표를 달성하지 못한 채 많은 대가를 치러야만 했다. 이러한 결과는 미국 심리전의 승리와는 거리가 먼 것이었는데, 이것이 한국 전쟁이 미국에서 의도적으로 잊혀진 이유일 것이다.

7장 「수용소와 죽음의 경계선에 선 귀환용사」에서는 정전협정 체결 전후 남한으로 송환되었던 국군 '귀환포로'들에 대한 수용과 이들을 대상으로 한 사상심리전을 다룬다. 한국전쟁기에 북한인민군 등에 사로잡힌 한국군 병사들은 1953년 두 차례에 걸쳐 송환되었다. 한국 정부는 이들을 '귀환포로' 또는 '귀환용사'로 부르며 정치적 선전에 활용했지만, 이들 '귀환용사'는 곧바로 다시 수용소에 갇히게 된다. 북한 내 포로수용소에서 사상 '세뇌교육'을 받고, 부역 행위를 했다는 혐의가 그 이유였다. 때문에 이들은 판문점에서 인천항을 거쳐 경상남도 통영군 한산면 소재 유엔 제1B전쟁포로수용소에 수용되었다.

아이러니한 것은 이전에 북한 및 중국군 포로들을 대상으로 한 수용 시설 및 포로 재교육의 기법이, 이제는 국군 귀환포로에게 다시 고스란히 적용되었다는 사실이다. 귀환포로들이 수용된 용초도에서, 이들은 미군과 한국군 특무대로부터 강도 높은 사상 검증과 재교육을 받아야 했다. 그 과정에서 일부 귀환포로들은 심문에서 통과되지 못해 '의법처리'되었다. 국군귀환포로들은 '지옥도' 용초도에서 '내부의 적'이 아닌 '국민'임을 검증받아야 생존할 수 있었던 것이다.

8장 「시각과 청각의 양안관계」는 금문과 하문 사이에서 시각적·청각적 수단을 통해 진행된 심리전의 양상을 살펴보면서, 냉전 사회 속에서 현지 주민들의 일상이 구성되는 방식을 살펴본다. 하문도廈門島의 동쪽에 위치한 금문은 1949년부터 국민당과 공산당이 대치하는 전선이자, 세계 냉전의 전선이 되었다. 군사당국은 1956년부터 1992년까지 금문에 대해 전지정무戰地政務(전장에서의 행정 사무)를 실시하면서 지방사회를 고도로 동원, 사회 전 영역에 대한 전면적인 통제를 실시하였다. 이와 동시에 금문은 대만이 중국에 대해 심리전을 벌이는 기지 중의 하나로 되었다.

금문에서 전개되는 심리전 작전의 중심에는 '공표空飄'와 '방송'이 있었다. 금문에서는 「광화원光華園」을 중심으로 선전물을 실은 기구를 대륙 쪽으로 지속적으로 날려보냈다. 그리고 진지 앞에서 적을 향한 큰 소리로 선전을 하는 함화참喊話站 기지를 통해, 청각적 수단을 통해 전개된 심리전이 당시 양안의 군민들에게 어떠한 집단적 기억을 남겨놓았는지를 살펴본다. 글에서는 양안 주민들에 대한 풍부한 인터뷰 자료를 통해 냉전의 최전선에 거주했던 주민들의 일상이 어떻게 구성되는지가 실감나게 드러난다. 사회문화사의 시각을 통해 바라본 심리전은 우리에게 동아시아 냉전역사의 또 다른 측면을 말해줄 수 있다.

　9장 「냉전아시아에서 미국의 심리전과 거점으로서의 오키나와」는 냉전기 미국의 심리전을 다루면서, 한국전쟁 이후의 동아시아 차원의 심리전에 주목하고 있다는 점에서 앞의 글들과 차별적이다. 이 글은 미국 심리전의 주요 거점이었던 오키나와를 대상으로 하고 있으며, 한국전쟁 이후부터 오키나와가 일본으로 '반환'되는 1972년까지를 시간적 범위로 하여 크게 세 가지 문제를 다룬다. 먼저, 한국전쟁을 거치면서 점차 조직을 확대한 미국의 심리전이 동아시아 차원에서 한국-오키나와-베트남 등 여러 지역으로 확산되어 나가는 과정을 살핀다. 다음으로, 미국이 오키나와를 거점으로 어떤 심리전을 전개했는지를 주로 부대 편성과 심리전 부대의 활동을 중심으로 규명한다. 마지막으로, 미국의 심리전의 전략과 전술에 대해 미군이 발간한 선전 잡지들을 분석하고 있다.

4.

　이 책의 글들은 2015년부터는 성공회대학교 동아시아연구소의 인문한국(HK) 사업의 의제로서 "문화로서의 아시아; 사상·제도·일상/심미로 아시아 재구성하기" 연구의 일환으로 〈냉전아시아의 사상심리전 연구〉 지원에 힘입어 냉전적 학지팀이 2년 동안 수행해온 연구의 결과물이다. 2016년 6월 24~25일 한국냉전학회와 공동개최한 국제학술회의 〈냉전-분단 아시아의 탄생: 전후 신질서 구축과 사상심리전〉 행사에서 국내외 냉전(사) 연구자들의 전문적인 토론과 협업이 있었기에 연구를 한층 업그레이드할 수 있었다. 이 글들을 다시 확대 보완하고, 국제학술회의에 참여했던 외국인 동료 연구자들의 글들을 더해 『열전 속 냉전, 냉전 속 열전: 냉전 아시아의 사상심리전』과 『종전에서 냉전으로: 미국 삼부조정위원회와 전후 동아시아의 '신질서'』를 발간한다.

이 책은 성공회대학교 동아시아연구소의 냉전 아시아 및 문화냉전 연구서들을 이어나갈 목적으로 기획했다. 동아시아연구소는 아시아의 문화냉전에 대한 연구 성과를 2008~2009년에『냉전 아시아의 문화풍경 1, 2』로 출판했고, 2013년에는 중국의 냉전국제사 연구 성과를 일정 정도 반영해『'냉전' 아시아의 탄생: 신중국과 한국전쟁』을 출판했다. 이렇게 보면, 동아시아연구소는 미국과 유럽, 중국에서 새로운 냉전사 쓰기가 시도되는 2000년대 중후반에 문화적·지역적 전환을 통해 '문화로서의 인터-아시아'와 '냉전으로서의 아시아'에 대한 문제의식을 갖고 연구를 진행해왔다. 이번에 출판하는 두 권의 책은 동아시아연구소가 한국 냉전(사)연구의 '센터'로서 자부심과 책임감을 보여주는 것이다.

무엇보다도 아시아에서 냉전은 이미 종식된 역사적 사태로서 역사화하는 것에 문제가 있음을 경계해야 할 것이다. 당장 사드THAAD 배치와 북핵문제로 한반도의 긴장이 최고조에 달한 시공간에서 이 책을 펴내는 심경은 역사의 반복을 목도하고 그 참상을 진감해야 하는 고통을 수반한다는 점에서 참으로 편치 않다. 그러나 냉전적 긴장이 재연再燃되는 이 아시아 냉전분단의 역사구조를 제대로 규명하고 냉전과 열전의 역사경험 속에 기획되고 시도된 숱한 평화와 평등의 사상문화기획들을 자본의 전지구화, 이 위기적 재난자본주의를 넘는 평화의 사상기획으로 펼쳐내는 단꿈은 결코 미몽이 아니라는 점에서, 새로운 지적 기획을 감행해나갈 시대적 사명은 놓을 수가 없을 것이다.

마지막으로 고마움의 뜻을 전하고자 한다. 저자로 참여해준 국내외 연구자들의 협력이 없었다면, 이 책을 출판하는데 어려움이 많았을 것이다. 이 지면을 빌어 깊은 감사를 드린다. 한국냉전학회의 여러 선생님들도 많은 도움을 주셨다. 학회 기관회원인 동아시아연구소의 학술연구 활동에 많은 관심과 참여로 응해주었고, 그 과정에서 보여준 세심한 피드백이 국제학술회의를 성공적으로 이끌어주었고, 책의 출판에도 큰 힘이 되었다. 정근식 회장, 김남섭 부회장 이하 학회 선생님들에게 감사드린다. 성공회대학교 동아시아연구소 동료 선생님들에게도 감사를 드린다. 그들이 동료로서 보여준 관심과 배려는 물심양면으로 버팀목이 되었다. 특히 연구소 사무국장인 김연수 선생님 이하 조교들은 여러 행사를 성공적으로 진행할 수 있도록 한 주인공들이었다. 특별한 감사를 보낸다. 그리고 어려운 출판 환경 속에서도 이 책의 출판을 결정해준 진인진 출판사의 김영진 대표와 배원일 편집자님, 그리고 출판 노동자들에게 고마움을 전한다.

이 책을 기획하고 엮어내느라 진력한 강성현 교수의 학문적 열정과 역량, 그리고 역사적 사회적 책임감에 깊은 고마움을 전하며 냉전 아시아의 경계를 넘던 수많은 아시아의 생동하는 주역들에게 이 책을 바친다.

2017년 4월

저자들을 대신해
백원담

목 차

제9장

냉전 아시아에서 미국의 심리전과

거점으로서 오키나와　고바야시 소메이　|　이민정 역　　_327

서장

냉전적 학지로부터 전지구적 사상운동으로[1]

백원담

1. 들어가며

지난 겨울 냉전 연구의 세계적인 흐름을 한 지면에 펼쳐 보인 적이 있었
다.[2] 미국·유럽을 중심으로 한 냉전국제사(신냉전사) 연구, 유럽의 냉전
에 대한 비교사회문화사적 연구, 최근 새로운 동력원이 되고 있는 아시아
에서의 냉전 연구의 시각과 성과가 냉전 아시아의 역사적·현실적 재구
성이라는 문화정치학적 지향과 어떻게 구별되며, 그것이 과연 세계적인
냉전의 역사적·현실적 전개에 어떤 함의를 갖는지를 탐구해본 것이다.
그리고 이러한 냉전 연구의 새로운 전환은 냉전적 주체성을 담지한 냉전
학지의 변용인지, 아니면 그것으로 전향적으로 극복한 것인가를 묻고자
하였다.

그 논의의 결론은 다음과 같다. 우선 서구에서의 냉전국제사 연구는
문화적 전환cultural turn 또는 비교문화사적 전환에도 불구하고 기본적으

로 주류 냉전 서사의 자유주의 대 공산주의의 이분법을 넘어서지 못했고, 냉전의 기원으로서의 서구 중심성도 아직 극복하지 못했다는 것이다. 한편 아시아에서 냉전 연구는 인터-아시아적 문화연구 시좌視座와 방법론을 가지고 전후 아시아에서 탈식민화와 냉전의 전개가 근대적 국민국가 형성에서 갖는 의미를 해명하고 있다. 최근 중국의 신냉전사 연구는 냉전의 중심축을 아시아로 이동시켜 지구적 냉전global cold war 역사의 구성을 주도하고 있다. 중국의 신냉전사 연구는 아시아 냉전이 중화인민공화국 수립으로 본격화되었다는 점에서, 서구 주류 냉전 서사의 이분법과는 다른 방식으로 지구적 냉전의 역사적 전개를 재맥락화하고, 사상사적 차원에서 냉전 체제 안의 분화와 재편 문제 해명을 요구했다.

지구적 냉전의 종언으로 냉전을 역사화하는 다른 지역에서의 냉전사 연구와 달리, 한국에서의 냉전 연구는 냉전-분단체제가 엄존하는 조건에서 정전체제를 평화체제로 전환시키고 탈냉전학지를 건설하는 과제에 입각하여 국제정치학이나 역사학의 분과에 제한되지 않고 학제적 학술장을 만들고 있다. 따라서 아시아나 중국에서의 냉전 연구와 구별되는 한국의 최근 학술 성과와 쟁점을 바탕으로 냉전의 탈중심화로서 지구적 냉전 연구의 지형을 다시 그려나갈 필요가 있다는 것이 나의 입장이었다.

이 글은 이러한 냉전 연구의 세계적 형세를 정리하고 문제의식을 조금 진전시켜 한국과 아시아에서 새로운 냉전 연구의 과제와 전망을 탈냉전사상·학지의 건설문제로 논의하고자 한다.

2. 세계 냉전 연구의 지형과 쟁점

미국은 세계적 냉전의 장본張本일 뿐만 아니라, 냉전 연구에 있어서도 중심적 위상을 견지해왔다. 제2차 세계대전을 전후로 정책학문으로서의 지역학Area Studies이나 전후 미국 주도의 냉전학 등 기본적으로 미국 중심의 국제관계학 차원에서 이루어진 냉전적 학지는 그 자체로 이데올로기 냉전의 주요한 공급원으로서 냉전의 중요 구성 요소였다. 이후 미국의 냉전 연구는 1970년대 역사학계의 수정주의적 전환과 함께 수정주의·탈 수정주의의 흐름으로 이어졌으며, 1990년대에 이르러서는 현실 사회주의 몰락과 함께 냉전국제사(신냉전사)로 전환되었다.

1991년 미국의 우드로 윌슨 센터The Woodrow Wilson International Center for Scholars에서는 냉전국제사 프로젝트를 기획하고 냉전국제사 프로젝트 회보CWIHP Bulletin를 간행하였다. 이로써 냉전국제사라는 개념이 국제학계에 광범위하게 수용되었다. 그것은 학자군과 관련 사료, 연구대상과 관찰시각 등의 측면에서 어느 한 국가나 지역이 중심이 되는 것이 아니라, 일종의 국제적인 '냉전사' 연구의 흐름을 구성했다는 의미를 지닌 것이었다. 실제로 이후 각국 학자들의 광범한 교류 속에서 연구진의 양적 확대와 질적 제고, 연구의 시각과 방법, 주제의 다양성, 미국과 소련 등 냉전 종주국들의 기밀문서자료 해제 등의 측면에서 냉전국제사 연구는 세계 현대사 연구의 발전에 새로운 국면을 열었다고 해도 과언이 아니다. 흥미로운 대목은 중국에서 이루어진 신냉전사 연구가 이러한 냉전국제사 연구 개념과 존 개디스John Gaddis의 신냉전사 연구의 개념과 관점 및 방법을 그대로 수용하고, 이와 긴밀한 공조관계 속에서 냉전국제사 연구의 한 영역을 이루어가고 있다는 사실이다.

1999년 냉전을 전문적으로 연구하는 학술지 『냉전연구Journal of Cold War Studies』가 하버드대학 데이비드 센터David Center for Russia and Eurasian Studies의 냉전 연구 프로젝트Harvard Project on Cold War Studies, HPCWS의 일환으로 창간되었다. 『냉전연구』는 기밀 해제된 동구권의 냉전 기밀문서의 자료 아카이브 구축을 바탕으로 엄밀한 실증분석을 수행하면서, 냉전국제사 연구의 새로운 개진을 이룬 것으로 평가된다. 이러한 미국 주도의 신냉전사 연구는 세계사적 냉전의 기원과 추동에서 미국의 중심성을 인정한다는 점에서 수정주의·탈수정주의의 학술적 성과를 계승한다. 그리고 기존 연구 흐름이 '국제관계학의 현실주의 이론을 답습'해왔던 한계에서 벗어나 문화적 전환을 이룬 것이 신냉전사 연구의 가장 큰 의미라 할 수 있다. 1990년대 후반부터 미국·유럽의 냉전 연구에서는 이른바 '문화냉전the Cultural Cold War'이라는 관점이 대두되면서 냉전 연구에 대한 새로운 방법론적 전환이 일어났다. 특히 문화냉전 연구들은 미시권력으로서의 냉전이 특정한 방식으로 주체의 욕망을 생산·조절하는 기제이자, 미시적인 일상생활의 층위에서 신체와 정신을 훈육시키는 원리이기도 하다는 것을 밝혀냈다. 이러한 성과는 전후 냉전의 체제화 과정에서 나타나는 복잡한 문화적 양상들과 형세들이 정치경제적 '시스템'의 단순한 효과가 아니라 냉전전략 그 자체임을 해명했다는 점에서 자성적 의미가 크다. 그러나 냉전국제사 연구나 냉전의 문화적 본질을 밝히는 미국발 문화냉전 연구는 몇 가지 한계를 노정한다.

첫째, 이 연구들은 미국 CIA 기밀문서 등 미국·유럽 자료에 근거하고 있어 여전히 미국중심주의 또는 유럽중심주의를 벗어나지 못한다. 수많은 새로운 기밀해제 문서자료들은, 여전히 제국 권력이었던 유럽 국가뿐만 아니라 식민지 또는 전후 신흥 독립국 등 주변부에 속한 다양한 정치적 실체들이 '자유주의 미국'과 '전체주의 소련'의 어느 한편에 편제되었다는 주류 서사의 이분법을 방증하고 강화해주는 심층자료로서 활용되고 있다. 물론 위 연구 흐름이 냉전국제사, 즉 냉전사를 지구적 차원으로 이동시킬 것을 표방한다는 점에서, 아시아에서 냉전의 전개에 대한 미국의 책임성에 대해 일정 정도 질문을 던지고 있으며, 미국과 아시아를 냉전적 지배-피지배의 관계로 해명하고 있는 것도 사실이다. 그러나 미국발 문화냉전 연구는 제국 중심과 식민지 주변의 탈식민화-재식민화가 냉전의 질서와 연동되는 과정에서, 아시아 현지 사회가 그 중첩적 모순에 어떻게 주체적으로 대응했는지에 대해서는 관심을 두지 않는다. 그런 점에서 미국발 문화냉전학이 '전략학'에서 학술연구로 전환되었다고는 하지만 미국 기밀해제 자료가 갖는 지배력은 여전히 크다. 그리고 연구 관점과 방법에서의 의존과 모방을 통해 새로운 냉전텍스트의 양산이 이루어지고 학문적 지배질서가 구축되는 측면을 경계하지 않을 수 없다.

둘째, 미국발 문화냉전 연구는 전후 세계 질서의 재편 과정에서 나타난 전지구적 정치의 복수성을 해명하지 못하고 있다. 미국의 문화냉전 연구는 주로 미국 주도의 문화냉전으로 미국 내부와 주변부 사회가 경험하는 표층적 현상에만 집중했다는 한계가 있다. 해당 사회 내부에서 다양한 사상·문화기획이 대두, 경합, 절합하며 냉전적 주체성이 형성되는 역사적 연원과 실제적 전개의 양상, 그리고 그것이 지구적 냉전질서 구축에 어떻게 기여하는지의 문제에는 시선을 두지 않는다는 점에서, 미국발 문화냉전 연구는 냉전 연구의 탈중심화를 이루지 못했다. 그런 점에서 지구적 냉전의 수평적 지형을 그려내는 데는 여전히 한계가 큰 것이다.

냉전은 미·소라는 거시권력의 대치양상으로 표상되지만, 일국 단위의 국민문화 내부, 그리고 국민문화들 사이에서 쌍방향 또는 다방향적으로 전개되는 문화정치에 대한 분석을 동시에 필요로 한다. 그런 점에서 "미국발 문화냉전 연구를 탈식민화-재식민화와 냉전이 중첩된 '주변부 아시아의 냉전 경험에 곧바로 전이하는 일이 가능한가"라는 질문은 여전히 문제적이다. 미국은 세계적 냉전 구도에 편입된 주변부 아시아에서 근대적 국민국가 건설을 둘러싼 다양한 세력의 피동적·능동적인 냉전적 주체화 과정 및 그 역사적 파장을 문제화할 만큼 당사자의 입지에 서 있지 않다. 따라서 문화냉전 연구가 지구적 냉전을 온전히 규명하기 위해서는 아시아나 제3세계의 냉전문화와 국민문화와의 밀접한 연결고리를 재설정할 필요가 존재한다.

최근 중국의 신냉전사 연구가 미국의 냉전국제사 연구와 긴밀한 관련을 맺으며 세계적인 냉전 연구의 흐름을 주도하고 있는 추세이다. 그러나 이러한 연구는 미·소 중심에서 미·중 중심으로 시야를 옮기며 냉전의 중첩된 지배 구조를 규명해내는데 기여했음에도 불구하고, 그것이 냉전의 세계적 편제과정에서 해당 지역-국가-사회의 냉전적 주체성의 정치들, 그 전지구적 복수의 정치들에 지니는 의미를 묻는 작업에까지 이르지는 못하고 있다. 오히려 냉전국제사에 지역적 냉전의 맥락을 더한다는 명분으로 아시아나 제3세계에서 식민과 냉전의 중첩과 전화의 맥락들을 단순화하고 동질화하는 문제를 야기하는 측면이 있다. 아울러 미국의 문화냉전 연구와 달리 주체의 욕망을 생산·조절하는 기제로서 미시권력 차원에서 작동하는 냉전에 대해서는 본격적으로 다루지 못하고 있다.

유럽의 새로운 냉전 연구는 '정책 학문'으로서의 냉전 연구의 강고한 지반과 자장을 문제 삼는다. 로컬에 기반한 사회문화적 범주를 활성화하는 연구 경계의 확장과 동서냉전 연구의 역사지리적 비대칭성으로 인한 관계성의 회복을 촉구한다. 이러한 연구는 세계적 냉전의 다양한 결과와 그 중층적 구성을 해명하기 위한 연구의 시각과 방법론을 제기했다는 점에서 두드러진 의미가 있다.[3] 그러나 문제설정이 특정한 유럽적인 냉전문화나 냉전문화의 미국 모델과 다른 정체성의 규명, 동유럽에서 냉전의 전개와 그것의 문화적 대립극 형성의 문제, 냉전의 경험이 오늘날까지 유럽 국가들의 정치문화에 끼친 영향 등에 한정되어 있다. 유럽발 비교문화사적 냉전 연구는 미국 주도의 냉전에 전후 유럽국가 혹은 유럽사회가 편제되었다는 피동적 위치를 지나치게 강조하는 문제를 벗어나지 못한 것이다. 따라서 파시즘 전쟁과 그 냉전적 귀결로 인한 피해양상으로써 자신들의 정체성을 규정하는 문제에서 벗어나지 못하고 있는 시각장애를 여전히 보여준다.

유럽의 냉전 연구는 구미 열강이 제국주의 시대의 영화를 재현하고자 아시아의 '전후'를 재차 폭력적으로 규정함으로써 '또 다른 전후'의 연속을 감내하지 않으면 안 되었던 전후 아시아의 곤경에 대해 시선을 두지 않는다. 또한 냉전적 국면에서 아시아에 주체적으로 개입해온 과정에도 여전히 시선을 두지 않는다. 따라서 냉전 연구의 비교사회문화사적 지향은 미국과 경계 짓고 동유럽으로 경계를 확장하는 것을 넘어설 필요가 있다. 유럽 국가들은 이른바 '자유주의' 진영의 자유와 평화라는 기치가 무색하게도 아시아 각지에서의 민족해방전쟁을 야기하였던 냉전 주체로서 책임을 지고 있다. 유럽 내 홀로코스트 피해의 사회적 회복과정을 보편화하는 방식으로, 발본적인 사회적 성찰을 통해서 오리엔탈리즘의 재현의 성격을 띤 서구 중심의 냉전적 인식틀을 타개해나가야 하는 것이다. 물론 유럽 사회에서 1968년 5월 광범위하게 전개된 68혁명이 중국 사회주의와 마오이즘의 영향으로 인간의 얼굴을 한 사회주의를 표방하며 유럽의 근대적 과정에 대한 성찰적 대안기획을 제시했던 행로는 냉전적 세계체제의 미끄러짐으로 놓고 그 양상을 탈냉전적 사상의 전개과정으로서 맥락화할 필요가 있다.

아시아에서 새로운 냉전 연구는 냉전적 학지가 형성·전개되면서 그 자체로 냉전의 중요한 구성요소가 되어 온 강고한 역사 구조와 대면하고, 이를 해명하는 작업으로부터 시작하지 않으면 안 된다. 따라서 국제관계학이나 지역학과 같은 정책학문의 공고한 학과체계에 구속되지 않는 다소 유연한 구조·문화 연구로의 정향을 통해 간학제적·다학제적 연구가 이루어져야 하며, 냉전의 역사구조가 재생산되는 현실 사회에 비판적으로 개입하는 성찰적 학지를 구축하는 작업이 진행되어야 한다. 또한 아시아에서 새로운 냉전 연구는 미국발 지역학 혹은 국제관계학 등의 새로운 경향으로서의 문화주의적 접근이나 구성주의적 접근이 흔히 범하게 되는 하나의 동일한 집합적 정체성 규명의 오류, 즉 '아시아는 하나다'라는 기치와 같은 본질주의나 우호관계론과 같은 형식주의적 국제관계에 대해서, 인터아시아 문화연구의 입장에서 이를 비판적·대항적으로 인식하는 것이어야 한다.

한편 아시아에서 새로운 냉전 연구는 전반적으로 세계 역사학계의 '문화적·공간적 전환cultural and spatial turn'과도 깊은 관계를 갖는다. 특히 '공간적 전환'은 근대 역사학이 국민국가와 계급국가를 정당화하면서 역사의 기념비적인 시간을 강조한 시간 중심의 역사인식에 매몰된 것을 반성하면서 탈영토적 전망을 제기해왔다.[4] 요컨대 공간을 역사 및 사회과학적 인식 대상으로 부각시킨 앙리 르페브르의 사회적 공간인식론의 영향에 의한 역사학의 '공간적 전환'이 지리적·물질적 공간만이 아니라 세계 인식 공간의 다양한 변화를 역사인식 영역에 수용하려는 흐름을 확산시켰다. 이는 냉전사 연구에도 반영되었으며, 국민국가의 경계를 넘어서는 권역 곧 아시아라는 정향을 가져온 측면이 있다.

최근 아시아에서의 새로운 냉전 연구는 '냉전 아시아의 문화'를 동일한 것으로 정체화하기보다는 이와 유사하지만 다른 경험들을 전치시키고 상호 참조하도록 하면서 '냉전 아시아'를 구성하는 다양한 결들을 문화연구의 대상으로 삼아나가고 있다. 아시아에서의 냉전을 세계사의 지평에 중층적으로 맥락화할 수 있는 방법적 경로를 확보한 것이다.

이러한 인터아시아 문화연구 방법론에 기초한 냉전 연구는 구미의 문화냉전 연구나 비교사회문화사적 접근의 한계를 넘어, 아시아 각국의 '국민문화' 형성을 '냉전문화'와의 관련 속에서 해명하고자 한다. 그러한 작업을 통해 아시아 '국민문화'의 형성에 관한 구체적·심층적 연구를 진행하면서 새로운 탈식민적·탈냉전적 학지 및 새로운 아시아적 정체성 구성을 위해 국민국가의 경계를 넘어 아시아적 범주에서 공동의 지식과 문화 생산을 촉성해나가고 있는 것이다.

그러나 인터아시아 문화연구 방법론에 기초한 냉전 연구 또한 아시아 내 지식 생산의 역사적 구조에 기인한 한계를 보인다. 그것이 '인터아시아', '트랜스 내셔널/로컬 아시아' 등 국민국가의 경계를 넘어 상호 수평적 관계지향을 도모하고 있고 각 역사적 경험에 대한 유사성의 전치를 통해 상호참조체계를 만들어가고 있지만, 그 과정에 아시아 내 학문적 비대칭 양상은 지속적으로 유지되고 있기 때문이다. 새로운 냉전 연구라는 지식 생산의 기반은 여전히 식민적 학지, 냉전적 학지, (신자유주의적) 전지구화 학지 위에 놓여있는 것이다. 아시아 전체를 냉전지정학적 풍경 속으로 융합시키는 서구의 주류적 냉전 서사에 아시아의 새로운 냉전 연구가 저항할 정도의 공력을 형성해왔지만, 각지의 냉전 연구를 '탈식민적·냉전적 학지'로 수평적으로 전열시키기에는 여전히 어려운 상태에 있다.

아키라 이리에Akira Iriye의 『아시아의 냉전The Cold War in Asia』(1974)이 아시아라는 장소를 국제관계학의 인식틀에서 지역 냉전사의 일부로 다룬 이후, 최근 아시아의 냉전 연구는 지구사적 관점에서 아시아 냉전을 '탈식민 냉전'으로 정체화하여 다루는 경향이 지배적이다. 그러나 그것은 서구 냉전사 연구의 시야 확장이라기보다는 아시아의 경제적 재중심화에 따라 아시아에서, 아시아에 의한 냉전 연구가 주체적으로 이루어졌기 때문일 것이다. 중국의 신냉전사 연구가 중요한 역할을 하고 있음은 분명하다. 사회주의 중국의 건국에 따라 냉전의 중심축이 아시아로 이동하였고, 중국의 한국전쟁 참전으로 냉전의 체제화가 실제적으로 이루어진 역사과정에 비추어볼 때, 충분히 이해가 된다. 심지어 이병한은 중국의 신냉전사연구가 전지구적 냉전 연구라는 접근법을 추동한 점을 들면서 냉전 연구를 탈중심화하고 있다고 의미 부여한다.[5]

중국의 신냉전사 연구는 '전지구적 냉전사 다시 쓰기'를 내걸고 기밀문서를 활용하여 미·소 양극체제로부터 다극체제로 냉전이 전화했던 지점을 드러내는 등 일정 정도 학술성과를 거두고 있는 것은 사실이다. 그러나 중국의 연구는 미국의 냉전국제사 또는 신냉전 연구라는 개념, 연구 관점과 방법들을 그대로 수용하고 있다. 이렇게 볼 때 중국이 연구 주제들을 주도적으로 개진하고 있음에도 불구하고 아직은 전지구적 냉전의 대립축을 대체하는 국제관계학의 재구성이나 전지구적 냉전의 지역적 특성을 밝히는 수준에 머물러 있다. 특히 중국의 연구는 유럽의 비교문화사적 냉전 연구가 미국의 냉전국제사 연구에 제기하는 문제를 그대로 안고 있는 것으로 보인다. 중국의 냉전국제사 연구는 말 그대로 '국제사'로, 여전히 국가간 외교와 군사라는 상위 정치에 치중하여 있다. 따라서 국가영역에 대응하는 사적 영역-자율공간으로서의 사회와 문화에 대한 접근은 아직 이루어지지 않고 있다. 이 연구들은 소련과 동구권의 기밀문서 등 풍부한 사료들을 집적하여 전지구적 냉전사를 다시 쓰고 있는 것은 사실이지만, 이 자료들은 대부분 최고 지도자, 외교 각료들과 정당 지도자들의 파일을 해제한 것이며, 결국 두 진영의 최고 지도자들의 이해관계에 대한 역사적 사실을 면밀하게 제시하는 작업에 치중하고 있다. 다시 말해 이 연구들은 '냉전의 거시사'를 보충하는 측면이 강하다.

이를 주도하는 션즈화沈志華가 사회주의 진영 내의 분열과 갈등의 문제를 프롤레타리아국제주의라는 사회주의 국제정치의 규범에 입각하여 당제黨際와 국제國際의 어긋남으로 분석하는 대목[6]이나, 니우쥔牛軍 등이 중국혁명의 성격을 마오쩌둥의 정통 마르크시즘과는 다른 중간지대中間地帶의 혁명으로 설명하는 것 등을 보면, 중국의 연구가 사상적 차원에서 새로운 냉전사 연구의 면모를 보여주고 있다고 판단된다. 그러나 이 연구가 사회주의 국가 간 힘의 비대칭성을 전제로 국제관계의 재전형이 이루어지지 못한 문제에 집중해 사료 집적과 연구를 지속하고 있다는 점은 '문화적 전환'을 거친 미국발 신냉전사연구와 비교된다. 중국의 연구도 신냉전사라는 이름에 걸맞게 냉전의 '후방'the Cold War 'home front'에 대한 관심을 가질 필요가 있다. 그리고 또한 국제정치사나 국제관계사 분야에서 사회문화적 범주를 포괄하는 연구의제의 전환을 통해 학제적 균형 또한 이루어가야 할 것이다.

　　무엇보다 그것은 냉전 연구의 진정한 주변성의 의미를 안고 갈 필요가 있다. 중국의 신냉전사 연구는 중국 중심의 시간성을 냉전 아시아에 흐르는 복수의 시간성에 중첩시키고, 그 속을 가로지르던 무수한 탈식민 탈냉전 근대 극복의 기획들이 경합하고 절합하는 장면들, 그리하여 그 안에서 끊임없이 새롭게 구성되고 허물어지는 관계지향의 상들을 '이중적 주변의 시선'으로 잡아내는 작업에 착수할 단계가 아닌가 하는 것이다. 전후 세계적인 냉전의 체제화 과정에서 아시아는 열전을 통해 냉전의 체제화를 강화하는 처지에 놓여 있었다. 그러나 적극적으로 사고하면 그 냉전의 한 체제를 형성했던 동력 또한 아시아에서 배태되었고, 그것이 냉전의 중심축을 아시아로 이동시켰다는 점을 확인할 수 있다.

　　중국의 신냉전사 연구는 냉전을 종식된 것으로 보고 이를 역사화하고 있다. 그러나 아시아, 중국, 한반도의 현실에서 냉전은 여전히 현재화되고 있다. 중국의 연구는 이 문제설정부터 다시 논의할 필요가 있다. 그리고 '미국의 자유주의'와 '소련의 사회주의'라는 냉전의 이분법적 대립축의 재편을 중국의 중간지대 혁명이나 1950년대 비동맹과 제3세계를 창출한 평화공존의 동방체제 구축 기획으로 추동할 필요가 있다. 더 나아가 국가체제로서 사회주의를 건립하고 반자본주의적 근대 기획을 시도했던 중국 사회주의, 그 연쇄로서의 아시아 사회주의, 냉전의 동방체제가 아시아를 살아가는 대다수 사람들에게 무엇이었는가 하는 문제를 냉전 연구의 중심으로 삼을 필요가 있다. 그리고 이 문제를 사상, 제도·장치, 일상·심미의 각기 다른 층위에서 탐구해야 한다.

3. 한국의 비판적 냉전 연구의 형성과 전개

한국의 냉전 연구는 현재 제도적인 학술 영역에서 본격적으로 자기개진하는 단계에 들어섰다. 2015년 2월 각기 다른 지적 기반을 가진 냉전 연구자들이 결집하여 학제적인 냉전학회를 건립했다. 한국냉전학회의 창설은 전지구적 냉전 연구의 탈중심화 양상의 하나로 볼 수 있다. 냉전학회는 "한국의 냉전 연구: 관점과 전망"(2015.2.)이라는 주제로 창립 기념 국제학술회의를 가진 이래 "냉전과 내전"(2015.5.), "냉전과 동아시아 분단체제"(2015.6.), "탈냉전 시기 냉전 다시 보기"(2015.8.), "냉전과 제3세계"(2015.10.), "프로메테우스의 시대: 냉전기 과학기술"(2016.2.), "새롭게 보는 한국전쟁"(2016.3.), "냉전-분단 아시아의 탄생: 미국의 전후 신질서 구축과 사상심리전"(2016.6.), "냉전사의 사건들, 1946과 1956"(2016.10.), "사회주의 국제주의와 연대의 딜레마"(2017.2.)를 주제로 다양한 국제/국내 학술회의를 개최했다. 이는 냉전학회가 성공회대 동아시아연구소를 비롯해 경남대 극동문제연구소, 서울대 아시아연구소, 성균관대 동아시아학술원 등 기관회원을 기반으로 삼았기 때문에 가능한 것이었다. 2010년 전후로 해서 지역학 기반의 이 연구소들을 중심으로 한국에서도 새로운 냉전사 연구가 조직되고 있었기 때문이다.

이 기반 위에 기타 아시아와 세계의 연구 단위·학자들이 연계하여 한반도 분단과 냉전의 역사적 무게만큼 많은 문제군들을 주제화하고 다기한 입장들로 학술장을 열었다. 이 과정에서 학회의 성원들은 기존의 세계적·지역적 그리고 일국 내 냉전 연구가 이중적 차원에서 전치되고 있음을 확인하고 부단히 상호참조체계를 가동시키며 냉전 연구의 상을 심화·확장하고자 하였다.[7]

또한 한국냉전학회는 한국전쟁이 세계사적 냉전의 결절점이고, 유럽의 냉전이 종식되었음에도 정전 상태의 한반도 혹은 최근 아시아·태평양에서의 군사안보 및 역사적 영토적 갈등과 긴장이 첨예화되고 있는 바와 같이 아시아에서 냉전은 아직 현재진행형이라는 문제 인식을 갖고 해마다 6월 25일 즈음 가장 큰 규모의 정례학술회를 개최하고 있다. 이러한 한국의 냉전 연구 추세는 전지구적 냉전 연구에서 탈중심화하는 과정인 동시에 새로운 구성 과정이다. 이 추세는 무엇보다 한반도 정전체제(판문점체제)와 냉전 아시아의 탄생, 그리고 그것이 지속되는 세계사적 구조에 대한 비판적 인식과 대안적 학지 구성을 지향한다는 점에서 '비판적 냉전 연구'로 정의할 수 있다.

한국의 '비판적 냉전 연구'는 국제관계학이나 국제사 연구의 영역에 있던 패권적 냉전 학지의 자장으로부터 벗어나 아시아 냉전을 전지구적 냉전과 구별하면서 탈식민적 냉전으로 정체화하고자 한다. 그리고 한국의 냉전적 학지를 국민국가의 경계를 넘어 아시아의 지평에 전치시킴으로써 한반도의 냉전 경험을 참조체계화하고 성찰적 재구성의 계기를 만들면서 냉전 연구의 지역적·문화적 전화를 이루고 있다. 물론 한국의 연구는 아시아와 중국에 대한 관심 및 집중적인 연구가 미흡한 실정이다. 이론적 분석틀 역시 서구 냉전 연구에 대한 의존도가 높다. 기초 자료 또한 구미의 기밀문서나 연구 성과에 치중해있으며, 그렇게 나온 연구 성과 또한 세계적인 학문의 비대칭구도 속에 여전히 구미학계에 자기성과를 전현展現하는데 급급한 것은 부정할 수 없다. 식민주의 아시아에서 서구가 아시아를 그리고 아시아가 아시아를 타자화한 과정, 냉전 아시아의 분열상 속에서 아시아가 아시아를 제대로 대면할 수 있는 계기를 갖지 못했던 굴절된 역사는 냉전 연구의 영역에서도 스스로 오리엔탈리즘과 냉전성의 내재화라는 견고한 장벽을 이중삼중 설치해 놓은 것이다.

무엇보다 최근 대학 사회를 압도하고 있는 강력한 신자유주의적 재편구도 속에서 인문사회과학계는 존재양식 자체의 위협을 받고 있는 실정이다. 그러한 학문 조건에서 비판적 냉전 연구 또는 냉전사 연구의 대다수는 국가 프로젝트 수행의 형태로 진행되고 있고, 따라서 권력/지식관계를 발본적으로 넘어서기 어려운 한계가 있다. 이 한계는 한국에서의 비판적 냉전 연구가 냉전 연구의 핵심인 사상사 연구의 차원을 본격적으로 다루지 못하고 있는 문제점에서 여실히 드러나는데, 대개는 당대의 지식장을 드러내고 해명하는 차원에 있는 것이다. 예컨대 국문학계에서 진행한 『사상계』 연구[8]는 소중한 연구 성과이다. 이 연구 성과는 아시아에서 냉전의 문화구성 과정이 일국 내에서 어떻게 탈식민과 냉전이 중첩된 근대적 지식장을 근거로 이루어지는지, 또 다양한 중첩적 근대화의 기획들이 어떻게 경합하는지 여러 장면을 잘 드러내준다. 그러나 이 연구 성과도 한국에서 전후 자유주의와 사회주의가 개진되는 사상의 스펙트럼을 문화냉전의 문제로 전격적으로 다루는 데는 한계가 보인다는 점은 위의 문제와 무관하지 않다. 그렇다면 이것은 주류 냉전 서사에 대한 주변적 응답으로서 전지구적 냉전의 세계사를 보충해가는 의미 이상을 가지기는 힘들 것이다. 따라서 자본주의적 근대 이후의 식민과 냉전, 전지구화의 오늘에 이르기까지 폭력적 세계사의 재편에 기여하는 대안적 학지의 주체적 구성 경로를 열어가기 위해서 보다 선명한 사상적 입지를 구축하지 않으면 안 된다.

그런 점에서 최근 이동기와 김학재 등이 선보인 새로운 사상적 입지에서의 냉전 연구는 주목할 만하다. 우선 이동기는 세계 냉전의 종식이 냉전기 유럽에서 발생했던 다양한 평화 지향, 평화사상 및 운동과 정치의 결과라는 점을 역설하며, 평화사적 관점에서 유럽이 냉전을 극복한 총체적 과정을 해명하였다.[9] 비유럽 지역의 열전 및 폭력 발현에 비해 유럽 지역은 '긴 평화long peace' 상태로 '갈등의 상대적 안정'을 유지한 배경에서 다양한 수행 주체들이 적극적인 의지를 갖고 냉전의 평화적 종식을 이루고 유럽 공동의 미래를 열 전망까지 가시화시켰다. 이동기는 그러한 점에서 냉전 종식의 새로운 정신과 심성을 준비한 유럽 평화운동의 대안적 평화 구상과 현실적 평화 정치, 그리고 구체적인 '탈냉전'의 성취를 평화의 발전사로 기록하고자 하였다.

이러한 평화사적 관점에서 유럽 냉전사를 재서사하는 작업은 물론 중요하다. "군사적 대결체제나 구조로서의 냉전은 유럽에서 사라졌지만 '그 후' 확인되거나 생성되는 냉전에 대한 서로 다른 기억과 (탈)냉전기 생애사의 근본적 차이가 갈등과 배제의 근거로 작용하기도 한다는 점에서 '기억과 경험으로서의 냉전'이 아직 끝나지 않은" 문제를 이동기가 제기한 것은 비교사회문화사적 냉전 연구의 문제의식과 동일하다.

그러나 유럽에서의 평화적 냉전과 냉전의 종식을 추동한 그 평화운동의 장소성이 유럽에 한정되어 있었다는 것은 여전히 문제다. 최근 유럽의 비교사회문화사적 냉전 연구가 냉전의 역사를 탈중심화하는 관점에서 유럽과 제3세계의 역할을 특별히 중시한 것은 그런 점에서 의미가 크다. 그러나 유럽이 전후 아시아 등 제3세계의 탈식민적 민족해방운동과 사회해방의 기획을 냉전이 아니라 열전으로 확장시킨 책임에서 자유로울 수 없다는 점에 대한 발본적 성찰을 전제하지 않으면 그 평화사상은 허구일 수밖에 없다. 아울러 유럽 스스로를 파시즘과 미국 전후 냉전체제의 피해자로 규정하면서 냉전의 중심으로부터 탈중심화하려는 기획 또한 유럽을 향해 재중심화를 이루려는 학문의 현실정치적 의도를 내재하고 있다.[10]

최근 한국의 냉전 연구에서 두드러져 보이는 학술 성과는 김학재의 『판문점체제의 기원』[11]이다. 이 책은 무엇보다 국제정치학과 법학, 사회학을 넘나들며 세계 냉전의 역사와 한반도의 분단체제를 진정한 의미에서 이론화하려는 시도라고 평가받고 있다. 또한 한국전쟁을 세계와 평화의 관점에서 포착해내 전쟁학에서 평화학으로 전환시켰다는 평가도 받고 있다. 판문점체제의 기원과 성격에 대한 그의 연구는 20세기 자유주의 국제질서에 대한 검토와 평가, 한국전쟁과 아시아 패러독스의 기원에 대한 해명을 통해 평화의 기원을 찾고 있다.

그러나 판문점 체제와 아시아 패러독스를 연동시키기 위한 기원적 해명의 문제설정에서 몇 가지 문제가 논쟁의 대상이 될 수 있다. 김학재는 냉전의 세계적 전개가 미국 중심으로 이루어졌음을 인정하면서 그 사상적 기초를 달리 탐사한다. 바로 홉스Thomas Hobbes의 권력균형질서론과 칸트Immanuel Kant의 영구평화체제론, 슈미트Carl Schmitt의 사상과 뒤르켐 Emile Durkheim의 사회분업론이 이에 해당한다. 이 책은 홉스에서 뒤르켐으로 이어지는 서구 자유주의의 사상적 맥락를 통해 냉전의 자유주의적 기원을 해명한다. 냉전의 사상적 기초를 서구의 국제관계사상과 사회관계론에 두고 조명한 것은 한편으로 흥미롭고 설명력이 높다.

그러나 이 책은 자유주의 평화기획의 최고 지향으로서 해방 모델을 설정하지만, 냉전 자유주의의 사상적 대립축인 사회주의의 국제주의 평화 사상은 모델화하지 않으며, 아시아 패러독스의 역사적 동력으로 상정하지 않는다. 무엇보다도 이 책은 중국의 참전을 미국이 홉스적 차별 기획을 전면화시킨 외래 위협 요인으로만 간주하는데, 이에 대해서는 좀 더 진전된 논의가 필요하다. 예컨대 중국의 왕후이汪暉는 한국전쟁에 중국이 참전한 사태를 중국혁명의 연장선상에서 설명하고 있다. 중국혁명의 동력이자 사상이었던 인민전쟁이야말로 중국이 항미원조전쟁을 가능하게 했던 핵심적 본질로, 왕후이는 항미원조운동과 항미원조전쟁이 인민전쟁의 연장선상에서 정의되었고, 그로 인해 수행될 수 있었다고 평가한다.[12]

이 문제에 대해 한국전쟁을 연구한 왕후이의 논의를 소개해보면 다음과 같다. 왕후이는 전후 아시아에서 중국의 한국전쟁 참전을 이를테면 중국과 아시아에서 전쟁이 갖는 정치적 의미를 적극화하고자 한다.

핵 억제 위협이 현실이 된 이후 항미원조전쟁과 이어서 폭발한 월남전쟁은 또한 결코 오웰(George Owell)이 제기한 바와 같은 냉전으로 빨려 들어가지 않았지만, 열전의 형식으로 평화를 쟁취하기 위해 싸우는 정치적 진행과정을 전개했다. 초기의 인민전쟁과 비교하면,

기술은 조선전쟁 중에 전대미문의 작용을 일으켰다. 그러나 전쟁 중의 의지, 전쟁 목표, 지휘관의 전략 전술과 응변능력, 전투원의 사기, 이념과 기술·전술의 수준은 여전히 전쟁의 승부를 결정하여 왔다. 여기서 말한 "사람의 작용"은 전장에서의 투쟁일 뿐만 아니라, 구름처럼 일어난 민족해방운동, 미국과 서구세계 내부에서 출현한 반전운동 및 UN 안팎의 외교 투쟁을 지칭한다. 이 광활한 정치진행 과정은 미국의 전쟁을 막다른 골목으로 몰아넣었고, 이 패권국가의 군사와 정치라는 두개의 전선에서의 동시 실패를 이끌어냈다.[13]

왕후이의 논의가 주목되는 것은 중국의 신냉전사 연구의 현 단계가 전지구적 냉전의 대립축을 대체하는 국제관계학의 재구성이나 전지구적 냉전의 지역적 특성을 밝히는 수준이 아니라, 아시아·세계의 사상 연쇄를 냉전 연구의 주요 내용으로 탐구하여 검토할 것을 내재적으로 요구하고 있기 때문이다.

왕후이의 이 작업은 냉전 연구의 지역적 전환에 중요한 방향성을 제시했다는 점에서 의미가 있다. 그는 냉전도 전쟁의 한 유형인 이상, 그것이 아시아에서 개진되는 방식은 일방적 편제가 아니라 '해방전쟁'이라고 하는 세계사의 진보에 대한 입장의 각축, 그 중에서도 가장 극단적 형태인 열전을 통해 이루어진 것이라는 점에서 그 '정치성의 의미'를 안아야 한다고 보았다. 이러한 논의는 미국의 냉전 전략 혹은 미국발 아시아 평화주의 기획을 칸트적 국제질서에서 홉스적 차별 기획으로 전화한 과정으로 해명하는 것과는 어떤 연관을 갖는가? 아시아에서 탈식민 냉전을 국제관계의 힘의 질서가 아니라 그 힘을 추동한 사상의 차원으로 접근해야 할 이유는 바로 여기에 있다. 이른바 '사상 냉전'인 것이다.

김학재의 표현대로 미국식 평화주의 세계 기획이 홉스적 차별 기획의 전면화로 치닫게 만든 중국의 한국전쟁 참전은 과연 어떻게 가능했는가. 중국의 한국전쟁 참전 동학을 국가 지도자의 국제관계 전략 및 정치 역량에서 찾는 것이 아니라 그 전쟁의 수행 당사자들이 다시 점화된 인민전쟁의 포화 속으로 진격해 들어간 계기에서 해명하는 것은 사상 과제로서 아시아 냉전의 중요한 연구 내용이다. 혁명의 수행과 국가 건설의 초기 단계에서 타국의 전장을 향한 전쟁동원의 매카니즘이 작동할 수 있는 사회적 힘은 과연 무엇이었으며 어떻게 가능했는가? 그것이 냉전의 한 축인 소련이 제기한 평화주의 세계 기획과는 어떤 연관이 있으며, 그것이 중국과 아시아의 냉전화에 어떤 영향을 미쳤는가? 그 문제들은 사회사상의 논제로서 다루어져야 할 것이다.

사회주의 내부에서 한국전쟁을 둘러싼 이해의 각축 과정도 사회주의 평화 사상의 급진적 개진 혹은 굴절의 문제로서 접근할 필요가 있다. 이 문제는 한국전쟁 이후 중국의 북한 주둔과 미국의 한국 주둔의 대비를 통해 볼 필요가 있을 것이다. 또한 1950년대 중반 스탈린 사후 북한과 중국관계, 소련과 중국의 노선논쟁을 통한 분열과 그것을 둘러싼 사회주의권 내부 관계의 전화 문제를 밝히는 것 역시 연구 과제로 삼을 수 있다. 중국의 션즈화沈志華는 중·소분쟁의 근본 요인으로 소련과 중국의 혁명 경험과 사회주의적 근대 건설 경험의 격차, 국제 사회주의 지도 지위를 둘러싼 경합, 무엇보다도 사회주의 국제주의와 민족주의의 모순을 들고 있다. 국가 이익에 따라 결성되는 자본주의 진영의 동맹과 달리, 사회주의 진영 안의 동맹은 국제주의의 명분으로 각국이 평등한 권리를 향유한다는 준칙을 갖고 있다. 그러나 이는 동맹 내부의 위계와 모순을 일으켰고, 이 당제黨際와 국제國際의 어긋남이 사회주의 진영 내 분열과 갈등의 원인으로 작동했다는 분석이다. 여기에서 사회주의 국제주의라는 평화 사상의 문제가 주로 지도자의 문제로 제기된 것은 한계가 있지만, 미국과 소련이 주도한 유럽 냉전과 다른 아시아 냉전의 문제로서 사회주의권 내부의 노선 논쟁을 적극적으로 검토할 필요가 있다.[14] 아울러 전후 냉전에서 아시아가 주도했던 반둥회의Asia-Africa Conference를 가능하게 했던 아시아 내셔널리즘과 리저널리즘Regionalism[15]의 다양한 개진을 전후 사회사상의 과제로 해명하는 작업 또한 긴급히 요구된다.

4. 아시아에서 탈식민적 냉전의 전개와 냉전 연구의 사상적 전회

전후 아시아의 정체성을 어떻게 규정할 것인가. 최근 세계 냉전 연구의 추세는 아시아 냉전을 전지구적 냉전과 구별하여 탈식민적 냉전이라고 설명한다. 나도 식민과 냉전의 중첩된 과정으로 전후 아시아의 재편을 해명해왔으며, 중국의 국공대내전과 중화인민공화국의 건설, 한국전쟁을 계기로 냉전의 중심축이 아시아로 이동해왔음을 역설해온 바 있다.[16] 아시아의 전후를 다시 되돌아보면 전후 아시아는 곧바로 냉전 아시아의 시간성으로 등치되지 않는다. 거기에는 몇 가지 요인이 있다.

첫째, 아시아를 근대적 공간지리로 범주화하는 작업 자체가 문제다. 아시아에는 매우 다양한 식민화의 경험이 있다. 무엇보다 식민화의 시간성, 즉 피식민의 경험이 현저하게 다르다. 예컨대 인도네시아의 경우 1601년 네덜란드가 동인도회사를 바타비아Batavia(지금 수도인 자카르타)에 설립한 시점을 식민화가 시작된 시기로 간주한다. 즉 인도네시아는 1942년 일본의 총력전체제 아래에 폭력적으로 편제되기 전까지 340년과 일본 제국주의 치하 3년, 1945년에서 1948년까지 3년 간 네덜란드의 재식민화 기도를 겪은 이후에 1948년에 반식민지 민족해방운동을 성공시키고 새로운 민족을 구성하였다. 그리고 1965년 수하르토Haji M. Soeharto의 무력 쿠테타 이전까지 미·소가 주도하는 세계적인 냉전체제에 편제되기를 거부하는 비동맹 입장을 주도해왔다는 점에서 탈식민적 냉전의 장소로 정체성을 규정하기에는 어려운 것이다.

중국의 경우에 대청제국이 아편전쟁과 청일전쟁으로 홍콩과 마카오,

대만이 각각 다른 시점에 식민화되었고, 중국 대륙은 서구의 조계지와 일본의 만주국 등에 의해 반半식민지 상태에 처했다. 지역에 따라서 그 시간성도 차이가 있다. 1945년에서 1949년까지 전개된 국민당과 공산당의 대내전이라는 계급 열전의 시기를 일방적인 냉전화의 과정으로만 보는 것도 문제가 있다.

마이스너Maurice Meisner는 중국혁명의 특수성을 20년 이상 중국의 오지에서 고립되어 존립한 조건, 다시 말해 고립된 일국적 틀 안에서 물질적으로나 정신적으로나 국제혁명의 흐름과는 동떨어진 발전을 이루었다는 점에서 찾는다. 그런 점에서 마이스너는 중국의 혁명적 경험에 깊이 내재한 내셔널리즘 경향은 필연이었다고 설명한다.[17] 왕후이는 이를 '중국혁명의 특징은 기존 모델이 없다'는 명제로 해명한다. 왕후이는 '중성화국가'[18] 개념을 통해 마르크스와 그 이후 유럽 사회주의의 국가이론조차 수정한 중국 특색의 사회주의 경로였다는 점으로 중국혁명 과정을 특화하였다. 한국전쟁 전문가인 양쿠이송楊奎松 또한 중국혁명의 성공과정을 마오저뚱의 '중간지대론中間地帶論'이 변주된 '중간지대의 혁명'으로 설명한다.[19]

또한 제2차 세계대전 중인 1942년에서 1945년까지 3년 동안 아시아는 일본의 총력전체제에 편제되었다. 따라서 아시아에서 아시아에 의한 아시아 식민화의 역사가 이후 아시아에서 냉전의 전개에 미친 영향은 소련이나 사회주의 중국의 장력보다 결코 작지 않다는 점도 염두에 두어야 한다. 앤더슨Benedict Anderson은 이를 아시아에서 후기 민족주의의 정실정치 문제를 야기한 중요한 요인으로 제기한 바 있다.[20] 이처럼 아시아에서 다양한 반식민지 민족해방과 새로운 근대 민족국가의 건설 과정이 냉전의 다양한 결들을 드러낸 중요한 요인임을 간과할 수 없다.

둘째, 아시아의 냉전은 탈식민화-재식민화와 중첩된다. 전후 아시아에는 다양한 식민화의 경험과 서구의 아시아 재식민화의 욕망 속에서 광범위한 민족해방운동이 다기한 흐름을 형성했다. 탈식민화의 과정에서 근대 민족국가의 형성이 대세를 이루었지만, 탈식민화 과정에서 민족이 새롭게 구성되거나 재편되기도 했다. 거기에 서구 세력의 재식민화 기도에 대한 저항과 극복 과정을 보면 그것을 곧바로 냉전의 체제화 과정으로 볼 수 없는 측면이 강하다. 또한 아시아 냉전은 문자 그대로의 '냉전'이 아니라 중국의 대내전이나 한반도의 한국전쟁과 같이 계급내전, 직접적·물리적 충돌의 '열전'으로, 이 열전은 세계적인 냉전의 지배구조를 주도적으로 세력화했다. 그런가 하면 비동맹운동과 같이 세계적인 냉전의 지배 구도를 파탈하고자 하는 움직임도 두드러졌다. 그런 점에서 서구의 냉전 서사에서 기술되는 자본주의와 공산주의의 대립이라는 이분법으로는 아시아 냉전의 정체성을 규정하기 힘들다.[21]

무엇보다도 아시아 냉전은 자유주의 대 공산주의의 사상적 대립이나 미·소 양대 진영의 지정학적 패권 대결로 환원되지 않는다. 아시아 냉전은 민족주의뿐 아니라 권역주의regionalism와 지역주의localism가 역사적 특수성과 조응되고 있다는 점에서[22] 사상적 미끄러짐·절합·경합의 문제들을 규명하고, 그 결과를 토대로 아시아 냉전사를 다시 써나가는 작업을 진행해야 한다. 그러한 '주변적이고 파편화된' 냉전성의 체현들을 아시아, 그리고 전지구적 냉전사로 재구성하는 냉전 연구의 탈중심화 작업은 서구와 아시아의 학문적 비대칭성과 함께 아시아 내부의 학문적 비대칭성을 극복하는 과정과 맞물려 있다. 이러한 점에서 새로운 비판적 냉전 연구는 아시아·제3세계적 정체성을 갖는 사상운동의 차원으로 전개되지 않으면 안 된다.

서구의 주류적 냉전 서사는 냉전의 정치 중심을 자본주의와 공산주의라는 이분법적 축으로 놓고 전지구적 정치의 복수적 전개를 단순화하고 동질화하는 우를 범해왔다. 그러나 냉전 아시아의 역사적 지평은 "보다 이종적인 민족주의와 그 민족주의로부터 고무된 지역주의가 훨씬 복잡하게 얽혀 있고, 주변부 주체들 사이에서 냉전을 향한 양가적 태도들이 단순한 정략 차원이 아니라 탈식민화와 자본주의와는 다른 근대 기획을 구축해가는 경로에서 다른 자유와 평화의 연대 사상을 담지하고 있었다[23]"고 해도 과언이 아니다.

한편 냉전의 주류 서사 구조에는 냉전 종주국 지도자들의 언설, 대립적 각축과 협상의 관계상만 있고 그 시대를 살아간 사람들은 추상적 인간으로 종적이 묘연하거나, 수동적으로 조직화되거나, 냉전적 규율권력의 지배 대상으로 표상되기만 한다. 그러나 중국의 한국전쟁 참전 과정만 보더라도 항미원조운동의 전국적 조직은 '보가위국保家衛國'의 기치를 통한 동원, 그리고 동원을 통해 신생국 초기의 분열 요인을 해소하고자 한 국민 만들기 기획이 아니었다면 불가능한 일이었을 것이다. 사회주의와 민족주의의 절합을 필연으로 한 사회주의 중국의 사상적 역정은 냉전 시기 전지구적 정치가 복수성을 갖고 있다는 것을 보이는 중요한 예증이 된다.

그 외에도 항미원조 지원병들이 북한에서 냉전적 주체성을 체현한 방식, 정전과 전후 복구 과정까지 8년이라는 시간성을 공유한 중국과 북한 인민들의 트랜스내셔널한 관계성은 상층의 권력 갈등이나 역학 관계의 재편과는 달리 어떤 연대의 정체성을 만들었는지, 그리고 그 트랜스내셔널한 관계성은 사회기층적인 연대의 평화사상으로 정체성을 규정할 수 있는지 논의가 필요하다. 그 관계성을 규명하는 일은 사회주의와 민족주의의 절합이라는 아시아 사회주의의 전개에 어떤 특수성을 부여할 수 있는지의 문제로 연결될 수 있을 것이다. 한편 한국전쟁이라는 계급내전이 국제전으로 전화하는 열전의 과정에서 남북한 사회가 각기 겪은 냉전적 주체성이 정전 64주년을 맞은 오늘의 분단-냉전적, 전지구적 삶에 어떤 의미를 갖는지에 대한 문제 역시 냉전 연구의 사상적 내함內涵으로써 규명해나가야 할 것이다. 탈식민적 냉전과 열전이 역사적으로 발생하고 규정된 현실세계, 그 속에서 살아왔고 살아가는 대다수 사람들의 삶에 천착하여 아시아 냉전의 풍경을 재현하는 논의는 주류 냉전 서사와 신냉전사 연구 양쪽 모두 아직 저조하다. 이러한 문제를 냉전 연구의 탈중심화·재구성의 과제로서 삼는 것이 요구되는 시점이다.

일본의 총력전체제가 가동되고 식민지 조선이 아시아·태평양전쟁에 빨려 들어가면서 개별 국가를 상회하는 아시아라는 하나의 권역적region-al 틀이 조선의 담론장에 출현했다. 해방 이후에는 박인환의 「인도네시아 인민에게 주는 시」(1948)에서 확인할 수 있듯이, 분단 한반도의 현실에서 근대적 주권 국가 건설 과제를 이행해야 했던 역동적인 정치 국면 속에서 유사한 정황에 놓인 아시아, 특히 동남아시아 국가들의 민족해방과 국가 건설 과정에 주목하고 탈경계적인 관계성을 모색했다. 그러나 탈식민적 냉전의 다른 한편에 식민과 냉전 분단이라는 비대칭적 관계의 모순이 중첩된 현실에서 전후 남한의 주변부 주체가 가졌던 아시아 상상에는 주변부 주체로서의 자각이라는 적극적 측면과 민족해방운동, 냉전, 공산주의를 향한 중국과 아시아의 경험에 대해 양가적(또는 분열적) 접근의 측면이 공존했다. 그리고 한국전쟁이라는 계급내전의 폭발과 국제전으로 확전되는 과정에서 미·소로 수렴되지 않는 다양한 냉전 주체들이 실천했고, 부침했다. 그 결과 그들의 정체성은 보다 폭력적이고 극단적인 동시에 각자의 조건에 따라서 다중적 정체성으로 구성되었다. 이 문제는 앞으로 적극적으로 분석될 필요가 있다.

이와 관련해 이임하의 연구가 주목된다. 이임하는 해방 공간의 화두인 '일제 잔재의 청산'과 '국가 건설'을 당시 여성들이 일상에서 어떻게 실천해나갔을까 하는 문제의식에 집중했다. 이임하는 해방 공간에서 여성들이 처한 이중적·양면적 위치를 직시하며 당대 여성들의 역사를 '여자 국민'으로서의 여성, 노동자로서의 여성, 정치의 주체로 거리에 나선 여성, 국가기구의 부녀국과 여성경찰서의 창설 등 다양한 주제를 통해 맥

락화하였다.[24] 해방 직후 공장에 잔존하던 일제 자본의 규제와 규율을 뒤
흔든 파업의 신호탄을 가장 먼저 쏘아 올린 화신백화점과 방직공장 여성
노동자들의 쟁의, 미군정의 일방적 성병 검진에 반해 몇 차례나 파업을
단행한 기지촌 여성들 등 해방 공간의 하위주체로서 여성이 당당하게 궐
기했던 생생한 기록들에 주목하고 있다.

　이임하는 해방공간에 점철되었던 근대적 기획의 각축, 예컨대 노동쟁
의나 시위를 두고 '정치투쟁이냐, 경제투쟁이냐'로만 파악하는 이분법에
내포된 남성중심적 시각과 수행을 여성들의 열기, 고난, 희망으로 점철된
일상의 실천들로 대체하였다. 식민과 냉전이 중첩된 분단 모순을 극복하
고 근대 국민국가 건설의 희망 공정으로 전후라는 시간성을 주도하고자
했던 해방 공간의 다양한 주체들의 실천은 그 동안 대개 정치적 노선의
대치와 갈등 양상으로 역사화되었다. 그러나 이를 일상의 풍경, 젠더 또
는 개인적 전유의 문화적 층위에서 다시 읽는다면, 해방 공간에서 분단체
제로 연결되는 시점에 존재했던 다양한 근대적 기획들은 각각 서로 다른
주체들의 일상감각 변화와 수행 실천 속에서 입체적이고 역동적으로 지
형화될 수 있을 것이다.

　분단 한국과 냉전 아시아의 지층을 가로지르는 주권/생명정치의 폭력
에 일상의 생존정치로 대응했던 주체들의 다양한 대치와 경합, 전복의 장
면이야말로 냉전 연구의 새로운 영역이 아닌가 싶다. 그것이야말로 냉전
종주국들의 기밀문서 해제에 매이지 않고, 아시아 자체의 냉전 아카이브
를 형성하는 주체적 맥락화 과정일 것이다.

5. 맺음말을 대신해

2016년 6월 20일부터 이틀 동안 '동아시아 비판적 잡지 회의'가 "동아시

아에서 '대전환'을 묻다"라는 주제로 창비 50주년 기념관에서 열렸다. 이미 2006년 『창비』, 『황해문화』, 『오늘의 문예비평』 등 국내 잡지와 대만의 『대만사회연구臺灣社會研究』, 『인간사상人間思想』, 중국의 『독서讀書』, 『열풍학술熱風學術』, 일본의 『현대사상現代思想』, 『반풍返風』, 말레이시아의 『당대평론當代評論』, 『인터아시아 문화연구 저널Inter Asia Cultural Studies Journal』 등 잡지 주관자들은 한자리에 모여 "동아시아의 연대와 잡지의 역할"을 의제로 논의와 연대를 모색했다. 10년 후 이루어진 2016년의 회의는 식민과 냉전으로 인한 아시아의 불행한 역사적 관계상을 서로 되비치는 초기 대면 단계를 넘어, 전지구화 시대에 겪는 문제의 보편성을 확인하고 그에 대한 비판적 시각을 공유하고 공동의 대응 논리와 대안적 전망을 모색하기에 이르렀다.

무엇보다 이 회의는 잡지라는 사회적 공론장을 국민국가의 경계 밖으로 펼쳐냈다는 의미를 갖는다. 이미 2011년에는 아시아의 현대사상 자원을 체계화하고 대안적 세계화의 사상을 구성해내기 위한 아시아현대사상계획亞洲現代思想計畫討論會을 가시화했고 아시아 지식인 연대기구인 아제서원亞際書院, Inter-Asia School을 출범시켰다. 아제서원의 설립은 오늘의 중국과 아시아의 부상을 통해 가시화된 세계 권력 재편을 계기로 아시아의 민족해방운동과 탈냉전 기획, 1955년 반둥 평화회의 정신, 제3세계 연대 경험 등을 아시아의 사상적 전통으로 삼아 새로운 대안적 세계화를 모색하는 사상 기획이 수립 단계에 접어들었음을 의미한다.

이 회의는 전지구적 자본화의 파국 속에 동아시아에서의 대전환을 묻는 자리였던 만큼 모든 발표와 토론들이 자못 긴장 상태를 유지했다. 이남주의 "기로의 분단체제와 동아시아: 파국인가 극복인가," 오시카와 준押川淳의 "일본 사회운동에서 본 대전환," 쉬진위徐進鈺의 "중국 일대일로의 지정학적 경제학-포용적 지구화인가, 예외공간의 창출인가?," 와카바야시 치요若林千代의 "오키나와에서 생각하는 동아시아 평화와 공생사회의 실현" 등 모든 발표들은 각자 처한 시공간에서 당면 문제들을 전치하는 가운데, 그것이 현지-아시아-세계의 시공간과 어떻게 연동되어 있고, 또 연대 지점은 어디인지 그 실천운동 속에서 구체적으로 제기했다.

이 발표들은 특히 아시아에서 냉전은 역사화될 수 없는 현실의 문제임을 여실히 입증했다. 이남주는 최근 한반도를 둘러싸고 동북아시아에서 고조되는 전쟁 위협의 긴장상태를 문제로 제기하며, 한반도 비핵화를 위해서는 창조적인 방안이 필요하다면서 이를 3단계의 과정으로 제출했다.

> 첫째, 북한 핵·미사일 실험 동결과 한미군사훈련의 대폭 축소를 교환함으로써 대화를 통해 문제를 해결하기 위한 분위기를 조성해야 한다.
> 둘째, 이 약속이 지켜지는 조건에서 경제협력 등을 재개하고 북미, 북일 관계정상화를 추진해야 한다.
> 셋째, 관계정상화가 이루어진 이후 일정 기간 안에 한반도 비핵화를 위한 최종적 조치들을 취하며 관련 조치들에 대해서는 관계정상화 과정에서 미리 합의해야 한다. 이는 모두에게 현재 입장에서 일정한 양보를 할 것을 요구한다. 그리고 양보 없이는 모두에게 재앙을 초래할 것이라는 점이 새로운 출발을 가능하게 할 수 있다.
> 다만 남한의 정부 여당에 이러한 전환을 실현시킬 수 있는 의지와 능력을 기대하기 어렵다. 2017년 대선을 앞두고 북에 대한 강경책을 자신에 대한 정치적 지지를 결집시키는 수단으로 여기는 관성적 태도에서 벗어나기도 어렵다. 따라서 분단체제 극복을 위한 정치적 주체를 형성하고, 이들이 2017년 대선에서 승리하는 것이 현재 남한 사회의 중차대한 과제이다.

또한 쉬진위는 대만 지식인이지만 중국의 일대일로一帶一路, One Belt One Road 기획을 긍정적으로 검토했다. 아시아에서 냉전과 탈냉전의 다른 역정들이 불행한 역사적 관계의 모순으로 드러나지만, 한국과는 또 다른 냉전/열전과 분단체제의 역상을 이루는 대만과 중국의 관계는 정치적으로는 대립축을 이루면서도 경제적으로는 상호의존체제를 구축하고 있다. 그러한 관계는 태양화운동과 같이 난감한 형세를 드러내기도 했지만, 쉬진위는 중국의 경제적 세계재편의 구도를 긍정적으로 평가하고 동보적 관계 형성 문제에 고뇌하는 현실을 목도하게 하였다.

쉬진위는 일대일로가 미일의 지정학적 경제 포위에 대한 대항에서 출발했더라도, 남-남 원조의 관점에서 지지·격려해야 하며, 또 다른 식민주의로 간주하기보다는 중국 공산당이 한때 지녔던 제3세계 연대의 정신에 근거하여 아시아 지식사회를 비롯한 다양한 관계 수준에서 비판적으로 개입하는 것이 중요하다고 역설한 것이다. 냉전 아시아와 전지구적 지역화의 시장 아시아를 중국과 아시아가 탈냉전의 기획으로 제출하고 추동했던 비동맹·제3세계적 연대정신을 바탕으로 삼아, 중국의 일대일로 기획을 계기로 불행한 역사관계를 극복하는 것은 물론 새로운 관계성을 구축하고 다른 세계화의 향도를 구도하자는 것이다.

문제는 식민-냉전-열전-냉전-전지구화의 역사 진행이 그 역사적 내면에서 냉전적 주체성의 길항관계나 제3세계적 연대성을 어떻게 내면화하고 있었는지에 대해 우리는 아직 확인 작업을 거치지 않았다. 일류日流나 한류韓流와 같은 아시아 문화 상품의 아시아적 유통과 소비를 통해 낮은 수준에서나마 전후 현대사를 살아온 역정에 대한 상호이해를 공유하거나 소비적 정체성을 체현함으로써 대중적 지역주의(팝 아시아니즘Pop Asianism)를 구축해왔지만, 역사나 영토 문제가 야기될 때마다 민족주의의 갈등으로 점화되는 양상이 반복되었다. 경제적으로는 복합적 상호의존성을 가지면서도 군사안보적으로는 냉전적 대립 관계를 해체하지 못한 차원에서 열전화의 가능성이 상존하고 있는 전쟁 스펙터클 사회가 유지·온존되고 있는 것이다.

그러한 점에서 중국의 일대일로의 기획이나 인도네시아의 해양축Maritime Axis 형성 기획 등은 전향적인 관계성의 계기로 삼기 어렵다. 이러한 기획들은 냉전의 열전화와 열전의 냉전화 과정으로 인한 관계 모순이 내재적으로 해소되지 못한 채 자본의 전지구화 과정에 휩쓸려간 결과다. 반둥 평화선언으로 상징되는 비동맹이나 제3세계 운동이 갖고 있는 다원공존의 평화사상 및 역사적 경험들을 새로운 관계의 지향을 위한 사상 자원으로 삼을 수 있는 계기를 아시아의 아시아들이 제대로 갖지 못했기 때문이다.

이렇게 볼 때 한국의 비판적 냉전 연구는 아시아 냉전 연구의 중요한 구성 부분으로서 다음과 같은 작업에 비판적 개입의 의미를 두어야 할 것이다. 우선 사상심리전으로서의 냉전의 면면을 규명하고, 이어서 그 탈식민적 냉전과 열전, 그리고 냉전 정치의 복수적 경험 속에서 진보적 자유주의나 사회주의적 국제주의, 비동맹과 제3세계주의와 같은 평화 사상적 자원을 역사적으로 재맥락화하고 집적해야 한다. 그리고 그 결과물을 다원평등한 미래를 위한 참조체계로 삼아야 한다. 이를 지속적이고 안정적으로 추동해나가면서 서로 다원공존하는 새로운 관계의 다른 아시아와 세계를 열기 위한 평화 사상을 구축해야 한다.

앞서 소개한 회의에서 일본의 오시카와 준은 일본에서 최근 반원전 운동, 반안보법제, 보육원 문제 등 일련의 저항운동이 연동되어 분출되는 상황을 보고하면서 다양한 토픽의 사회운동을 꿰뚫는 공통의 모티브를 밝혔다. 그것은 즉 "일본경제인단체연합회(이하 경단련)를 중핵으로 하는 경제계(대기업군), 여당 자민당(+공명당) 및 그 지지층, 관료기구, 일부 학자·언론인·대중매체의 집합체"의 심부 깊숙한 부패에 대한 분노였다. 오시카와 준은 이러한 일본에서의 저항 움직임을 동아시아의 '빼앗긴' 세대, '빼앗긴' 사람들과 협동의 회로를 여는 가능성으로 놓고자 했다.

가장 부패한 정권이 지향하는 목표, 이른바 20년 동안의 '빼앗긴' 사람들과 대지진 후의 '신(新)호헌파'는 분명히 중첩되어 있다. 따라서 이것은 호헌운동이라는 표현을 취한 반부패투쟁이며, 과거 일본 사회가 경험해 본 바 없는 국면이 도래하고 있다고 말하지 않으면 안된다.

물론 평화헌법, 혹은 그것을 주창한 전후민주주의는 무오류의 것이 아니다. 그리고 이 평화주의가 전제로 삼고 또 은폐하는 것에 대해 '신호헌파'가 어떠한 태도를 취할지는 아직 미지수일지 모른다.

하지만 헌법을 토포스로 삼아 축적되고 표현되고 있는 부패에 대한 분노는 평화헌법을 국민적으로 점유하고, 전후민주주의만이 보편적이라며 무조건적으로 옹호하는 것이 아니라, 다른 호헌의 길을 열 수 있는 것은 아닐까. 그것은 세계 각지에서 현재 다양하게 전개되고 있는 반부패 투쟁의 시도 중에서 하나의 변종으로서 일본국 헌법을 위치지어 보는 것이며, 혹은 동아시아의 '빼앗긴' 세대, '빼앗긴' 사람들과의 사이에서 협동의 회로를 여는 것에 대한 가능성인 것이다.

또한 와카바야시 치요는 최근 오키나와의 젊은 여성이 미군에 의해 폭행·살해·유기된 사건을 게기로 미군기지 반대운동을 재점화한 오키나와 민중의 역사와 현재가 동아시아 대안적 정치공동체를 상상·창조하는 작업, 평화의 선순환에 공헌할 수 있는 가능성에 대해 제기했다. 종합토론에서 아제서원의 기획자 천광신陳光興은 '일대일로의 민간판'으로서 제3세계적 국제주의에 입각한 새로운 지구적 사상 방안과 추동 단위의 구축 기획을 제출했다. 아시아 지식사회가 탄탄한 학술사상체계를 갖추었고, 이제 대안적 세계 구상을 현실화할 때가 되었다는 문제인식의 소산이었다. 그러나 자본주의와 다른 세계가 가능하다는 사상의 '일대일로'가 중국을 중심축으로 기획되는 현실의 무게가 결코 가볍지는 않다는 점에서 문제가 있다.

'냉전의 박물관'이 아니라 냉전이 현재진행중인 한반도와 아시아에서 분단은 체제와 이념의 대립만을 의미하지 않는다. 식민, 냉전, 전지구화의 모순이 중첩된 오늘, 냉전-분단은 아시아를 살아가는 대다수 아시아인의 삶의 적대-분단으로 내재화되었다. 그 식민-냉전적 정치의 복수성으로 섣부르게 관계의 전환을 이야기하거나 공존적 지향을 논하기 쉽지 않은 상황은 일본의 평화헌법에 대한 호헌반대 세력, 그리고 촛불 정국의 탄핵 반대 수구세력의 광기에서 적나라하게 드러난다.

반공을 빙자한 수구세력의 준동에 대한 비판적 개입의 일환으로 한반도와 아시아에서의 냉전사와 그 현재적 전개를 학적 대상으로 삼는 일은 이제 더 이상 미룰 수 없는 중차대한 작업이다. 그런 점에서 그것은 진정한 평화와 평등을 위한 사상운동의 차원이 되지 않으면 안 된다. 다행인 것은 아시아에 그러한 반인간적, 반사회적, 반생태적 냉전과 열전의 대립을 극복하기 위한 평화사상과 경험들, 국민국가의 경계를 가로지르며 부단한 연대를 이루었던 사상연쇄와 실천운동의 경험들이 산재되어 있다는 사실이다.

카데나 기지는 이곳에서 한반도로, 베트남으로 전투기가 날아올라 아시아의 동포를 죽였던 살인기지입니다. 이라크와 아프간, 중동, 지금은 아프리카까지 날아갑니다. 병사 개개인은 좋은 사람일지 모르지만 살인훈련을 받고 있습니다. 지금 오키나와의 동포가 살해되어 내가 사는 마을 숲에 유기되었습니다. 오키나와의 동포를 해치는 것은 더이상 용서하지 않을 것이며, 아울러 아시아의 동포를 죽이는 데에 도움을 주지 않겠습니다. 신기지는 필요 없습니다. 카데나 기지는 필요 없습니다. 그 어떤 기지도 필요 없습니다. 모든 기지는 철거되어 마땅합니다.

1장

심리전, 전후 세계질서를 구성하다:

「낙하산뉴스」와 「자유세계」로 본 미군의 심리전

이임하

1. 심리전이란?

미태평양육군사령부의 「남서태평양지역 심리전 보고서」 서문에는 '모든 심리전 활동의 결과는 너무 만족스러워서 모두에게 충분한 믿음을 주었다.'라고 적혀 있다. 그만큼 심리전은 제2차 세계대전 때부터 미군의 성공한 전략이었다. 심리전은 나치의 선전전에 대응해 주로 적 병사나 민간인을 대상으로 했다. 미국이 '선전전'이 아닌 심리전이라고 부른 까닭은 나치와의 차별성을 유지하고, 적 병사와 민간인의 감정 변화와 함께 행위 유발을 의도했기 때문이다. 적 병사와 민간인의 행동을 일으키기 위해 미군이 취한 방법은 전 지역의 모든 사람들에게 전단을 전달하는 것이다.

곧 미국 심리전 특징 가운데 하나는 엄청난 물량의 전단 인쇄와 살포이다. 종이폭탄으로 알려진 전단은 주로 B-29 폭격기가 전단을 실은 폭탄을 터트리면서 뿌려졌다. 제2차 세계대전 때 유럽전선에서는 80억 장 이상의, 일본 본토에는 2~3개월 동안 2억 장 이상의, 한국전쟁 때 한반도에는 25억 장 이상의 전단이 살포됐다.

이렇게 살포된 전단의 내용은 그 뒤 점령정책으로, 냉전의 언어와 상징으로 굳어졌다. 그런 측면에서 심리전은 전쟁터에서 적의 심리와 행동만을 좌우했던 것으로 그치지 않고 전후 점령과 재건 그리고 냉전과 긴밀한 연관 속에서 이루어졌다.

따라서 여기에서는 태평양전쟁과 한국전쟁 때 살포된 전단을 통해 심리전이 전후 사회를 구성하는 미국의 주요한 정책이었음을 살펴보고자 한다.

첫째, 전단은 크기, 모양, 종류에 따라 다양한데 여기에서는 주간 신문이라는 형식의 한 장짜리 전단인 태평양전쟁 때 살포된 「落下傘ニュース(낙하산뉴스)」, 한국전쟁 때 살포된 '낙하산뉴스'와 「자유세계」를 다루고자 한다. 이를 텍스트로 하는 까닭은 「落下傘ニュース」나 「자유세계」는 주간 발행이라는 정규성을 갖고 있을 뿐만 아니라 신문이라는 형식을 띠어 '객관성'을 유지하는 대표적인 선전도구였기 때문이다. 미국은 심리전을 일본과 독일의 선전전과 비교하면서 객관성과 진실을 전달한다는 점을 강조했는데 그 대표적 형태가 바로 「落下傘ニュース」와 「자유세계」였다.

둘째, 「落下傘ニュース」와 「자유세계」는 신문 형식을 취한 전단이므로 정치, 경제, 사회, 국제, 사설, 4컷 만화 따위의 내용을 갖추고 있었다. 그래서 주제에 따라 어떤 내용을 담고 있는지, 적을 어떻게 호명하는지, 점령과 냉전을 어떻게 다루지를 가늠하게 한다.

셋째, 「落下傘ニュース」와 「자유세계」를 통해 미국의 동아시아 구상이 냉전 전후에 어떻게 전개되었는지 살펴보고자 한다.

미국은 일본의 대동아주의의 허구성과 사라진 꿈을 대신해 태평양을

둘러싼 아시아의 빈곤과 갈등의 해결사로 자처했다. 또한 더 이상 유럽은 '오리엔탈'을 패권주의로 장악할 수 없음을 환기시키면서 미국은 동반자로서의 '오리엔탈'을 상정했다. '아시아-태평양' 시대의 새로운 해결사와 동반자로서의 위상으로 자리매김한 미국은 한국전쟁과 냉전의 심화로 철의 장막을 견제하는 '자유세계'의 보호자이자 장벽의 명확한 경계긋기를 강화했다. 태평양전쟁과 한국전쟁을 사이에 두고 미국의 동아시아 청사진은 일본군의 무장해제와 군비축소의 '평화'에서 장벽의 군비확장과 군사력 강화를 통한 '평화'로 전환됐으며 이러한 변화는 「落下傘ニュース」와 「자유세계」에 고스란히 담겨있다.

2. 태평양전쟁과 한국전쟁기, 미국 심리전

1) 미태평양육군사령부와 극동군사령부의 심리전부

일본이 진주만을 공격한 지 6개월 뒤인 1942년 6월 13일에 루즈벨트는 전략활동국Office of Strategie Service, OSS과 전쟁정보국Office of War Information, OWI을 창설했다.[1] 전쟁정보국은 모든 매체를 이용해 연합군의 전쟁목적을 선전했다. 1942년 7월 13일에 미국의 소리 방송이 시작됐다. 이때부터 전쟁정보국 안에서 심리전이라는 개념이 부각됐다.[2]

미육군은 정보 담당기구인 G-2 아래에 선전반이라는 새로운 이름으로 심리전 사무국을 조직했다. 선전반은 정책과 연락을 담당하며 육군과 전쟁정보국, 전략활동국을 연결시키고 주마다 열리는 전쟁정보국 정책회의에 대표를 보냈다. 그러나 군은 독립된 심리전 기구를 설치하고 전쟁정보국과 전략활동국을 어떻게 활용할지는 각 지역군 사령부에 맡기라고 요구했다.[3] 맥아더가 지휘하는 남서태평양군총사령부는 1944년 6월 심리전과Psychological Warfare Branch, PWB를 설치했다. 이렇게 해서 심리전을 계획하고 실행하는 일은 지역군 사령관의 권한이 됐다. 각 지역군은 육군부, 국무부 및 전쟁정보국, 전략활동국을 포함해 여러 기관으로부터의 연락 또는 통제를 받았다.[4] 맥아더는 태평양 지역의 육군 지휘권을 통합하기 위해 미태평양육군사령부의 창설을 제안했고, 1945년 4월 3일에 미태평양육군사령관으로 임명됐다.[5]

미태평양육군사령부는 전쟁이 끝날 때까지 일본 본토에 2억 2천여 만 장의 전단을, 1945년 9월에는 1억 2천만 장의 전단을 살포했다.[6] 전쟁 동안 미정부의 선전과 정보 프로그램은 논란거리였으며 전쟁이 끝나자 미정부는 선전사업을 그치라는 압력에 부닥쳤다. 의회는 국내 정보 프로그램을 금지시켰고, 대외 선전을 지지하는 의원도 소수였다.[7] 따라서 트루만은 1945년 8월 31일에 OWI의 해체 결정을 발표했다. 그러나 이듬해 1월 중앙정보단Central Intelligence Group, CIG이 설치됐고, 중앙정보단은 1947년 7월 중앙정보부Central Intelligence Agency, CIA로 개편됐다.

미국은 1947년 국가안전법으로 군을 재편하고 육·해·공군 지휘부를 국방장관, 각 군 참모총장과 합동참모회의 의장으로 구성된 합동참모본부Joint Chiefs of Staff, JSC로 일원화했다. 이 법에 따라 군軍의 다양한 정보 부서를 총괄하는 중앙정보부와 국가 안보 체계 전체, 특히 정보 활동 및 계획을 총괄하는 대통령 직속의 국가안전보장회의National Security Council, NSC가 창설됐다.

제2차 세계대전 동안 미국은 OWI나 OSS와 같은 중앙기구를 설치해 모든 심리전과 관련된 정책을 수립하고 통제하려 했지만 성공하지 못했다. 여러 부처에 비슷한 기능을 가진 기구가 있었고 더구나 각 지역군은 심리전과 관련된 조직을 독립적으로 운영했다. 미국은 한국전쟁 동안 이 문제를 해결했다. 심리전을 다루는 중앙기구가 정비됐고 중앙기구의 정책지침에 따라 극동군사령부는 심리전을 수행했다.

미국 국방부는 심리전 정책의 방향과 전략을 마련해서 심리전략위원회, 심리작전조정위원회같은 여러 위원회에 제출했다. 이 기구들에서 심의 통과된 중요정책은 NCS의 승인을 받은 뒤 합동참모본부에 전달되고 다시 합동참모본부는 극동군사령부(유엔군사령부)의 심리전부에 이를 지시하는 과정을 밟았다. 국무부 또는 위원회에서 결정된 정책의 범위 안에서 국방부가 재작성한 정책지침을 비롯한 여러 종류의 지시와 자료도 심리전부에 전달됐다.[8]

한국전쟁이 일어나고 트루먼의 전쟁참가 결정이 내려진 지 24시간이 지나지 않아 전선에 전단이 뿌려졌다. 이와 같은 신속한 대응은 극동군사령부 심리전과의 결정에 따라 이루어졌다. 1947년 극동군사령부는 심리전 부서를 재가동하기로 결정했고, 맥아더의 G-2(정보) 참모 월로비 Charles Willoughy는 계획단을 조직했다. 그는 제2차 세계대전 기간 태평양 지역에서 심리전활동을 했던 그린J Woodall Greene에게 이 계획단을 지휘하도록 했다. 이 팀은 한국전쟁이 일어난 뒤 심리전과로 독립했다. 1951년 6월 17일에 심리전과는 G-3(작전)의 심리전부Psychological Warefare Section, PWS로 재편되어 총사령부 특별참모 부서로 승격됐다. 심리전부는 한국전쟁 심리전의 총책임 기구였다.

한국전쟁 동안 모든 심리전은 극동군사령부의 정책에 따라 이뤄졌고 그 정책은 목적, 주체, 기술 따위로 넓은 범위에 걸쳐 있었다. 심리전과는 미국 정부차원에서 수립된 정책에 따라 선전 주제와 일정표를 작성했고, 이를 주간계획과 정책지침의 형태로 하급부대로 보냈다.

극동사령부는 8군사령부에 1950년 10월 중순 전투지역 심리전을 담당할 장교와 군속을 파견했다.[9] 극동사령부는 심리전의 주제와 각종 지침 및 전단의 양과 살포계획을 실은 주간계획과 정책지침을 8군사령부에 보냈다. 그런데 8군사령부는 한국에서의 심리전과 관련된 실질적인 권한과 자율권을 보장받았고, 8군사령부가 생산한 심리전 내용이 극동사령부

에 보고되어 극동사령부의 정책 결정에 영향을 미쳤다.[10]

2) 태평양전쟁, 「落下傘ニュース」

남서태평양 지역에서 본격적으로 심리전이 전개된 때는 1944년 4월 22일에 맥아더가 북부 뉴기니의 홀랜디어에 상륙한 뒤부터였다. OWI는 호주 시드니에서 작가, 프로듀서, 화가, 편집자들을 모았으며 그 해 6월에 남서태평양군총사령부의 군사전문가와 결합하기 위해서 브리즈번으로 이동했다. 보고서에는 "심리전은 새로운 것이다. 군사학교에서도 결코 생각하지 않았다. 텍스트도 없었다. 계획과 발표의 기술은 생소했다. GHQ의 장교와 사병들은 일본인에 대한 심리전에 매진했다. 왜냐하면 일본 군인들은 일본이 패망할 때까지 싸울 것이라고 많은 사람들이 확신했기 때문이다."라며 그때의 상황이 기술되어 있다.[11]

미태평양육군사령부는 1945년 5월 7~8일에 마닐라에서 심리전회의를 개최했다. 이 회의에는 맥아더 군사비서관 펠러스B.F.Fellers 중장, G-2의 윌로비 소령, 일본인의 심리를 작성한 마쉬비어S.F.Mashbir 대령, 일본 군인의 심리를 작성한 먼슨F.P.Munson 대령 등이 참석했으며 10군, 7함대, 6군, 8군, 제7함대수륙양용부대, OWI, 인도-버마와 남동아시아사령부 등지의 심리전 담당자들이 '일본에 대한 심리전'이라는 주제 아래 모였다. 이 자리에서 일반 목적과 전략계획이 논의되고 결정됐다.

이 회의에서 심리전의 중요성이 재인식됐다. 특히 필리핀에서 항복했던 일본군 포로의 3/4이 항복하는 데에 전단이 영향을 주었다는 사실에 대해 참가자들은 전단이 일본군의 사기 저하를 가져올 것이라고 확신했다. 표 1은 필리핀에서 1944년 11월부터 1945년 7월까지 전단 살포량에 따른 일본군의 포로와 사망자수를 표시한 것이다. 심리전 회의에서는 표 1의 내용을 살포량에 따라 포로가 늘었음을 표시한 것이라 해석했다.

이 회의에서 일본 본토에 더 많은 물량의 전단 살포가 필요하다는 결론이 내려졌다. 극동공군은 마닐라에서 만든 「落下傘ニュース」를 비롯한 다양한 종류의 전단을 살포했다. 「落下傘ニュース」는 매주 1~2백만 장이 인쇄돼 일본군과 민간인에게 살포됐다. 심리전 회의에서 진행된 아래의 대화가 일본 본토에서의 전단 살포가 어느 정도였는지 짐작하게 한다.

표 1　필리핀에서의 전단 살포와 항복의 연관[12]

일자	전단 살포수	포로(A)	사망수(B)	B/A(%)
1944.10.20~12.1	200,000	93	9,345	1.0
1944.12.2~1945.1.1	500,000	241	15,026	1.6
1945.1.2~2.1	3,500,000	859	51,290	1.7
1945.2.2~3.1	6,500,000	906	61,129	1.5
1945.3.2~4.1	10,000,000	714	46,594	1.5
1945.4.2~5.1	8,500,000	1,230	37,180	3.3
1945.5.2~6.1	12,000,000	1,777	34,180	5.2
1945.6.2~7.1	13,000,000	4,397	33,093	13.3
1945.7.2~7.4	1,000,000	276	1,851	14.9
총계	55,200,000	10,493	289,688	

마르퀴아트(Marquardt)-97%는 본토에 3%는 군대에 뿌린다고 했다. 본토에 비행기로 살포하는 계획이 엄청난 규모임에 놀랍다. 나는 독일이 함락되기 전 매일 백만장 이상을 공중에서 신문을 살포했던 것 이외에 아무 것도 관심이 없다. 일본전선에서 비슷한 작업을 해야 한다면 우리는 대략 어느 정도 (투입돼야)하는가?
마쉬비어-(정확하게)말할 수 없다. 이 정보가 모든 곳의 모든 일본인에게 전해져야 하기 때문에 일본 전역에 살포되어야 한다.[13]

심리전과는 일본인의 사기저하, 군벌과 천황의 분리, 평화라는 3가지 기본 방향을 결정했고, 「落下傘ニュース」는 이를 기반으로 작성됐다. 「落下傘ニュース」는 1945년 3월 15일(1호) 이래 매주 발행됐다. 여기에서는 1호(3.15.), 3호(3.29.), 5호(4.14.), 6호(4.21.)를 제외한 2호부터 23호

(8.18.)까지 이용했다. 표 2는 「落下傘ニュース」의 주제에 따른 분류이다.

표 2   「落下傘ニュース」 내용분류

폭격	57	미군진격 점령	65	무기	18	정치	21
사회	18	적손해, 사상자	4	항복	9	소련군	11
일본군	28	저항	5	연합군	13	구호, 재건	4
수용소	9	미군	19	미국	20	미군정	9
포츠담	4	유럽전선	15	선전	8	천황	4
기타	5						

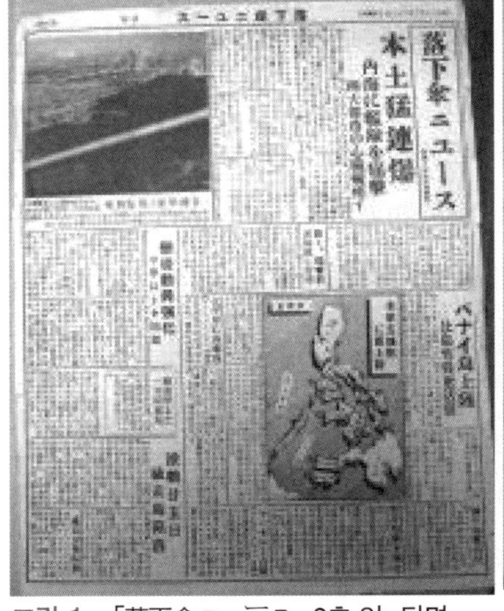

그림 1   「落下傘ニュース」 2호 앞, 뒷면

　　표 2에 따르면, 미군 진격과 점령이 65건, 폭격이 57건으로 매호마다 관련 내용이 실렸다. 일본 정치와 사회, 일본군, 미군, 미국에 관한 기사는 20건 내외로 비슷한 비중을 차지했고 소련군에 관한 소식도 종종 소개됐다.

　　PWB는 일본의 항복으로 정보보급과로 재편됐다. 미태평양육군사령부는 태평양지역에서 행한 심리전은 무제한의 정보를 제공하고 평화를 가져왔다고 만족했다. 따라서 심리전은 아군의 도덕 보강, 사상자수의 감소, 기만작전의 확장, 적의 사기 저하와 항복 유도, 적 결정의 방해, 군 점령에의 활용 따위의 성과를 가져왔으므로 미태평양육군사령부는 미국 심리전의 잠재성을 이용해야 함을 주장했다.[14]

3) 한국전쟁, 낙하산뉴스

극동사령부는 1950년 7월 7일과 11일에 북한이 점령한 지역의 민간인을 대상으로 60만장, 8일에 한국의 민간인을 대상으로 45만여 장의 「낙하산뉴스」1호를 살포했다. 그 뒤 3개월 동안 총 19종의 14,686,000장의 낙하산뉴스가 살포됐다. 낙하산뉴스는 제2차 세계대전 때 남서태평양지역 일본인을 대상으로 뿌린 전단 가운데 가장 대중적이고 성공적인 이름이었다.

제2차 세계대전 때 뿌려진 「落下傘ニュース」는 신문의 형식을 빌려 만들었지만 한국어로 된 낙하산 뉴스는 신문이 아닌 간단한 소식을 전하는 정도였다. 낙하산뉴스는 1950년 7월(1~4호), 8월(5~6호), 9월(7~16호), 10월(17~19호)에 집중적으로 뿌려졌다. 9월 1일에 7호, 3일에 8·9호, 6일에 10·11호, 9일에 12·13호, 28일에 14호, 29일에 15호, 30일에 16호가 살포됐다. 살포 대상자는 북한군뿐만 아니라 북한이 점령한 지역의 민간인까지 포함됐다. '한국충돌에 관한 현재까지 뉴스를 사람들에게 알린다.'는 것을 목적으로 한 낙하산뉴스 1호의 첫 내용은 '평양폭격'으로로 아래와 같다.

북한 괴뢰집단은 이번의 미국군 폭격으로 말미아마 그들의 소위 수도라고 부르는 평양이 폭격을 당하여 미국군이 다대한 전과를 내인데 대하여 그들은 크게 분개하고 잇으나 아무러한 대책도 없는 모양입니다.

미군의 폭격으로 말미아마 막대한 손해를 입은데에 대하여 일반민심을 안정시힉고저 괴뢰집단은 라디오로 비행기 두 대를 격추하엿다고 발표하엿습니다. 그러나 사실은 우리편 비행기는 한 대도 떨어지지 않엇습니다.

미군비행기는 함흥공업지대의 중심지인 연포비행장을 습격하여 크나큰 손해를 입혔습니다.

낙하산뉴스 1호의 살포일은 1950년 7월 7일, 8일, 11일이다. 낙하산 뉴스 2호는 7월 17일에 '사기저하'라는 목적을 갖고 80만 장이 북한군을 상대로 뿌려졌다.

여러분은 왜 이렇게 군량이 줄어들고 전차와 트럭에 필요한 개솔린이 점 점 부족하여 가나 궁금하실 것입니다. (…) 간단히 설명하면 유엔 연합 군의 항공기가 전선북쪽으로 출동하여 밤낮으로 비행장과 개소린 탱크와 군량과 탄환을 남쪽으로 실어나리는 열차를 폭격하고 잇는 까닭임니다. (…) 유엔연합군에 총사령관 맥아더 장군은 그의 지시하에 잇는 여러나 라 군대에게 북한군 포로를 잘 대우하라고 명령하엿습니다.

7월 3일에 북한군은 한강을 넘어 남쪽으로 내려오고 있었고 7월 20일 에 대전을 장악했다. 그리고 1950년 8월 초부터 9월 중순까지 낙동강 방 어선을 두고 남북 간의 치열한 교전이 벌어졌다. 따라서 낙하산뉴스 1, 2 호의 선전처럼 북한군의 군량이 부족하거나 미군에 잡힌 북한군 포로도 없었다.

제2차 세계대전 때 미태평양육군사령부의 심리전과는 "비록 유창한 연설일지라도 우리의 언어는 적을 성공적으로 굴복시킬 수 없다. 심리전 은 승리한 군대들보다 더 빠르게 전진할 수 없다. 그것의 기능은 군사적 승리를 활용하는 것이다."라고 심리전 수행의 주의를 지적했다. 심리전 이 효과를 갖기 위해서는 군사적 승리를 앞질러 제기할 수 없다는 점이 다. 북한군이 점령한 지역에서 사기저하를 목적으로 북한군에게 위와 같 은 전단의 살포는 어떤 효과도 가져올 수 없었다.

미군과 협력관계였던 존스홉킨스대학교 작전연구소는 한국전쟁 때

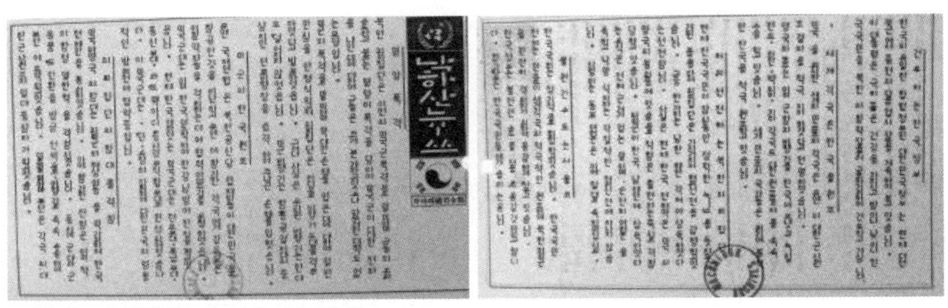

그림 2　낙하산뉴스 1호 앞, 뒷면

뿌려진 '낙하산뉴스'의 내용이 아닌 형식에 대해 문제를 제기했다. 작전연구소는 한국전쟁 때 제작된 낙하산뉴스는 뉴스도 아니고 적당한 선전 전단도 아니라고 혹독하게 비판했다. 작전연구소는 뉴스라면 다음의 특징을 가져야 한다고 지적했다. "첫째 신문 편집에 익숙한 사람들에 의해 준비되어야 하고, 둘째 한 유형의 독자를 목적으로 해야 한다. 즉 청중이 둘이면 두 개의 신문이 인쇄되어야 한다. 셋째 지속적인 이슈는 시기적절한 지역의 주요한 것만을 인쇄해야 한다. 넷째 정규적인 발행을 해야 한다. 그런데 낙하산뉴스는 부정기적으로 발행했다."[15] 결국 낙하산뉴스는 19호(1950.10.7.)를 마지막으로 자취를 감췄다.

4) 한국전쟁, 「자유세계」

낙하산뉴스는 제2차 세계대전 때와 같은 역할을 하지 못했다는 판단에 따라 폐기됐다. 이 낙하산뉴스를 대체한 매체가 「자유세계」이다. 「자유세계」는 주간으로 약 100만에서 200만 장씩 제작·살포됐고, 1951년 2월 23일에 제1호가 발행됐다. 「자유세계」 창간호는 발행한 목적을 이렇게 설명했다.

전 한국 국민에게 고함!
자유세계는 전진하고 있다.

대한민국, 미국, 백이이, 콜롬비아, 캐나다, 뉴질랜드, 불란서, 멕시코, 남아푸리카연방, 비률빈, 서전, 씨리아, 태국, 토이기, 애급, 호주, 히랍, 영국, 화란, 인도.

이상 자유세계의 많은 나라들은 대한민국의 전국민을 공산주의 노예세계로부터 해방시키려고 굳게 단결했다. 이 "자유세계 주간신보"는 유엔의 자유세계와 공산주의 노예세계로부터 나온 뉴스를 요약하야 매 주일마다 여러분에게 보내드리려고 한다.

이 "자유세계 주간신보"는 모든 진실을 보도하는 것이며 또한 무상으로 여러분에게 보내드리는 것이다.

여러분 자신을 위하여 공산노예세계의 철창생활과 자유세계의 평화롭고 안전한 생활을 마음대로 선택할 수 있다.

눈길을 끄는 대목은 세계를 자유세계(유엔)와 노예세계(공산주의)로 나눈 점이다. 발간의도가 노예세계에 살고 있는 사람들에게 자유세계의 소식을 알리기 위함이라고 했다. 그 의도는 뉴스의 제호에서도 드러난다. 제2차 세계대전 때 뿌려진 주간뉴스인 '낙하산'이라는 명칭은 어떤 정치적, 이데올로기적 경향을 드러내지 않고 단순히 하늘에 떨어지는 모습을 형상했다. 반면 「자유세계」는 창간호에서 밝혔듯이 정치적 의도를 명확히 했다. 「자유세계」가 언제 폐간되었는지 정확하게 확인할 수 없지만 휴전협정 뒤에는 한국의 군과 민간인을 대상으로 해 발행됐다. 추측컨대 휴전협정 뒤, UNCACK이 KCAC로 변경되고 KCAC 지방팀이 1955년 9월 30일에, 중앙본부가 10월에 해체됐는데 이때 「자유세계」도 폐간되었을 것이다.

「자유세계」는 뉴스를 전하는 신문이라는 형식을 띠고 있었기 때문에 사설, 미국, 중국, 소련 등의 세계정세, 유엔, 한국의 정치·경제·사회, 전쟁뉴스, 4컷 만화 따위로 구성되어 있다. 이는 신문이라는 형식을 빌어 공정성의 추구를 알리는 장치였다. 「자유세계」 1호부터 폐간될 때까지 기사를 모두 수집하지 못했지만 여기에서는 총 95종을 확인했다. 95

종은 1951년에 44종 가운데 37종을, 1952년에 27종을, 1953년에 14종을, 1954년에 17종이다. 그 내용을 분류하면 표 3과 같다.

표 3 「자유세계」내용분류

구분		1951년	1952년	1953년	1954년
국내	정치	19	9	6	6
	경제	4	5	1	-
	사회	29	22	10	5
	보건위생	7	8	-	1
	기념일	-	3	3	1
	인물	6	8	2	1
	군	26	9	5	3
유엔	유엔	10	6	6	1
	유엔군	56	20	2	4
	원조	36	24	10	5
미국(무기)		14(3)	11(3)	16(8)	16(7)
중국		29	5	1	7
북한		6	4	7	1
동유럽(소련)		20(4)	5(4)	15(3)	14(11)
국제뉴스(아시아)		12(6)	9(5)	14(6)	30(19)
사설		29	23	15	16
전쟁뉴스(폭격)		48(13)	46(25)	9	-
휴전협정 정치회의		26	27	16	8
포로		9	10	10	7
기타		2	4	1	1

표 3에 따르면, 1951년도 한국의 군, 사회, 정치 관련 기사보다 더 많은 것은 유엔 관련 기사다. 유엔 관련 기사는 유엔의 성명, 참전소식과 유엔군의 구성 그리고 원조와 관련된 내용이다. 국내 뉴스는 정치보다는 교육, 고아, 피난민과 관련된 사회 및 보건 위생과 군 관련 내용이 많았다. 폭격을 포함한 적 사망자 수를 알린 전쟁뉴스나 휴전협정의 진행은 1951, 52년에 꾸준하게 소개됐다. 한편 「자유세계」는 북한을 직접 취급하기보

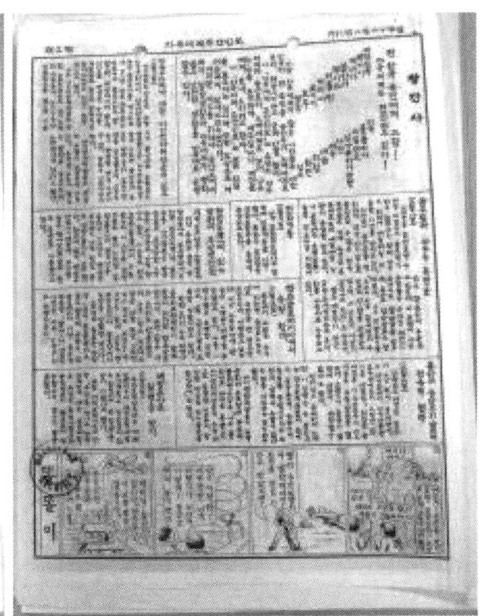

그림 3 「자유세계」 1호 앞, 뒷면

다 중국이나 동유럽에서의 사건을 다루는 형식으로 공산주의에 대한 비판을 실었다. 소련 관련 기사는 4건에 불과했지만 중국을 다룬 기사는 29건이었다. 1951년도의 이런 경향은 1952년도에도 유지됐다. 1953, 54년에는 유엔군이나 유엔의 소식이 줄어들면서 미국 관련 기사가 늘어났는데 특히 수소탄이나 핵(무기) 관련된 내용들이었다. 그리고 휴전협정 뒤부터 소련 기사는 동유럽을 통한 간접적 전달 방식이 철회됐다. 1954년에 반공과 관련된 아시아 뉴스가 늘었다.

3. 냉전 전후의 동아시아에 대한 미국의 청사진

1) '대동아'를 대신한 평화로운 '아시아-태평양' 시대

(1) 사기저하와 폭격

미태평양육군사령부 심리전과는 일본인의 성향을 열등한 콤플렉스, 쉽게 믿음, 엄격한 생각, 와전된 성향, 자기 극화, 지나친 공격성, 잔인함, 불요

불굴, 자기파괴적 전통, 미신, 체면의 중시, 극도의 감정, 가정과 가족에 대한 애착, 천황에 대한 숭배 따위로 규정했다.[16] 이런 성향 때문에 일본 병사들은 태평양전쟁에서 "일본군은 다른 어떤 군대보다 월등하다. 일본군은 항상 공격하고 승리한다. 일본 병사들은 결코 항복하지 않는다. 백인 지배로부터 아시아를 해방하는 신성한 전쟁이다."라고 믿는다며 심리전과는 이를 교정하기 위한 심리전의 필요성을 제기했다.[17] 심리전의 기본정책은 사기저하, 군벌과 천황의 분리, 평화를 기반으로 했다.

심리전과는 일본인의 사기를 떨어뜨리기 위한 두가지 방향을 결정했다. 하나는 동양과 서양의 대립이 아닌 조화 그리고 그 담당자로서의 미국의 강조이고 다른 하나는 군사적 패배의 필연성과 일본의 파괴였다.

심리전과는 '미국의 이상적이고 사심 없는 전쟁의 목적을 동양인에게 알리기 위해 심리전 수행자들의 책임이 크다'며 서양과 동양 간의 상호 존경과 믿음을 만들고 일본인들에게 '대동아의 꿈은 죽었다. 일본은 봉쇄되었다.'라는 믿음을 심어줘야 한다고 했다. 대동아주의는 서양을 적으로 간주하며 태평양전쟁을 일으켰지만 이는 미국을 이해하지 못했기 때문에 발생했다는 것이다. 곧 대동아주의는 독립선언, 헌법, 대서양헌장, 종교적 인내, 정당한 재판절차에 의한 죄의 적용, 노예제도 반대, 개인의 존엄, 인간에 대한 신뢰 따위와 같은 미국의 정치적 이상과 민주주의를 이해하지 못하기 때문이라는 것이다. 마닐라에서 개최된 심리전 회의에서 펠러스는 '미국은 필리핀에서 서양–동양의 해묵은 갈등을 해결하고 서로에게 이익을 가져다 주었다.'고 언급했다. 곧 그는 동양이 안정되면 마닐라는 동양에서 가장 서양적인 도시로 개발될 것이며 미국의 영향은 태평양에서 극동으로 퍼져나갈 것이라고 예측했다.

일본인의 사기저하를 불러올 수 있는 또 다른 정책은 군사적 패배와 일본의 파괴를 알리는 것이었다. 이는 아래와 같은 감정과 인지를 가져와야 했다.

군사적 패배는 불가피하다.

육군과 공군은 충분하지 않다.

전략도 열등하다.

함대는 부족하다.

일본은 봉쇄됐다. 전쟁의 지속은 일본을 파괴할 것이다.

「落下傘ニュース」에서 군사적 패배-전략, 무기, 공급선의 부족-와 일본의 파괴를 가장 잘 실현시키는 방식은 폭격을 형상화하는 것이다. 「落下傘ニュース」에서 폭격 관련 기사는 미군의 진격과 함께 가장 많이 취급됐으며 총 57건이다. 거의 매호마다 폭격 소식을 다루고 있다. 표 4는 「落下傘ニュース」에서 폭격을 다룬 기사이다.

표 4　폭격을 다룬 기사

2호	본토 맹 연폭-내해에 함대를 맹격, 4대 도시의 심장을 마비시키다/대일 공폭을 강화/도쿄 대혼란, 역에 난민 넘쳐나	3건
4호	다치카와(立川) 첫 공습, 나카지마(中島)를 저공폭/대만을 의연 맹폭/포켓트 진격, 독일의 대군을 붙잡다/하늘의 총공격, 독일 바로 혼돈상태/미 잠수함 활약, 공모 외 10척 격침/미 잠수함 함대의 크기, 기지 각소에 완성하다	6건
7호	큐슈 맹 연폭-직접엄호기(直掩機)도 활약/ '하늘의 요새' 도쿄 폭격 속행-지진 이상, 공장 지대 2분의 1 괴멸/대만도 습폭-타이페이가 최대 목표	3건
8호	대만의 각 군사시설을 맹 연폭/B29 공전의 맹폭, 시코쿠를 첫 폭격/선박 21척을 격침, 대륙을 반복 폭격/아사쿠사, 니혼바시 등 17구 괴멸, 그 이외의 지구도 피해 심대/올해 중에 백만여 톤 투하/어디가 진짜?	6건
9호	삼대폭격행(三大爆擊行)-B29 다시 본토를 강습/미국의 잠수함대 400만 대 격침	2건
10호	B29 오백여 기-나고야의 미츠비시(三菱) 공장을 맹폭/ 대만 연폭	2건
12호	제도(帝都) 다시 맹화에 휩싸이다-마루노우치(丸の内) 괴멸- B29 소이탄 공격을 감행/대만, 프랑스령 인도차이나, 보르네오 맹폭/166기를 격추/치시마를 포격/영국의 새 초중폭(超重爆)	5건
13호	요코하마를 습격-항만지구에 맹화/다시 40척 격침/일본의 선박 20여만 척을 격침/대만을 다시 폭습	4건

14호	대만 연폭(連爆)-중국 중남도 산하(傘下)에/칸토, 칸사이의 공장시설 맹폭	2건
15호	아마가사키를 폭격-각 군수공장 맹화를 발하다/아대륙 연해를 완전 봉쇄 - 홍콩, 사이공 등을 맹습/격전 9일간-나하 비행장을 공략	3건
16호	대만, 대륙을 습폭/공장지대를 연폭-구레 군수품 제조공장 밖 12 도시를 치다/수마트라 공습	3건
17호	세 번 본토 폭격	1건
18호	미 기동부대 대거 출격, 帝都를 대공폭, B29도 5개시를 맹폭/고후, 아카이시의 공장을 맹폭/극동 항공군 활발-본토, 대만을 연속공습	3건
19호	가마이시(釜石), 무로란(室蘭)을 포격-제3함대 본토수역에 진출, 일본 측 해공군의 저항 전혀 없어/대만, 대륙을 연폭/ 일본 내륙도 B29 산하-이미 38개 도시 맹폭 당해	3건
20호	극동공군 대륙을 산하에, 연안시설, 선박을 맹폭/4백여 척을 격침-제3함대의 전과 일부 발표/B29 점점 맹위를 떨치다-우베(宇部)의 석탄액화 공장에도 폭격/본토공격은 용이-위약한 일본의 운수	4건
21호	맥아더 휘하의 극동공군-구레 군항, 운수기관 등을 맹습	1건
22호	불꽃의 도가니가 된 나가사키 시 부두의 참상-더욱 맹위를 떨치는 미 항공대/원자폭탄, 히로시마에 투하되다/예고폭격 이미 10(개) 도시-일본 측의 저항은 극히 미약/한번 폭격에 4만 5천 명/웨이크 섬을 포폭/미 폭격기부대 만주에 진공	6건

아래는 「落下傘ニュース」2호의 '4대 도시의 심장을 마비시키다'라는 기사와 22호의 '원자폭탄-히로시마에 투하하다'는 기사의 내용이다.

이제 일본에 대한 공폭은 그 참해(慘害)에서 대독 폭격에 비견될 정도의 규모에 달하고 있다. 미군에 의해 야기된 화재는 도쿄, 오사카, 나고야, 고베의 심장부를 광범위하게 걸쳐 파괴시켜 음침한 퇴적장으로 변화시켰다. (…) 8일간에 걸친 미군의 거인기(巨人機), 초 '하늘의 요새'는 혼슈 상공에 1,500회의 출격을 감행, 일본에 있는 고도의 내화(耐火)시설이 갖춰진 중심지에 공습용으로 연구된 특수 소이탄 약 11,000톤을 투하했다. 이 공격이 개시된 것은 지난 3월 10일 이래의 일로, 이 날 300여 기의 B29가 도쿄의 중심 17평방마일 지역을 파괴했다. 똑같이 12일 나고야에 대해서 같은 폭격이 행해졌다. 계속해서 14일 오사카 시는 2,300톤의 폭탄으로 화염에 휩싸여 5평방마일은 폐허가 되었다. 또 16일에는 2,500톤의 소이탄이 고베 시 상공에서 5평방마일에 걸쳐 투하되었다. 같은 달 19일 최초의 대공습 이후⋯다시 2,000톤의 소이탄이 나고야 시에 던져졌다.[18]

포츠담 선언의 내용을 거부한 일본에 대한 회답으로써 미 육군항공부대는 TNT 폭탄 2만 톤 이상에 상당하는 원자폭탄 한 개를 일본 본토에 투하했다. 이 경이적 신병기는 지금까지의 최대폭탄 2천 배 정도 되는 위력을 가지고 있으며, 첫 번째 폭탄은 히로시마에 투하되었다. 그것도 딱 하나였다. 새 폭탄에 대해 트루먼 미 대통령은 다음과 같이 말했다. "새 폭탄은 우주의 기원적 힘을 구비하고 있다. (⋯) 우리의 조건을 거부한다면 지구상에서 전에 보지 못했던 하늘에서 내리는 파괴의 비가 내릴 뿐이다."[19]

매호 실린 폭격기사에는 '뒤틀린 동철류', '부서진 콘크리트', '소이탄이 비처럼 낙하', '도시의 대부분은 잿더미', '하늘에서 내린 파괴의 비', '7,000-8,000여 폭격기가 독일에서 3주간 행한 연속폭격으로 혼돈에 빠진 독일' 따위로 위협·무력감·공포를 불러일으킬 수 있는 내용들로 채워졌다. 「落下傘ニュース」의 1/3가량이 미군의 진격과 점령 그리고 폭격으로 채워졌다.

(2) 천황과 군벌의 분리

심리전의 두 번째 기본 정책은 전쟁책임을 몇 명의 군국주의자들에게 넘겨씌우는 것이다. 이를 위해 군국주의자들 대 천황·국민·병사들이라는 분리된 구도를 만들어 심리전이 수행됐다. 이를 수행하기 위한 구체적 방침은 천황과 군국주의자들의 차별성을 알리고, 천황을 공격하지 말고 가급적으로 언급하지 말라는 지시였다. 「落下傘ニュース」에서 천황에 대한 기사는 347건 가운데 '천황, 폭격 피해 지구에 행차'(2호), '아동에게 하사품'(4호), '국민에게 조칙'(8호), '천황 친히 마이크를 향해 폐전을 국

민에게 선언하다'(23호)인 4건에 불과했다.

> 지난 주 천황폐하께서는 공습 하의 이재민에게 내탕금을 하사하시었는
> 데, 그 즈음 국민들에게 내리신 칙어의 일부는 다음과 같다. "전황이 점점
> 위급하여, 적이 우리 영토를 침습(侵襲)하니 점점 가열(苛烈)을 더해간
> 다. 짐이 적자(赤子; 백성)로 하여, 혹 비명(非命)에 죽고, 상흔에 괴로워
> 하거나 혹은 가재(家財)를 잃고 직업을 잃어 그 삶을 이어갈 수 없는 자
> 있음을 보면 짐의 (마음이 착참 하노라). 이에 내탕금을 내어 이를 구재,
> 진작하는 자금으로 충당하게 하라."[20]

위의 사례처럼 천황이 폭격지구를 둘러보거나 이재민에게 하사품을
내렸다는 내용이다. 미태평양육군사령부 심리전과는 철저하게 천황을 언
급하지 않았을 뿐만 아니라 여전히 '일본 국민'을 돌보는 존재로서 부각
시켰다. 1945년 6월 미국 갤럽이 실시한 천황에 대한 여론조사는 처형
33%, 전범 재판 17%, 수감 11%, 국외추방 9%, 무죄(그저 형식일 뿐) 3%
였다.[21] 미국내의 여론과 다르게 '천황에게 전쟁 책임을 묻지 않는다'는
방침은 미국의 점령정책으로 이어졌고, 전후 동아시아의 끊이지 않는 갈
등과 분란을 남겼다.

천황과 갱스터/군벌 분리하기의 두 번째 방침은 군국주의자들과 국
민, 병사들 사이를 벌어지게 하는 것이다. 이를 수행할 때의 금지조항은
아래와 같다.

> 진실을 말해라, 결코 틀리게 보도하지 마라
> 말하는 자는 확신을 가져라. 결코 자랑하지 마라
> 취약점에 호소해야 한다. 결코 적의 강함을 공격하지 마라
> 적 갱스터를 공격하라. 결코 일본인을 공격하지 마라
> 군 파벌을 조롱하라. 일본인을 조롱, 기분 상하게 흉보지 마라

항상 "출구"를 제시하라. 해답이 없는 문제를 제시하지 마라.[22]

일본인이나 병사들에게는 수치심과 굴욕, 모욕을 주는 언어 사용이나 감정을 일으켜서는 안된다는 경고이다.

분리방식은 전쟁범죄자인 군국주의자들을 군대의 일부 파벌로, 갱스터로 부르고 이들은 외교, 내무 그리고 전선에서 무능하고 전쟁에 대해 거짓말을 하고 있음을 증명하는 것이다. 「落下傘ニュース」에서 군국주의자들의 무능은 부상병에게 자결을 명령하는 방식으로, 군함이 침몰될 때 후속조치 없이 군대를 놓고 떠난 장교의 행위를 비난하는 형태로 전개됐다. 또한 전선에서 승리했다는 거짓말로 비전투원들에게 책임을 전가하고 있음을 알리는 것이었다.

지난주 마닐라에서 일본의 한 포로에 따르면 중앙군의 작전 명령에는 '전투에 참가할 수 없는 부상병은 자결하라'고 지시되어 있고, 사이키(佐伯) 부대의 공격작전계획에는 '치료의 기미가 없는 부상자는 후송하지 말고 그대로 전선에 두라'고 명령되었다고 한다.[23]

지금 일본에 패전국의 운명을 끼친 군부 각층의 추태는, 우리가 하나같이 의분(義憤)을 느낀 것이다. 그들은 진실을 알 도리가 없는 일본국민을 속이고, 본토 방위에서 공연히 비장한 기운을 부채질하며, 그 그늘에 숨어서 패전 책임의 소멸을 꾀하려고 한다. 적어도 그들(이) (…) 일본을 해치려는 비열 무도한 무리가 아니라면 어떤 자일까?[24]

군국주의자들의 무능과 거짓은 오키나와 점령지에서 미군의 행위를 소개하면서 일본군과 비교해 드러나도록 했다. 곧 미군은 비전투원을 살해, 고문하거나 굶겨서 죽이지 않는 반면에 일본군은 노예와 같은 고역에 종사시켰다고 강조됐다.

2) 장벽의 안팎

(1) 자유세계와 노예세계

국무부, 국방부, CIA의 대표로 구성된 심리전략위원회는 1950년 7월 10일 정책지침 1호를 결정했고, 8월 8일에는 '공산군의 침략계획, 북한 식량의 시베리아로의 송출' 따위의 33가지 심리전 주제를 결정했다. 극동군사령부 심리전과는 1951년에 이들 주제를 기반으로 40항목으로 정리했다. 이 항목은 '유엔, 유엔의 원조와 힘, 소련과 중국의 착취, 김일성에 대한 비판, 북한정권에 대한 비판, 한민족 한국가'라는 대주제로 구분할 수 있다. 심리전을 수행할 때에 미태평양육군사령부와 극동군사령부의 가장 큰 차이는 적의 심리와 규정에 있다. 태평양전쟁 동안 미태평양육군사령부는 일본인과 일본군인의 성향 또는 기질에 대한 연구를 바탕으로 정책과 방향이 제출됐다. 반면 한국전쟁 동안 극동군사령부는 남·북한 민간인, 군인의 성향을 지리·기후·역사를 기반으로 제출한 것이 아니라 「자유세계」 창간호에서 밝혔던 노예세계라는 '공산주의', '공산정권', '공산당'에 대한 규정에서 출발했다. 이는 세계를 이분법으로 구분하는 냉전의 영향으로 더욱 강화됐다.

심리전략위원회는 1950년 8월 8일에 33가지 심리전 주제를 논의하면서 4가지 원칙을 강조했다.

> 첫째, 언제나 미국의 의견으로 말하지 말고 유엔으로 말하라.
> 둘째, 내전이 아니라 침략에 따른 충돌로 말하라.
> 셋째, 이데올로기나 이론적 용어가 아닌 일상생활에 영향을 주는 눈에 띄는 용어로 공산주의를 공격하라.
> 넷째, 쉽게 표현하라.[25]

「落下傘ニュース」가 1면에 10단으로 구성된 반면 「자유세계」는 5단

으로 구성돼 기사분량이 적었지만 '사설'을 배치했다. 사설이야말로 유엔 군사령부 즉 극동군사령부의 전략을 가장 잘 드러내는 부분이다.

「자유세계」의 사설은 유엔군을 포함한 유엔과 북한, 중국, 소련을 포함한 '공산' 국가의 소개로 나뉜다. 1951~1952년에는 유엔의 분량이, 1953~1954년에는 '공산' 국가에 대한 분량이 많았다. 그리고 전황에 따라 휴전협정과 포로에 관한 내용도 소개됐다.

'유엔군과 공산군'이라는 사설에서 유엔군은 "피부의 색깔은 가지가 지일망정 그들에게는 공통한 점이 한가지 있으니 이는 곧 자유 그것이다. 나라가 크고 작고 간에 각국은 그 아들들을 동원해서 한국에 보내 각국이 누리는 자유를 위해 싸우게 한 바이다. 그들이 한국에 온 이유를 다시 한번 말하면 그들이 한 자유국가가 공산주의자들의 침략의 희생이 되어 거꾸려지는 것을 수수방관할 수 없었던 까닭이다."라고 소개했다.[26] 또한 한국은 유엔의 세계 평화를 실현하는 사례로 강조됐다.

「자유세계」에서 유엔군과 유엔은 자유와 평화의 상징이었다. 그렇다면 '쉽게 표현해라'는 원칙은 자유와 평화를 설명하는 데에 어떻게 적용됐는가?

노예세계인 북한은 "선거도 자유롭게 할 수 없다. 북한에서는 공산당이 지명한 한 사람의 입후보자에 대하야 백성들은 단지 '가'하다고 억지로 투표하여야 한다."거나[27] "북한공산주의자들은 가진 수단을 다하여 학생들이 공산주의자가 되기까지 교육을 시킨다. 이 교육제도는 중공서 시행되고 있는 소위 학습 세뇌(뇌를 씻는 것) 등의 방법을 통하야 백성들로 하여금 강제적으로 공산주의자가 되도록 힘쓰고 있는 교육제도와 조금도 다름이 없"다.[28] 사설에는 노예세계라고 규정된 북한의 정치(선거), 경제(토지개혁), 교육제도를 소개하면서 '복종하는' 자유만 존재한다고 소개하고 있다.

노예세계의 국가 간 관계도 "로서아는 북한에서 쌀을 가져가는 대신에 총칼을 북한 공산당에게 주어 이로 하여금 남북통일이라는 미망 아래 부모형제를 살상케 하는 잔악한 한국전쟁을 일으키게 하였다. (…) 로서아의 야망은 이 두 나라가 침략전으로 약해지는 틈을 타서 그 지배권을 더 강화하자는 것”이라며 주인-노예의 관계라고 폭로한다.[29] 따라서 ‘공산진영’의 국가 간 관계가 주인-노예의 관계이기 때문에 이 전쟁은 대리전쟁이며 꼭두각시 전쟁이라 규정됐다. 꼭두각시 전쟁인 까닭에 “제군이 방금 쓰고 있는 병기와 탄약은 중공군으로서는 쓸 수도 없고 또 쓰기를 싫어하는 것들이다. 제군이 먹는 음식은 중공군이 먹고 남은 찌꺼기인 것이다.”라며 북한병사들에게 충분한 음식과 무기를 주지 않으며 38선 경비도 북한군이 아닌 중국군이 맡는다고 강조했다.[30]

「자유세계」의 사설에는 유엔(군), 소련과 중국의 착취, 북한에 대한 비판 등의 심리전 주제와 4가지 원칙이 적용됐다. 「자유세계」에서 노예세계라고 지칭되는 북한, 중국, 소련과 관련된 기사는 1951년도에는 북한 6건과 소련 4건 정도였으며 1952년에도 크게 다르지 않았다. 소련을 직접 언급하기보다는 동유럽를 소개하면서 ‘반공=반소’라는 내용을 중심으로 다루고 있다. 1953년에는 북한 기사가, 1954년에 소련의 기사가 이전에 비해 많은 비중을 차지했다. 1951년에는 중국과 관련된 기사가 가장 많았고 중국을 통해 ‘공산정치’의 실상을 고발하는 방식이 채택됐다.

> 주은래 수상은 이제까지 주던 병원 보조비를 금후로 안줄 것은 물론 이미 준 보조비까지도 정부로 돌릴 것을 명하고 “이제부터는 정부 내각의 공식 허가 없이는 (한국전선에 온)부상병을 받아서는 안된다”고 하였다고 한다.[31]

> 중국으로부터 들려오는 믿을만한 보도에 의하면 중공 정부는 중국 부녀자들을 강요하여 공산당원들과 결혼하게 한다고 한다. 이 전국적인 결혼 배급운동으로 인하여 18세부터 45세까지의 부녀자들이 그야말로 강제로

공산당원들과 결혼을 하게 되는데 이미 결혼한 부인들도 본 남편을 버리
고 결혼하지 않으면 안된다고 한다.[32]

최근 소식에 의하면 상해시민은 중절모도 쓸 수가 없다고 한다. 왜냐하면
중절모와 색안경을 쓴 사람은 모두 국민당 비밀공작원이라고 어떤 중공
군만화가가 그렸기 때문이다. 이로 모든 상해시민들은 모자는 있어도 집
에다 두고 맨머리 바람으로 출입한다고 한다.[33]

후방으로 옮겨진 부상병의 치료 거부, 공산당원과 강제결혼, 중절모
를 쓰지 못하는 현실 따위로 중국의 정치 현실이 소개됐다. 이 밖에도 토
지개혁의 실시로 지주의 검거, 고문, 처형이 일어나고, 이민통제, 요식업
자의 등록과 강제 보고, 동독일 내의 강제노동수용소로의 중국인의 이주
따위가 소개됐다. '이데올로기나 이론적 설명이 아닌 일상생활에서 부딪
히는 문제를 제기하여 공산주의를 공격하라'는 심리전의 원칙은 중국의
실상을 알리는 데에 적용됐다. 즉 「자유세계」는 강제결혼을 해야 할 현
실, 중절모를 쓰지 못한 현실, 이동의 자유가 보장되지 않은 현실, 강제노동
수용소에 갇힌 일상을 통해 자유가 보장되지 않는 '공산진영'을 소개했다.
「落下傘ニュース」와 비교할 때 「자유세계」는 상당히 수준 낮은 기사
들로 채워져 있다. 「落下傘ニュース」의 경우, 일본 국내 실정을 밝힐 때
"도쿄의 『마이니치신문』은 또 이렇게 분개하고 있다. (…) 『아사히신문』
에서는 남방에서 막 돌아온 사람의 담화를 싣고 있는데, (…) 『도쿄경제
신문』에서는 일본 외교조사회 회장 고무로小室 씨가 다음과 같이 적고 있
다." 따위로 그것의 진위여부와 관계없이 출처를 밝히고 있어 객관성을
유지하려는 모습을 갖추고 있었다. 그러나 「자유세계」는 '홍콩에 들어온
보도에 의하면', '중국으로부터 들려온 믿을만한 보도에 의하면'. '최근
소식에 의하면' 따위로 뒷골목에서 나올 법한 이야기들로 중국의 현지 상
황을 소개했다.

중국소식 오늘의 광동성 아홉가지 많은 사실; 1. 하두많은 가난뱅이 2. 지독히 많은 굶어죽어가는 사람 3. 굉장히 많은 행상인 4. 무지무지하게 많은 세금 5. 헤아릴 수 없이 많은 죄수 6. 너무도 많은 문닫은 전방 7. 놀낼 만하게 많은 헌것들 8. 수없이 많은 실직자들 9. 끔찍하게 많은 로서아사람[34]

중국에 대한 고발은 '광동성 9가지 많은 사실'과 같은 유언비어의 성격이 짙었다. 미국이 선전전이 아닌 심리전으로 명칭을 바꾼 이유 중 하나는 나치의 기만과 거짓과 비교해 객관적이고 '진실'된 소식을 알리는 데에 있었다. 미국은 태평양전쟁에서는 이를 유지하려 했지만 한국전쟁에서는 철저하게 반대로 심리전을 수행했다. 곧 적에게 감정과 행위를 불러일으키기 위해 사기, 협잡, 기만 등의 네거티브를 적극적으로 이용했다.

이런 유언비어는 '천륜에 거역하는 공산당 정치', '공산 식인귀' 등으로 악마화됐고 악마화는 아동과 관련해서 자주 등장하는 노예세계의 이미지였다. 심리전의 언어와 이미지, 상징이 일상생활에 들어왔을 때 일상의 어느 부분에서 우리는 스스로의 자유의지에 따라 행동한다고 생각하지만 실은 심리전의 이미지, 언어의 지배를 받는다. 아래는 이를 잘 드러낸다.

공산 지배하의 지역에서는 고아들은 강제 노동 수용소-혹은 다른 공산국가의 수용소-로 납치되어 종교 교육을 받지 못하게 되고 자유를 거부당하고 그들의 떳떳한 권리를 빼앗기고 만다. 이 어린 생명들은 공산 식인귀의 이기적 야욕에 희생이 되는 것이다. 그러나 온 자유세계 사람들의 협조적 노력에 의하여 인제 이 불행한 아이들은 좋은 기회를 많이 가지게 되었다. 그들은 남과 협조하고 남을 이해하고 각 개인을 그 재능에 따라 존경하기를 배운다. 이와같은 토대 위에 자유는 건설되는 것이다. 이러한 경험을 통하여 그들은 자신을 가진 유능한 내일의 시민으로 등장할 것이

다.[35]

(2) 전쟁은 유엔의 이름으로!

극동군사령부 심리전부는 전쟁이 미국이 아닌 유엔군 또는 유엔의 이름으로 치러진다는 원칙을 정했다. 유엔이란 용어를 사용함으로써 미국은 도덕적 이데올로기적 우위에 서게 되고, 세계 여론의 공격을 효과적으로 방어할 수 있었다.[36] 따라서 미국은 이러한 정책을 보다 적극적으로 실행했다.

> (유엔의 이름으로 행하는 심리전의 목적은) 한국인이 유엔에 관심 갖게 하고 (유엔의) 정체성을 부여하는데 있다. 심리전 매체, 민주적 의견 개진, 정책발표는 유엔의 이름으로 한다. 유엔은 북한정권과 인민의 의지를 무시한 공산당의 침입을 반대한다는 사실을 분명히 한다. 일본 군국주의의 반미 구호였던 "대동아"같은 구호는 사용하지 않는다.[37]

유엔군을 앞세운 심리전은 고조될 수 있는 국제 여론의 비난을 피한다는 목적과 함께 '정의로운' 유엔이라는 통치 계획의 연장선으로 이해할 수 있다.

표 3에 따르면 1951년 「자유세계」의 내용 가운데 유엔군을 포함한 유엔 관련 기사가 가장 많았다. 유엔의 소식이 10건, 유엔군이 56건, 원조와 관련한 내용이 36건이었다. 이런 경향은 이듬해도 이어졌다. 반면 미국 관련 기사는 14~16건으로 주로 미국 대통령의 발언을 소개하는 정도였고 1954년에는 대개 무기와 함께 핵관련 기사가 절반을 차지했다. 유엔군 관련 기사는 대개 인종이 다르고 말이 같지 않지만 '전 세계 6대주로부터 온 장병이 지난 주일 한국 전선에서 유엔 깃발 밑에서 활약', '16개국 한국에 출병', '콜롬비아 군대 한국에 도착' 따위로 유엔군의 구성과

참전을 알리는 것이다. 또한 유엔군은 '옆을 쏘는 준 기관총의 발명', '방탄조끼를 입고 싸우는 유엔병사', '방탄 설비가 된 장갑 수송차' 따위의 신형무기를 사용하기 때문에 구식 무기로 싸우는 중국군은 승리할 수 없다고 강조하는 기사이다.

한국은 자유를 옹호하는 유엔 결의의 상징으로 "한국은 또한 이 자유를 위한 전쟁으로 말미아믄 파괴를 재건하는데 있어서 집단적 원조의 위대한 능력을 표시하는 좋은 실례가 될 것이다. 유엔 원호사업의 총지위자인 킹슬러씨는 한국 재건 사업의 성공이야말로 아세아에서 공산주의를 막아 내는 유력한 힘이 될 것이라는 신념을 보였다."라고 한국 재건의 의미를 밝히고 있다.[38]

유엔의 재건은 식량, 의복, 의약, 비료, 주택, 도로, 선로뿐만 아니라 '유엔군인들이 소학교 신설', 직업강습소의 개설과 관련한 교육 원조, 피난민 구호 등으로 광범위하게 전개되고 있음이 수차례 강조됐다. 이러한 유엔의 원조를 받고 있는 한국민들은 '영양많은 음식을 섭취하는 데에 한국인이 제일'이라고 말해졌다.

> 대한민국 국민들은 지금 아세아 어느 나라 사람보다 영양분이 많은 음식을 먹고 있다. 이것은 자유세계 각국으로부터 보내온 식료품이 풍족한 까닭이다. 유엔민간구제처는 지난 1년 동안 매달 3만 톤의 곡식을 배부하였는데 이 사업은 한국이 자급자족하게 될 때까지 계속 될 것이다.[39]

'미국사람들의 오랜관습-즉 불상한 사람들을 도우랴는 자연스러운 정 때문에' 이제 한국은 유엔의 구호와 미국의 원조로 활기찬 생활을 하게 됐다며 한국은 유엔의 자유를 증명하는 중요한 고리가 됐다.[40] 전후 재건의 주체는 '한국인', '한국'이 아니라 유엔이었다. 시혜의 대상이자 원조의 대상이었던 까닭에 휴전협정 뒤에 미국 대통령은 "휴전일을 마지하여 한국인민에게 보내는 선물로서 1만 톤의 식량을 기증하였다. … 선물을 넣은 주머니 속에는 과일, 통조림, 채소, 비스켓, 초코렛트, 쌀 기타 여러 가지 식료품들이 들어 있다."며 한국인에게 하사했다.[41]

3) 세계 문명을 지킨 '소련'과 제국주의자 '로서아'

「落下傘ニュース」에서의 소련은 여러 형태로 불려졌다. 먼저 "소련군의 강력한 부대는 지난주 베를린에 돌입하"며 독일군을 물리칠 수 있는 '강대한' 군대라고 소개됐다.[42] 「감격의 악수」라는 전단에서도 나치군을 완전 패배시킨 소련군이 몰려올 것이라고 경고했다.

그림 4　감격의 악수 앞면

강력한 소련군대가 지금 일본을 대적해 전쟁에 참가했다. 이 의미는 일본은 전 세계의 연합된 힘과 할 수 없이 만날 것이라는 것이다. 러시아군에 압도당했던 독일군에게 닥칠 운명은 잘 알려져 있다. 붉은 군대의 반격은 나찌 군을 베를린으로 돌려 보낼 정도로 쓸어버렸고 완전히 패배하게 했다. 수많은 사상자에도 불구하고 붉은 군대는 지금 병력과 무기 둘다 최고로 강력하다. 정신과 맞서 싸움으로 역전의 군은 일본에 반대해 나란히 결합했다(감격의 악수 뒷면).

또한 소련군은 베를린 남쪽에서 미군과 만나는 연합군이었다. 이 역사적 만남을 강력한 두군대의 만남으로 부르고 있다. "지난주 베를린 근교에서 소련군과 서부 전선의 연합군은 드디어 연결, 이에 세계전사에 전례 없는 강력한 두 군대가 한 지점에서 만나기에 이른 것이다. 이 강력한 연합군은, 한 때 9백만 명의 대군을 가진 침략적 나치 제국을 격쇄했던 것이다."[43]

그 다음 소련군은 "이미 유럽의 피해지 부흥은 시작되어, 베를린의 작업반은 소련군의 감독 하에 무너진 건물이 흩어져 있는 도로에 차례로 오물 청소를 시작했다. 한편 소련군은 이미 시내의 질서를 회복, 시민에게 식량 배급을 개시했다."며 전쟁으로 황폐화된 유럽의 피해지역에 청소와 식량배급 따위의 부흥과 질서를 바로 잡는 군대였다.[44]

그리고 소련군은 '세계문명을 지킨 군대'라고 소개됐다.

모스크바 방송은 독일의 항복에 관하여 "드디어 종언을 본 오늘의 전쟁은 즉 세계문명을 방위하기 위한 전쟁이었던 것이다."라고 평하고 다음과 같이 말하였다. "소련은 진실로 가치 있는 평화를 건설하기 위해 여러 열강과 협력할 것을 희망한다. 소련국민은 참극의 야기를 방지하기 위해서 미, 영, 소 삼국의 긴밀한 협동이 필요하다는 것을 인식하고 있다."[45]

소련은 이번 연합국 측의 제언을 받아들임에 의해 평화를 앞당기고, 인류를 더 큰 희생에서 구함과 동시에 이전에 무조건 항복을 거절한 독일이 입은 위험과 파괴에서 일본국민을 구할 것이라며 소련의 대일전 참전의 의미를 기술하고 있다.[46] 「落下傘ニュース」에서의 소련은 강력한 군대로 미국과 함께 세계 문명을 지킨 연합군이었다.

「자유세계」에서 소개된 소련은 시기에 따라 다르게 불려졌다. 1951년 발행의 「자유세계」에서의 소련 기사는 4건에 불과했다. '런던 소식통이 지난 주일 전하는 정보에 의하면 소련은 한국 전선에 더 이상 무기를 보내지 않기로 방침을 정한듯하다.',[47] '런던신문은 전 스탈린 군사고문의 아들(이) 소련으로부터 도망하여 나왔는데 그는 제3차 세계대전에 대한 소련의 계획서를 가지고 왔다고 보도하였다.'며 주로 영국의 소식통이라

며 내용을 소개했다.[48] 소련관련 기사가 4건에 불과하다고 소련을 다루
지 않은 것은 아니다. 전쟁초기 '소련을 자극하는 어구를 쓰지 마라'는 주
의사항 때문인지 우회적으로 소련을 비난했다. 소련은 동유럽 국가들의
내정을 간섭하는 것으로 자주 등장했다.

「자유세계」 뿐만 아니라 다른 전단에서는 소련보다 러시아라는 호칭
을 자주 사용했다. 특히 사설은 그 경향이 더 심했다.

> 지금 우리 마음 가운데 이러나는 문제는 로서아 제국주의에 관한 것이다.
> 로서아는 그 지도자들이 말하듯이 일반대중의 생활수준을 올리고 전세계
> 의 벗이 되기를 오직 원한다고 하였다. 1939년에 로서아는 독일과 공모
> 하여 침략협정에 서명하였다. 먼저 그들은 민주독립국가인 폴랜드를 노
> 누어 가졌고 히틀러가 서구라파 진영에 반기를 드는 동안 로서아는 동구
> 라파의 작은 나라들을 하나씩 뚤씩 집어 생켰다. 이러다가 1940년에는
> 독일과 로서아는 그 동맹 관계를 끊고 서로 싸우게 되었던 것이다. 제2차
> 세계대전이 끝나자 서구라파 각국들은 차차로 그 전적국에게 주권을 돌
> 려주었으나 로서아는 자기네의 점령지구를 로서아 세력권내로 소위 해방
> 시키고 만 것이다. 로서아의 야망은 오직 세계의 자유로운 국가와 민족을
> 노예화시키자는 것이다.[49]

'로서아의 정체'라는 이 사설을 읽으면 왜 소련이 아니라 러시아로 말
하는지 짐작된다. 노예세계는 근대가 아닌 전근대 즉 봉건시대를 떠올리
는 언어이고 러시아는 봉건시대 제국으로 여전히 근대화되지 않았다는
것을 말하는 동시에 러시아를 제국주의라고 지칭하기 위한 방편이기도
하다. 또한 러시아혁명을 인정하지 않았던 방편으로 소련이 아닌 러시아
로 지칭했는데 이는 현존하는 국가를 인정하지 않는 태도에서 비롯됐다.
중국에서 있었던 '북경평화회의'도 '북평평화회의'라고 호명하는 것도 이
와 같은 맥락에서 이해할 수 있다.

동유럽의 상황을 빌어 소련을 규탄하던 태도는 1954년에는 확연히 달라졌다. 이제 러시아가 아닌 소련으로 불려졌고 소련이 한국전쟁의 책임이 있고 세계 정복의 야욕을 가지고 있음이 강조됐다.

4) 미국의 언어인 평화를!

미태평양육군사령부 심리전 목적 중 하나는 '미국의 자비에 몸을 맡기고, 미국의 용어인 평화를 청하라'며 일본인들을 이끌어 내는 것이다.

심리전과는 평화가 도래한 동양에서의 청사진을 이렇게 제시했다. 맥아더와 일본에 저항하는 중국과 필리핀이 조우함으로 일본의 대동아주의의 꿈은 실패했다는 것이다. 이로써 '대동아'가 아닌 '아시아-태평양'에서의 평화는 평화적 전망이 없는 동양에게 영구 평화를 가져오는 것을 의미한다고 했다. 곧 동양에서의 미국은 백인 우월주의를 철회했고, 절대적 평등의 기초를 마련했으며 이는 필리핀에서 이미 실현되었다는 것이다. 「落下傘ニュース」에서 필리핀 제도 점령의 의미는 일본군 부대의 중심에 침입, 미군의 육해공군 기지의 획득, 필리핀 해방과 거기에 따른 대동아공영권 이념의 필연적 붕괴, 극동에서의 민주주의 사상을 재건 따위로 정리됐다.[50]

미국은 세계 인구의 2/3를 차지하고 있지만 빈곤과 갈등으로 분쟁이 끊이지 않았던 그리고 유럽의 패권주의가 더 이상 적용되지 않을 공간으로 '아시아-태평양' 시대를 제안했고, 그 해결사로 자처하면서 제기했던 개념이 '평화'였다.

「落下傘ニュース」에서 평화를 실현하기 위한 구체적 방법은 포츠담 선언에서 제기된 '무조건 항복'이었다.

대일 방송 담당자 재커라이어스Zachariahs 해군 대좌는 트루먼의 성명을 언급하면서 '미국의 전쟁은 일본의 군부지도자들에게 향해 있다. 무

조건 항복은 일본국민의 노예화 혹은 절멸을 의미하지 않는다'며 무조
건 항복의 의미를 설명했다. 즉 "'무조건항복'은 그것이 야마시타山下, 혼
마本間 두 장군의 손에 쥐어졌을 때에는 적군에게 굴욕을 주기 위해 감히
사용되었던 수단"이었지만 미국의 방식은 "인도주의 위에 서있는 것이
다."[51]

무조건 항복은 굴욕이 아닌 인도주의 원칙을 기반으로 한다며 인도주
의 원칙에 의한 평화적 종결이 아래와 같이 제안됐다.

일본에 대한 화평은 이제 포츠담에서의 공동선언에 따라 가능해졌다. 이
선언은 막대한 자원을 전부 자기의 지배하에 두려 하는 세계에 무책임한 군
국주의를 축출하고자 하는 모든 나라의 위대한 지도자들에 의해 발표되었다.
일본은 유사 이래 처음으로, 그 모든 장래의 운명을 쥘 예지(叡智)에 근거하
여 유일한 길을 선택하지 않을 수 없게 되었다. 이번 공동선언에 보인 두 가
지 중 하나를 골라야 할 조건을 고려하면 이 선택은 조금도 어려운 것이 아닐
것이다. 왜냐면 선택할 수 있는 두 가지 중 하나는 신속하고 완전한 궤멸이
기 때문이다. 지금 하나의 선택할 수 있는 길은 전쟁의 종결이다. 일본 본토
는 구원받고 평화를 애호할 책임 있는 정부 아래에 하나의 주권국으로 생존
을 지속할 것이다.[52]

일본의 궤멸인가, 전쟁의 종결인가 둘 중 하나를 선택하는 것이 일본
에 평화를 가져오는 유일한 해법임을 선전하고 있다. '무조건 항복'이라
는 평화는 이를 이루기 위한 군사적 점령을 예고한 것이었다.

극동군사령부는 공산진영의 국가 간 관계는 주인-노예의 관계이기
때문에 한국전쟁은 대리전쟁이자 꼭두각시에 불과한 전쟁이라 규정했다.
따라서 이들이 주장하는 평화는 진정한 평화가 아니라는 것이다. 유엔이
주장하는 자유와 평화는 '북경평화회의'의 '평화'와 다르다고 한다. 북경
평화회의는 1952년 10월 북경에서 40개국 대표가 참가한 아시아태평양

평화회의로 여기에서는 평화조건 5개조가 선포됐다.

  1) 일본문제 해결이니 일본으로 재무장치 못하게 하고 일본에서 외국군
     사를 철회하고 소련, 중공과 일본은 강화조약을 체결할 것
  2) 한국전쟁 정지계단을 취할 것이니 즉 모든 포로들을 본처로 환송하고
     한국에서 국련군과 중공 지원군도 철퇴할 것
  3) 영국 프랑스 미국 소련 중공 오국은 세계군기축소와 원자탄, 미균탄과
     화학 등 무기를 전쟁에 사용치 않기로 오국은 맹약할 것
  4) 세계 각국의 자주 독립을 보장하고 어느 나라에나 외국의 군사기지를
     허락하지 않을 것, 또 타국을 봉쇄치 못할 것, 상권 상에 독점치 못할 것
  5) 전쟁 선전을 금지하고 유색 인종 차별대우를 폐지하고 평화운동 탄압
     을 금지할 것[53]

아시아태평양회의에서 제기된 5개조 평화조건은 오늘날에도 되새겨
볼 정도로 한국전쟁 중지, 일본재무장 금지 등의 일국적 문제제기 뿐만
아니라 핵무기와 화학무기 사용의 금지와 군기축소, 군사기지 철회, 인
종주의 반대 따위의 문제가 제기됐다. 그렇지만 「자유세계」에서 북경평
화회의는 "지금 스탈린의 중공공산괴뢰들은 또다시 '평화'를 부르짖고 있
다. 소위 '북평평화회의'가 그것이다. 그러나 그들의 과거를 잘 아는 여
러분은 이 '평화'라는 장막 뒤에서 전연 반대인 적개심을 붓들고 있다는
것을 잊어서는 안될 것이다. 적개심을 북도든 다음에 오는 것은 두말할
것 없이 전쟁이다. 온 세상은 공산도배가 부르짖는 '평화'가 무엇을 의미
하는가를 배웠다. 공산측의 소위 '평화' 선전에 속지말라"고 강조하고 있
다.[54]

유엔(군)이 '공산측의 거짓 선전에 속지 않고' 평화를 유지하기 위해
서 '자유와 평화'란 사설에서 "유엔군의 관심하는 바는 한국의 자유를 보
증하는 진정한 평화만이다. 만일 이 평화를 유지하는데 무력이 필요하

다 하드래도 자유세계는 주저하지 않을 것이다. 국방력이 없는 민주국가가 침략자에게 짓밟히는 일이 다시는 있을 수 없다."[55] '평화와 전쟁'이란 사설에서도 "유엔총회에서 영국 불란서 미국 등 세나라는 새로운 전쟁을 막고 세계평화를 세우기 위한 새 군비축소안을 제출하는 동시에 로서아에 대하여 이 안에 동의할 것을 권고하고 이 안이 유엔에서 완전히 결정될 때까지 이 세나라는 국방을 위한 군비의 강화를 계속 도모할 것이라고 경고하였다."라고 서술하고 있다.[56] 평화는 군비의 확충과 함께 무기와 군사력을 증강하는 방향으로 이어졌고, 그 무기는 핵무기의 개발로 이어졌다.

> 미국원자력위원회는 예니웨록 섬에서 실시된 첫 수소탄(열핵폭탄, 핵융합폭탄) 실험에 성공하였다고 발표하였다. 이 수소탄 실험은 지난 11월 1일에 실시되었는데 지난 주일 비로서 정식으로 발표되었다. 이 수소탄은 보통 원자탄보다 적어도 백배나 강한 파괴력을 가지고 있다 한다.[57]

> 온 세계는 소련이 원자력 실제 관리에 협력하려는 의도가 없다는 것을 알게되었다. 소련의 이 태도로 인하여 미국은 소련이 이 무서운 파괴력의 영도권을 획득하여 자유세계가 소련의 요구와 노예화운동에 저항할 수 없게 되겠으므로 원자무기의 발전을 계속할 수 밖에 없었다. (…) 우리가 현재 가진 압도적 우세를 보유하기 위하여 우리는 온갖 노력을 다하지 않으면 안될 것이다'라고 말하였다.[58]

한국을 비롯한 '자유세계'의 군사력의 강화, 태평양에서의 수소탄 실험, 압도적 우세의 보유 따위의 정책은 냉전으로 군비강화와 핵무기 개발을 과열시켰고 그것이 냉전기 평화를 가져오는 길이었다. 1940-50년대에 랜드연구소의 분석가들이 작성한 대부분의 내부 문서는 핵무기가 소련의 공격을 억제하기 위해 필요할 뿐만 아니라 바람직하다며, 일부는 소련에 대한 선제 핵전쟁이야말로 미국이 세계정부로 발돋음하는 길이라고 믿었다.[59] 1953~1955년 미국의 핵무기 비축은 2천개로 늘었다.

4. 냉전의 심화와 적의 비인간화

그림 5는 1952년 4월 26일자 발간된 「자유세계」 61호의 '동물의 혁명'이라는 4컷 만화이다. '동물의 혁명'이란 만화는 총 5회에 걸쳐 「자유세계」에 연재됐는데 조지 오웰의 『동물농장』을 만화로 그린 것이다. 『동물농장』은 1945년 영국에서 처음 간행됐고, 외국어로는 한국어로 최초로 1948년에 번역됐다. 미국 해외정보국은 『동물농장』의 한국어 번역을 시작으로 30개국 이상의 언어로 번역·배포하기 위한 자금을 지원했다.[60] 그리고 1954년에 존 할라스와 조이 바첼러는 영국 최초의 장편 애니메이션 『동물농장』을 제작했다. 이 애니메이션의 제작과 자금을 제공한 것도 CIA 요원인 하워드 헌트였다.[61] 애니매이션 『동물농장』도, 소설 『동물농장』도 오늘날에 와서 배반당한 러시아혁명에 대한 풍자이자 동물화된 자본주의 비판에 대한 문제제기라고 이해하지만 한국에서는 오랫동안 냉전의 틀에 갇혀 반공소설과 영화로만 재현됐다. 이 재현의 상당한 내용은 심리전에서 비롯됐다. 아무튼 『동물농장』은 한국을 비롯한 동아시아에서 반공교육의 소재로 이용되어 왔고, 특히 욕심많은 돼지가 다른 동물들을 착취하는 상징과 이미지는 공산주의자가 '인민'을 착취하

그림 5 「자유세계」 61호

는 것으로 곧잘 연상됐고, 이후 돼지는 늑대로 이미지화됐다.

심리전은 사람들을 잘못된 길로 인도한다는 부정적 의미의 나치의 선전전에 대응해서 유래했으며 감정과 행위가 요구되는 기제였다. 동아시아에서의 미국 심리전은 태평양전쟁(1942~1945), 한국전쟁(1950~1953), 베트남전쟁(1965~1973)으로 이어졌다. 태평양전쟁과 한국전쟁은 모두 맥아더가 지휘하는 미태평양육군사령부와 극동군사령부가 주체가 되어 시행됐다. '미국의 소리' 또는 '유엔의 소리'로 단파방송을 보냈지만 징발 품목인 라디오 단말기의 부족으로 미국 심리전의 주요한 매개는 한 장짜리 전단이었다. 따라서 태평양전쟁과 한국전쟁에서도 적의 전 지역에 있는 군인과 민간인에게 전달되어야 한다는 목표 아래 엄청난 분량의 전단이 인쇄, 살포되었다. 미국이 한 장짜리 전단 가운데 '진실'을 알려준 것으로 소개되고 있는 것이 1~2면으로 구성된 한 장짜리 신문인 「落下傘ニュース」와 「자유세계」였다. 「落下傘ニュース」는 1945년 3월에, 「자유세계」는 1951년 2월에 매주 100~200만 장씩 살포됐다.

「落下傘ニュース」에서 미 심리전의 목적은 '사기저하, 군벌과 천황의 분리, 미국의 용어인 평화'였다. 미태평양육군사령부는 '아시아를 방어하기 위한 전쟁', '서양으로부터 동양을 방어하기 위한 전쟁'이란 대동아주의 대신 '아시아-태평양'의 도래라는 청사진을 제안했다. 「落下傘ニュース」에서 대동아주의의 신화를 벗기기 위한 구체적 방법은 사기저하와 평화의 제안이었다. 사기저하를 목적으로 한 폭격, 미군의 진격은 「落下傘ニュース」의 1/3이상을 차지하고 있다. 폭격과 진격은 두려움과 '공포'라는 감정을 불러 일으켜 미국이 여는 '평화로운' 아시아-태평양시대를 제기하도록 했다. 따라서 모든 갈등과 분쟁은 이의 청사진에 맞추어졌다.

아시아-태평양시대는 유럽의 패권주의를 없애고 미국이 빈곤과 갈등으로 끊임없이 분쟁 중인 '동양' 즉 아시아를 평화로운 '동양'으로 전환시키겠다는 전망에서 제기됐다. 일본인이 대동아주의에 매몰된 것은 미국식 정치 이념과 민주주의 등을 이해하지 못했기 때문이라고 판단하고 미국식 민주주의와 정치이념을 동양에 불어넣어 대등한 관계에서 출발할 수 있다는 것이다. 이는 마닐라를 서양의 근대 도시로 만들고 그 영향이 극동으로 확장하는 아시아-태평양시대가 가능하다는 것이다. 따라서 미 태평양육군사령부의 심리전은 적의 규정을 오직 군부의 일개 파벌로만 한정했다. 특히 군벌을 갱스터로 부르면서 이들이 평화를 추구했던 천황을 속이고 군벌 갱스터의 이익을 도모하려 전 일본인을 전쟁터로 이끌었다고 강조했다.

한편 한국전쟁 동안 극동군사령부는 미군이 아닌 유엔군의 이름으로, 내전이 아닌 침략에 의한 충돌로, 이데올로기가 아닌 일상생활에서 공산주의를 비판하라는 심리전의 원칙을 세웠다. 한국전쟁 동안 냉전은 더 단단하게 굳어졌고 전쟁초기에 '소련을 자극하는 어구를 쓰지 마라' '동물로 비하하지 말라'는 경고는 지켜지지 않았다. 오히려 경고와 금지는 적극적인 심리전의 전형으로 자리잡았다. '전쟁 조발자', '위선적이요 흉악하고 부패하고 닥치는대로 정복하고 착취하려는 것' '중공은 대규모의 마약 무역을 무법하게 실시하여 인류 역사에 있어서 가장 부정한 범죄자', '악독하고 잔인한 식인귀'라며 노예세계는 파렴치범으로 이미지화 됐다.

'철의 장막'을 막는 장벽은 더 견고해졌다. 장벽은 '철의 장막'에 있는 사람들을 위한 것이 아니라 장벽 안의 사람들을 위한 것이었다. 철의 장막에 대한 호기심, 영향 등을 차단하기 위함이었다. 철의 장막은 인간이 사는 곳이 아닌 짐승이 사는 공간이며 근대 문명을 받아들이 못한 봉건시대에 살고 있는 '노예세계'였다. 냉전은 적을 동물로 희화화하고 노예세계로 단정짓고 사람사는 곳이 아닌 곳으로 상징, 이미지화 됐고 이미지는 신념과 믿음으로 전환됐다. (자유세계의) 국가권력은 장벽 안의 다양성, 차이, 다원성을 말살하는데 폭력적으로 장벽을 이용했다. 이것이 바로 냉전의 심리전이었다. 짐승에 대한 증오와 혐오가 짙어질수록 냉전의 심리전은 더욱 강고해졌다.

대동아주의에 빠진 아시아인을 수렁에서 건져내야 하고 문명으로 인도해야 하는 '아시아-태평양'시대. '문명의 도시' 마닐라를 중심으로 극동으로 그 기운을 확장하고자 했던 미국이 주도하던 아시아-태평양시대의 꿈은 2017년 현재, 너덜너덜 해진 마닐라를 생각하면 참담할 정도이다. 그리고 미국이 주도하던 과거사의 늪에 빠진 동아시아의 긴장과 갈등의 해결책은 조금도 나아가지 못했다. 지금에 와서 중요한 것은 아시아-태평양의 주체들이 누구인가를 다시 생각할 필요가 있다.

2장

한국전쟁의 '현장'은 어떻게
냉전 사회과학의 지식으로 전환되는가? :

HRRI 심리전 프로젝트와 냉전적 학지의 생산구조 *

김일환·정준영

1. 들어가며: 군학복합체와 냉전 사회과학

한국전쟁은 우리사회에 전대미문의 고통스러운 사회적 격변을 불러일으
켰다. 수많은 병사들이 동원된 이 전쟁에서 한반도에 사는 그 누구도 전
장戰場의 참혹에서 자유롭기 어려웠고, 심지어 같은 지역에 다른 정치체
제에 의한 점령통치가 몇 번이고 교차하기도 했다. 이런 상황과 맞물려
예전부터 잠복했던 사회적 갈등과 모순이 터져 나와 서로 죽고 죽이는
극한적이고 비극적인 상황으로 치닫기 일쑤였고, 사회구조의 심각한 변
형이 뒤따랐다. 진군, 후퇴, 피난, 도주 등 다양한 이름으로 엄청난 수준

의 인구이동이 일어나는 가운데, 그 때까지 한국인의 일상적 삶을 떠받쳐 왔던 인적, 물적 토대들도 휩쓸려 사라지거나 훼손되었다.

그런데 한반도에서 일어났던 이런 재앙에 가까운 변동은, 갈등의 중심에서 한 발자국 떨어져 있을 수 있던 관찰자에게는 다른 의미로 다가올 수 있었다. 낯선 땅에서 전쟁을 수행했던 미국의 입장에서 한국전쟁은 주변부 사회에 대한 다양한 지식, 특히 냉전기 '적'에 대한 지식을 생산해 낼 수 있는 예외적인 시공간의 창출을 의미할 수 있었던 것이다. 실제로 전쟁기간 동안, 한국 현지를 방문해서 '연구'라는 이름으로 다양한 프로젝트를 수행했던 미국의 사회과학자들은 이 비극적인 전쟁이 빚은 참상을 소재로 삼아 자기 이론의 적실성을 검토하고 새로운 지식을 생산했으며, 결과물과 함께 본국으로 돌아갔다.

그리고 이러한 지식생산의 중심에는 '군학복합체Military-Academic Complex'라 불러도 좋을, 군부와 학계의 독특한 유착관계가 존재했다. 제2차 세계대전 이래 지구적 규모의 전쟁을 수행해왔던 미 군부는 전략·전술의 차원에서 적과 아군에 대한 세밀한 정보를 필요로 했는데, 미국의 학계는 이런 군부의 요구에 적극적으로 호응하며 밀착해갔다. 그리고 이런 결합은 국가의 전폭적인 지원을 기반으로 학문 각 분야의 현격한 성장으로 이어졌으며, 사회과학계 또한 예외는 아니었다. 사회과학계의 전쟁 참여는 개별 학자 혹은 단체의 차원에서는 물론 '국민적' 의무에서 출발했지만, 결과적으로는 대규모의 자금을 끌어 모으고 평시에는 접근이 불가능했을 풍부한 사례를 축적하여 기존의 이론을 가다듬을 획기적인 기회로 작용했다. 그리고 이렇게 구축된 지식생산의 독특한 '프레임frame'은 전쟁이 끝난 이후에도 확산되어, 고전적인 사회과학 연구와 차별화되는 '현대적인contemporary' 사회과학의 원형이 되었다.

전쟁터로 뛰어든 학자들이 만들어낸 지식은, 과정과 결과 모두가 전쟁의 연장이었다. 이들은 군사 작전에 필요한 기술적 문제들을 해결하고, 병사들의 사기morale를 끌어올리는 방안을 탐구하는 등 후원자의 필요에 즉각적으로 부응하려고 애썼지만, 보다 장기적인 고찰이 필요한 프로젝트들, 예컨대 전쟁포로들의 행태를 이해하고 통제·변화시키기 위한 방안을 강구하거나 심리전의 효과를 측정하고 제언하는 과제와 관련해서는 사회과학자 특유의 '아카데믹'한 관심을 여기에 섞어 넣었다. 한국전쟁처럼 종전까지 베일에 가려져 있던 적국敵國 사회의 작동방식이 패퇴와 수복에 의해 예기치 않게 명백히 드러나게 되었을 경우에는 특히 그랬다. 한국인들이 경험했던 전쟁의 경험, 특히 적에 의해 지배받았던 경험은 군부는 물론 학계의 차원에서도 당시까지 좀처럼 획득하기 어려운 연구의 '대상'이자 '자료'일 수 있었던 것이다. 이처럼 이들에게 한국전쟁은 군부의 협조 속에서 광범위한 자료를 수집·관찰할 수 있고, 나아가 종전까지의 이론이 타당한지를 검증할 수 있는 하나의 '실험장laboratory'이 되었다.[1]

그런데 이런 문제에 주목했던 기존의 연구들은 군부와 학계 사이에 구축된 유착관계를 폭로하고 비판하는 데는 크게 기여했지만, 군학복합체가 '현장'에서 어떻게 지식을 구체적으로 생산해내었으며, 이렇게 생산된 지식이 이후 냉전적 학지學知, academic knowledge로서 어떤 지식효과를 발휘하게 되는지를 추적하는 데까지는 이르지 못했다.[2] 아카데믹한 관심은 군사적 이해와 어떻게 만나서 이른바 '심리전' 프로젝트의 형태로 전쟁의 현장에 투입될 수 있었는지, 그 현장에서 연구자는 무엇을 목격했고 또 어떻게 '자료'를 확보할 수 있었는지, 그리고 이렇게 구축된 지식은 '생산의 맥락'이 제거된 뒤 어떻게 아카데믹한 사례연구의 성과로서 본국 학계에 보고되는지 그 구체적인 과정은 여전히 베일에 가려져 있는 것이다.

나아가 이런 형태의 지식 생산이 거꾸로 '현장'인 한국 사회에 어떤 영향을 미쳤는지에 주목하는 시점의 전환도 필요하다. 사회과학자들이 현장에 직접 투입되었다고는 하지만, 이들 대부분은 현지 사정에 전혀 무지했고 또 작업기간도 길지 않았다. 따라서 현지인 협력자의 역할, 사회과학적 식견을 일정 이상 갖추어 미국인 학자들에게 현지 상황을 설명해 줄 수 있는 한국인 지식인의 참여는 필요불가결한 상황이었다. 실제로도 당대 핵심적인 지식인 엘리트들이 여기에 참여하여 연구 프로젝트를 보조했던 것이 확인된다. 미국인 학자들의 시선에는 그저 정보제공자infor-mant에 불과했을지 몰라도, 식민치하 일본적 교육체제 속에서 엘리트로 성장했던 이들의 입장에서는 이것은 도래할 '새로운' 세계를 받아들일 통로였고 거기서 살아남을 기회이기도 했다.

이러한 맥락에서 흥미를 끄는 것이 한국전쟁이 한창이었던 1950년 12월부터 1951년 1월까지 한국에 직접 건너와서 일련의 '심리전' 프로젝트를 수행했던 미 공군대학Air University 인적자원연구소(Human Resource Research Institute, 이하 HRRI로 표기)의 한국연구팀의 활동이다. 이 연구팀의 조사 결과는 1951년 5월 2권의 HRRI 보고서,『공산주의가 한국에 미친 영향에 대한 예비적 연구Preliminary Study of the Impact of Communism Upon Korea』와『남한에서 심리전 연구의 함의와 요약Implications and Summary of a Psychological Warfare Study in South Korea』으로 제출되어 현재 그 내용을 확인할 수 있다.[3] 물론 HRRI 이외에도 미 군부는 한국전쟁 동안 사회과학계와의 연계 하에서 다양한 종류의 사회과학적 심리전 프로젝트를 진행했으며, 그 내용 중 일부는 결과 보고서의 형태로 공개되어 있다.

하지만 HRRI의 보고서는 한국전쟁기 미국의 군부와 학계가 서로 다를 수 있는 이해관심 속에서도 어떻게 심리전 프로젝트의 형태로 결합할 수 있었는지, 그 구체적인 실례를 보여준다는 점에서 같은 시기 여러 심리전 보고서와는 사뭇 달랐다.

먼저 문제설정부터 차별적이었다. 다른 심리전 보고서들이 대체로 특정한 군사작전의 효과를 분석하는데 치중하는, 작전분석operation analysis 연구의 형태에 머무는데 반해, HRRI의 보고서는 북한의 남한 점령이 야기한 소비에트화의 사회적 효과를 분석하는데 주력했기 때문이다. 이것은 당시 미국 사회과학계에서도 초미의 관심사 중 하나였던 '소비에트 사회체계 연구'를 염두에 둔 문제설정으로, 군부의 필요성과 학계의 관심이 한국전쟁이라는 현장을 매개로 어떻게 결합되어 가는지, 그 과정에서 모순이나 충돌, 혹은 상호변용은 없었는지 검토해 볼 수 있는 기회를 제공한다.

둘째, 이 보고서가 연구의 실제과정에 관한 정보를 비교적 상세하게 포함하고 있다는 점도 중요하다. HRRI의 한국연구팀은 다른 심리전 프로젝트와는 달리 '자료'를 구축하는 과정에서 다양한 연구기법들, 즉 군사적 심문, 한국인 주민과의 인터뷰, 서베이를 통한 계량적 분석, 인류학적 현장연구 등을 활용했다. 조사과정에 대한 정보를 남겨서 산출된 결과의 신뢰도를 높이는 학계의 특유의 방식이 보고서의 내용에 일정 정도 반영되어 있는 것이다. 이러한 특징은 군학복합체가 '현장'에서 특정한 지식들을 구체적으로 어떻게 산출해나갔는지를 개략적으로나마 재구성해 볼 수 있는 단서가 될 수 있다.

셋째, 이 보고서가 연구과정에 참여했던 한국인 협력자의 면면 및 활동양상을 비교적 구체적으로 담고 있다는 점도 주목된다. 사실 이런 특징은 HRRI의 프로젝트 주제가 '소비에트화' 연구였다는 사실을 감안하면 당연한 귀결이라고 하겠다. 연구를 위해서는 한국전쟁 초기 북한의 점령 지역에서 살았거나 거기에서 탈출했던 한국인들에 대한 광범위한 정보를 수집하는 것이 불가피했기 때문이다. 언어적인 한계 때문에서라도 현지 자료의 생산과정에서 한국인 협력자의 역할은 중요했던 것이다. 군학복합체가 주도했던 지식 생산이 '현장'인 한국 사회에 어떤 영향을 미쳤는지를 가늠하는데도 이 보고서가 흥미로운 사례로 쓸 수 있는 이유이다.

이런 문제의식에서 이 글은 HRRI의 보고서를 바탕으로 이들의 심리전 프로젝트의 구체적인 진행과정을 가능한 한 재구성해보고자 한다. 후술하겠지만, '군학복합체'라고는 해도 '군부'와 '학계' 사이에 이해관심이 반드시 일치할 리 없으며, 철저하게 전쟁의 일환으로 지식이 생산되는 '현지'와, 생산의 맥락은 배제한 채 냉전의 변경에 대한 객관적인 지역적 지식으로 이를 수용하는 '본국' 사이의 간극도 만만치 않았다. 이런 간극과 균열이야말로 냉전적 학지의 존재조건이며 그 지식효과도 여기서 발생하는 것이 아닐까. 이 글에서 우리는 이러한 군학복합체의 현지 지식생산이 가지는 분열적인 의미를 추적해봄으로써, 냉전 사회과학을 이해하는 몇 가지 단서를, 시론적인 수준에서나마 이끌어내고자 한다.

2. 심리전과 소비에트화 연구: HRRI 한국연구팀 결성의 경위

HRRI의 심리전 프로젝트가 어떻게 현지에 대한 지식을 생산했는지를 분석하기에 앞서, HRRI가 어떤 기관이었으며 왜 한국연구팀을 결성하게 되었는지 그 배경과 경위를 간략하게 살펴보겠다. 결론부터 미리 말하자면, HRRI가 한국연구팀을 결성해서 학계의 전문가를 현장에 파견하게 되는 과정 그 자체가 군부와 학계가 전쟁을 매개로 어떻게 결합되는지를 여실히 보여주는 사례 중 하나이다.

1) HRRI의 결성과 소비에트화 연구

HRRI, 즉 인적자원연구소는 미 공군 산하의 연구기관으로 1949년 맥스웰 공군대학에 설치되었다. 이 기관은 군 산하의 연구기관 중에서도 학계, 특히 주요 대학의 연구소와 적극적으로 연계·협력하는 것이 특징이었는데, 구체적으로는 컬럼비아대학 응용사회연구소, 일리노이대학 커뮤니케이션연구소, 하버드대학 사회관계학과, 워싱턴대학 공공여론연구소 등이 HRRI의 연계 프로젝트에 참여하고 있었다. HRRI가 이러한 특징을 가지게 된 것은, 연구기관이 결성되는데 산파 역할을 했던 공군대학 교장 조지 케니George Kenny와 HRRI 초대소장 레이몬드 보어스Raymond V. Bowers가 장기적 관점에서 계획된 아카데믹한 연구를 지향해야 한다는 일치된 견해를 가지고 있었기 때문으로 보이지만, 공군 자체가 1947년 육군에서 분리된 신생조직이며 따라서 공군 산하 연구기관이 단기간에 자체 연구 인력을 양성하여 '심리전'연구에 투입하는 것은 무리였다는 사정도 감안할 필요가 있겠다.[4]

그런데 이와 같은 학계와의 연계 강화는 새로운 갈등의 씨앗이 될 소지도 다분했다. 이들 기관은 기본적으로 군 산하의 조직이었고, 따라서 심리전 수행과정에서 발생하는 기술적 문제에 즉각적으로 대응할 수 있는, 실용적 연구를 지향해야 한다는 목소리도 당연히 존재했다. 이런 군사적 관심과 아카데미즘 사이의 미묘한 길항관계는 HRRI의 연구 활동에서도 여실히 드러났다. 장기 연구에 대한 군부의 반발을 의식한 HRRI는 처음부터 실용적 목적의 전통적인 심리전 연구과제와 아카데믹한 장기적 연구 과제를 분리·병행하는 양상을 보였다. 가령 HRRI에서도 미 공군의 윤리강령을 제정하는 프로젝트The Ethics Project와 같은 전형적인 사기morale 연구 과제를 수행했다.[5]

하지만 HRRI를 유명하게 만든 것은 외부 사회과학자들이 참여한 장기연구였는데, 특히 하버드대 러시아연구소(소장 클라이드 클럭혼Clyde Kluckhohn)와의 협력 하에서 진행된 '소비에트 사회체계 분석'이 학계에 미친 영향은 상당했다. 이 프로젝트에서 HRRI는 나치독일이 억류했던 소련군 포로를 포함하여, 소련군 탈영병 등 다양한 러시아 출신 난민들을 대상으로 심층 면접조사를 진행했다. 약 700명을 대상으로 한 생애사 차원의 심층 인터뷰가 포함되었으며 12,000장에 달하는 설문지 조사가 병행된 대규모 조사였다. 소련 현지조사가 불가능했던 당시 상황을 감안한다면, 이처럼 대규모 사회조사a big social science를 수반한 HRRI의 프로젝

트는 '적국' 소련의 사회체계를 정밀하게 포착할 수 있는, 유력한 우회로
로 인식되고 있었다.

실제로도 인류학자 클럭혼은 이 프로젝트가 사회과학의 유용성을 증
명하는 유력한 실험이 될 수 있다고 확신했던 모양이다. 이 프로젝트에
대거 참여했던 하버드대학의 연구자들은 응답자의 계층, 세대, 민족적 특
성을 세밀하게 분류했고, 범주에 따른 사회 심리적 특성의 차이도 분석했
다. 그리고 이를 기반으로 소비에트 체제의 작동원리를 이해하고자 시도
했다. 물론 이런 아카데믹한 관심은 군의 전략적 이해관계와 실제로는 분
리되지 않았다. 이들은 적국 소련의 체제적 취약점을 찾아내고 이를 파고
들 잠재적인 저항집단을 식별하려는 노력을 게을리 하지 않았던 것이다.
실제로 프로젝트팀은 집단농장화를 경험한 농민들이 소련사회에 대해서
가장 비판적이라는 결론을 내리면서, 체제 붕괴를 위한 구체적인 방안을
암시하기도 했다.[6]

다만 이 프로젝트는 조사대상인 난민들을 통해 과연 당시 소련의 사
회적 상황을 파악할 수 있는가 하는 대표성의 문제, 그들이 이미 오래 전
에 겪었던 소비에트의 경험이 냉전체제가 형성되면서 급변하고 있는 소
련의 '현재' 상황을 이해하는 데 얼마나 적절한 것인가 하는 타당성의 문
제 등 아카데믹한 고찰로서는 여러 가지 한계가 명확했던 것도 사실이
었다. 물론 이를 극복하는 가장 좋은 방법은 '소비에트화'를 직접 관찰하
고 이를 경험한 사람들을 대상으로 삼아 광범위한 조사를 수행하면 되겠
지만, 이런 기회는 좀처럼 오지 않았다. 이렇게 난관에 봉착했던 HRRI의
입장에서 한국전쟁이 하나의 '돌파구'로 여겨졌던 것은 당연했다. 한반도
는 제2차 세계대전 이후 공산주의 진영과 자유주의 진영이 격돌했던 첫
무대였고, 전황은 후퇴와 진격 사이를 오가는 이른바 '톱질 전쟁'의 양상
을 보였다. 따라서 극히 일부 지역을 제외하고 한반도 전역은 길든 짧든
소비에트화를 겪었다. 소비에트화를 직접 관찰할 필요가 있었던 HRRI의

관점에서 한국은, 부소장 크로커의 말대로 "소비에트화의 결과를 직접적으로 연구할 수 있는 최초의 실험장laboratory"이었다. 전쟁 소식을 입수한 HRRI가 당장 '공군대학극동연구단Air University Far East Research Group'을 구축하여 연구자 파견 계획을 서둘렀던 이유도 여기에 있었다.[7] 그리고 여기서 두 개의 파견 연구팀이 꾸려졌다. 공군 조종사들의 사기 연구팀, 그리고 여기서 검토하게 될 심리전 프로젝트 연구팀이 그것이었다.

2) HRRI 한국 연구팀의 결성

하지만 HRRI의 한국연구팀 파견 계획이 일사천리로 실현된 것은 아니었다. 한국전쟁에는 최상위의 군사령부로부터 극동지역 사령부, 현지의 군 지도부에 이르기까지 다양한 기관 및 단체들이 관여하고 있었고, 이들의 이해관계와 전략적 관심들이 반드시 일치하는 것은 아니었다. 따라서 HRRI의 한국 연구팀 결성은 한국전쟁에 관련된 여러 기관·단체들의 입장을 조율하고 수정해나가는 일련의 과정에 다름 아니었다.

HRRI가 현지연구를 염두에 두고 연구계획 목록을 작성하기 시작했던 것은 전쟁 발발 직후인 1950년 여름이었다. 불리했던 초기 전황은 9월 15일의 인천상륙작전을 기점으로 급변했는데, HRRI의 한국파견 계획도 이에 따라 구체성을 띠어갔다.[8] 10월 16일 HRRI가 소속된 맥스웰 공군대학 교장 조지 케니는 공군 참모총장 반덴버그Hoyt Vandenberg에게 서한을 보내, '공군 인력의 선발, 배치 및 사기 등 인적요인에 관련된 연구'와 '심리전'이라는 두 가지 주제의 연구를 위해 10명 내외의 인력으로 구성된 HRRI연구팀의 한국 파견을 공식 제안했던 것이다. 그리고 약 일주일 뒤 케니 교장은 극동공군 사령관 조지 스트레이트마이어George Strate-meyer에게도 서한을 보내, HRRI연구팀의 구체적인 연구테마를 설명했다. 여기서 케니는 심리전 프로젝트의 필요성을 제기하면서 다음과 같이 호소하기도 했다. "한국은 공산주의적인 군사 통제와 우리의 심리전 작전의 효율성을 연구하기 위한 가장 적합한 **실험장**laboratory입니다. 우리는 수백만 톤의 삐라leaflet을 뿌렸고, 그것이 얼마나 효율적이었는지 알아야 합니다."(강조-인용자)9 공군지도부에 한국 파견을 승인받기 위해 HRRI는 산하 연구기관으로서의 전통적인 테마, 다시 말해 공군 사기진작 및 심리전의 평가를 전면에 내세웠던 것이다.

그리고 이러한 HRRI의 작전은 주효했다. 공군 수뇌부는 10월 30일 HRRI에 사업 승인을 통보하는 서한을 보낸 것이다. 물론 극동공군을 비롯한 공군 수뇌부가 흔쾌히 HRRI의 제안을 받아들인 것은 이유가 있었다. 미 공군의 대량 폭격과 이에 따른 민간인 피폭 문제는 한국전쟁 초기부터 심각한 문제로 대두되는 상황이었고, 따라서 공중폭격이 심리적·정치사회적 차원에서 한국 현지사회에 어떠한 파장을 미치는지, 군 장병들의 사기는 어떤지를 자체적으로 조사해야 한다는 의견이 극동공군 내부에서도 제기되고 있었기 때문이었다. 즉 극동사령부는 HRRI의 한국 파견을 계기로 자체 프로젝트에 대한 지원을 얻고자 했던 것이다. 실제로도 HRRI의 한국파견은 이런 기대에 부응했으며, HRRI의 두 개 연구팀이 극동공군의 연구과정에 공동으로 참여하거나,10 반대로 극동공군의 특수조사국OSI 소속 클라렌스 윔스 소령Clarence N. Weems jr.이 후술할 HRRI 연구팀의 인류학적 조사에 참여하는 것에서도 확인할 수 있듯, 협력은 다각도로 이루어지게 된다.

이처럼 HRRI는 공군 당국의 현실적인 관심에 적극 부응함으로써 연구의 기회를 얻었다. '소비에트 사회체계 분석'의 연장선상에서 한국의 소비에트를 직접 관찰하는 것이 가능해진 것이다. 하지만 대가도 만만치 않았다. 후원자로서 공군 지도부의 의향은 무시하기 어려웠고, 예전부터 HRRI 내부에 존재했던 군사적 관심과 아카데미즘 사이의 길항관계는 더욱 미묘해졌다. 실제로 HRRI의 보고서는 이렇게 중층적이고 복잡한 현지조사의 맥락 속에서 작성되었다.

HRRI의 한국 파견에 관심을 보인 기관은 또 있었다. 미국의 일본 점령통치 기구인 GHQ 민간정보교육국 산하의 '여론사회조사과Public Opinion & Social Research'가 그것으로, 인류학자들의 네트워크를 통해 HRRI 한국연구팀 결성에 영향을 미쳤다. 1946년 설립된 여론사회조사과는 점령지 일본사회의 문화적·제도적 특징에 관한 인류학적 조사를 비롯해서, 재벌 해체 및 공산당의 노동조합에 대한 영향력을 파악하는 등 전후 '재교육Reeducation' 정책에 관여해온 조사·정보기관이었다. 그런데 한국전쟁을 계기로 이 기관은 농촌 설문조사와 같은 기존의 작업을 중단하는 대신, 한국전쟁의 발발과 관련하여 서로 상반된 설명이 난무했던 일본사회의 여론을 측정하는 일련의 연구프로젝트를 추진했다. 그리고 같은 민간정보교육국 산하기관이었던 '종교문화지원과'와 협력하여 '포로 재교육reorientation에 대한 각서(1950.7.17.)'를 작성하는 작업을 수행하기도 했다.[11]

'여론사회조사과' 과장인 존 베넷John Bennet은 1950년 10월 17일 하버드 대학의 클럭혼에게 서한을 보내어, 여론사회조사과가 전쟁 기회를 활용하여 한국 점령지역에 대한 조사에 착수할 계획이며, 하버드대학 러시아연구소의 연구자들이 이 조사에 합류할 수 있는지의 여부를 타진했다. 마침 이 시기는 HRRI이 한국파견을 추진하고 있던 무렵이었기 때문에 클럭혼은 '여론사회조사과'의 제안을 HRRI 소장 보어스에게 전달했다. HRRI의 입장에서도 지역수준에서 진행된 소비에트화 과정을 내밀하게 고찰하려면 극동아시아를 잘 아는 인류학자의 도움이 필요했기 때문에 '여론사회조사과'의 제안을 받아들였다. 그리고 이것은 베넷의 전임자로 일본 농촌 현지조사에 참여한 경력이 있던 하버드대학 인류학과 교수 펠젤John C. Pelzel의 HRRI 한국팀 참여로 이어졌다. 일본 점령을 정책적으로 뒷받침한다는 맥락에서 진행되어 온 인류학적 현지조사의 흐름이

HRRI의 심리전 프로젝트에 합류하게 된 것이다.[12]

요컨대 HRRI는 한국 현지연구를 실현시키기 위해, 전통적인 장병 사기 연구와 아카데믹한 소비에트화 연구, 두 장의 카드를 동시에 제시했다. 그리고 두 개의 프로젝트는 극동공군의 폭격과 관련된 자체 프로젝트와, 그리고 후자의 경우는 일본 GHQ의 인류학적 현지 조사의 흐름과 연계되면서 한국 파견을 실현할 수 있었다. 이 두 개의 연구팀은 이들은 같은 시기에 한국을 방문하여 현지 연구 활동을 진행했다.[13] HRRI의 프로젝트는 한국전쟁기 일본 점령기구, 극동공군 등 다양한 지역적, 제도적 수준과 상이한 맥락에서 지속되던 연구 활동들과 결합되면서, 두 개의 연구팀 결성으로 이어진 것이다. 이것은 중심부 차원에서 군부와 학계가 제도적으로 밀접히 연결되어 있었다는 사실을 확인하는 것만으로는 상이한 지역적·조직적 수준의 이질적인 관심이 교차하는 HRRI와 같은 군학복합체의 구체적인 활동을 이해하기에는 충분하지 않음을 드러낸다.

3) HRRI 한국연구팀의 진용과 냉전 사회과학

이런 특성은 구체적으로 연구팀의 인적구성, 특히 소비에트화 연구를 담당했던 심리전 프로젝트 팀의 면면에서도 여실히 드러난다. 4명의 심리전 프로젝트팀원은 1명을 제외하면, 모두 학계에서 활발한 활동을 전개했던 대학의 사회과학 연구자였다.

이들 중 가장 저명한 연구자가 언론정보학자 윌버 슈람Wilbur Schramm이었다. 그는 전후 미국에서 커뮤니케이션학을 독자적인 학문적 패러다임으로 정립시키는데 결정적 공헌을 한 것으로 평가받는 인물로, 학문적 업적 이외에도 각종 사업을 추진하며 군과 정부로부터 재정지원을 끌어오는데 탁월한 능력을 가진 것으로 유명했다. 2차 세계대전 당시에는 미국전시정보국OWI에서 근무하며 심리전 연구에 참여했는데, 같이 활동했

던 정치학자 라스웰Harold Lasswell, 사회학자 라자스펠드Paul Lazarsfeld 등
은 전후 미국 사회과학계에서 중심적인 인물이 되었다. 1947년 일리노이
대학 부총장이 된 그는 대학 산하에 커뮤니케이션연구소를 설립하고 이
곳을 거점으로 대중커뮤니케이션에 관한 일련의 대형 프로젝트를 수행
했다. 한국전쟁 이전부터 HRRI와의 협력관계도 있었기에, 프로젝트 팀
합류는 늦었지만 팀의 리더로서 프로젝트 활동을 전체적으로 조율했다.
이른바 '제한 이론'의 옹호자로서, 그에게 한국전쟁은 자신의 이론이 보
편타당한지를 검증할 수 있는 기회였다.

연구프로젝트를 수행하는 데 슈람 만큼이나 중요한 역할을 했던 사
회학자 존 라일리John W. Riley, jr.는 미국의 심리전 연구에서 결정적 공헌
을 한 것으로 평가받는 연구자 중 한사람이다. 하버드대학에서 박사학위
를 취득한 그는 2차대전기에 이후 근대화론으로 유명해지는 다니엘 러너
Daniel Lerner나 대표적인 구조기능주의자인 에드워드 실즈Edward Shills 등
과 함께 육군 심리전부에서 근무하기도 했다. 1950년부터는 럿거스 대학
을 거점으로 응용커뮤니케이션 연구가 심리전에 어떻게 기여할 수 있는
지를 검토하는 일련 연구를 진행하고 있었다.

그리고 일본 현지조사의 경험을 가진 인류학자 존 펠젤John C. Pelzel이
농촌사회의 소비에트화에 대한 인류학적 조사를 맡았다. 그에 대해서는
HRRI의 협력기관인 하버드대학 러시아연구소 소장 클럭혼과의 관계를 떼
어 놓고 생각하기 어렵다. 클럭혼은 펠젤의 박사논문을 심사했을 뿐 아니
라 그를 하버드대학로 불러들이는데도 핵심적인 역할을 했기 때문이다. 2
차 대전 당시에는 미 해병대의 정보장교로서 태평양 전선에서 활동한 경
력을 지닌 펠젤은 1947년부터 GHQ의 민간정보교육국에서 일본 언어체
계 개혁 작업에 관여했으며 1948년부터는 산하 '여론사회조사과'의 과장
이 되어 각종 여론조사 및 농촌조사를 수행했다. 1963년에는 라이샤워
Edwin O. Reischauer의 후임으로 하버드 옌칭연구소의 소장이 되기도 했다.

그 밖에 HRRI 심리전부서 책임자였던 프레드릭 윌리엄스Frederick W. Williams도 프로젝트에 참여했다. 1940년 뉴욕대학에서 사회철학과 사회과학방법론으로 박사학위를 받은 윌리엄스는, 프린스턴대학 전임연구원을 거쳐, 1945년 독일 미군정청 책임연구원이 되어 대규모 여론조사 사업을 주도했다. 1949년부터 CIA에 합류하여 근무하던 중 1950년 HRRI에 합류했다. HRRI 내부에서 윌리엄스는 연구소의 활동이 군 작전에 보다 긴밀하게 결합해야 한다는 입장을 대변하면서 아카데미적인 경향이 강했던 보어스 소장, 케니 교장 등과 대립했다. 심리전 프로젝트팀은 1950년 11월 중순에 결성되었는데, 윌리암스는 연구팀을 지원·관리하는 실무를 담당했다. 특히 그는 먼저 한국에 도착해서 현지 연구를 지원할 한국인 사회과학자들을 조직하는 임무를 맡았던 것으로 보인다.[14]

이처럼 프로젝트연구팀의 구성은 HRRI가 한국에 연구자를 파견하게 된 상황을 그대로 재현하고 있다. 완고한 반공주의자이자 군 기관에 소속되어 있는 윌리엄스, 제2차 세계대전 당시부터 심리전 연구에 활발하게 참여해온 대학교수 라일리와 슈람, 그리고 인류학적 관점에서 일본 사회에 대한 현장 연구를 진행해온 펠젤로 이루어진 연구팀은 군과 학계의 연계, 그리고 미국 본국의 HRRI와 일본의 GHQ의 연구기획의 교차를 보여준다.[15] 그리고 이러한 이질적인 연구팀의 구성은, 현지에서 지식을 생산하는 과정에서 끊임없이 나타났던 긴장과 불일치의 원천이 되었다.

3. 'HRRI보고서'와 군학복합체의 지식생산 구조

1) 초기 연구계획: 소비에트화 연구를 통한 심리전 전략의 도출

그렇다면 한국에 파견된 이들 심리전 프로젝트 연구팀은 어떤 연구계획을 가지고 전장에 발을 디뎠을까? 연구의 초기 단계에서 어떠한 형태의 연구가 설계되었는지, 또 그러한 계획을 주도한 사람은 누구인지를 보여주는 자료는 존재하지 않는다. 다만 우리는 최종 보고서의 기본적인 구조와 내용, 그리고 존 라일리의 개인 서한 등 당시의 정황을 보여주는 일부 정보를 통해서 HRRI의 현지연구 구상의 개요를 짐작할 수 있을 뿐이다.

HRRI 소장 레이몬드 보어스가 작성한 보고서 1권의 '서문'은 전체 심리전 프로젝트의 목표와 범위를 상대적으로 명료하게 밝히고 있다. 그에 따르면, 심리전 프로젝트의 가장 일차적인 과제는, 북한 정권이 38선 이남에 대한 군사적 점령 이후 서울 및 여타 점령지에서 도입한 제도적 통제의 유형과 패턴을 규명하는 것이었다. 하지만 이 과제는 보다 협소한 목표, 즉 적의 사회체제를 이식 과정에서 발생하는 긴장과 갈등들을 포착함으로써 적 사회체제의 취약지점vulnerability을 판별하는 것, 그리고 이러한 지식을 심리전 전략에 활용함으로써 북한 체제를 약화시킬 수 있는 방안을 모색하는 것을 의도하고 있었다. 궁극적으로 이러한 연구는 비단 한국 뿐 아니라, 여타 소비에트의 '위성' 국가를 대상으로 활용할 수 있는 보다 일반화된 작전 계획을 정식화하는 데 기여할 것이라 기대되었다.[16] 한 마디로 HRRI 심리전 프로젝트는 '소비에트화 연구를 통한 심리전 전략의 도출'을 의도했던 것이다.

앞에서 언급했듯이 심리전 프로젝트팀은 현지조사를 통해 2개의 보고서를 남겼다. 그런데 이 보고서들은 그 구성방식에서 소비에트화 연구와 심리전 연구의 결합이라는 프로젝트의 성격 및 그 세부 계획을 여실히 드러내고 있어서 흥미롭다. 1권에 해당하는 『공산주의가 한국에 미친 영향에 대한 예비적 연구』는 소비에트화 연구의 실제적인 관심사와 조사 내용을 드러내는 보고서로, 각 장별로 저자를 명확하게 밝히고 있는 것이 특징이다. 전체적으로 보면, 보고서 1권은 남한(서울 및 농촌)과 북한 각 지역에서 전개되었던 '소비에트화' 과정에 대한 연구, 그리고 그 체제로부터 '탈출'한 피난민들의 동기에 대한 연구로 구성되어있다.[17] 연구팀은 각 지역에서의 북한군이 구축한 정치권력의 구조 및 사회정책의 영향력을 평가하면서, 특히 이들의 정치적 선전propaganda의 내용 및 효과성에 많은 관심을 기울였다. 특히 이들은 단순히 사태의 전개를 기술하는 것을 넘어서서, 인터뷰 등의 자료를 통해서 북한 정책에 대한 '지지'와 '불만' 등 이를 경험한 사람들의 심리적 반응과 태도를 읽어내려 애썼다.[18]

300페이지에 가까운 분량의 보고서 1권과는 달리, 보고서 2권『남한에서 심리전 연구의 함의와 요약』은 구성도 단순하고 분량도 60페이지 정도로 길지 않다. 저자가 특정되어 있지 않은 이 보고서는 1권의 내용을 요약하면서 이러한 연구가 군의 심리전 전략·전술에 어떻게 기여할 수 있는지 그 함의를 드러낸다. 따라서 보고서의 2권은 각 지역의 소비에트화 연구를 통해서 도출된 체제의 취약지점을 분석하고, 이를 붕괴시키는 데 역할을 할 잠재적 저항집단은 누구인지를 특정한 뒤, 이들을 활용하기 위한 구체적 작전 지침을 제안하고 있다.[19] 독자를 군부, 즉 그들 연구의 '고객'으로 상정한 보고서 2권의 구성은, 1권의 소비에트화 연구의 다양한 내용의 결들을 말끔히 정리해내면서, 자신의 연구가 군 심리전 작전에 지닐 수 있는 효용을 극대화하고자 하는 시도를 보여준다.

이처럼 2개의 보고서의 구성은 한국 현지 연구의 설계가, HRRI가 애초부터 하버드대학 러시아연구소와 진행하고 있었던 소비에트화 과정에 대한 연구 관심을 심리전 전략에 대한 극동공군의 관심과 연결시키면서 양자를 모두 만족시킬 수 있는 형태로 추진되었음을 드러낸다. HRRI는 한국전쟁 초기에 주로 전술적 작전분석의 차원에서 이루어져오던 심리전 연구를 소비에트화 과정에 대한 보다 아카데믹한 연구와 결합시킴으로써, 다른 기관들이 수행했던 연구들과 차별화되는 자신의 독자적인 연구 기획을 제시할 수 있었던 것이다.[20]

하지만 이러한 기획은 일정한 난점 역시 가지고 있었다. HRRI가 하나

표 1 　 HRRI 보고서 1권 및 2권의 목차

	HRRI Report No.1	HRRI Report No.2
제목	Preliminary Study of the Impact of Communism Upon Korea	Implications and Summary of a Psychological Warfare Study in South Korea
목차 및 저자	Chapter Ⅰ: The Pattern of Sovietization in Korea: General Summary(Schramm) Chapter Ⅱ: The Sovietization of Seoul(Schramm and Riley) Chapter Ⅲ: The Sovietization of Two South Korean Rural Communities(Pelzel) Chapter Ⅳ: Notes on the Sovietization of North Korea(Schramm) Chapter Ⅴ: Flight from Sovietization(Riley) Appendix A: Sociological Survey Questionnaire Appendix B: A Comparison Between the Organizations of North Korean and South Korean Literary Men and Artists And their Activities(Kim Chewon) Appendix C: Political Re-Orientation Campaigns in North and South Korea(Yu Chin O)	Chapter Ⅰ: The Sovietized State Chapter Ⅱ: Vulnerabilities of the Sovietized State to Strategic Psychological Warfare Chapter Ⅲ: Some Operational Suggestions for Psychological Warfare Against a Sovietized Area like North Korea

의 프로젝트 속에 결합시키고자 한 '소비에트화' 연구와 '심리전 연구'는 냉전기의 '적'에 대한 지식의 생산이라는 공통점을 지니고 있었다. 하지만 양자의 지향과 방법 사이에는 미묘한 차이가 존재했으며, 한국의 소비에트화 과정에 대한 사회과학자들의 연구는 자료의 수집 및 분석의 과정에서 적의 '취약성'의 도출의 필요성, 그리고 분석 내용의 실제적 작전 지침으로의 전환 가능성을 염두에 두지 않을 수 없었다. 때문에 민간인 연구자들에 의해 이루어진 지식 생산이, 군 작전 지침으로 변환되는 과정에

서 발생하는 내용의 선별, 목적의 전환 및 효과를 어떻게 설명할 것인가의 문제는, 군학복합체의 지식생산이 가지는 성격을 이해하기 위해 대단히 중요하다.

이 글에서 우리가 현지조사 과정에서 일어났던 자료 생산의 맥락에 주목하고자 하는 이유는 여기에 있다. 보고서에서 스스로 언급하고 있듯이, HRRI 연구팀의 연구 활동은 시시각각 불리하게 변화하는 전황과 짧은 조사 기간, 그리고 언어적 한계 등 많은 제약조건들 속에서 진행되었다. 때문에 각 저자들은 세부주제를 분담한 연구자들이 각자 적합하다고 판단되는 방법론에 입각해 자료를 분석하는 방식을 택하였다. 그렇다면 이들은 전쟁 중의 한국사회에서 무엇을 목격했고, 어떻게 연구 자료를 산출했으며, 여기에서 소비에트화에 대한 어떤 결론을 도출했는가? 그리고 그렇게 제시된 내용들은 이후 어떻게 선별되어 보고서에 포함, 혹은 탈락되었는가?

2) 자료생산의 맥락과 조사의 장치들

HRRI 보고서에는 각 장별로 연구에 사용된 자료들이 명시되어 있다. 1권의 저자들은 남한 공직자 60명, 서울주민 50여 명, 북한 출신 민간인 125명 등에 대한 인터뷰 자료와 더불어, 북한 포로 심문보고서 1,250개, 피난민 1,319명에 대한 설문조사를 사용했으며, 이 과정에서 한국인 사회과학자들의 협력을 받았음을 밝히고 있다. 이런 자료들은 어떠한 맥락에서 생산, 가공되어 3명의 연구자들의 손에 놓이게 되었을까? 그리고 이들이 스스로 밝히고 있는 이러한 자료들의 의미는 무엇이었을까?

심리전 프로젝트팀이 한국에 도착했던 것은 1950년 12월 9일이었다. 이들은 조선 호텔에서 머물렀는데, 대한민국 정부도 이들의 파견을 알고 있었고 직간접적으로 지원했던 것으로 보인다. 이들은 12월 15일에 부산

그림 1　HRRI 연구팀의 한국 현지 활동 당시 사진

출전: Lucy Sallick 개인 소장

으로 이동했는데, 이후 현지조사를 위해 대전 인근으로 떠난 펠젤을 제외한 나머지 연구진은 1951년 1월 15일 출국할 때까지 여기서 머물렀다. 서울 체류기간 동안 연구팀이 가장 먼저 했던 자료 수집 활동은 남한 정부 관료들을 대상으로 진행된 인터뷰였다. 보고서에서는 약 60여 명의 정부 관료들을 대상으로 한 인터뷰가 진행되었다고 명시되어 있는데, 여기에는 서울에서 피난했던 고위급 관료 뿐 아니라 서울에 '잔류'했던 중하급 관료들도 포함되어 있었다.[21]

(1) 군이 구축한 심리전 지식의 차용과 각색: ADVATIS의 포로 심문보고서

하지만 시간과 방식의 제약 속에서 이루어진 공직자 인터뷰 자료만으로는 소비에트화를 파악하기에 애초에 제약이 많다는 것은 연구자들도 잘 알고 있었던 듯하다. 프로젝트팀은 군의 전폭적인 지원 속에서 북한 노획문서, 남한정부가 제공한 자료 등 다양한 경로로 자료들을 확보했고 이를 적극적으로 활용했다. 그 중에서도 흥미를 끄는 것은 '전방연합군번역과 (Advance Allied Translator and Interpreter Section, 이하 ADVATIS)' 의 포로 심문보고서를 활용했다고 밝히고 있는 보고서 1권의 대목이다. 특히 북한의 소비에트화를 다루는 보고서 1권 4장은 구체적인 숫자까지 거론하며 전쟁포로 1,250명의 심문보고서를 자료로 활용했음을 언급하

고 있다.[22]

그런데 1950년 7월 중반 이후 작성된 것으로 보이는 전방연합군번역과의 포로 심문보고서는 HRRI의 프로젝트와는 상당히 다른 목적에서 작성된 자료였다. ADVATIS는 극동군 사령부 정보참모부G-2에 소속되어 있는 '연합국번역과ATIS'의 전방 부대로서, 적에게서 획득한 정보를 분류하고, 그 중에서 정보가치가 높은 것을 번역·요약하여 여타 기관들에게 배포하는 역할을 수행했는데, 적군 포로를 심문하여 보고서를 작성하는 것도 이들에게 주어진 임무였다. 따라서 심문조사는 포로로 포획된 조사자의 신분과 이력을 식별하고, 여기에 맞춰 이들과 관련된 적 기구 혹은 사회에 대한 정보를 최대한 뽑아내는 것에 주안점을 두었다.[23] 다음은 심문 보고서에 나타난 질문을 내용 범주별로 분류해 본 것이다.

표 2   ADVATIS 심문보고서 질문 문항들의 개요

구분	내용
인적사항	이름, 나이, 주소, 소속부대, 계급, 직업 등
일대기적 정보	포획까지의 일지(chronology) 개인사(personal history)
재래식 군사력	소속 군 편제, 병력 규모, 무장 현황, 사기 등
심리전 효과	삐라 인지 여부, 북한군 선전의 내용, 정보의 유통 경로 등
사회경제적 체제	점령지역 정치 조직, 남북한 경제체제에 대한 평가

심문에서 가장 기본적인 정보는 이름, 나이, 주소, 소속부대, 계급 혹은 직업 등 인적사항을 식별하는 질문이다. 그리고 포로가 군인이라면 포획되기까지의 일지chronology, 소속 부대의 조직 및 병력, 전투력에 대한 질문이 가장 기본적으로 등장하며, 경우에 따라서는 징집 이전의 이력을 포괄하는 개인사personal history를 구술하게 했다. 하지만 실제 심문을 받은 사람 중에는 피난민과 같은 민간인들이 상당수 포함되어 있었다. 미군은 전선에 아군이 아닌 사람들이 있으면 일단 포획해서 심문을 한 후에

분류하는 포로 정책을 택하고 있었는데,[24] 덕분에 이들에 대해서는 단지 적의 군사력에 대한 정보를 얻어내는 것을 넘어서 유엔군의 심리전이 실제로 어느 정도로 효과를 미쳤는지를 묻는 심문으로 이어지곤 했다. 민간인, 특히 북한에 의해 징집되었다가 포획된 남한 출신 민간인은 집중적인 심문의 대상이 되었다. 미군의 입장에서 이들은 적과 아군의 사기, 북한군의 선전과 아군의 심리전의 효과를 모두 경험해서 비교할 수 있는 위치에 있다고 간주되었기 때문이다. 그래서 아주 드물지만 심문대상자에게 남한 및 북한의 경제체제에 대한 평가, 그러한 평가를 내리게 된 정보의 통로 등 심층적인 정보를 요구하기도 했다.[25]

이처럼 ADVATIS의 심문 보고서는, HRRI가 한국에 프로젝트팀을 파견하기 이전에도 현지 미군이 자체적으로 심리전 차원에서 광범위한 정보 수집 작업을 전개하고 있었으며, 단순히 적의 병력 및 전력에 대한 파악을 넘어서 심리전의 효과나 점령통치의 양상에 관련된 정보도 체계적으로 수집하고 있었다는 것을 보여준다. 파견 기간도 짧았고, 특히 북한 사회에 대한 현지조사도 여의치 않았던 HRRI의 프로젝트팀은 ADVATIS의 심문 보고서와 같은 군의 조사장치를 적극적으로 활용했다. 앞서 언급했듯, 그들은 북한의 소비에트화와 관련해서 심문사례 1,250건을 선별하여 분석했고, 일부 심문사례는 서울의 소비에트화를 분석하는데 활용되었다.

그런데 심문보고서를 하나의 주요한 연구 자료로 활용하면서 발생하는 난점도 분명했다. 전장에서 붙잡힌 포로에 대한 '심문'이라는 조사의 기법은, 근본적으로 질문자와 응답자 사이의 강압적 관계를 전제하고 있기 때문이다. 심문 대상이 된 포획자는 최선을 다해서 자신의 '결백'과 비위험성을 주장할 수밖에 없었으며, 특히 북한군의 점령정책에 대한 평가, 유엔에 대한 태도에 대한 질문에 대해서는 과장된 진술, 심지어 자신의 본심과 다른 진술을 할 개연성 역시 다분히 존재했다. 하지만 HRRI연구진은 이러한 위험성에도 불구, 현지 군이 생산한 포로 심문보고서를 소비에트화 과정을 보여주는 하나의 '객관적' 자료로 간주하고 분석을 진행할 수밖에 없었다.[26]

HRRI 연구팀은 심문보고서의 형식을 일부 각색함으로써, 강압적으로 창출된 지식생산의 맥락성을 탈각시키려는 시도도 하고 있었다. 흥미로운 예시는 보고서 1권 2장의 서두에서 자신의 적 치하 체험을 구술하는 10개의 증언들 중 마지막 사례이다. 자기 체험의 구술처럼 보이지만, 사실 이것은 서울에 거주하다가 북한군에 징집되었던 '유준호Yoo Chun Ho'에 대한 ADVATIS 심문보고서의 내용을 각색한 것이다. 원 자료에서 심문조서에서 흔히 쓰이는 '정보원the source'을 주어로 서술되었던 내용은 보고서에 전제되면서 주어가 '나(I)'로 바뀌어 있다. 진술의 내용은 동일하지만, 주어의 교체가 불러일으키는 효과를 고려한다면 이런 각색의 의미는 중요하다. 애초 자신이 적이 아님을 피력하기 위해 했던 진술들이, HRRI 보고서에서는 1인칭 주어로의 변화와 함께 공산주의의 실상 및 그 해악을 고발하는 진술로 자리매김할 수 있기 때문이다.[27]

(2) 연구팀의 현지 조사와 자료의 생산과정: 인터뷰와 설문조사

이처럼 HRRI 심리전 프로젝트 팀은 군의 심리전 차원에서 구축된 조사장치를 적극 활용하면서도, 단기간에 '소비에트화'를 포착하기 위해서 다양한 수준의 조사를 실시하고 필요한 자료를 생산했다. 보고서 1권을 바탕으로 연구팀이 기존 자료 중에서 어떤 것을 활용했고 새로운 자료로는 어떤 것을 구축했는지를 정리해보면 표 3과 같다.

보고서에 인용된 자료 중에서 2장에 언급되는 남한 공직자 60명 및 서울주민 50명의 인터뷰, 4장의 북한 출신 민간인 125명의 인터뷰, 그리고 5장에서 활용된 피난민 1,319명에 대한 설문조사는 프로젝트팀이 파견시기 동안 현지에서 직접 구축한 것이다. 인류학적 조사가 중심이 되는

목차	제목	저자	근거자료(*는 기존자료)
1장	요약	슈람	
2장	서울의 소비에트화	슈람 라일리	남한 공직자 60명 인터뷰 서울주민 50여 명 인터뷰 *ADVATIS 전쟁포로 심문보고서 *남한 정부자료, *북한 노획문서 등
3장	농촌 공동체의 소비에트화	펠젤	*윔스(Weems) 소령의 특별보고서 (농촌 주민 인터뷰)
4장	북한의 소비에트화	슈람	*북한 포로 1,250명 심문보고서 북한 출신 민간인 125명 인터뷰
5장	소비에트 탈출자 연구	라일리	피난민 1,319명 설문조사
부록A	사회학적 설문조사지		*(ADVATIS 심문보고서의 양식 차용)
부록B	북한과 남한의 예술가 조직 및 활동	김재원	
부록C	북한과 남한의 정치적 재교육 전략	유진오	

3장에서는 자료의 구축경위를 명백하게 밝히지 않았지만 농촌 주민들에게 대한 인터뷰가 진행되었을 것으로 추정된다. 사실 프로젝트팀의 목표 자체가 그동안 베일에 가려져 있던 소비에트화의 실상을 한국전쟁을 기회로 밝히는 것이기 때문에 인터뷰와 설문조사를 통해 자료를 구축하는 것은 그 자체로 중요한 과제였다.

그렇다면 이런 자료들은 구체적으로 어떤 과정을 거쳐 만들어졌을까? 연구팀이 12월 9일 서울에 도착한 직후 착수한 것이 남한 공직자 60명에 대한 인터뷰였는데, 12월 15일 프로젝트팀이 부산으로 이동하기 이전에는 완료된 것으로 추정된다. 그리고 서울주민과의 인터뷰도 동시에 진행되었는데, 보고서에 따르면 이 작업은 미국인 연구자들이 부산으로 내려간 이후에도 계속되어 1월 4일까지 계속되었다. 이후에는 부산 인근 지역에서 피난민들을 대상으로 인터뷰가 진행되었다.[28] 당시 한국정부의 전폭적인 지원이 없었더라면 불가능할 정도의 진행속도였으며, 연구자가 한국어를 전혀 모르는 가운데 진행된 이 작업에서 한국인 협력자들의 역할은 절대적이었다. 그런데 HRRI 연구팀이 참관하는 가운데 진행된 공직자 인터뷰가 따로 설문양식을 필요로 하지 않았던데 반해, 한국인 협력자들에 의해 진행된 서울주민 인터뷰는 미리 구조화된 설문양식을 만들어 놓을 필요가 있었을 것이다. 부록A에 수록된 사회학적 설문조사지는 주로 이 조사에 사용된 것으로 추정된다. 30개 문항으로 구조화된 설문양식을 내용별로 분류해보면 표 4와 같다.

표 4 　사회학적 설문조사 문항의 개요(부록 A)

구분	내용
인적사항	고향, 현 주소, 나이, 성별, 교육수준, 직업, 종교
심리전 효과	북한의 프로파간다 내용, 삐라 인지 여부, 미국에 대한 평가
소비에트화	토지 및 노동개혁 평가, 점령 후 마을구조 변화, 계급구조, 가족 및 친적 구조
정치 체제 평가	남북한 체제 정당성, 북한의 '괴뢰' 여부, 한국의 우방

　질문지는 대체로 인적사항을 확인한 후 심리전의 효과, 소비에트화의 상황, 정치체제에 대한 인식을 묻고 이에 대한 응답자의 개방적인 진술을 이끌어낼 수 있도록 설계되어 있다. 이런 유형의 면접조사는 단순히 피조사자의 의견 확인을 넘어서, 제한된 시간 내에 피조사자들로부터 새로운 정보를 끌어내려 한다는 점에서 포로 심문의 형식과 닮을 수밖에 없는데, 실제로 이 질문지는 ADVATIS 심문보고서를 상당 부분 차용했던 것으로 보인다. 농지개혁, 마을의 지배구조, 학교교육의 변화, 가족구조의 변화 등 장기적이거나 구조적인 변화에 대한 의견을 묻는, 이 프로젝트의 특징적인 몇 가지 질문들을 제외하고는 대부분의 질문들은 심문보고서의 질문을 그대로 쓰거나 약간 변용하는 수준에 머물렀던 것이다.

　앞서 언급했지만, 한국전쟁을 수행하고 있던 미군은 자체적으로 축적한 포로 심문의 결과를 통해 적 사회의 동태 및 심리전의 효과에 관련해서 이미 상당한 수준의 정보를 축적하고 있었다. 그리고 이렇게 축적된 정보 중에서는 소비에트화의 상황이나 정치체제에 대한 인식 등 프로젝트팀의 아카데믹한 관심사와 관련된 부분도 없지 않았다. 때문에 단기간에 가능한 많은 정보를 수집해야 했던 HRRI 프로젝트팀은 심리전과 관련하여 군이 당시까지 축적해 왔던 조사장치의 노하우와 정보를 최대한 활용하여 현지에 관한 정보를 구축할 수 있었다. 이러한 의미에서 ADVATIS 심문보고서로 대표되는 군의 조사장치는 현지 조사를 가능하게 하는 핵심적인 토대가 되었다.

그런데 HRRI연구팀이 독자적으로 진행했던 이러한 설문조사는, AD-VATIS 심문보고서와는 달리 응답자로부터 보다 '중립적'인 진술을 얻어 낼 수 있었을까? 비록 HRRI 보고서는 이러한 문제에 대해서 명확한 언급을 하고 있지 않지만, '객관적' 사회조사 수단으로서의 '설문조사'라는 연구방법은 적어도 전쟁이 진행 중인 한국사회의 맥락에서는 그 자체로 여러 난점을 안고 있었다. 사실 1950년 후반부터 진행되었던 '부역자 처벌'의 광풍이 채 가시지 않은 남한 사회에서, 응답자들이 미군과 관련된 연구자들, 그리고 이들과 동행하던 한국인 협력자들이 질문하는 내용들에 대해서 자신의 체험을 자유롭게 진술하기를 기대하는 것은 결코 쉽지 않은 일이었던 것이다. 이러한 문제는 북한의 점령정책에 대한 평가, 남북한의 체제 정당성의 문제 등 보다 민감한 사안에 대한 질문 과정에서 더욱 두드러졌다.[29]

그리고 이러한 문제가 더욱 명확하게 드러났던 것은 슈람이 담당했던 북한의 소비에트화 연구였다. 이 연구는 애초에 HRRI 프로젝트팀이 가장 기대했던 주제였지만, 전황의 변화로 실제 조사가 어렵게 되자 선택한 임기응변적 대응이었다. 프로젝트팀은 우회적인 방법으로 ADVATIS 심문보고서 중에서 북한의 소비에트화와 관련된 심문사례 1,250개를 추려낸 후, 이를 연구 자료로 구축하였다. 흥미로운 것은 이들이 ADVATIS

심문조서에 대한 검토를 통해, 이후 인터뷰 대상이 되는 북한 출신 민간인을 추려냈을 가능성이 높다는 사실이다. 보고서에 언급된 125명의 북한 출신 민간인에 대한 인터뷰는 다른 자료들과는 달리 인터뷰 시기 등에 대한 정보가 전혀 제공되지 않고 있다. 라일리가 남긴 개인서한도 북한 민간인에 대한 '인터뷰'라고 하는 것이, 실은 심문조서에서 추려낸 흥미로운 사례를 가지고 부산의 전쟁포로 수용소를 직접 방문해서, 해당 포로들에 대한 추가 심문을 진행하는 방식으로 진행되었음을 암시하고 있다.[30] HRRI 연구팀이 수행한 '인터뷰interview'와 포로 '심문interrogation'의 과정은 처음부터 그 경계가 매우 불명료했던 것이다.

반면 라일리가 주도했던 제5장의 피난민 1,319명에 대한 조사는 포로 심문을 모델로 했던 앞의 조사와는 달리 설문조사를 통한 사회학적 가설의 검증이라는 형식으로 진행되었다. 즉 통계처리를 통해 변수들 간의 상관관계를 분석할 수 있는, 별도의 계량화된 질문지를 사용했던 것이다. 질문지는 응답자의 연령, 본 거주지, 가족구성 등에 대한 기초적인 정보 이외에, 탈출의 주된 동기, 탈출하지 못했을 때 취했을 행동의 유형에 대해 질문하고 있었다. 그는 이 설문을 통해 공산주의에 대한 적대감의 원인 및 적대감의 정도를 계량적으로 측정할 수 있기를 바랐다.

설문조사는 프로젝트팀이 한국을 떠나기 약 1주일 전인 1951년 1월 7일을 전후해서 실시되었는데, 부산 인근 34개의 피난민 수용소를 대상으로 하는 표집조사가 중심이었고 부산시내에서 무작위 표집도 일부 진행되었다.[31] 라일리의 작업은 사례수로만 보아서는 가장 큰 규모의 조사였다. 한국정부에 의해 관리되고 UN에 의해 지원받는 피난민 수용소라는 공간이 없었다면, 그리고 당시 부산에 집결해 있던 한국인 사회과학자들의 협조가 없었다면, 쉽지 않았을 자료 생산의 방식이었다.[32] 나아가 조사는 피난민들을 철저하게 '공산주의 탈출자'로만 재현하고 있은데, 사실 이 연구는 그러는 한에서만 성립 가능한 것이기도 했다. 중층적 성격을

표 5 피난민 연구의 개요 및 변수

독립변수	연령, 고향, 가족구성, 계층적 지위 등
종속변수	피난의 주된 이유 　　1. 가족 중 일부가 남한 군경 　　2. 반공주의로 '낙인'찍힘 　　3. 강제 노동, 자유의 부족 　　4. 고율의 세금과 공물 　　5. 북한 인민군 징집에 대한 두려움 　　6. 전쟁에 대한 일반적 공포 　　7. 지역 관청의 권고 　　8. 친구나 이웃을 따라 　　9. 중국인들에 대한 공포 　　0. 기타 이유 피난의 대안 　　1. 지하로 내려가 투쟁했을 것 　　2. 피신, 잠적했을 것 　　3. 협력했을 것 　　4. 확실하지 않음 　　0. 기타

가질 수밖에 없었던 한국전쟁기 피난민의 군상은 철저하게 타자화·대상화되었고, 인구학적, 계층적 범주에 따라 분류되어 어떻게 공산주의에서 탈출하게 되었는지 그 동기의 식별에만 활용되었다. 철저하게 냉전적 인식틀에 기반한 연구였던 것이다.

그리고 자연스럽게, 설문결과에 대한 계량적 분석을 통해 나타난 결과는 소위 '자유 피난의 신화'를 재생산하는 것이었다. 피난의 동기에 대한 분석에서, 북한 출신 난민의 약 3/4, 남한 출신 난민의 약 1/2는 단순히 전쟁과 폭격을 피해 남하한 것이 아니라, 공산 치하에서 겪게 될 보복과 자유의 박탈을 두려워하여 피난을 선택했다는 것이 5장의 주된 결론이었다.[33] 그리고 조금 뒤에서 살펴보겠지만, HRRI는 바로 이러한 결과를 바탕으로, 소비에트 체제의 '취약성'을 도출해내고 그에 대응한 심리전 전략을 제안했던 것이다.

(3) 생산된 현지 지식 속의 균열들: 점령지역 농촌연구의 위치

이처럼 HRRI 프로젝트팀의 소비에트화 연구는 심리전의 차원에서 군이 자체적으로 구축하고 있었던 조사장치에 주로 의존해서 이를 아카데믹하게 차용하고 각색하는 방식으로 현지에 대한 지식을 생산했다. 그리고 이런 과정에서 전쟁의 중층적 맥락은 지워지고 현지사회는 소비에트화의 수동적 수용 혹은 탈출이라는 이원적인 틀 속에 배치됨으로써 학문적 차원에서 냉전적 인식틀이 창출되고 강화되는데 기여했다. 하지만 보고서의 내용을 면밀히 들여다보면, 세부 연구주제와 관련된 조사활동이 반드시 일관되지는 않았으며 심지어 상당히 이질적이고 자기 분열적인 요소를 내포하고 있었음도 확인할 수 있다. 특히 이것은 다른 연구방법과 자료를 사용했고, 따라서 다른 팀원들과는 별도로 움직였던 펠젤의 인류학적 농촌지역 연구에서 많이 엿보인다.

현지연구에서 펠젤은 다른 두 연구자와는 사뭇 다른 행보를 보였다. 그는 일단 1950년 12월 15일 슈람, 라일리와 더불어 부산으로 내려갔지만, 부산을 벗어나지 않았던 다른 두 사람과는 달리 농촌 현장 조사를 강력하게 희망했다. 그리고 이런 요청이 받아들여졌는지 그는 극동공군의 클라렌스 윔스 소령과 합류하여 충청도 대전 인근의 두 마을, 연기군 금남면과 유천군 가창리에서 농촌 현지조사를 실시한다. 그가 작성한 보고서는 정확한 조사 시기를 밝히고 있지 않지만, 출국을 1주일 앞둔 1월 8일 부산으로 복귀하는 것으로 보아 1950년 12월 말부터 1951년 1월 초까지 대략 2~3주에 걸쳐 조사가 진행된 것으로 추정된다.[34]

보고서의 다른 부분이 조사방법과 경위, 분석에 근거한 전거 자료를 비교적 명확히 드러내고 있는데 반해, 펠젤이 작성한 3장은 현장에 대한 인류학적 분석에 집중된 탓인지 관련 정보가 극히 적다. 윔스 소령의 특별보고서가 전거자료로 언급된 것이 거의 전부인데, 이 특별보고서가 언제 작성되었으며 구체적으로 무슨 내용을 담고 있는지는 현재로서는 확

인하기는 어렵다. 다만 윔스 소령이 극동공군의 폭격 관련 연구에 관여하고 있었다는 경위를 생각해보면,[35] 그의 보고서가 극동공군의 자체 조사 활동과 연관되었을 가능성은 농후하다. 펠젤이 짧은 현지조사 기간에도 불구하고 한국전쟁 이전 및 초기의 마을 상황에 대해서 상세하게 기술할 수 있었던 것도 윔스의 보고서가 있었기에 가능하지 않았을까.

어쨌든 일본통 혹은 현지전문가로 HRRI 연구팀에 합류한 펠젤은 극동공군 내 대표적인 '한국통'이라 할 수 있는 윔스와 결합함으로써 연구팀의 다른 연구자에 비해 현지 밀착성이 매우 높은 조사를 수행할 수 있었다. 그리고 그 결과, 펠젤이 집필한 보고서 3장은 전체적으로는 HRRI 보고서와 구성 및 기조를 따르고 있지만, 세부적인 분석의 측면에서는 현장에 대한 가장 정밀한 정보를 포함하고 있으며, 심지어 역설적으로 냉전적 스테레오타입에서 벗어나는 진술 또한 일부 발견된다. 구체적으로는 농촌 촌락에서의 친족 내의 갈등 구조가 해방 이후의 좌우익 갈등 및 북한 점령 이후의 통치구조와 맞물려 폭발하는 양상을 설명하는 부분, 보도연맹원 학살에 대한 기술, 남·북한이 각각 수행한 농지개혁의 현황에 대한 묘사 등이 여기에 해당되는데, 흡사 한국에서 1990년대 이후에 진행된 마을 단위의 한국전쟁 연구를 연상시킬 정도다.

HRRI보고서 중에서 펠젤이 쓴 3장이 이후 한국전쟁을 분석하는 연구에 사료로서 자주 등장하는 것도 이러한 사정과 관련이 있다. 특히 한국전쟁 발발을 전후로 한 남한의 농지개혁 현황에 주목했던 연구들은 당시 지역 사회에서 농지 개혁의 진행 상황 및 이에 대한 농민들의 인식을 보여주는 자료로서 펠젤이 남긴 보고서를 활용하고 있다.[36] 지역사회의 역사적 변동에 대한 자세한 기술에 의해 뒷받침되어 있기에, 마을 사람들이 북한 점령에 협력한 동기가 이념적인 것이었기보다는 대부분 '불가항력 force majeure'에 의한 것이었다는 그의 명제는, 다른 두 명의 저자들이 행태주의적 접근을 통해 도달한 유사한 결론과는 다른 울림을 지닌다.[37] 이러한 펠젤의 사례는, 군의 수요에 부응하기 위한 지식 생산이라는 테두리 내에서도, 그 연구의 방법론과 자료 생산, 현지 활동의 맥락에 따라 균일하지 않은 결과들이 생산될 수 있음을 예시한다고 하겠다.

3) 2개의 보고서 사이: '군'과 '학'사이의 긴장

이상에서 살펴보았듯이, HRRI연구팀은 1달 여 간의 현지 조사를 마치고 1월 15일에는 한국을 떠난다. 이제 남은 작업은 한편으로는 현지에서 수집, 분석한 자료를 바탕으로 한국의 소비에트화 과정에 대한 학술적 평가를 진행하는 한편, 이를 바탕으로 군의 심리전 전략에 대한 실질적 제언을 담은 보고서를 준비하는 것이었다. 보고서는 프레드릭 윌리엄스의 전체적인 감독 하에서, 연구자들이 각자 수집한 자료를 동원하여 세부 주제에 대한 내용을 독자적으로 집필하는 방식으로 진행되었다. 하지만 이들이 하나의 일관된 계획 하에 집필한 보고서의 형태를 유지하고자 애썼음에도 불구하고, 보고서 내에는 이들이 동원한 자료와 방법론에 따라 상당한 편차와 긴장, 불일치의 요소들이 포함되어 있었다.

주된 차이는 주로 슈람과 라일리가 집필한 장, 그리고 펠젤이 집필한 장 사이에서 두드러지게 발견된다. 슈람과 라일리의 경우, 계량적 자료와 방법론을 동원하여 남한 및 북한의 경험을 포괄할 수 있는 하나의 보편적인 '소비에트화'의 모델을 제시하고, 이로부터 실용적 작전 지침을 이끌어내는 작업에 집중했다. 여러 자료에 대한 분석을 통해 이들이 주로 포착하고자 했던 점령지역의 변화는 1)점령당국의 권력구조, 2)이데올로기적 선전의 내용과 효과 3)권력 행사 및 집행의 기술technique로 압축되는데,[38] 이는 북한의 점령정책이 기본적으로 소련의 거대 청사진master blueprint을 준거로 하여 진행된 '소비에트화' 정책에 다름 아니었다는 관점을 견지하면서, 남·북한 사회에 외생적으로 부과된 권력이 현지 사회를 장악하며 공고화되는 과정에 주목했던 저자들의 시각이 반영된 것이었다. 이러한 시각에서 슈람과 라일리는 대중매체의 독점, 집회와 같은 면대면 의사소통, 각종 상벌체계 등의 수단을 활용한 북한 당국의 이데올로기적 선전이 어떠한 형태로, 어느 정도의 효율성을 지니고 이루어졌는지를 분석하는데 주력했다.

이들의 견해는 북한의 '소비에트화' 과정이 현지 엘리트들의 도전 및 미국·유엔의 심리전의 영향력을 차단하며 자신의 권력 구조를 공고화하는데 매우 효율적이었다는 결론으로 기울어져 있었으며, 이러한 주장은 사람들이 북한 권력에 대해 '효율적'이고 '조직화'되어 있으며, "일을 되도록 한다get things done"는 인상을 지니고 있다는 인터뷰 결과에 의해 뒷받침되었다. 하지만 보다 중요한 것은 그 효율성의 이면이었는데, 동일한 인터뷰 자료는 사람들이 북한 체제에 대해 가진 가장 큰 불만이 개인에 대한 국가의 통제와 자유의 억압, 감시와 테러였다는 결과를 드러내는데 활용되었다.[39] 공산 국가의 가장 큰 특징인 국가 권력에 의한 감시와 통제의 체계는 한편으로는 상당히 효과적으로 작동하지만, 다른 한편으로는 '자유'의 억압에 대한 불만을 확산시키면서 체제의 취약지점으로 드러나기도 한다는 것이 슈람과 라일리가 북한의 '소비에트화' 과정에 대해 도달한 결론이었다.

이에 비해 펠젤은 한국전쟁 이전부터 누적되어 온 농촌사회의 갈등이 북한군의 진주와 맞물려 분출하는 과정을 비교적 정밀하게 포착하면서, 북한 점령기 농촌사회 변동의 여러 역사적 맥락과 특수성을 제시하는 것에 더 큰 관심을 보였다. 펠젤이 집필한 장은 다른 저자들의 그것과 일관되게, 농촌 마을에 구축된 북한의 권력구조, 북한 선전의 내용과 그 수단에 대한 기술을 포함하고 있었다. 하지만 펠젤의 분석에서 북한 점령정책이 소련의 '청사진'에 의거하고 있다는 지점은 그다지 중요한 것은 아니었다. 오히려 그가 세밀하게 기술했던 것은 한국 농촌 사회의 가족구조 및 해방 이후 누적된 지역사회의 갈등과 긴장이, 북한군의 진주와 함께 다른 형태로 발현되는 양상이었다.[40] 이는 슈람과 라일리가 제시하는 '위로부터의 소비에트화'의 그림과는 상당히 거리가 있었다.

또한 북한 체제의 효율성에 대한 펠젤의 평가 역시 슈람과 라일리와의 그것과는 다소 어조를 달리했다. 북한 당국이 심혈을 기울였던 '청년'과 '여성'에 대한 조직 사업이 사실상 완전한 실패로 돌아가기 일쑤였으며, 각종 대중집회에의 동원을 통해 이루어지는 면대면 선전 정책 역시 사람들에게 그리 효과적으로 다가가지 못했던 것이 그가 그리는 '농촌 소비에트화'의 실상이었다. 그리고 펠젤은 사람들이 한편으로는 '불가항력force majeure'적으로 공산당의 정책에 협력하고, 농지개혁을 통해 주어지는 자기 몫의 농지를 기민하게 확보하기도 했지만, 다른 한편으로는 북한의 여성정책과 노역 동원 등에는 냉담하게 반응하는 등 북한의 점령정책에 현실적으로 적응해갔던 복합적인 모습들을 기술하고 있다. 비록 슈람과 라일리와 같이 소비에트화 과정에 대한 명료한 명제를 제시한 것은 아니었지만, 그의 인류학적 조사는 북한 체제의 허실虛實을 자세히 드러내기에는 충분한 것이었다.

문제는 이러한 저자들 간의 '소비에트화' 과정에 대한 분석의 차이가 심리전 전략에 대한 제언을 도출하는 데에도 이어졌다는 사실이다. 예컨대 펠젤의 장은 삐라의 대량 공중살포 전략의 효과성에 대한 회의적인 평가들을 내리는가 하면, 라디오를 통한 정보 확산의 한계를 지적하기도 한다.[41] 이는 다른 두 저자들이 공산당의 통신수단의 독점을 통한 선전 정책이 대단히 주도면밀하고 효과적이었음을 지적하면서, 라디오 방송 및 삐라의 살포가 역으로 이러한 공산당의 통신수단 독점에 균열을 가할 수 있는 가장 좋은 수단임을 강조하는 것과는 차이가 있었다.[42]

하지만 보고서 1권의 이러한 내부적 균열지점들은, 보고서 2권에서는 하나의 이론적 틀 내에서 말끔히 정리된다. 1권에서 다루어진 남한의 서울과 농촌, 북한의 세 소비에트화의 사례는, 도시/농촌을 하나의 축으로, 소비에트화의 초기/중기 단계를 다른 축으로 하는 도식 속에 배치되고, 각각의 유형에 대한 소비에트화의 양상, 취약성, 잠재적 저항집단의 범주가 간단명료한 사회과학적 명제의 형태로 도출되기에 이른다. 예컨대 보고서의 2권은 남한과 북한의 경험의 비교를 통해, 소비에트화 과정이 진전될수록 감시와 처벌의 체계, 통신수단에 대한 독점과 같인 권력 수단 역시 발전하는 경향이 있음을 서술한다. 중요한 것은, 이러한 소비에트화의 전개과정이 그런 발전의 역기능과 모순을 통해서 체제에 대한 불만을 확산시키는 경향도 보여준다는 저자들의 지적이었다.[43]

더 나아가 보고서는 소비에트 체제가 초기 단계에서 중기 단계로 이행함에 따라 구 엘리트 계급, 지식인, 토지소유자, 중소상인 등 주요한 잠재적 저항집단의 성격 역시 변화한다는 사실에 주목한다. 때문에 미국 심리전의 주된 과제는 이들 잠재적 저항집단의 성격을 판별해내고, 이들에게 적극적으로 접근함으로써 체제 전복적 집단으로 양성하는 것으로 상정되었다. 이 과정에서 가장 효과적인 수단으로 지목된 것은 바로 슈람과 라일리가 주장했던 라디오 방송 및 삐라의 살포를 통한 정보 독점의 파괴였다. 이것은 보고서의 1권에서 도출된 심리전 매체의 효과성에 대한 연구 결과를 소비에트화 과정에 관한 명제와 결합시키면서, '라디오와 삐라'라는 구체적인 심리전 전략의 계획으로 다시금 제안하고 있다. 전체 심리전 프로젝트의 최종 결론은 이 한 마디로 요약된다.[44] 하지만 이러한 명료한 결론은 보고서 1권에서 드러난 내용적 이질성을 사상시키는 대가를 치르고서야 얻어질 수 있는 것이기도 했다.

이제까지 우리가 살펴본 일련의 과정들을 통하여, HRRI가 주변부 사회의 전장에서 진행한 연구 활동은 미국 중심부에서 구축된 군학복합체의 네트워크만으로는 설명되지 않으며, 도리어 '군'과 '학' 사이의 미묘한 균열, 그리고 물리적 거리로만 볼 수 없는 '현지'와 '본국' 사이의 간극에서 미묘하게 유동하고 있었다는 사실을 확인할 수 있었다. 이러한 균열과 간극은 무엇보다 현지에서 생산된 다양한 자료들을 취사선택하여 보고서를 작성하는 과정에서 보다 뚜렷이 드러났다. 서로 차별적인 자료의 생산과 재구성의 과정은 보고서 1권을 구성하는 세부 연구들 사이의 이질적 성격을 낳았고, 이는 다시 소비에트화에 대한 아카데믹한 접근을 지향했던 1권과 심리전 작전에의 활용가능성을 극대화해 군이라는 '고객'을 만족시켜야 했던 2권의 차이로 연결되었다. '적'에 대한 지식생산이라는 전제를 공유하는 소비에트화 연구와 심리전 연구를 진행했던 HRRI의 한국 현지연구 과정은, 이러한 의미에서 군학복합체 및 이들이 생산해낸 지식의 균열지점을 잘 예시하고 있다.

4. 나가며: 본국과 현지의 사이에서 유동하는 냉전적 학지

논의를 정리하기에 앞서 마지막으로 짚고 넘어가야 할 문제는 한국인 협력자들의 존재다. 이미 언급했듯이 한국팀의 관리자였던 프레드릭 윌리엄스는 3명의 교수 출신 연구진이 한국에 도착하기 일주일 전에 보고서 작성에 협력할 한국인 집단을 준비시키는 작업을 했다. 현지에 도착한 HRRI의 연구자들은 이렇게 준비된 총 25명의 준비된 한국인 협력자들과 함께 구체적인 조사를 진행할 수 있었다. 보고서에 따르면 한국인 협력자는 인터뷰 및 설문조사의 진행, 미국인 연구자들은 자료의 분석과 연구를 담당하는 지적 분업관계가 존재했다.[45] HRRI 한국 연구팀의 현지 지식 생산의 구조에서, 한국 연구자들은 이처럼 필수불가결한 존재들이었던 것이다.

그런데 이들은 그저 단순히 영어 능력을 갖춘 통역자나 정보제공자 informant는 아니었다. 보고서는 이들 협력자들에 대해서 "심리학, 사회학,

역사학, 정치학, 사회철학의 배경을 지닌 일군의 남한 대학 교수들"이며 거의 대부분이 유럽, 미국, 일본에서의 유학 경험이 있는 사람들이라고 설명한다. 라일리는 개인 서한에서 이들이 "한국에서 가장 저명한 인사들 중 일부"이며 "국립박물관의 관장, 서울대학교의 두 명의 학장과 일곱 명의 교수들, 내과 분야의 지도적 인사, 저명한 출판인, 성공한 은행가, 한국 농업문제의 권위자 등"이라고 언급하기도 했다.[46]

하지만 이들이 구체적으로 누구인지, 이들을 연구의 협력자로 조직한 주체가 누구인지, 이들이 실제로 어떠한 활동을 했는지는 현재로서는 분명하지 않다. 다만 보고서에는 협력자였던 것이 확실시 되는 두 명의 한국인 학자의 이름이 언급되는데, '부록B'에서 「북한과 남한의 예술가 조직 및 활동」을 집필한 당시 국립박물관 관장 김재원(金載元, 1909~1990)과 '부록C'에서 「북한과 남한의 정치적 재교육reorientation 전략」을 집필한 고려대학교 총장 유진오(兪鎭午, 1906~1987)가 그들이다. 또한 보고서에 이름이 나오지는 않지만, 훗날 제자들이 정리한 이력을 통해 1950년 11월부터 1951년 2월까지 미공군대학 인적자원연구부(심리학) 부원으로 활동했음이 밝혀진 심리학자 이진숙(李鎭淑, 1908~1962)도 있었다. 경성제대에서 심리학을 전공한 그는 1946년부터 1949년까지 서울대학교 문리과대학 교수로 있었으며, 한국전쟁이 일어나자 HRRI에 참여한 후 육군본부 작전교육국(심리학) 기감과 미 제8군 심리전과(포로심리) 연구원으로 활동한 후 1951년 서울대 교수로 복귀한 인물이다. 라일리의 개인서한은 한국전쟁 초기에 문교부 고등교육국장으로 있으면서 서울대학교의 임시총장의 업무도 수행했던 윤리학자 김두헌(金斗憲, 1903~1981), 저명한 내과의이며 1949년부터 사회부 차관을 역임하고 있었던 최창순(崔昌順, 1907~1959) 역시 이들 중 일부였음을 보여준다.[47]

이들 한국인 협력자들의 존재는 HRRI의 현지 지식생산과 관련해서 여러 가지 질문거리를 던져준다. 분단국가의 제도권 지식인으로서 이들의 경험과 관점은 HRRI보고서의 내용에 어떠한 흔적을 남겼을까? 그리고 반대로 이들의 학문적 경로에서 HRRI연구자들과 함께 작업한 경험이 얼마나 유의미한 영향을 낳았을까? 일단 확실한 것은 남한 최고수준의 학자들이 HRRI의 현지 지식생산에 동원되었으며, 이들의 기본적인 역할은 미국인 사회과학자들이 작성한 질문지를 들고 한국인을 인터뷰하고, 생산된 자료를 '번역'하여 전달하는 것이었다는 사실, 그리고 연구의 방법론과 사회과학 이론의 출처, 연구의 고객은 모두 미국이었다는 사실이다. 그런데 현지 상황에 대한 한국 지식인들의 견해가 미국인 연구팀에게 받아들여져 최종 보고서에도 반영되는 경우도 드물게나마 존재했다. '부록C'를 작성했던 유진오의 사례가 그것인데, 그가 정치적 재교육 전략에서 일관되게 강조했던 것은 한국인의 '미성숙성cultural juniority'이다. 일제의 지배를 겪은 한국인들에게서 "창의적 의도를 지닌 자유로운 행동을 기대하는 것은 부당"하며, 한국인들의 문화적 수준을 고려할 때, 심리전의 매체에서도 '비유' 및 '미묘한delicate' 표현의 사용을 피해야 한다는 것이다.[48]

유진오가 연구의 고객인 미국인들에게 이런 '미성숙성'을 왜 그토록 강조했는지는 불분명하다. 유진오 자신이 '적 치하'의 서울을 탈출했고 따라서 조사받고 의심받는 처지를 겪어 봤기 때문에 나온 인식일지도 모르겠다. 어느 쪽이냐, 자신을 어떻게 드러내느냐에 따라 당장의 생사가 갈릴 수 있는 상황에서 '자유로운 행동'은 가당치 않으며 미묘한 표현 또한 혼란을 가중시킬 따름이기 때문이다. 유진오가 '고객'인 미국인 연구자들에게 썼던 '미성숙성'이라는 표현은 그런 의미에서 이중적인 맥락을 가진다. 사상과 이념의 차이가 개인의 운명과 생사를 가를 수 있게 된 기막힌 상황에 대한 개탄이면서, 동시에 이런 상황을 시시콜콜 이해하기 어려운 미군들에 의해 수행되는 심리전이 자칫 이런 상황을 더욱 복잡하게 만들 위험성을 미연에 차단하기 위한 방책方策이었던 것은 아닐까.

이런 유진오의 견해는 HRRI의 연구자들에게도 인상적이었는지, 심리전 전략을 위한 실질적 제언을 지향하는 보고서 2권에 비중 있게 다시 등장한다. 보고서는 유진오의 글을 직접적으로 인용하면서, 한국과 같은 동양 사회에서 지식인층에 대한 심리전의 내용은 단순하고 명료한 언어로 접근해야 함을 제언하고 있는 것이다. 물론 이것이 유진오가 이런 발언을 하게 된 복잡한 맥락들을 고려하고 있지는 않아 보인다. 보고서에서는 미국인들의 인종주의적 편견에 일정 정도 부합되는 현지의 목소리로 받아들였다. 그의 견해는 슈람 등의 사회과학적 언어와 상호 공명하면서 특정한 심리전 전략을 이끌어내는 전거로서 다시 맥락 지워진 것이다.[49] 군학복합체의 현지 지식생산은 이처럼 중심부와 주변부, 혹은 본국과 현지 지식인들 사이의 지적 분업, 실은 종속 구도 속에서만 가능했다는 사실은 이들 협력자의 존재로 명확해지는 것이다.[50]

이상에서 살펴보았듯이, HRRI 프로젝트팀은 1951년 1월 15일 한국을 떠났고, 4개월 뒤인 5월에 두 개의 보고서가 제출되었다. 그리고 이 결과물은 '고객'들로부터 상당히 높은 평가를 받는다. 확실히 한국전쟁은 HRRI가 조직을 확장해나가는 중요한 전기가 되었다. 하지만 동시에 한국전쟁은 군학복합체 HRRI의 배후에 도사렸던 대립을 표면으로 드러내는 도화선이 되기도 했다. 심리전 프로젝트팀의 활동 이후 연구소 내부에는 장기적 관점의 아카데미즘을 대변하는 소장 레이몬드 보어스와, 연구소의 활동이 보다 긴밀하게 군사적 목적과 연계되어야 한다는 부소장 프레드릭 윌리엄스 사이에 갈등이 커졌는데, 결과적으로는 세력균형이 후자 쪽으로 기울었다.[51] 몇 년 뒤, 하버드 러시아연구소와 함께 HRRI가 주도했던 소비에트 사회체제에 대한 연구는 소련에 대해 충분히 비판적이지 않다는 이유로 매카시즘의 공격을 받기 시작했으며, 결국 HRRI 자체가 1954년에 해체되고 만다. 어떤 의미에서는 현지 지식생산 과정에서

일어났던 균열과 긴장들이 HRRI의 자기 파괴적인 결말로 이어졌다고도
할 수 있다.[52]

　이러한 갈등과는 별개로, HRRI보고서의 결과물은 미국 '본국'의 사회
과학 학술장學術場에서 이후 또 다른 형태로 유통되는 양상을 보인다. 3
명의 연구자 중 슈람과 라일리는 윌리엄스와 함께 HRRI보고서 내용의
일부를 따로 떼어, 1951년에 두 편의 논문으로 미국의 사회과학계에 발
표한다.[53] 현지에서의 군학복합체의 지식생산의 결과물이 본국으로 환류
하여 '보편적인' 사회과학의 관점에서 검토되기 시작한 것이다.

　여기서 흥미로운 것은 이러한 과정이 한국 현지연구 결과의 '탈맥락
화'를 동반했다는 사실이다. 「소비에트화된 국가에서의 커뮤니케이션」이
란 제목을 단 슈람과 라일리의 논문에서는 "1950년 겨울의 한국"이라는
연구의 시공간적 맥락은 '소비에트화된 국가'라는 개념으로 일반화되며,
보고서의 내용들은 공산주의자들의 커뮤니케이션 및 심리전의 영향에
대한 보편적 명제의 형태로 제시되는 경향을 보여준다. 애초에 HRRI의
연구자들, 특히 슈람과 라일리는 북한의 군사적 점령 정책은 소련의 청
사진master blueprint의 복제에 불과하다는 관점을 견지하고 있었기에, 북
한에 대한 사례 연구 결과를 동유럽 국가들을 포함한 여타 '소비에트화된
국가'에 일반적으로 적용될 수 있는 명제로 제시하는 것에 주저할 이유는
없었다.

　더욱이 눈길을 끄는 것은, 본국의 학술장에서 발표된 논문에서는 군
과 연계되어 진행되었던 현지조사의 실제적 과정, 자료생산의 맥락들이
숨겨진다는 사실이다.[54] 슈람과 라일리는 자신들이 "75명의 공직자에 대
한 인터뷰, 남한과 북한의 시민들을 대표할 수 있는 200명의 구조화된 인
터뷰, 1,300명의 전쟁포로들과의 인터뷰, 1,400명의 피난민과의 인터뷰,
노획 문서, 공산주의 치하에 살았던 한국인들의 개인적 서사의 출판본"을
자료로 활용했다고 서술하고 있다. 우리가 앞에서 추적했던 자료 생산의

실제 과정을 염두에 둔다면, '인터뷰interview'라는 중립적인 단어는 앞에서 우리가 살펴본 자료의 생산 맥락들을 실질적으로 은폐하는 효과를 낳는 표현에 지나지 않는다.

한국전쟁 이후 라일리와 슈람이 주도했던 일련의 연구 작업들은 군학복합체에 의해 생산된 현지의 지식이 탈맥락화되어 미국 본국의 사회과학계에 유통되는 과정, 그리고 이것이 '보편적'으로 가정되는 사회과학 이론의 지위를 획득하면서 이론의 발생적 맥락과는 전혀 다른 사회적 대상에까지 광범위하게 적용되는 일련의 과정들에 다름 아니었다. 사실 이들 연구자들에게 한국전쟁은 기존의 사회과학 이론의 보편적 성격을 검증할 수 있는 하나의 기회 이상의 커다란 의미는 없었던 것이다.[55] 그리고 최종적으로 사회과학 학술장에서 시민권을 획득한 '보편적' 이론들에서는, 앞서 살펴본 한국전쟁기 현지연구 과정에서의 군의 개입, 강압적 방식에 의한 자료의 대량 생산, 이를 매개해준 주변부 지식인들의 흔적들은 찾아보기 어렵다. 이를 대신하는 것은 '대중매체', 커뮤니케이션에서의 '발신자'와 '수신자', '여론 주도자'과 같은 객관적 사회과학의 개념들이다.[56]

한국전쟁기 HRRI의 사례를 어디까지 일반화할 수 있을지에 대해서는 다소 조심스럽지만, 이렇게 보면 미국의 냉전 사회과학은 명시적인 '적'을 대상으로 한 지식의 체계이기도 했지만, 다른 한편으로는 이런 지식이 주변부 사회에서의 폭력적 과정을 통해 어떻게 생산되었는지가 은폐되고, 탈맥락화된 이론적 명제의 형태로 중심부 사회의 사회과학장으로 환류하는 권력의 체계였던 셈이다. 그렇다면 군학복합체의 활동과 연동되었던 냉전기 미국의 주류 사회과학의 이론을 독해하는 것은, 이들의 학문 패러다임에 대한 내재적 이해, 혹은 이들 연구가 탄생하게 된 제도적 연결망들을 폭로하는 작업 뿐 아니라, 주변부에서의 연구 자료의 생산 및 이론의 적용을 통한 지식생산의 과정을 세밀하게 추적하는 작업을 통해 이루어져야 하는 것은 아닐까.

3장

냉전의 텍스트화, 텍스트의 냉전화:

The Reds Take a City의 탄생과 변주[1]

김민환·옥창준

1. 들어가며

한국전쟁의 영향과 효과는 한반도라는 지리적 공간에만 국한되지 않았다. 한국전쟁은 냉전의 결과물인 동시에 냉전을 새롭게 구성한 전쟁이었다. 무엇보다 한국전쟁은 '자유진영'에서 유통되는 '적' 이미지의 창출과 관련해서 특히 주목할 필요가 있다. 한국전쟁을 기점으로, 소련과 공산주의는 불구대천의 '적'이라는 이미지가 자유진영 내에서 대중적으로 확산되었기 때문이다. 불과 몇 년 전으로만 시계를 돌려봐도, 자유진영의 대중에게 소련은 파시즘·나치즘과 공동으로 투쟁하던 '해방전쟁'의 동맹국이었다. 대중들의 뇌리에 남아 있던 이 '대동맹' 정신은 한국전쟁을 거치면서 완벽하게 사라졌다.

소련과 미국의 '대동맹' 정신을 다양한 방식으로 선전하던 기관들은 이제 옷을 바꾸어 입고, 소련에 대한 '심리전'을 본격적으로 가동했다. 이를 위해 미국의 '군학 복합체'로 대표되는 심리전 기관들은 적에 대한 무수히 많은 이미지와 이야기를 주도적으로 생산해냈다. 이들의 목적은 한편으로는 상대방 진영의 사기를 떨어뜨리고 투항하도록 만드는 것이었고, 다른 한편으로는 자유진영의 사람들이 적에 대한 경각심과 적개심을 갖도록 하는 것이었다. 심리전은 적에 대해서 수행될 뿐만 아니라 아군에 대해서도 수행되었다. 즉 한국전쟁은 소련 및 공산주의 진영에 대해 별다른 관심이 없었던 자유진영 사람의 감성구조를 효과적으로 공략하는 '대량설득무기'의 산실이었다. 한반도 '전역戰域, theater'은 자유 진영의 단결력을 과시하고 '적'을 새로운 모습으로 투사하는 대표적인 '극장theater'이었다. 이 극장에서는 무수히 많은 '텍스트'가 상영되었다.

한국전쟁 기간 및 그 이후 자유진영 국가에서 '적' 이미지가 누구에 의해 어떻게 만들어졌는지에 대해서는 이미 상당한 연구가 축적되어 있다. 국내 연구의 대표주자인 정용욱과 이임하는 한국전쟁기에 활동한 미군 심리전 조직에 대한 상세한 조사뿐만 아니라, 그 배후에서 작동한 냉전 이데올로기, 미군이 살포한 삐라의 이미지에 대한 상징 분석, 삐라를 통해 구현된 이데올로기가 전후 한국 사회가 반공 사회로 재편되는 과정에 미친 영향 등을 광범위하게 탐구했다.[2] 또 해외 연구의 대표작인 론 로빈Ron Robin의 『냉전의 적 만들기』와 크리스토퍼 심슨의 『강압의 과학』은 미국의 사회과학자 집단이 한국전쟁 기간 중 군과 협력해 어떤 '냉전 지식'을 생산해 냈고, 이를 어떻게 심리전에 활용했는지를 추적했다.[3] 그러나 국내외 연구를 막론하고 이들은 모두 적 이미지 창출과 관련해서 '미국의 주도성'에만 초점을 맞추었다. 자료의 한계를 감안하더라도 이들 연구에서 한국전쟁이 실제로 수행된 한국은 미국에서 생산된 심리전 텍스트가 살포되는 공간으로만 설정되어 있다. 심리전 텍스트 생산의 한반도적 맥락이 결락되어 있는 것이다.

흥미로운 점은 한국전쟁기 대표적인 심리전 텍스트의 '원작'이 한국인에 의해 집필된 책이었다는 점이다. 한국전쟁 당시 발간된 『고난의 90일』과 『나는 이렇게 살았다』 등의 텍스트는 '적화삼삭赤禍三朔'의 체험을 바탕으로 적의 이미지를 한국적 맥락에서 발화한 것이었다. 국문학계는 일찍이 이 텍스트에 주목하여 이를 '도강파'와 '잔류파' 문인의 관점으로 분석해왔다.[4] 이 초기의 간행물들은 당시 전 세계에서 유일하게 공산당 점령 하 90일의 체험을 직접 증언한다는 의미에서 적 이미지의 형성에 있어 그 어떤 텍스트보다 독창적인 텍스트였다. 전 세계는 이런 텍스트에 대해 충분히 열광할 준비가 되어 있었고 실제로 열광했지만, 국문학계의 연구에서 한국전쟁의 경험이 지구화되는 맥락과 의미는 사상捨象되어 있다.

요컨대 한국전쟁 당시 적 이미지의 형성에 관한 기존 연구는 텍스트 생산의 한반도적 맥락이 생략된 채 그 생산 방식을 탐구하는 데 집중되어 있거나, 아니면 텍스트 생산의 국내적 맥락에만 집중하여 지구적인 소비에는 눈을 감고 있어, 한국전쟁이라는 고유하고 독특한 체험이 지구적이고 보편적인 '반공 심리전'의 차원으로 확대되고 또 다시 한국으로 돌아오는 복잡한 과정을 볼 수 없게 한다. 본 연구는 하나의 사례를 구체적으로 검토함으로써, 이 두 과정을 유기적으로 연결해보고자 한다.

이 글은 한국전쟁이라는 독특한 체험을 증언한 한국어 텍스트가 미국인 사회과학자 집단에 의해 보편적인 '심리전 텍스트'로 변모하는 과정과, 그 텍스트가 동아시아를 경유해 내용이 변형된 채 다시 한국으로 돌아오는 과정을 추적한다. 한국전쟁과 관련된 '핵심 현장' 중 하나였던 '적화삼삭'의 서울에서 생산된 '지식'이 지역적·지구적 차원의 반공심리전과 어떻게 접속되었는지를 보다 심층적으로 묻고자 하는 것이다. 이 글의 주 분석대상은 존 라일리John W. Riley Jr.와 윌버 슈람Wilbur Schramm이

공동 편집한 *The Reds Take a City: The Communist Occupation of Seoul with Eyewitness Accounts*[5](이하 'RTC')라는 텍스트이다.

2. *The Reds Take a City*의 탄생

1) *RTC*의 구성

1951년 7월 럿거스대학교출판부에서 출간된 *RTC*는 세 가지 종류의 텍스트가 기묘하게 결합된 책이다. 이 책의 내용은 존 라일리와 윌버 슈람이 공동으로 소속되어 있던 공군대학의 인적자원연구소(Human Resource Research Insititute, 이하 'HRRI') 연구팀 보고서("A Preliminary Study of the Impact of Communism upon Korea, 1951") 중 일부와 1950년 말 발간된 한국어 텍스트 『고난의 90일』 및 『나는 이렇게 살았다』 중 전부 혹은 일부를 번역·발췌해서 새롭게 구성되었다. 한국어 텍스트의 번역은 1951년 당시 미국에 체류중이던 신흥우(Hugh Heung-Wo Cynn, 1883-1959)가 맡았다. HRRI 보고서 작성에 관여했던 당대 미국의 '한국통' 클라렌스 윔스 2세Clarence Weems Jr.가 감리교 선교사 아버지(클라렌스 윔스, 한국명 '위임세魏任世')와 친분이 있던 감리교인 신흥우를 연결해 주었을 것으로 추정된다.

　*RTC*의 목차는 다음과 같이 구성되어 있다(표 1). 이 책의 편저자이자 HRRI의 핵심인물인 윌버 슈람과 존 라일리는 HRRI 보고서의 핵심 내용이 드러나는 부분을 발췌하여 분산시키고 연구주제에 맞게 『고난의 90일』과 『나는 이렇게 살았다』의 내용을 그 사이사이에 배치했다. 표 1에서 이탤릭체로 표기된 부분은 HRRI 보고서 작성자가 보고서의 내용을 요약했거나, 단행본 출간을 위해 새로이 집필한 부분이다. 이 부분이 더해졌

표 1 *The Reds Take a City*의 목차 구성

제목	저자	구분	비고/특이사항
Foreword	Frederick Williams		새로 작성
Acknowledgments	편저자		새로 작성. 수도·을유문화사에 대한 감사 표시
Translator's note	Hugh Heung-Wu Cynn	번역자	
The Reds Move into South Korea	편저자		새로 작성
The Reds Come to Seoul	유진오	『고난』	원제: 서울탈출기
The Blueprint of Occupation	편저자	HRRI	보고서 제1장 요약
The Character of Invader	이건호	『고난』	원제: 폭력에 대한 항의
Official Conduct and Personnel Policy	편저자	HRRI	보고서 제2장 요약
Treatment of Reactionaries	구철회	『고난』	원제: 강인한 생명
Techniques of Thought Control	편저자	HRRI	보고서 제2장 요약
Pursued by Secret Police	모윤숙	『고난』	원제: 나는 정말로 살아있는가?
Surveillance and Penalties	편저자	HRRI	보고서 제2장 요약
The Escape of a Physician	채대식	『나는』	원제: 들쥐를 잡아 요기
The Escape of a Public Prosecutor	엄상섭	『나는』	원제: 공포의 고도
Institutional Reforms	편저자	*HRRI*	보고서 제1장 요약
What happened to a Teacher	황신덕	『나는』	원제: 무너진 방공호에서
What happened to a Newspaperman	김영상	『나는』	원제: 사선 200미터
What happened to an Actress	복혜숙	『나는』	원제: 삼베옷에 쪽을 짜고
What happened to a Clergyman	김인영	『나는』	원제: 종탑에 누워서
What happened to a Congresswoman	박순천	『나는』	원제: 피묻은 치마 쓰고
Epilogue	편저자	HRRI	보고서 제4장 그림 인용
Index			

『고난』:『고난의 90일』,『나는』:『나는 이렇게 살았다』. HRRI 보고서는 구분을 위해 이탤릭체 표기

기에, *RTC*는『고난의 90일』이나『나는 이렇게 살았다』의 영어 번역본이
아니게 되었다. 그런 의미에서 *RTC*에 추가된 HRRI 보고서 부분은 한국
인의 체험을 다른 지역으로 수출하기 위해 필요했던 추가 가공절차였다
할 수 있다.

　물론 빠진 부분도 있었다.『고난의 90일』에 수록된 4명의 필진의 글
이 전부 번역된 것과 다르게,『나는 이렇게 살았다』에 수록된 12명의 필
진 중 5명(손기정·이창수·민규식·장후영·계광순)의 글은 *RTC*에 수록
되지 않았다. 다만 2편의 글(민규식·계광순)은 내용 중 일부가 *RTC*에 등
장한다. 다만 민규식은 '김규식'으로 잘못 표기되어 소개되어 있다. 이는
번역 과정 중의 실수로 보인다.[6] 지면의 제약 상 한국인 필자가 작성한
글에 대한 상세한 내용 분석보다는 HRRI 연구진이 작성한 내용에 집중
함으로써 이 책의 기획 의도를 분석해보고자 한다. 우선 HRRI 연구진이
이 보고서를 작성한 경위를 살펴보자.

2）텍스트 결합의 목적과 정치적 효과

1950년 12월 9일, 미국인 사회과학자로 구성된 HRRI 연구진이 서울에
도착했다. 연구진을 이끈 윌버 슈람은 커뮤니케이션 연구의 대가였으
며, 당시 럿거스대학교 사회학과 학과장이던 존 라일리는 노르망디 상륙
작전 직전 대 프랑스 심리전에서 활약했던 중견 사회학자였다. 또 한 명
의 연구진인 존 펠젤John C. Pelzel은 선교사 아버지를 따라 조선으로 건너
왔으며, 이후에는 일본의 촌락을 주제로 인류학 연구를 수행한 '동아시
아통'이었다. 이들 HRRI 연구진이 전쟁이 진행 중이던 한국에 온 이유는
'적화삼삭' 기간 동안 서울 시민이 겪었던 체험을 지근거리에서 조사하기
위해서였다. 소비에트 체제의 작동 방식과 그 효과를 연구하기 위한 최
적지가 바로 공산당 치하의 서울이었다. 이들은 서울에 대한 연구를 통해

'평양, 프라하, 부다페스트, 모스크바의 경험'을 해석하고 싶어했다.[7]

물론 소련의 청사진을 더 잘 파악할 수 있는 공간은 평양이었을 것이다.[8] 하지만 한국전쟁의 추이는 연구진의 평양 현지 조사를 허락하지 않았다. 연구진의 서울 도착 후 얼마 지나지 않아, 중공군의 대규모 공세가 시작되었고 이후 전황이 불안해지면서 HRRI 연구진은 12월 15일 부산

그림 1　나는 이렇게 살았다 앞표지

여기에서 주목해야 할 대상은 현지 행위자로서의 을유문화사다. 을유문화사는 1945년 12월 1일에 창립된 출판사로서, 주요 창립자는 민병도, 윤석중, 정진숙, 조풍연이었다. 당시 을유문화사의 재정은 재력이 넉넉한 민병도가, 동일은행 출신으로 업무 능력이 탁월했던 정진숙이 출판사 사업 전반을 책임졌고, 윤석중이 주간을, 조풍연이 편집국장으로서 출판 기획을 맡고 있었다.[9]

특히 윤석중은 한국전쟁 당시 서울에 남아 있었고, 친우인 이선구와 김윤성의 도움을 통해 『동란의 진상: 괴뢰군 선전은 새빨간 거짓말이었다』[10]와 『나는 이렇게 살았다: 수난의 기록』를 출간하게 된다.[11] 2달이라는 짧은 시간만에 이런 책들을 연이어 출간했다는 사실은 윤석중의 부친과 계모가 한국전쟁 기간 동안 '좌익' 혐의에 인해 우익에 의해 살해당한 경험을 고려해야 한다. 윤석중 자신 역시 한국전쟁 기간 서울에 남아있었기에, 서울에 '잔류'했던 자신의 정당성을 책 출간을 통해 증명받고자 했던 것이다. 이를 위해 윤석중은 1950년 7월 납북된 민규식(민병도의 숙부)의 글을 포함하여, 다양한 '잔류파'의 글을 모아 『나는 이렇게 살았다』를 출간했다.[12] 이후 그는 1951년부터 육군본부 작전국 심리작전과 문관으로 임명되었고, 1951년 7월 미 8군 작전군에 배속되어서, 삐라 제작을 총괄한다. 이 시기 윤석중은 전쟁의 참화를 몸소 체험한 어린이의 수기를 모아서 『내가 겪은 이번 전쟁』(박문서관, 1952)과 『지붕 없는 학교』(박문서관, 1953)를 출간하기도 했다. 이는 어린이의 눈으로 한국전쟁의 참상을 알리고, 전쟁을 일으킨 북한을 비판하는 서적이었다.[13]

으로 전격적으로 후퇴했다. 서울에 일주일도 안 되는 짧은 기간 동안밖에 머무르지 못했기 때문에, 연구진은 확보한 2차 자료를 통해 간접적으로 필요한 정보를 획득하는 방법을 채택할 수밖에 없었다. 이 때 서울에서 이들 연구진은 『나는 이렇게 살았다』라는 책을 한 권 발견했다. 이 책은 을유문화사에서 12월 1일에 발행한 것으로 당시로서는 그야말로 '따끈따끈한' 신간이었다. 『나는 이렇게 살았다』는 서울 점령기간 동안 서울을 탈출하지 못했던 '잔류파' 사회명망가의 경험을 집대성하고 있기에 적치하 서울의 삶을 재구성하는 데 안성맞춤이었다. 이후 HRRI 연구진은 『나는 이렇게 살았다』보다 조금 더 일찍 발간된 『고난의 90일』을 수집하기에 이른다.[14]

중공군의 공세를 피해 부산으로 거점을 옮긴 연구진은 부산 인근 포로수용소에서 인민군 포로를 대상으로 한 면접 및 통계조사, 대전 근교 농촌에 대한 현지조사를 마친 후, 1951년 1월 15일 미국으로 복귀했다. 복귀한 연구진은 1951년 7월 *RTC*가 출간되기까지 매우 숨 가쁜 일정을 소화했다. 먼저 연구진은 연구와 관련된 여러 편의를 지원해준 HRRI의 입맛에 부합하는 결과 보고서를 작성했다. "A Preliminary Study of the Impact of Communism upon Korea(공산주의가 한국에 미친 영향에 대한 예비적 연구, 이하 'PSICK')"라는 제목이 붙은 HRRI 보고서는 집필진에 따라 크게 4가지의 내용으로 구성되었다. 1) 서울의 소비에트화(윌버 슈람·존 라일리) 2) 농촌 공동체의 소비에트화(존 펠젤), 3) 북한의 소비에트화(윌버 슈람), 4) 소비에트 탈출자 연구(존 라일리)라는 PSICK의 구성 자체가 이들의 학문적 의도를 일정하게 반영하고 있었다.[15]

먼저, 커뮤니케이션 연구자였던 윌버 슈람은 서울 점령기 동안 인민군이 행했던 여러 선전 사업을 분석했다. 슈람은 이를 통해 인민군이 어떠한 청사진 아래 서울에서 소비에트화 작업을 진행했으며, 이와 같은 사업이 남한인들에게 어떻게 받아들여졌는지를 추적하고자 했다. 이는 월버 슈람과 존 라일리가 서울과 부산에서 직접 면담한 인물의 구술 증언과 미군이 한국 전쟁 기간 체계적으로 수집한 포로심문 자료에 기초를 둔 것이었다.[16] 연구진은 한국전쟁기 서울의 경험이라는 하나의 사례 연구를 통해서, 1945년부터 1950년까지 북한에서 진행된 5년간의 소비에트화 그리고 궁극적으로는 직접 현지조사를 수행하기 어려운 소련 사회 체제의 작동원리까지도 규명해내고자 했다. 이는 1945년부터 유럽 지역의 소련군 탈영병·피난민 연구로부터 출발한 소련 연구의 성과와 방법을 모방한 것이었다. 당대 미국의 소련 연구는 피난민에 대한 광범위한 사회학적 연구를 통해, 피난민의 사회적 배경과 이들이 경험한 소련 사회에 대한 체계적인 정보를 수집한 바 있었다. 조사를 통해 소련 사회에 특히 불만을 가진 세력으로서 농업 집단화에 불만을 지닌 농민 계층과, 사상의 자유를 억압받는 지식인 계층이 소련 사회의 '약한 고리'로 부각되었다. 농민과 지식인에 대한 주목은 HRRI 연구진의 보고서에도 그대로 반영되었다. 존 펠젤은 인류학이라는 자신의 전공을 십분 살려, 대전 근교 농촌에 대한 조사를 진행했으며 이를 통해 한국전쟁기 농촌 마을에서 진행된 폭력적 갈등과 그 기원을 탐구하고자 했다.

HRRI 보고서가 공군대학에 제출된 이후, 이 연구 결과를 어떻게 활용할 것인가를 두고 연구진 내부에서는 의견 차이가 발생했다. 존 라일리와 윌버 슈람은 HRRI 보고서를 내부 회람용 자료로 두기보다는 이를 반공 심리전 차원에서 재활용하고자 했다. 실제로 인류학자로서 아카데믹한 조사사업에 종사해온 존 펠젤과 달리, 윌버 슈람과 존 라일리는 제2차 세계대전기부터 정력적으로 군대 내 심리전 프로그램에 종사해왔으며 군대와의 협력을 통해 자신의 연구 프로그램을 개발하고 적용하는 데 적극적이었다.

기존 연구가 거의 주목하지 않았던, "PSCIK"과 함께 제출된 HRRI의 두 번째 보고서인 "Implications and Summary of a Psychological War-

fare Study in South Korea"(남한에서의 심리전 연구의 함의와 요약)에
는 윌버 슈람과 존 라일리가 강조했을 것으로 추정되는 내용이 포함되어
있다. 주로 심리전과 관련된 정책적 조언으로 구성된 이 보고서에서 가
장 의미심장한 부분은 심리전의 효과적인 수행에 있어 공산권을 실제 경
험한 '내부자insider'의 이야기가 효과적임을 지적하는 대목이다.[17] HRRI
의 '내부자'는 단순히 공산주의로부터 도피한 인물을 의미하는 것은 아니
었다. 이때의 '내부자'는 공산주의의 지배를 다소간 폭력적으로 경험했으
며, 이를 자신의 언어로서 서술할 수 있는 능력을 지닌 이를 의미했다.

이 '내부자'의 의미를 명확하게 파악하기 위해서 *RTC* 편집과정에서
배제된 두 종류의 텍스트를 확인할 필요가 있다. 우선, 1945년부터 소련
에 의해 추진된 북한의 소비에트화 과정이 1950년에 이르면 상당히 긍정
적인 결과물을 창출한 것으로 해석될 수 있는 진술이 HRRI 보고서 3장
에 자주 등장하고 있었다. 북한에서 진행된 여러 개혁의 성과를 강조하고
공산주의 체제를 긍정적으로 묘사하는 진술은 반공 심리전을 수행하는
데 불필요한 정보가 아닐 수 없었다.

또 한국의 농민은 소련의 농민과 비교할 때, 공산주의에 대한 이해 수
준이 그리 높지 않았다. 이해가 높지 않다는 것은 그만큼 한국 농민의 발
언 속에서 공산주의에 대한 혐오나 반감을 찾기가 어렵다는 반증이기도
했다. 기실 이는 탈식민의 상황에서 토지개혁 등 여러 의제들을 공산주
의자가 선도하는 한국의 상황과 현실 사회주의 체제 하에서 농업 집단화
를 겪은 소련의 사회적 경험이 달랐기 때문이었다. 연구진에게 이와 같은
장소의 차이는 중요하지 않았다. 이들에게 중요했던 것은 지구적 심리전
의 수행 과정에서 한국 농민의 발언이 의미를 지닐 수 있느냐의 문제였
다. 실제로 인류학자인 존 펠젤의 연구는 한국전쟁 기간 중 촌락 내 갈등
을 '이데올로기' 대립이 아닌 '본처의 자식'과 '첩의 자식'의 갈등으로 해
석했다.[18] 이는 한국전쟁을 외부의 침입이 아닌 한국 자체의 맥락에서 설

명하고 있다는 점에서 심리전의 수행에 불필요한 정보였다. 결국 북한의 소비에트화 과정, 한국 촌락 내의 갈등의 문제는 *RTC*의 편집과정에서 생략되었다.

결국 *RTC*의 편집자(슈람과 라일리)가 주목한 '내부자'는 서울 점령기라는 짧은 기간 동안 공산 지배를 폭력적으로 경험한 '지식인'이었다. 이는 HRRI 보고서에 수록된 유진오의 발언에 의해서도 보증되고 있었다. 유진오는 북한 체제에 대한 한국인의 호의는 1950년 6월 25일에 가장 높았다고 비꼬았다. 유진오가 보기에, 한국인은 한국전쟁을 통해 비로소 북한 체제의 실상과 자유의 소중함을 깨달을 수 있었다.[19]

바로 이 맥락에서 존 라일리가 서울 체류시 수집했던 자료인 『나는 이렇게 살았다』와 『고난의 90일』의 의미를 재발견했을 것으로 보인다. 미국인 사회과학자의 눈에 이 책들은 공산주의 치하의 체험을 생생하게 전달해줄 수 있는 제1급의 텍스트였다. 한국의 저명한 사회지도층 인사들의 실제 경험담이자, 다양한 직종 인사의 경험을 포괄한다는 점에서 이두 책은 공산주의 지배의 참상을 대중적으로 전하는 매우 훌륭한 자료원이 될 수 있었던 것이다. 라일리와 슈람은 이 두 책의 번역에 기초하여, HRRI 보고서의 내용을 추후에 결합하여 *RTC*라는 전혀 다른 맥락의 책을 구성해내기에 이른다.[20]

흥미로운 대목은 존 라일리와 윌버 슈람이 *RTC*가 한국인 전체의 목소리를 담은 것이 아니라는 점을 처음부터 밝혔다는 점이다. 이들은 이책이 한국의 지도층 인사의 이야기를 전달한다는 점을 분명히 했다. 심지어 한국인의 발언 중 일부가 전체 책의 구도와 모순될 수 있음을 경고하기도 했다.[21] 편집자들이 서울의 '진짜 모습'을 자신의 의도에 맞게 재구성하는 데 있어 이와 같은 모순을 크게 문제삼지 않은 것은 의미심장하다.

이는 편집자 중 한 명인 윌버 슈람의 커뮤니케이션관과도 긴밀하게 연결되어 있었다. 초창기 윌버 슈람의 커뮤니케이션론은 이른바 '탄환 이론'이었다. 총알이 과녁을 향해 날아가듯이, 정보 전달자는 매스 커뮤니케이션 수단을 통해서 전하고 싶은 정보를 대중에게 일방향적으로 전달할 수 있다는 것이 '탄환 이론'의 요체였다. 슈람은 이와 같은 주장에 입각해서, 제2차 세계대전 프로파간다 사업에도 적극적으로 참여했다. 그러나 슈람이 가정한 것과 달리, 대중을 설득하는 작업은 녹록치 않았다. 결국 슈람은 자신의 주장을 보완할 수 있는 일부 보조 가설을 도입하게 된다. 대표적인 것이 바로 정보 전달자와 정보 수용자 사이에 존재하는 중개변인으로서 '오피니언 리더'의 강조였다. 슈람은 중개변인으로서 오피니언 리더를 활용함으로써, 정보 전달자가 자신이 원하는 바를 궁극적으로 이루어낼 수 있다고 보았다. 오피니언 리더의 주장이 정보 전달자의 주장과 완벽하지 일치하지는 않더라도, 슈람은 약간의 '역정보'는 오히려 정보 전달과 수용에 도움이 된다고 보았다는 점에서 노련했다.

또 다른 중요 행위자인 존 라일리는 다른 지면에서 심리전의 목표가 되는 청중을 고려할 것을 강조했다.[22] 라일리가 보기에 *RTC*의 청중은 한국인이 아니라, 한국전쟁을 지켜보고 있는 대다수의 세계인이었다. 라일리는 한국 이외의 지역에서 주로 지식인 계층이 미국의 심리전에 반응할 것이라고 보았다. 라일리와 슈람의 판단 아래, *RTC*는 한국인의 목소리를 소개하면서도, 한국인의 목소리를 보완하는 HRRI의 보고서의 해설이 결합된 기묘한 형태로 그 모습을 드러낸다. *RTC* 이전 하버드 러시아연구소의 소련 연구가 주로 대규모 데이터 조사에 입각하여 학문적 정당성을 얻기 위한 노력을 경주했다면, 한국전쟁기 HRRI 연구진의 결과물은 심리전을 위해 재가공되었다. 정보의 신뢰도를 높이기 위해 HRRI 연구진은 소련 사회 체제 연구 때와 달리, 농민 계층이 아니라 한국 지식인 계층의 목소리를 빌어 한국전쟁의 '참상'을 알리고자 했다.

론 로빈은 *RTC*에 미국인이 알만한 유명한 한국인만이 선택적으로 소개되었다고 비판한 바 있다. 하지만 이와 같은 의도적 선택과 배제야말로

*RTC*의 편집자들이 의도했던 목표를 그대로 보여준다. HRRI 연구진은 한국인의 개인 목소리를 담았던 『나는 이렇게 살았다』와 『고난의 90일』을 편집하여, *RTC*를 여러 직종의 한국인이 등장하는 책으로 둔갑시켰다. HRRI 연구진은 『나는 이렇게 살았다』의 박순천과 엄상섭이 모두 국회의원인 점을 고려하여, 직종의 중복을 피하기 위해 엄상섭을 '검사'로 번역하는 세심함을 보여주기도 했다. 이렇게 탄생한 *RTC*는 내용적인 측면에서도 흥미로운 텍스트이지만, 무엇보다도 지구적 차원의 심리전을 위한 '주형틀'이 되었다는 점에서 특별했다. 이후 다양한 형태의 '*RTC*'가 지구 곳곳에 출현하게 되었다.[23]

3. *The Reds Take a City*의 전파

1951년 출간된 *RTC*는 각국의 미 공보처의 도서나 미군의 진중문고로 배치되었다. 미국의 국무장관 애치슨은 이와 같은 책의 발간 및 배포가 특히 공산주의의 지배의 진실을 전달한다는 점에서 아시아와 중동의 지식인 계층에게 효과적일 것이라 지적했다.

이어 애치슨은 이를 위해 서적을 여러 지역의 국가에 전파할 것을 지시했다.[24]

1) 이탈리아어판: 지식인의 환멸을 이끌어내라!

애치슨의 지시에 따라 *RTC*는 1950년대 냉전 심리전의 차원에서 자유진영의 여러 지역과 국가에 전파되었다. 때로는 단순히

그림 2　*RTC*의 이탈리아어판

영어본이 배포되는 것이 아니라, 해당 지역의 언어로의 번역이 이루어지기도 했다. 지금까지 확인된 *RTC*의 공식 번역판은 총 4종이다.

우선 가장 먼저 번역된 *RTC* 판본은 1953년에 출간된 *Quando arrivano I Rossi*라는 제목의 이탈리아어판이다(그림 2). 이탈리아어판을 살펴보면, 우선 제목이 '빨갱이가 왔을 때'로 바뀌었다. 즉 이탈리아어판의 제목은 공산주의자들이 미래의 권력을 잡았을 때의 모습을 묘사하는 것에 가까웠다. 제목만 보면, 이 책이 한국전쟁기 서울의 이야기를 다루고 있는 지도 확실치 않았다. 왜 이와 같은 번역이 이루어졌을까?

이는 당대 이탈리아의 상황을 고려하면 쉽사리 이해된다. 실제로 냉전기 유럽에서 이탈리아는 프랑스와 더불어 선거를 통한 공산당의 집권 가능성이 가장 높은 지역이었다. 이탈리아에서 공산당의 약진을 막기 위해 CIA는 1948년 이탈리아 총선거에 적극 개입한 바 있었다. 이 때 CIA가 활용한 대표적인 방법은 소련에 대한 악선전을 활용하여 사회당과 공산당을 '분열'시키는 것이었다. CIA는 전향한 공산주의자를 반공주의 선전에 적극 활용했다. 이탈리아 공산당의 창립자 중 한 명이었으나, 1931년 탈당 후 완강한 반스탈린주의자로 변신한 이냐치오 실로네Ignazio Silone와 같은 인물이 대표적이었다. 이미 서유럽에서는 1949년에 이냐치오 실로네와 더불어 앙드레 지드André Gide, 리처드 라이트Richard Wright, 아서 쾨슬러Arthur Koestler, 루이스 피셔Louis Fischer, 스티븐 스펜더Stephen Spender가 참여한 『실패한 신*The God that Failed*』이라는 책이 '문화 냉전'의 차원에서 기획되어 널리 배포되었다.[25] 이 책은 이를 기획한 CIA의 표현처럼, "미망에서 깨어났고, 미망에서 깨어날 수 있는, 또는 아직 입장을 정하지 못하고, 스스로 선택을 해야 할 때 동료의 영향을 어느 정도 받을 수 있는 지식인들"에게 영향을 주기 위해 의도적으로 편집된 것이었다.[26] 서유럽의 문화 냉전은 이처럼 지식인을 대상으로 소련 체제에 대한 진보 지식인의 '환멸'을 전달하는 방식을 취했다. *RTC*의 이탈리아어판도 공산

지배를 직접 경험한 한국 지식인의 고백으로 이탈리아 독서계에 수용되었을 것이다. 이는 미국 공보원이 번역을 지원한 다른 도서와의 비교 속에서 좀 더 확연하게 드러난다. 1953년에 미국 공보원은 여러 반공 도서의 이탈리아어판 번역을 지원했는데, 여기에는 『새로운 소련 제국*The New Soviet Empire*』, 『공산주의의 실제*Communism in Action*』, 『소련 노예 제국*The Soviet Slave Empire*』과 같은 책이 포함되었다.[27]

2) 중국어판: 중국 대륙의 상황을 환기시켜라!

이탈리아어판과 같은 해에 홍콩에서 『한성함적기漢城陷敵記』가 출간된다.[28] 홍콩은 1949년 중화인민공화국의 수립 이후에 중국 대륙과 화교를 대상으로 하는 심리전의 거점이었다. 이 책은 '서울' 대신 중국어 독자층에 익숙한 '한성'이라는 지명을 사용했다. 이탈리아어판이 서울이라는 지명보다는 공산주의의 침략이 부각된 것을 감안할 때, 한반도의 존재를 알고 있는 중국인에게는 지리적 정보를 부각시켜, 그 참상을 더 비극적으로 느끼게 만들었던 것으로 보인다. 이 책을 번역한 허지아웨이何家爲는 역자 서문에서, 한국전쟁은 공산당의 세계정복의 일환이고, 중국의 공산화의 연장선상에서 파악할 수 있다고 말한다.[29] 역자가 한국전쟁의 맥락보다는 중국 대륙의 상황을 염두에 두고 책을 번역했음을 짐작할 수 있는 대목이다. 이어 역자는 "이 책이 공산정권과 민주정권이 공존할 수 있을 것이라 믿는 사람이나, 공산정권이 천당이라 믿는 이들에게 좋은 교훈을 줄 것"이라고 말했다. "공산 정권 하의 삶을 똑똑히 경험함으로써, 우리는 자유의 고귀한 가치를 배울 수 있기 때문"[30]이었다.

3) 스페인어판, 포르투갈어판: 미국의 '안방'을 지켜라!

다음으로 번역된 *RTC*는 스페인어판과 포르투갈어판이었다. 이들은 스페인과 포르투갈보다는 미국의 '안방'이라고 볼 수 있는 라틴아메리카를 겨냥한 번역 사업이었다. 한국전쟁 발발 이후 미국 지도부는 라틴아메리카의 좌파의 발흥을 차단하기 위해 라틴아메리카의 중심국가인 멕시코와 브라질을 거점으로 한 심리전을 계획했다. 특히 브라질 리우 데 자네이루에서 발행된 포르투갈어판 *Os Vermelhos atacam uma Cidade*(1957)은 '빨갱이가 도시를 공격했을 때'라는 의미를 지녔다. 이 책을 번역한 이파네마Ipanema 출판사는 미국 공보원의 도서계획에 적극 협조하면서, 미국의 반공도서를 적극적으로 소개한 현지 행위자였다. *RTC*와 더불어 포르투갈어로 소개된 다른 반공 번역서는 에드워드 헌터Edward Hunter의 『적색 중국에서의 세뇌*Brainwashing in Red China*』(1951), 마르틴 피알라Martin Fiala의 『9:15 자유로*9:15 to Freedom*』(1954), 에드문드 스티븐스Edmund Stevens의 『이것이 러시아다*This is Russia*』(1951), 이고르 구젠코Igor Gouzenko의 『거신의 추락*The Fall of a Titan*』(1954), 다니엘 제임스Daniel James의 『공산주의자의 아메리카 구상*Red Design for the Americas: Guatemalan Prelude*』(1954)이었다.[31] 즉, 이탈리아어판·중국어판과 마찬가지로 라틴아메리카에 번역된 *RTC*는 공산주의 일반에 대한 비판이라는 관점에서 소개되었다. 이 과정을 통해 한국전쟁이라는 특정한 맥락에서 생산된 텍스트가 냉전 차원에서 지구화되었다. 영어·이탈리아어·중국어·스페인어·포르투갈어 등 여러 언어로 번역된 *RTC*는 그 지역 자체 맥락에서 출판된 다른 '반공' 관련 책과 함께 반공 심리전의 텍스트로 기능했던 것이다. 미국은 특히 자유진영의 지식인을 포섭하기 위한 수단으로서 반공도서를 적극 활용했다.

4) 일본어판: *RTC*의 '이란성 쌍둥이'

한국전쟁의 체험을 다루는 이야기는 미국 심리전 기관에 의해서만 전파

된 것은 아니었다. 실제로 한국전쟁의 이야기는 당대 많은 사람들이 적극적으로 관심을 표명하던 주제이기도 했다. 한국전쟁의 직접적인 당사자가 아니었던[32] 일본의 경우를 보자. 1951년 4월 『선풍』이라는 잡지 4권 4호에는 "경성의 비극慘!! 京城の悲劇"이라는 특집 기사가 게재된다. 이 기사들은 『나는 이렇게 살았다』와 『고난의 90일』의 글을 번역한 후, 기사의 순서를 재배치한 것이었다. 여기까지만 보면, 이 잡지의 특집기사는 *RTC*와 굉장히 유사한 방식으로 탄생한 것이라고 볼 수 있다.

그러나 *RTC*와 이 특집기사를 비교했을 때 가장 차이가 나는 부분은 배치의 순서이다. *RTC*가 HRRI 보고서의 편제에 맞게 한국 지식인의 '직위'에 주목했다면, 일본의 특집기사에서는 한국인 화자의 이름과 명성이 다시금 중요해진다. 일본어 독자를 위해 식민시기 일본에 오랫동안 유학했던 구철회의 글과 일본인도 잘 알고 있음직한 베를린올림픽 금메달리스트 손기정의 글이 제일 앞에 배치되었다. 또 *RTC*에는 수록되어 있던 몇 명의 필진의 글이 빠졌고, 당시 일본 교토에서 민단 소속으로 활동하고 있던 김구연金九淵의 글 "세기의 비극"이 추가되어 있었다.

또 하나의 특징은 한국어로 된 두 텍스트나 *RTC*에는 수록되어 있지 않은 한국전쟁기 여러 사진이나 한국 관련 지도가 잡지에 전면 게재되었다는 점이다. *RTC*나 후술할 그 어떤 *RTC* 번역 텍스트와 비교해서도 이 일본판 특집은 가장 풍부한 시각적 정보를 제공한다. 전후 일본인에게 한반도는 낯선 지역이 아니었기 때문에, 이와 같은 기사의 구성은 한국전쟁의 참상을 더 효과적으로 알렸을 것이다.

이 특집 기사의 기획은 한국전쟁의 진행과정에 관심이 많던 일본인의 자체적인 관심 하에 이루어졌을 가능성이 크다. 주목해야 할 인물은 이 잡지 서두에 "비극의 교훈"을 쓴 김윤중金允中이다. 일본 내 조선인통신사인 KIP 사장이었던 김윤중은 한국의 상황에 비상한 관심을 갖고 있었고, 서울에서 발간된 수기의 존재를 발견하고 번역을 서둘러 결정했다고 전하고 있다.[33] 한국전쟁이 발발한 후 일본인 종군기자가 한반도를 직접 방문한 것은 휴전회담이 논의되기 시작한 1951년 7월의 일이었기 때문에, 이 연재는 한국인의 목소리를 빌려 한국전쟁의 상황을 일본인에게 생생하게 전달하는 역할을 수행했다.[34] 이 연재가 게재된 잡지『선풍』을 발행한 백문사白文社의 미즈시마 츠요시水島毅도 중요한 인물이다. 그는 철저한 반공적 관점을 지닌 공산주의 연구자였고, 1952년부터는 전모사全貌社를 수립하여 정력적으로 공산주의의 '전모'를 드러내는 비판 도서를 출간했다. 이 잡지에 수록된 이 글이 당대 일본 사회에서 어떤 기능을 수행했을지 추측할 수 있는 대목이다.

한국에서 생산된 두 텍스트를 대상으로 한 일본의 '주체적'인 번역 사례는 냉전기 미국이 심리전의 일환으로서 진행한 *RTC*의 탄생 과정을 상대화하여 *RTC*의 탄생목적을 유추할 수 있는 일종의 준거점이 된다. 우선, 한국에서 출판된 두 텍스트를 선별해서 함께 묶는 것의 목적을 확인할 수 있다. 이는 〈선풍〉 잡지에 노골적으로 드러났듯이 '반공'을 목적으로 하는 사상전의 맥락이다.[35] *RTC*의 탄생에는 HRRI 보고서라는 학술적인 '정보획득'의 의도가 배후에서 작동하고 있었다면,『선풍』특집호에는 이런 학술적인 의도는 완전히 생략되어 있었다. 이는 한국어로 된 텍스트 자체에 '반공' 사상전에 적극적으로 활용될 수 있는 유의미한 내용이 이미 존재한다는 점을 보여준다.

또 이 특집기사는 일본 내의 조선인이 번역을 주도했으며, 손기정 등 일본인에게 잘 알려져 있는 사람의 글을 앞으로 배치한 점에서 특징적이었다. 그리고 비록 '반공주의'를 위해서일지라도 일본판은 가장 풍부한 시각적 효과를 제공했다. 이것은 한국에 대해 비교적 잘 알고 있는 일본인에게 '신뢰성'을 높이는 형식적 특징이었다.

4. *The Reds Take a City*의 변주와 귀환: 만화 『동순이와 순최』와 '마닐라 네트워크'

한국전쟁의 '적화삼삭' 체험에 기초한 *RTC*라는 텍스트의 생성과 번역을 통한 지구적 확산에서 이야기가 그쳤다면, 이 글은 매우 단순한 형태로 마무리되었을 것이다. 그러나 이 글에서는 다른 차원을 하나 더 검토한다. 이는 *RTC*가 만화로 모습을 바꾸어 한국으로 '귀환'하는 과정이다. *RTC*는 '만화'라는 대중적 매체로의 형식적 변화를 통해서, 또 내용적으로 동아시아의 대중을 좀 더 효과적으로 공략하는 방법을 장착해서 돌아왔다. 앞서 언급했듯이, 기본적으로 여러 언어로 번역된 *RTC*는 대중서라기보다는 일차적으로 반공주의를 이론적으로 학습하려는 의지를 지닌 개인이나 지식인 계층을 목표 독자로 상정했다. 반면, 1951년 7월 *RTC*의 출간 이후 1953년 한국전쟁 종전에 이르는 기간 동안 냉전 동아시아에서는 지식인 계층을 넘어서 대중 차원의 심리전을 위해 다양한 방식의 실험이 전개된다.[36] 대중을 대상으로 한 효과적인 심리전 매체는 바로 '만화'였다. *RTC*의 내러티브가 어떤 제도와 네트워크 속에서 『동순이와 순최』라는 만화로 변모하게 되는지를 살펴보자.

『동순이와 순최』(그림 3)는 *The Red takes a City*라는 영문 제목이 붙은 흑백 만화책이다.[37] 복수형이었던 *RTC*의 원제목과는 다소 차이가 나지만, 어렵지 않게 이 두 텍스트가 서로 연결되어 있음을 추정해볼 수 있다. 이 만화책은 뒷표지에 표기된 정보(그림 4)에 따르면, 필리핀 마닐라에 위치한 극동 지역 제작센터Far East Regional Production Center, RPC에서 생산되었다. PH-182-K(PH는 팜플렛을 뜻하며, 182는 분류번호, K는 한국을 의미하는 것으로 추정된다)라는 항목으로 분류되었다. 1953년 7월 27일, 50,150부의 만화가 제작완료 되었으며, 그 중 5만 부는 USIS 부산 지부로 발송되었다.[38] 만화가의 작화방식이나 만화에 기록되어 있는 작가 서명 등을 고려할 때 만화가는 미국인이나 필리핀인으로 추정된다.

　이 만화는 '김용상(신문편집인)과 그의 가족, 친구들의 생활체험담'이라고 밝히면서 시작된다. 이를 통해 만화는 이 이야기가 실화임을 강조한다. 실제로 이 만화의 주인공 '김용상'은 『나는 이렇게 살았다』의 '김영상'이다. 1917년생인 김영상은 일본 릿쿄대 영문과를 졸업하고, 1943년 『매일신보』 사회부 기자로 언론계에 투신했으며, 『서울신문』 편집국 부국장 겸 논설위원, 『한국일보』 편집부 국장 겸 정치부장, 『동아일보』 논설위원 심의실장, 국제언론인협회IPI 위원으로 활동했다. 언론계를 은퇴한 후에는 향토사학자로 활동했다. '김용상'이라고 번역되어 있는 것을 보면, 아마도 주한 미공보원에 소속되어 있었을 미상의 한국어판 번역자는 이 만화의 원본이 되는 『나는 이렇게 살았다』의 존재를 모른 채 영어판 텍스트, 즉 *RTC*에 나오는 이름 'Kim Yung Sang'을 단순 번역한 것으로 추정된다. 하지만 실화에 기초했다는 이 만화의 내용은 김영상의 체험을 상당 부분 각색한 것이었다. 우선, 비교를 위해 만화의 원본이 되는 『나는 이렇게 살았다』의 김영상의 이야기(「사선 200미터」)를 간단하게 살펴보자.

　기자 김영상은 6월 28일부터 전쟁의 참화를 피해 자택에 몸을 숨기고 있었다. 29일 밤 여러 명의 장정이 나타나 김영상을 포박해갔다. 하지만 그는 군경 소속이 아니었기 때문에 무사히 풀려난다. 김영상은 7월 10일 정도에 잠시 외출을 했다가, 다시 붙잡히게 되었고 심문을 받게 되었다. 심문자는 김영상이 우익 신문기자로 반동 정치에 가담한 죄가 크다고 힐난한다. 김영상은 이후 정치보위부로 끌려갔으나 가까스로 석방이 되고, 숨어 지내다 서울 수복을 맞이한다.

　원 텍스트와 달리 『동순이와 순최』는 다음과 같이 구성되어 있다. 먼저 김용상은 줄곧 자택에만 숨어있지 않았다. 전쟁 발발 직후, 수원으로

POSTS: RPC-Manila#102

Date of Publication: 7-27-5[3]

TITLE PH-182-K
The Red Takes a City
Resume' of Content:

Comic Book

Quantity: 50,150

Language Version: Korean

Attribution:

Method of Distribution:

50,000 to USIS - Pusan.

그림 3　동순이와 순최 앞표지　　　　그림 4　동순이와 순최 뒷표지

의 피난길에 올랐으나 한강 다리 폭파(1950년 6월 28일 새벽) 이후, 어쩔 수 없이 다시 집으로 돌아오게 된다. 그리고 6월 28일 인민군이 서울에 들어오는 것을 목격하게 된다. 여기까지는 기존의 내러티브를 보완하는 정도이거나 대중만화로서의 흥미를 살리기 위해 한강다리 폭파 등 스펙터클을 첨가한 정도의 차이를 보인다.

하지만 이후 '순최'라는 김융상의 딸이 만화본에 갑자기 등장한다. 순최는 김영상의 본래 이야기에 등장하지 않는 가상의 인물이다. 실제 김영상씨에게 딸이 있는 것은 확인되나, 그 이름은 '정혜'로 확인된다.[39] 순최는 집 밖을 나설 수 없는 김융상을 대신해, 밖을 나와 장을 보다가 인민군에게 성적 희롱을 당한다. 그 과정에서 순최는 자신의 약혼자 동순이를 만나 안전하게 귀가하게 된다. 동순이는 순최의 봉변을 보고, 김융상에게 순최와의 결혼을 요구한다. 김융상은 동순이의 결혼 요구를 정중하게 거절한다. 순최 역시 전쟁이 길지 않을 것이기에 조금만 참아달라고 동순이

에게 부탁한다.

이후 만화는 공산군이 점령한 서울을 김융상의 눈을 통해 묘사한다. 거리에 나간 김융상은 호기심에 인민재판을 구경하러 간다. 이른바 '인민재판'을 보면서, 김융상은 이 재판의 허구성에 치를 떨게 된다. 다음날 인민군이 김융상의 집에 들어와서 재봉틀과 라디오를 징발해간다. 이를 보면서, 김융상은 인민군이 나중에는 생명까지 빼앗아갈 것이라 우려하며 인민군에 대한 깊은 불신과 적의를 드러낸다. '김영상'이 인민군에 의한 '생명'의 위기를 강조한 것과 달리, 이 만화에서는 생각하고 스스로 판단하는 주체인 '김융상'은 공산주의에 대한 비판적 인식을 전면에 드러낸다.[40]

실제로 만화는 인민군이 전황이 어려워지면서, 대중을 대하는 태도가 변했으며, 바로 그 점이 공산주의의 '본질'이라고 속삭인다. 이 와중에 인민군인 근호가 순최에게 구애를 한다. 순최가 동순이를 이유로 구애를 거절하자, 근호는 김융상의 '반동적' 정체를 밝히고 그를 체포해간다. 체포된 김융상은 내무서로 끌려갔다가, 다음과 같은 질문을 받게 된다. 그것은 "당신은 이북에서 먼저 침략을 하였다고 생각합니까 또는 이남에서 침략을 시작했다고 생각합니까?"라는 질문이다. 이에 대해 김융상은 "나

그림 5 '김융상'의 일갈 장면

는 대한민국의 시민이요. 따라서 나는 대한민국의 성명서를 믿소! 뿐만 아니라 내 자신이 목도한 바에 의하면 서울시에 살도殺到해온 것은 북조선 인민군이었소!"라고 답한다.

이 질문(그림 5)은 만화판에 새롭게 추가된 대목이다. 즉 「사선 200미터」가 생명의 위협을 느끼는 지식인의 공포를 담은 글이었다면, 『동순이와 순최』는 한국전쟁의 발발 주체가 누구인지를 따지는 반공 심리전의 기능도 수행하고 있음을 확인할 수 있다. 결국 이 답 때문에 김융상은 지하실에서 엄한 취조를 받게 된다. 수감된 김융상은 트럭을 타고 이북으로 수송되던 중, 남한 유격대에 의해 해방을 맞이하게 되었다. 이 때 유격대에는 동순이가 있었다. 그는 인민군 의용군으로 훈련을 받는 도중 도망쳐서 유격대에 가입한 것이다. 서울이 유엔군에 의해 수복될 때 동순이와 김융상은 서울로 돌아올 수 있었고, 인민군은 서울에서 완전히 물러나게 된다. 만화는 이렇게 끝을 맺는다. "공산주의자들의 선전에 용감히 대항하였으며 적색정치 하에서 말할 수 없는 고통을 겪었던 수만의 시민들은 이제 서울시에 자유와 민주주의 아래 다시 돌아온 그들의 기쁨을 대한민국 태극기에 실어 하늘 높이 날렸으며 이에 공산정치는 종말을 고하였다!"

『동순이와 순최』는 *RTC*의 내용에 기초하여, 이를 대중적 차원으로 번안한 것이라 생각하기 쉽다. 그런 측면도 있지만, 그 배후에는 *RTC*와는 다른 계보에서 진행된 아시아의 반공 심리전이 존재한다. 먼저 이 만화책을 제작·인쇄한 마닐라 지역제작센터(이하 마닐라 센터)를 주목해보자.[41] 마닐라 센터는 냉전기 동아시아 차원의 심리전을 기획·진행하는 핵심 거점이었다. 이 센터가 냉전의 첨병이 된 것은 1949년 중국이 공산화되면서부터였다. 대부분의 마닐라 센터의 요원은 소장 얼 윌슨Earl J. Wilson을 포함하여 상하이 미 공보원 소속 인물이었다. 중국 공산화 이후, 이 조직은 홍콩을 거쳐 마닐라로 근거지를 옮긴다. 마닐라 센터의 운영은 소수의 미국인 편집·기술자와 필리핀 미술가, 편집자, 인쇄 기술자에 의해 이루어졌다. 이들의 작업방식은 다음과 같았다. 먼저 영어로 작성된 텍스트 초본이 개별 국가의 공보원에 배분된다. 개별 국가의 공보원은 각자의 언어로 그 초본을 번역한 후, 오프셋 인쇄 기술을 통해 초본에 번역된 내용을 덧붙여 인쇄한 틀을 마닐라 센터로 보낸다. 마닐라 센터는 이 틀을 대량으로 인쇄하여 다시 개별 국가의 공보원으로 발송했다.[42] 특히 마닐라 센터는 화교를 주요 타겟으로 설정한 만화책 생산에 박차를 가했다. 실제로 마닐라 센터는 필리핀, 한국, 대만, 인도네시아, 인도차이나, 태국, 버마, 홍콩, 싱가포르, 말레이시아를 관할했다. 한국을 제외한다면, 마닐라 센터가 주로 화교를 상대로 했음을 추정해볼 수 있다. 이를 위해 한국전쟁기 중국군 포로에 대한 면담 자료가 마닐라 센터로 전송되었으며, 센터는 각국 공보원에서 인쇄할 수 있는 만화의 원판을 주조했다. 이 원판은 홍콩으로 보내져 번역되어 해당국 미국 공보원으로 전송되었다.[43]

마닐라 센터의 대표적인 대중 차원의 히트작은 만화 *When The Communist Came*(1951)이었다.[44] 이 만화를 제작하기 위해 미국은 영국 지역 정보국Regional Intelligence Office과 협력했다. 본래 이 만화는 영국-미국이 협력하여 만든 일종의 짧은 반공 팜플렛에서 출발한 것이었다.[45] 중국공산당의 정권 장악 이후, 중국인 가족이 겪는 참상을 그린 이 팜플렛은 만화로 제작된 후에, 세계 각국의 언어로 번역되었으며, 만화는 훗날 30분짜리 만화영화로 제작되어 각국 미 공보원에 배치된다. 한국어판의 제목은 『공산당이 온 후』다. 이 만화/영화는 중공을 탈출한 교사의 이야기로서 공산주의자들이 처음에는 인민의 마음을 얻기 위해 전술 차원에서 인민들을 잘 대해주나, 결과적으로 이는 지배를 위한 속임수라는 것을 폭로했다.

이 만화/영화에서 가장 강조된 것은 공산주의자들이 마을 공동체와 가족을 파괴한다는 점이었다. 이 만화에는 냉전기 심리전의 복합적인 양상이 녹아있다. 이 만화의 내용처럼 동아시아의 상황을 극적으로 표현한 만화들은 특히 공산당의 가족 정책을 특히 문제삼았다. 공산당이 혁명적 가치를 앞세워 가족을 해체한다는 것은 이미 냉전의 초창기부터 공산주의를 공격하는 단골소재였다. 특히 만화가 냉전 동아시아의 상황에서 '실제' 이야기처럼 각색되면서 이야기의 현실성이 높아졌다.

『공산당이 온 후』와 『동순이와 순쾌』는 냉전기 반공 만화의 특징을 공유하고 있다. 먼저, 공산주의는 처음부터 나쁘게 묘사되지는 않는다. 다만 공산주의자의 약속이 거짓이었다는 것이 폭로되는 방식으로 만화가 전개된다. 둘째, 부모와 자식(여성)으로 이루어진 가족을 위협하는 존재로서 공산당이 표상된다. 그리고 이 가족사의 위기를 해결해주는 것은 '아버지'가 아니라 자식 세대의 또 다른 남성이다. 이 남성은 만화 내에서 가장 강력한 반공주의자인 경우가 많다. 이는 『동순이와 순쾌』에서 동순이가 대표하는 인물이기도 하다. 『동순이와 순쾌』도 정확히 이 계보에 속하는 만화라고 할 수 있다. 마닐라 지역센터의 심리전 요원들은 지역의 경험에 기초한 텍스트들을 좀 더 대중적 차원에서 변환하는 작업을 전했다.

이런 관점에서 보면, 『동순이와 순쾌』는 *RTC*를 저본으로 했으나, 마닐라 센터에서 활용한 '토착적' 맥락을 최대한으로 강조한 또 다른 형태의 반공 심리전 텍스트라고 할 수 있다. 이 '토착성'은 한국적 토착성이라기보다는 '아시아적' 토착성인 셈이다. 이 맥락에서 이 만화를 제작한 이들에게 '김영상'이 '김융상'이 되는 것은 별로 중요하지 않았다. 다른 이의 사례를 통해서도 이들은 얼마든지 또 다른 『동순이와 순쾌』를 제작할 수 있었기 때문이었다. 김융상의 사례는 단지 극의 사실성을 담보하기 위한 수단에 불과했다. 결국 원래 한국에서 생산된 공산주의 '적'에 대한 이미지는 그 기원과 다른 맥락에서 변주되어 다시 한국으로 돌아오게 되었던 것이다.

5. 결론을 대신하여

한국전쟁기 '적화삼삭'을 다룬 '김영상'(과 다른 사람들)의 텍스트가 *RTC*라는 영어 텍스트로 변신하는 과정과 *RTC*가 다양한 언어로 번역되어 전 세계를 여행하고, '김융상'의 이야기로 전환되어 다시 한국으로 돌아오는 과정을 살펴보았다. *RTC*의 사례는 이 글의 제목처럼 냉전이 텍스트 차원에서 전개되고 상상되는 방식 그리고 그 텍스트가 냉전적으로 전개되는 양상을 잘 보여준다.

이 여정에 대한 분석을 통해 향후의 연구와 관련하여 다음과 같은 지점을 강조하고 싶다. 첫째, 1950년 6월부터 9월까지 한국전쟁에서의 '적화삼삭' 체험은 지구적 냉전의 전개과정에서 비상한 주목을 받았으며, 이러한 주목 때문에 국내적 맥락에서 생산된 텍스트가 전 지구적 차원에서 전파·수용되었다는 것이다.[46] 이것은 한국전쟁과 관련된 텍스트를 국내적인 측면에서만 분석하는 것의 한계를 드러낸다는 점에서 향후 연구의 새로운 방향을 암시하기 때문에 그 자체로 의미가 있다. 뿐만 아니라, 무엇보다 한국에서 생산된 지식이 특정한 변형을 거쳐 다시 한국으로 환류한다는 점을 의식하는 것은 매우 중요하다.

둘째, 한국전쟁 과정에서 생산된 '냉전적 지식'은 특정한 방식의 '선택/배제와 강조/축소'의 매커니즘을 통해 생산되었다는 점이다. 이것은 특히 HRRI 보고서에서 *RTC*로의 전환과정에서 두드러지게 확인된다. 이 선택과 배제의 메커니즘에 대해서는 추후 지속적이고 발전된 형태의 연구가 필요하다.

셋째, 서울 수복 이후 '부역자' 색출과 관련해 필사적이고 주관적인 자기 존재증명을 위한 극히 주관적인 두 텍스트인 『나는 이렇게 살았다』와 『고난의 90일』이 미국인 사회과학자의 개입을 거쳐 공산주의 치하의 체험을 전달해줄 수 있는 '객관적인' 텍스트로 전환되는 과정을 볼 수 있다는 점에서, 논쟁적이긴 하지만 냉전적 과학이 천착했던 '객관성'의 주관적 측면을 다시 사고할 수 있게 해 준다. 이와 같은 텍스트의 유통을 통해 한국을 포함한 다른 지역의 사람들에게 어떻게 수용되었는지는 추후의 연구과제로 남기고자 한다.

4장

전쟁 속의 만화, 만화 속의 냉전:

한국전쟁기 만화와 심리전

백정숙

1. 한국전쟁과 만화

치열한 전쟁 중에 사람들이 만화를 보는 장면은 잘 상상이 되지 않는다. 하지만 한국전쟁 3년 동안 만화 출판종수는 파격적으로 증가했다. 부족한 종이 수급 사정에도 불구하고 증가한 만화에 대한 열정을 어떻게 해석할 수 있을까?

만화는 사물이나 상황의 왜곡을 통해 그 본질을 적확하게 표현하고 글과 그림을 병행하여 표현하기 때문에 의미전달이 탁월하여 전단에 적합했다. 또한 문맹률이 높았던 당시 상황을 감안하면 이미지로 의미를 전달하는 만화의 특징은 대단히 유용한 선전매체일 수밖에 없었다. 라디오는 기계를 통해야 하는 한계가 있었다. 따라서 1950년 한국 상황은 불특정 다수에게 물량공세로 얼마든지 메시지를 전달할 수 있는 만화가 특히 유용했다.

만화는 본질적으로 커뮤니케이션의 도구이다. 풍자화에서 유래했던 19세기 근대 초기의 만화들이 사회정치적 문제를 한 컷에 담아냈던 것을 보면, 만화는 정서적 감흥을 불러일으키는 예술이기도 하지만 사회 부조리를 날카롭게 비판하는 정치적 성향도 담고 있음을 알 수 있다. 만화는 만화를 활용하려는 주체가 누구냐, 어떤 이해관계에 의한 것이냐에 따라 활용도가 변화된다. 만화가 홍보와 선전의 도구로 활용되는 이유다.

만화는 일제시기를 거쳐 해방기까지 사회풍자적 시사만화나 아동용 유머만화가 대다수였다. 그러나 만화가 프로파간다로 활용되기 시작한 것은 한국전쟁이 처음이었다. 냉전 이데올로기를 위한 심리전의 일환으로 적군과 아군이 모두 만화를 통한 대결을 했다.

한국전쟁동안 만화의 쓰임새는 다양했다. 선전수단으로 만화전단을 활용한 것은 물론이거니와, 만화신문을 통해 각종 소식들을 보도하기도 했고 만화포스터와 만화팸플릿 등을 활용한 계몽 활동도 왕성했다. 한국전쟁에서는 독특한 전쟁 양상에 따라 치열한 심리전이 전개되었으며, 양측은 전략·전술·선무심리전의 효과를 전쟁 상황에 따라 각기 극대화하고자 전력을 다했다.[1]

그 가운데 만화전단에 대해서는 많은 선행연구가 진행되었다. 이번 글은 냉전문화의 관점에서 두 가지에 집중하고자 한다. 하나는, 선행연구들이 밝혔던 프로파간다로서 심리전에 활용된 만화가 어떤 방식으로 제작되었는지 살피기 위해 작가들의 활동을 탐구해 보고자 한다. 한국전쟁기 만화가들의 활동은 별도 조직이 없었기 때문에 다양한 개인 경험을 모아야 한다. 따라서 만화 작가들의 활동상을 정리하는 것은 그 자체로 한국전쟁 당시 다양한 만화선전활동 상황을 추론해 볼 수 있다. 또한 선전만화를 제작하기 위해 동원된 이들 가운데 상당수가 심리전 활동으로 만화를 시작했다는 사실은 휴전이후 오랫동안 한국만화에서 반공이데올로기에 의한 냉전문화가 녹아 있었던 것과 관련이 있다고 본다.

또 하나는, 전쟁 시기 출판통계상 가장 많은 종수를 차지했던 만화단행본 출판에 대해 탐구해 보고자 한다. 현재까지 남아있는 자료가 매우 드물기 때문에 상세한 분석은 못하지만 부족한대로 오락만화 속에 나타난 후방 심리전을 추론해 볼 수 있다. 많은 원로작가들의 증언에 의하면 한국전쟁 시기에 만화단행본이 많았으며 상당수가 오락만화였다고 한다. 한국전쟁기 만화 단행본 출판종수가 타 분야 출판종수에 비해 많았다는 것은 전쟁 전과 후를 비교했을 때 독특한 현상이다. 향후 오락만화와 후방 심리전에 대한 밀도 있는 연구의 시작으로, 한국전쟁기 만화출판 상황과 오락만화를 통해 만화 속의 냉전문화가 어떻게 구현되었는지 알아보고자 한다.

2. 만화가들의 한국전쟁기 만화 활동

1946년 삽화와 만화 작업을 하는 작가들의 모임인 소묵회[2]가 결성되었다. 소묵회 소속작가 명단을 보면 대부분 삽화나 장정, 회화등을 겸한 화가들이었다. 이 작가들 가운데 상당수는 일제시기부터 만화 작업을 했던 이들과 해방 이후 외국에서 귀국한 화가들이다.

만화 작가들의 한국전쟁 체험은 크게 두 가지로 나눌 수 있다. 하나는 한쪽 진영에 소속되어 만화 선전 활동을 펼친 것이다. 한국군이나 유엔군과 활동했던 작가들은 종군화가단이나 미술대등에 포함되어 만화 전단 제작을 맡았다. 김규택, 김용환, 김성환, 박광현, 신동헌, 이병주, 이상호, 고상영 등이 포함된다. 한편 북한군의 선전만화를 담당했던 작가들도 있었다. 정현웅이나 임동은, 그리고 해외에서 활동하다 해방 이후 귀국한 장진광 같은 이들이다. 이들은 주로 한국전쟁 직전까지 작품 활동을 하던 기성작가들이다.

또 하나의 전쟁 체험은 생활전선에 뛰어든 신예들의 상업적인 오락만화 제작이다. 서울, 부산이나 대구 등의 피란지에서 만화 출판이 재개되면서, 많은 신예들이 생계를 위해 일본 만화나 미국 만화를 참고하여 서툴게나마 만화를 만들었다. 그 과정은 별도의 수련을 받지 못한 재주 있는 신인들에게 훈련의 장이 되었으나 만화의 완성도는 현저히 떨어졌다.

1) 만화 선전 활동

(1) 인민군 점령기 서울의 북측 선전활동

1950년 6월 25일부터 9월까지 90일간 서울에 잔류했던 정현웅, 임동은, 김규택, 김용환은 인민군 치하에서 남조선문화단체총연맹의 조선미술동맹에 소속되어 국립서울미술제작소 만화부에서 활동했다. 미술동맹 위원장은 정현웅이었고 만화부에는 김규택, 임동은, 김용환 등이 있었다. 만화부에서는 상부기관인 문화단체총연맹(이하 '문련')이 지시하는 대로 만화를 그려야 했다. '인민을 위한 사회보장제도', '스파이를 숙청하라', '위대한 인민군의 전적' 같은 내용이었다. 미술동맹에서는 보수도 배급도 지급하지 않았으나 문련에서는 쌀 배급이 나왔다. 미술동맹 만화부에서 그린 작품은 문련 선전부로 취합되었다(그림 1).[3]

북한은 1950년 7월 2일부터 서울에서 『해방일보』와 『조선인민보』를 발간했다. 전시체제 기관지인 이 신문들은 인민군 승전보를 알리고 사회주의 체제의 우월성을 선전함과 동시에 이데올로기적 교화를 목적으로 했다. 당시 문련에서 그린 만화는 주로 『조선인민보』에 실렸다. 『해방일보』에는 작가 표시가 없었지만 '장진광'이라고 표시한 그림이 실리기도

그림 1 「만신창이의 맥아더」

『조선인민보』1950.8.13. 만신창이가 된 맥아더가 눈물을 질질 짜는 조그만 이승만을
데리고 서서 트루먼에게 하소연하자, 트루먼이 물고 있던 시가를 뚝 떨어뜨리는 장
면. 문련 제공이라 표기되어 있다.[4]

그림 2 「우리 인민군대는 원쑤들의
마지막 거점을 향하여 육박하고 있다」

『해방일보』1950.8.3. 별이 표시된
공구로 대구에 박혀 있다가 혼비백
산한 맥아더를 집어내어 목포, 여수,
부산이라 쓰인 바다로 빠뜨리려는
장면. 화면 좌측 아래에 '장진광'이
란 작가명이 사인되어 있다.[5]

했다.[6]

　인민군 전선사령부 문화훈련국 화보부에서도 만화 제작을 했다. 『활살』 주간이었던 장진광[7]은 소좌(소령급) 계급으로 이곳에 소속되었다. 화보부는 포스터와 사진화보 만드는 일을 했다. 당시 서울에 남아 있던 김규택[8]과 김용환[9]도 이곳으로 차출되어 장진광과 함께 전지 크기의 포스터를 그렸다. 김일성이 이승만을 부산까지 추격하여 바다 속에 차 넣는 내용이었다. 화보부에서는 북한 지폐로 월급과 화료를 지급해주고 쌀도 배급했다.[10]

　문화훈련국 화보부에 차출된 김용환이 장진광을 만나 전해들은 『활살』 관련 증언에 의하면, "당시 공산권의 만화 스타일은 소련의 만화가인 쿠클리스의 화풍을 딴 것이 많았다"고 한다.[11] 쿠클리스[12]는 소련의 만화 잡지 『크르코질крокодил』[13]에서 활동한 작가인데, 제2차 대전 때 나치의 히틀러를 침략자의 표본으로 만화화한 풍자가 소련에서 큰 인기를 얻었다. 김용환은 "미국을 대표하는 침략자 보스는 항상 검은 안경을 쓴 매부리코의 맥아더로 그려졌는데, 중공과 북한에서도 이를 그대로 모방했다. 평양에서 발행한 『활살』[14](그림 3)도 소련식의 만화로 꽉 차 있었다. 여기에는 주필인 장진광 자신이 그린 것도 있었지만, 월북한 만화가 이갑기李甲起[15]도 박朴이라는 필명으로 많은 그림을 그리고 있었다"[16]고 한다.

　인민군이 점령한 지역에서 출판된 신문에는 북한에서 파견 나온 기자가 글을 쓰고 삽화 또한 북한에서 특파한 이들이 맡았다. 김용환 같은 남한의 작가들은 전단지를 위한 그림이나 포스터 등을 그리는 업무를 맡았다. 그들이 그린 만화가 신문에 제공될 때는 '문련'이란 명칭으로 게재되었다.[17]

　정현웅[18]은 유엔군이 서울을 점령할 때 퇴진하는 인민군과 함께 민간인 신분으로 월북을 했다.[19] 임동은[20]은 인공 치하 부역한 혐의로 민간단체에 잡혔다가 과도한 고문을 받아 죽었다고 전해진다. 김규택과 김용환

그림 3 『활살』

『활살』 제22호, 활살시사만화잡지사, 1951.3.10.

장진광, 박승히, 창파 작가 등의 작품이 게재되어 있다. 대부분이 한 칸 만평형식인데, 이 가운데 〈소년 빨지산〉은 창파가 그림을 그렸고 한봉식이 글을 쓴 그림이야기이다. 세 쪽에 걸쳐 16칸의 그림과 간단한 설명글로 이어졌다. 아버지가 인민군으로 출전하고 난 후, 마을은 미군에 점령되었고, 미군에 의해 엄마가 죽자 소년은 소년빨치산 활동을 하며 미군과 치열한 전투 끝에 승리하면서 원한을 푼다는 이야기다.

은 보도연맹에 가입했었다는 이유로 반동 취급을 받았으나 탁월한 만화 제작으로 별무리 없이 인공 치하에 부역했다. 그러나 김규택과 김용환은 그 대가로 9·28서울수복 이후에 부역자로 감옥에 있다가 석방되는 대가를 치러야 했다.

(2) 피란지에서 시작된 남측 선전활동

국방부 정훈국 종군화가단은 9·28수복 이후 정훈국에서 미술대를 창설할 당시 논의만 되었다가, 미술가들이 대구로 피란을 내려간 후 대구 지역에서 1951년 1월경 창설된 것으로 추정한다. 대구에서 결성된 국방부 종군화가단은 정훈국이 부산으로 이동한 후 각 부서에 분산되어 있던 기구를 통합하여 수정국민학교의 국방부 임시청사에 집결하였다. 종군화가단에는 기록화반, 보도선전화반, 만화반이 있었는데 보도선전화반에서는 선무작전을 위한 포스터 등을 제작하였으며, 만화반은 전단이나 포스터 같은 선전물을 제작하였다.[21] 국방부 정훈국 종군화가단의 만화반은 유일하게 만화활동을 전담한 조직이다.

종군화가단은 신분증명을 위해서든 생계를 위해서든 자신이 선택한 것이었다. 군 당국의 의뢰가 있었다지만 자발적으로 참여한 이들이었다. 전쟁 상황에서 정훈감 또는 정훈국은 선무 또는 선전이라는 전투의 기술로 문화를 인식하며 미술대나 종군화가단을 운영했다.[22] 미술대는 문관과 군속을 축으로 하는 젊은 화가들로 구성되었고, 중진급 동·서양화가들이 포진한 국방부 종군화가단 30여 명 또한 여기에 소속되어 있었다. 종군화가단은 일반병들과 같이 다다미방에서 새우잠을 청했고 사병들과 함께 끼니를 때웠다. 월급은 없었다. 다만 국민방위병이나 제2국민병에 끌려가지 않도록 신분보장을 해주는 조건뿐이었다.[23] 종군화가단과 미술대는 처음엔 큰 구분이 없었지만 군 미술대가 군으로 복무하는 것이라는 점에서 차이가 있었다.[24]

전쟁 전에 활동했던 만화작가들은 대부분 9·28 수복 후 인공 치하의 부역으로 투옥되거나 월북을 했기 때문에 정훈국에서 활동할 만화가들이 드물었다. 1950년 김용환이 발행하던 『만화뉴스』의 만화뉴스사에 입사했던 김성환[25]은 18세의 어린나이였지만 국방부 정훈국 미술대 소속으로 『만화승리』를 만드는 데 큰 역할을 했다. 처음엔 군 기관지 게재 원고료도 지급되었으나 나중에는 없어졌다. 고우영의 큰형인 고상영도 국방부 정훈국 소속으로 같이 활동했다.

『만화승리』는 국방부 정훈국 미술대에서 군인들에게 배포하기 위해

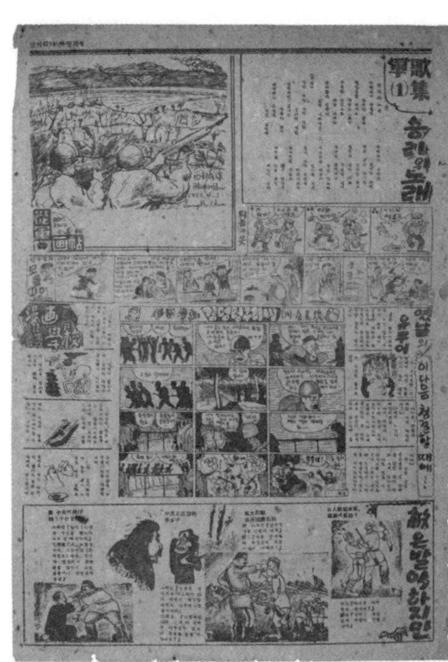

그림 4   『만화승리』

『만화승리』 제24호, 국방부정훈국 발행, 1951.2.15.

제작했던 신문 『승리일보』의 부록이었다(그림 4).[26] 이 신문은 9·28수복 이후에 발행된 것으로 추정되는데, 현재 1951년 2월 15일자[27] 제24호가 남아 있다. 발행인은 이선근이고 편집국장은 강경모 중위이다. 강경모 중위는 국방부 정훈국 미술대장이었다. 이 신문은 전선의 각종 소식-주로 승전소식-과 주변의 정세를 다루었다. 만화신문 형식은 한 컷의 그림으로만 보여주던 만화전단과 달리 상세한 소식을 담을 수 있어 유용했다.

정훈국이 부산으로 갔을 때 9사단 정훈국에 있던 이상호[28]도『진중신문』에 그림을 그리면서 같이 활동했다.[29] 이재화[30]는 대구 육군본부 정훈과에서 『진중신문』을 만들었다. 이 신문에도 만화를 많이 넣었다. 『진중신문』은 인기가 좋았다.[31]

한편 일명 '횃불'이라 불리던 정훈대대원 명단에는 제3중대에 김경언[32]이 포함되어 있었다. 명단에는 24세 서울대 문리대 학생으로 명시되어 있다. 그는 군입대하여 정훈대원으로 활동한 것으로 추정된다.[33] 휴전 이후 1970년대까지 국내 명랑만화의 교두보 역할을 했던 작가이다.

인공 치하에 부역했다는 이유로 수감되었다가 출소한 김용환은 부산에 피란 가서 미군들 초상화를 그리며 푼돈벌이를 했다. 그러나 생계유지가 어려운 상황이 되자 부산의 합동수사본부 오제도 검사를 찾아가 육군본부 작전국 안에 설치된 심리전과 책임자 이기건 대령을 소개받았다. 그리고 대구에 있는 육군본부 작전국 심리전과에 2급 문관으로 임명되어 만화를 그렸다. 이 직책은 영관 대우로 군에서는 쌀로 현물 배급을 해주었다.[34] 김용환은 육군 종군작가단과 함께 일선 종군을 자주 나갔었다. 그러나 얼마 후 군 관계 일이 축소되어 작전국을 그만두고 문관도 그만두었다.

일본에서 태어나고 어린 시절을 보낸 김종래[35]는 1946년에 귀국하여 1947년에 조선국방경비대에 자원입대, 1954년 상사로 제대할 때까지 7년간 군 생활을 했다. 1952년에 김용환의 후임으로 육군본부 작전국 심리전과에 배속 받아 지리산 공비들을 선무 공작하는 전단 제작 임무를 수행했다. 심리전 전단만화가 그의 첫 만화 체험이었다. 1953년에는 『육군화보』에 만화를 투고하기 시작했다. 만화가가 되리라는 생각을 전혀 하지 않았던 김종래는 제대 직전에 심리전과의 의뢰를 받아 93쪽짜리 『붉은 땅』이라는 단행본 만화를 그린 적이 있었다. 이북이 공산주의 치하로 들어가면서 전통적인 가정규범과 사회질서가 붕괴해가는 모습을 고발한 반공만화였다. 그런데 이 작품이 제대 후에 어느 출판사 사장의 권유로 출판되면서, 김종래 작가의 데뷔작이 되었다.[36] 『붉은 땅』은 내용이나 제작 경위로 보아 심리전으로 사용된 만화 팸플릿으로 추정된다.

군 소속은 아니었지만 인민군 점령기를 겪은 윤효중과 박성환은 주간지 『만화신보』를 2회 정도 발행하다가, 1·4후퇴 때 대구로 옮겨 6~8회 가량 더 펴냈다.

이외에 작가를 확인할 순 없지만 해군본부 정훈감실에서도 만화주간
지를 펴냈다. 현재 남아 있는 실물자료는 없지만, 『정훈대계』의 1954년
과 1955년 출판통계에 『해병만화』와 『만화 참돌의 해병』이 출판물로 표
시되어 있다. 『해병만화』는 월간으로 면수는 호마다 변동이 있었던 듯하
다. 1954년에는 31쪽으로 당시의 단행본 분량에 가까웠고 만화잡지 형식
을 갖춘 것으로 추정된다. 발행 목적은 사병 위안지, 또는 오락지로 표기
되었다. 1954년에는 3천 부, 1955년에는 2만 7천 부를 발행했다. 『만화
참돌의 해병』은 185쪽으로 3천 부를 발행했는데, 이는 일반 단행본 만화
책으로 추정된다. 발행 목적은 위안지, 오락지로 표기되어 있다.[37] 이 두
종의 만화책자는 정기적으로 발행한 것으로 보이는데 언제부터 시작되
었는지는 알 수 없다. 전쟁 중이었는지, 휴전 후였는지 확인할 수 없으나
1951년 3월에 해군본부 정훈감실 산하에 해군 종군화가단이 설치된 것
으로 보아 전쟁 중에 발간되었을 가능성도 배제할 수 없다. 해군 종군화
가단은 1951년 3월 해군본부 정훈감실 산하에 설치되었다. 1952년 5월
20일부터 정훈감 직속기관으로 해군종군기자단, 작가단, 화가단, 정훈연
구위원회, 어린이음악대, 해군정훈음악대가 있었다. 국방부 정훈국처럼
만화대를 별도로 설치하지는 않았지만, 해군본부에서 휴전 이후에도 계
속 만화 책자를 발간할 수 있었던 동력은 종군화가단이었을 것으로 추정
된다.[38]

(3) 미국 공보원와 도쿄 연합군사령부(SCAP) 심리전과

미국 공보원USIS-U. S. Information Agency은 『공산 침략과 유엔의 응수』
등의 만화 팸플릿 제작을 했다. 『공산 침략과 유엔의 응수』는 '1951년
6·25기념 만화집'이라는 부제를 달고 있다. 비매품으로 제작된 것으로
보아 대량 배포된 것으로 짐작된다(그림 5). 내용은 1950년 6월 25일에
한국전쟁이 발발하게 된 경위와 이유를 설명하는 것이다. 한 쪽에 한 문

그림 5   『공산 침략과 유엔의 응수』
미국 공보원 발행, 1951.6.25.

장의 설명과 하나의 만평을 넣어 총 14쪽으로 편집되어 있다. 설명글은 대본작가에 의해 작성된 것으로 보인다.[39] 그러나 그림 작가가 누구인지는 알 수 없다. 참고로 박광현[40]이 해방 직후부터 독학으로 만화 수업을 하다가 부산 피란 시절 군복무 대신 미국 공보원 홍보 요원으로 그림을 그렸다고 한다.[41]

서울신문 특파원이었던 김을한은 연합군사령부Supreme Commander for the Allied Powers: SCAP의 부탁으로 만화가를 구하기 위해 부산에 왔다.[42] 인공 치하에서 부역자로 낙인찍혔으나 위기를 모면하고 1·4후퇴 때 부산으로 피란을 갔던 김규택은, 마땅한 일자리가 없었다. 김을한이 도쿄 연합군사령부 심리전과에서 만화 그릴 사람을 찾는다는 소식을 듣고 김규택이 지원하여 발탁되었다.[43] 김규택은 심리전과에 소속되었고, 김용환의 동생인 김의환[44]과 화가 박성환도 연합군사령부로 건너가 한글판 잡지 『자유의 벗』 필진으로 가담했다.[45] 이들은 『자유의 벗』 제작 외에도 심리전과에서 제작하는 만화전단이나 만화팸플릿 등 만화 관련 작업을 많이 했을 것이다. 김의환의 『우리 대한민국』도 이 시기에 제작된 것으로 추정한다. 『우리 대한민국』은 서사만화 형식을 갖춘 만화책이다. 선전용 만화팸플릿으로 활용된 것으로 추정된다. 1952년 1월에 발행되었는데, 표지에 한글과 함께 'KOREA-MY HOME'이라는 제목이 달려 있고 'UNIT NO. 23'이라 표기되어 있다. 작가와 발행처는 표기되지 않았으나 만화가 조항리에 의하면 김의환이라고 전해진다.[46] 이 작품은 40쪽에 걸쳐 인민군 치하의 해방기부터 1950년 9월 한국전쟁의 유엔군 진군 시기까지 이북에 살던 한 가족의 경험을 통해 주로 인공 치하의 피폐한 생활과 공산당의 억압에 대해 다루고 있다(그림 6).

김규택은 1959년까지 『자유의 벗』 만화작가로 일했고, 이후에는 김용환이 후임 작가로 활약했다.[47]

미 극동군사령부에 파견되어 작전부S-3에 소속되었던 '제1라디오방송·전단부대'의 전단과Leaflets Division 인적구성을 보면 표 1과 같다. 전단과에서 전단 제작 담당은 그래픽 담당관으로서 그의 부서에 초안 제작

그림 6　『우리 대한민국』
김의환(추정), 『우리 대한민국』, 1952.1.

표 1　미 극동군사령부 제1라디오방송 · 전단부대 전단부 조직표
출전: ORO-T-21 (FEC), p.18.

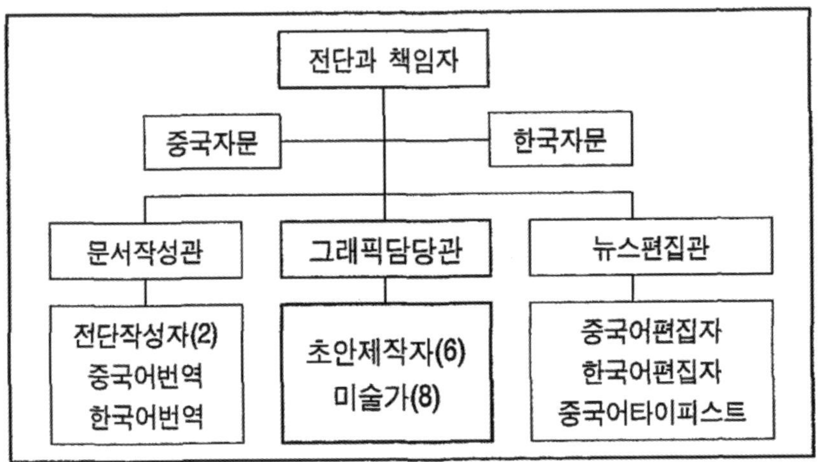

자draftsman와 미술가들이 일하였다. 극동군사령부에서 차출한 1명의 일러스트레이터와 8명의 군속 일러스트레이터, 1명의 초안 제작자가 있었으나 수석 삽화가를 제외하면 재교육을 받아야할 정도의 수준이었기 때문에 한국인과 중국인 4명을 전일근무제 삽화가로, 일본인 4명은 시간제 근무 삽화가로 고용했다고 한다.[48]

(4) KLO부대 유격대

1950년 10월 25일 중공군이 한국전에 개입하자 유엔군은 1951년 1월 하순에 비정규군인 유격군을 모집하였으며 많은 피란민과 원주민의 청장년들이 유격대에 입대하였다. 이때 유엔군이 관할하고 있던 유격대를 8240부대 또는 켈로부대라고 불렀다. 유격대는 적지에서 동조자 규합과 지하조직 구축, 첩보 수집과 태업 활동의 전개, 전 해안 경비 및 내륙 주둔부대 습격, 적 수송사단 및 시설물 공격, 적 해안선 봉쇄 등의 임무를 수행했다.[49]

유격대원이었던 만화가 임수[50]의 증언에 의하면, 그는 강화도 1사단에서 조직한 5816유격대 소속이었다. 5816부대는 처음엔 국군 1사단에 편성되었다가 나중에 미군 소속으로 바뀐 부대다. 활동 무대는 황해도 연백군, 경기도 개성시와 개풍군 등이었다. 임수는 선무공작대에 들어가 만화를 그리게 되었다. 유격대 선무공작대의 주요 업무는 심리전이었다. 7인 1조의 작업반은 총 3개 조로 구성되었다. 인쇄를 할 수 없는 상황이었기 때문에 모든 것이 수작업으로 이루어졌다. 작전이 개시되면 전투부대의 도움을 받아 적지로 건너가서, 양손에 장총과 풀통, 빗자루를 들고 적진 후방을 누비며 전단과 포스터를 붙였다. 한 조당 호위병 5명이 따라붙었고, 그들이 정찰을 나가 '안전한 곳'이라고 신호하면 따라 들어갔다.

"1951년 9월 25일 중공군과 치열한 전투가 벌어졌을 때 중공군 장교 한 명이 두 손을 번쩍 든 채 걸어 나와 우리 쪽에 투항했다. 그의 손에는 '이 그림을 보고 넘어오라. 생명을 보장한다'는 만화 전단이 들려 있었다. 그 후에도 중공군 5명이 만화 전단을 들고 투항했다."(그림 7)[51]

임수의 증언은 유엔군 심리전이 어느 정도 효과가 있었음을 말해준다. 임수처럼 인민군 점령 지역에 들어가 직접 포스터를 붙이는 유격대의 선무공작 활동은 다른 전단 제작이나 살포에 비해 작가 개인의 반공 의식이 투철해야 할 수 있는 훨씬 적극적인 행위였다.[52] 그러나 만화가들의 한국전쟁 체험 중 선전활동은 이념이나 신념에 의한 활동으로 보기 어렵다. 김규택과 김용환은 당시 명성에 걸맞게 양쪽에서 부역을 한 것이고, 유엔사령부의 활동은 오히려 안정적이기 때문에 선택한 것으로 보인다. 해방기에 활동했던 만화가들 가운데 신념으로 선전만화 작업을 했던 정현웅, 이갑기, 이영춘 등은 전쟁 전이나 전쟁 중에 월북을 했고, 임동은 등의 작가는 인공 치하 부역을 이유로 죽거나 실종되었다. 그리고

그림 7　　임수 작가가 한국전쟁 당시 유격대 선무공작대에서 활동하며 그린 만화 포스터를 직접 재현한 그림

출처: 6 · 25 60주년 – 나와 6 · 25, 「조선일보」 2010.5.6.

남한 쪽에서 활동했던 작가들은 전쟁 직전에 만화 활동을 시작한 신진들이었다. 이들은 한국전쟁 시기에 다각적인 만화 활동을 하면서 휴전 이후 한국 만화계의 주축이 되었다. 한국전쟁 시기에 남한에서 만화를 제작할 기회는 반공 내용의 냉전 이데올로기 중심일 수밖에 없었다. 1960~1970년대에 활발한 작품 활동을 했던 만화가들 상당수는 반공만화나 반공을 소재로 한 오락만화를 만들었다. 당시의 검열제도 때문이기도 했지만 무의식 속에 자연스럽게 체화된 심리전 만화제작의 체험 때문이라고 볼 수 있다.

2) 생계 유지를 위한 만화활동

김용환은 대구 육군본부 작전국 심리전과에 있을 때 서희균의 후원으로

『만화신문』을 복간하였다. 그러나 대구에서 주간신문의 채산을 맞추기란 매우 어려운 일이었다. 그는 육군휼병감의 이종태 대령과 교섭하여 발행 부수의 대부분을 일선장병 위문용으로 납품하게 되었다. 『만화신문』에서는 당시 고등학생이었던 정운경[53]과 송국종이 함께 아르바이트를 하였다.[54] 한국전쟁 전에 김용환과 친분이 있던 신동헌[55]은 한국전쟁 발발 당시 서울대 공대 학생으로 서울에 있다가 북한 의용군에 강제 차출되었다. 겨우 탈출했으나 귀가 도중 미군에게 체포되어 거제도 포로수용소에 갇혔다. 남쪽 잔류포로로 분류되어 부산으로 옮겨져 생활하다가, 수용소를 탈출하여 동생 신동우[56](당시 중학생)와 만나 다시 만화를 그렸다.[57] 그리고 1952년에 김용환이 만든 『만화신문』에 참여하게 되었다.[58] 1952년 서울 환도 이전에 서울로 올라온 김용환은 『만화신문』이라는 간판을 걸고 그림, 글, 광고까지 1인 3역을 했다. 신동헌, 김경언이 만화신문 제작에 많은 도움을 줬다. 신문의 기사는 부산, 대구에서 종군하는 작가들이 서울에 들렀을 때 부탁했다. 그런 식으로 종군작가 박영준의 원고도 받을 수 있었다. 제작한 만화신문은 대부분 일선 장병에게 배포되었고 후방엔 일체 배포하지 않았다. 서울에서 신문이 팔릴 리 없었기 때문이다. 일선을 자주 방문하여 군인들의 무용담을 취재하면서 『만화신문』은 점차 '일선장병 위문지'로 변모했다.[59] 김용환 개인이 만든 만화 주간지였지만 제작과 배포의 문제로 자연스레 장병을 위한 반공 선전물이 되었다.

서울이나 대구, 부산의 피란지에서 출판업자들은 그림 재주가 있는 젊은이들을 찾아 만화 출판에 끌어들였다. 정식 만화훈련을 받은 사람보다는 어린 시절에 일본 만화를 접했던 이, 일본에서 미술교육을 받았던 이, 또는 그림재주가 있는 이들이었다. 이렇게 발탁된 이들은 생계유지를 위해 만화 단행본을 만들었다.

한국전쟁기 만화 단행본은 다른 분야에 비해 출판이 활발했다. 해방 직후 만화가 다른 분야에 비해 두드러지지 않았던 것을 감안하면, 한국전쟁기 만화 단행본 출판의 급증은 이례적이다. 한국전쟁 이전인 1950년 2월 기사에 따르면 1949년 1년간 출판통계는 총 발행건수 1,521건에 총 발행부수 5,809,700여 권이었다. 이 시기에 발행된 출판물 가운데 1위는 교육용 참고서, 2위는 아동문학, 3위는 교과서, 4위는 소설 등이었다. 이 가운데 만화 출판종수는 62건으로 188,000부 정도였다.[60] 당시 다른 분야와 비교했을 때 저조한 수준이었다.

표 2 　한국전쟁기 국내 간행물 출판통계

년도	교재	참고서	만화	소설	계
1951	174	139	122		435
1952	181	215	287		683
1953	239	213	68	233	753
소계	594	567	477		
1954	422	115	34	300	871

출처: 『정훈대계』 2, 국방부 정훈국, 1956, G77쪽.

　　한국전쟁기는 정확한 출판통계를 내기 어려운 상황이었다. 게다가 만화통계는 한국전쟁이라는 특수상황 이외에도 1995년 이전까지 찾기가 힘든데, 국방부 정훈국에서 발표된 통계에 만화 항목이 있다. 표 2에 의하면 1951년부터 1953년까지 만화 출판종수는 477종에 달한다. 정확한 집계가 불가능했을 상황이기에 수치보다는 순위에 집중해서 볼 필요가 있다. 1951년에는 교재, 참고서 다음으로 만화 출판종수가 많았고, 1952년에는 만화의 종수가 가장 많다. 그러나 1953년이 되면 교재, 참고서에 비해 현저히 떨어진다. 휴전 이후인 1954년에는 교재, 소설, 참고서, 종교, 법학의 순서로 종수가 기록되어 있고 만화는 순위권에서 한참 밀려난다.

　　이렇듯 해방기나 휴전 이후보다 한국전쟁기에 만화 출판이 월등히 많다. 특히 인민군과 연합군이 치열한 심리전 공방을 했던 1952년에 출판종수가 가장 많았다는 점이 인상적이다. 표 2의 만화 출판종수에서 군사

적 목적(심리전)의 만화 출판물과 상업적 목적의 만화 출판물을 구분할
수는 없다. 그러나 전쟁이라는 비정상적 상황에서 다른 분야에 비해 만화
출판이 활성화 되었다는 것은 분명히 이례적인 현상이다. 그 이유는 무엇
이었을까?

첫째, 작가 수급과 관련하여, 서울이나 부산, 대구 등지에 피란민들이
몰려들면서 많은 사람들이 모이게 되었다. 피란민들 가운데는 그림 재주
가 있는 젊은이들 또한 많이 섞여 있었을 터인데, 입대 외에 마땅한 일거
리를 찾기 힘들었을 화가지망생들이나 그림 재주가 있는 이들은 만화를
그려 생계를 꾸릴 수 있다면 마다할 이유가 없었다. 휴전 이후부터 1970
년대까지 한국 만화에서 인지도가 높았던 꽤 많은 작가들이 한국전쟁 시
기에 만화와 관련을 맺은 사례가 많다는 점도 이를 입증한다.

둘째, 만화를 만드는 데는 별다른 도구가 필요치 않다. 종이와 펜만
있으면 어느 곳에서나 만화 원고를 만들 수 있다. 즉 만화는 작가에게 많
은 것을 의지하기 때문에 물리적인 제작 과정이 비교적 간단하다. 전쟁이
라는 혼란상황에서 정식 출판이 아니라고 보면 만화 출판은 생각보다 어
렵지 않았을 것이다.

셋째, 피란민들 가운데 출판에 관심이 있던 이들은 인쇄기를 사용할
수만 있으면 작가 수급이나 원고 제작 등이 해결될 수 있었던 만화 출판
에 관심을 가졌을 것이다. 게다가 대구나 부산에는 미군부대에 보급되는
잡지나 책자 가운데 외부에 유출되는 것들이 있었을 것이다. 그리고 일
본에서 밀수가 성행하던 당시의 상황을 보면, 출판에 관심이 있던 이들은
일본 만화나 미국 만화, 또는 다양한 책자를 통해 흥미로운 소재와 표현
방법들을 접하면서 만화출판에 의욕이 생겼을 것이다. 1955년 소년만화
잡지 『만화세계』를 만든 김성옥은 전쟁 당시에 이러한 경위로 만화 출판
을 하게 된 경우다.

넷째, 전쟁 당시 아동들이 향유할 수 있는 문화가 거의 없었다. 아이들

은 그나마 구멍가게에서 물건을 사면 뽑기로 받을 수 있었던 만화를 서
로 돌려보며 문화를 접했다. 장은주 작가의 증언에 의하면, 정식으로 만
화대여점이 생긴 것은 아니지만 만화를 빌려주는 곳도 있었다고 하니 만
화는 아동들에게 유일한 문화 향유였던 것이다.

이렇게 전쟁 시기에 만화 출판이 활발해질 수 있었던 생산-소비주체
의 준비는 이미 무르익어 있었다. 그러나 전쟁 당시의 물자 부족 상황에
서 어떻게 종이를 조달할 수 있었는지, 인쇄 시설의 사용은 원활했는지,
그리고 만화 유통은 어떤 경위로 가능했는지 등의 의문은 여전히 남아
있다. 다음 장에서는 오락만화 속에 냉전문화가 어떻게 반영되었는지를
살펴보겠다.

3. 한국전쟁기 오락만화 속의 냉전문화

한국전쟁 3년 동안 출판된 만화 단행본은 어떤 작품이 있었는지, 누구의
작품이고 어느 출판사에서 발행한 것인지 전혀 알 수 없다. 현재까지 남
아 있는 실물자료로는 34종 40권이 확인된다.[61] 477종 가운데 34종이면
7.1%에 불과하지만, 전쟁 한가운데서 아동들에게 향유되었던 만화는 대
략 어떤 유형의 작품들이었고, 내용 속에 냉전문화는 어떻게 녹아 있었는
지 살펴보겠다.

표 3은 당대를 대표하는 작품도 아니고 어떤 기준에 의해 추려진 목록
도 아니다. 그저 현재까지 실물로 남아 있는 자료를 모은 목록일 뿐이다.
따라서 이 도서들을 표본으로 한국전쟁 시기의 만화 경향을 규정할 수는
없다. 하지만 이 도서들을 통해 당시의 상황을 최대한 유추해보는 것은
의미 있는 일일 것이다.

표 3 목록의 작품들을 발행한 출판사는 16개 정도이다. 출판사의 소재

지는 서울이 대다수고 대구와 부산이다. 출판등록 시기 또한 1950년 11월 이후가 대부분이며, 특히 1951년 1·4후퇴 이후가 많다. 작품들은 주로 20쪽 내외의 딱지만화[62] 형태로 조악하다. 탐정, 모험, 고전, 반공, 명랑 등의 장르로 나눠볼 수 있지만, 아직 장르화를 논할 정도로 특징적인 차이가 있는 것은 아니다. 전반적으로 모험적인 내용이 들어 있다. 작가들도 김용환, 김의환 정도를 제외하면 갓 시작한 새내기들이다.

이 가운데 군대와 연관을 갖고 선전만화를 제작하고 있었던 김용환, 김의환, 김성환 등은 심리전 목적의 선전만화를 그리면서 한편으로 상업만화 출판을 병행한 것으로 파악된다. 그들은 특히 『신태양』, 『희망』, 『학원』 등 한국전쟁 시기에 창간된 잡지들에서 활약했다. 이를 통해 세 명 작가들이 심리전의 일환인 선전만화를 제작하긴 했지만 군인도 민간인도 아닌 중간 형태의 신분이었음을 알 수 있다. 김성환 작가의 경우 "국방부 정훈국 미술대에서 『만화승리』를 만들던 때, 초기에 지급되던 원고료도 나오지 않는 데다 허드렛일까지 도맡아 하라고 시키니, 홧김에 외출증 끊어서 대구로 올라가버렸다고 한다. 김성환을 잡으러 군인들이 대구까지 올라왔다는 소식을 듣고 김성환은 당시 만화 출판을 하던 이윤성 씨에게 찾아갔다. 그런데 집에 있으면서 만화책을 하나 그려달라고 해서 16쪽짜리 하나를 그렸다. 그렇게 너댓 권을 그렸다. 그렇게 해서 나온 것이 『록키산의 아들들』 외 여러 권이었다"[63]라고 전한다.

표 3의 만화들은 상업적 목적으로 만들어진 오락만화이다. 이 가운데 당시의 냉전문화를 엿볼 수 있는 것은 군인을 소재로 한 군대만화이다. 해방기에는 없었던 소재로, 전쟁 시기답게 군대만화가 처음 등장했다. 김성환의 『꾀돌이 일등병』이 대표적이다. 전선에서 고립된 꾀돌이네 분대가 물밀듯이 밀려오는 중공군 부대를 맞닥뜨려 꾀돌이의 지혜로 중공군을 물리치고 탱크와 많은 포로를 생포한다는 이야기다. 실물로 확인되지는 않았지만 김성환의 구술에 의하면 『꾀돌이 이등병』도 출판되었다고

	발행일	작가	제목	장르
1	1951.3.12	김윤향	아리아공주	서사
2	1951.3.26	김성환	록키산의 아들들	액션
3	1951.5.28	김성환	새로 나온 손오공과 홍길동과 꾀돌이	명랑
4	1951.5.31	김의환	손오공	고전
5	1951.8.10	최상권	소년미술가(그림이야기)	서사
6	1951.8.28		안델쎈동화 인어와 왕자(소녀그림이야기)	고전
7	1951.9.25	김용환	세계그림소화집(世界그림笑話集)	카툰
8	1951.10.25		타잔과 청룡새(미국어린이만화5)	모험
9	1952.1.25	최송산	치벨트의 비밀	모험
10	1952.3.1	신동우	정의의 삼용사	명랑
11	1952.4.25	서봉재	도깨비섬의 비밀	모험
12	1952.4.29	신동우	한철이의보물지도	명랑
13	1952.5.5	김성환	꾀돌이일등병	명랑
14	1952.5.12	신동우	깡껭이 박사(야구편)	명랑
15	1952.6.27	신동우	이상한요술소년1	명랑
16	1952.7.30	신동우	이상한요술소년2	명랑
17	1952.8.9	김윤	손오공	고전
18	1952.8.20	윤진?	소년홍길동	고전
19	1952.8.20	신동우	이상한요술소년3	명랑
20	1952.8.20	한기철	꾀돌이(장편 대 활극 만화)	탐정
21	1952.9.15	신동우	삼각수염의괴도(탐정만화)	탐정
22	1952.9.30	김호	해골섬1	모험
23	1952.9.30	김호	해골섬2	모험
24	1952.10.3	박광현	공주바다함1	서사
25	1952.10.5		엉터리타잔(새로 나온 모험왕)	모험
26	1952.10.15	박광현	공주바다함2	서사
27	1952.10.16	박광현	해적섬1	모험
28	1952.10.20	한초인 (김성환)	보물시계(아버지의 소식)	서사
29	1952.10.27	고일영	천년전의 비밀 다윤도파	모험
30	1952.4	최상권	인조인간	SF
31	1953.6.30	박광현	이순신장군	고전
32	1953.8.7	최상녹	재주 많은 부하	서사

	발행일	작가	제목	장르
33	1953.8.15	김용환	삼국지	고전
34	1953.9	이종현	화성의초인	SF
35	1953.9.10	김백송	무골용사1	액션
36	1953.9.10	김백송	무골용사2	액션
37	1953.9.25	이종현	산송장1	서사
38	1953.9.25	이종현	산송장2	서사
39	1953.11.6	김용환	코주부삼국지	고전
40	1953.11.15	김경언	도라온왕자	탐정

한다. 『꾀돌이 일등병』 마지막 쪽에 '꾀돌이는 전과를 인정받아 하사로 진급하였고, 『꾀돌이 하사』가 곧 나온다'는 예고가 있다. 그러나 출판이 되었는지는 확인할 수 없다. 군대 계급에 따라 시리즈로 군대만화를 발행하려고 기획했던 것으로 보인다. 휴전 이후 1960년대까지도 이와 비슷한 군대만화 시리즈가 여러 편 등장하여 당시 아동들에게 오락만화로 큰 인기를 얻었다. 『꾀돌이 일등병』에서 중공군은 몸집이 크고 아둔하며 우매하게 묘사된 반면, 국군은 소수정예의 지혜롭고 용맹하게 묘사되었다(그림 8, 9).

『새로 나온 손오공과 홍길동과 꾀돌이』 역시 아군과 적군을 명확하게 분리하고 적군을 악당으로 규정하는 작품이었다. 이 작품은 시공간을 뛰어 넘는 영웅들의 합체가 눈길을 끈다. 손오공의 도술과 홍길동의 둔갑술, 공군 비행사 꾀돌이의 비행술까지 합쳐

그림 8　『꾀돌이 일등병』 표지
김성환, 『꾀돌이 일등병』, 보문출판사, 1952.5.5.

그림 9 『꾀돌이 일등병』 내용

꾀돌이 분대의 적은 인원이 많은 수의 중공군을 대적할 때 먼저 탱크를 빼앗고 뚱뚱
하고 아둔한 중공군을 볼모로 중공군 부대를 일망타진한다.

져 육해공을 넘나들며 악의 무리를 물리치는 액션을 보여준다. 작품의 배
경은 시공간을 초월했지만 초인적 능력을 갖춘 세 사람이 함께 무찌르는
침략자 오랑캐는 북한군과 중공군이다. 그림 11을 보면 군모를 통해 식별
되는 북한군은 광대뼈가 나오고 험상궂게 생긴 얼굴이다. 그림 12의 중공
군 옷에는 솜을 누빈 군복을 표현하느라 세로줄이 그어져 있다. 특히 중
공군은 어디서나 술과 음식을 많이 먹고 늘어지게 자다가 봉변을 당하는
이들로 우매하게 묘사되었다. 공군 비행사 꾀돌이가 손오공, 홍길동과 같
은 서열의 영웅으로 설정된 점에서 공산당을 물리치는 군인을 초인적 능
력을 가진 영웅으로 만들고자 하는 의도가 엿보인다(그림 10~12). 『꾀돌
이 일등병』과 『새로 나온 손오공과 홍길동과 꾀돌이』의 악당은 북한군과
중공군이다. 이들 공산당들은 우리를 괴롭히는 존재라서 언제나 무찔러

그림 10　『새로 나온 손오공과 홍길동과 꾀돌이』표지.
김성환,『새로 나온 손오공과 홍길동과 꾀돌이』, 명성출판사, 1951.

야 하는 대상이라는 계몽이 오락성 속에 녹아 있다.

　한편 박광현의『이순신 장군』은 임진왜란을 배경으로 이순신 장군의 영웅담을 그린 위인전 만화다. 그런데 왜적들이 조선에 들어와 백성들을 도탄에 빠트리는 장면에 이런 묘사가 나온다. "마을로 쳐들어온 왜적들은 집집마다 불사르고 백성들을 닥치는 대로 죽이며 여자들을 잡아가기도 하며 갖은 폭행을 계속하는 것이었다. 마치 빨치산이 동네를 습격하였을 때와 흡사 하였다." 빨치산은 조선을 쑥대밭으로 만든 임진왜란의 주적인 왜적과 같다고 묘사했다. 임진왜란의 원인이 왜적의 침입 때문이듯, 한국전쟁의 원인은 빨치산 때문이라는 인식이 녹아 있다(그림 13~14). 이처럼 오락만화 속의 적은 공산주의고, 그들은 '악의 축'으로 묘사된다. 따라서 좋은 사람은 반공 이데올로기로 무장된 사람이라는 의미를 드러낸다. 하지만 빨치산이 조선을 침략한 왜적과 같은 의미일가? 오히려 그들은 전쟁 피해의 당사자다. 결국 위인전을 통해 한국전쟁의 상황을 왜곡함으로써 반공이데올로기를 선전하는 효과가 되었다.

그림 11　꾀돌이를 습격하는 북한군

낮잠 자는 손오공을 습격하는 무리의 군모를 보면 북한군을 묘사함을 알 수 있다.

그림 12　중공군을 혼내주는 꾀돌이

『새로 나온 손오공과 홍길동과 꾀돌이』의 한 장면. 홍길동이 도술로 투명인간이 되어 나태한 중공군을 혼내준다.

『타잔과 청룡새』표
지에는 '미국 어린이 만
화 5'라는 타이틀이 표
기되어 있다(그림 15).
어린이 만화를 강조한
것 보다는 '미국'을 강
조한 타이틀이다. 이러
한 표현은 해방기나 휴
전 이후에는 나타나지
않았던 문구이다. 특별
히 미국을 강조한 이유
는 이 책의 속표지에 있
는 「편집실에서 어린이
들께 드리는 글」에 나
타나 있다. 전쟁 중임에
도 어린이들 마음의 양
식을 걱정하여 어려운
형편이지만 만화책을
발행한다는 내용이다.
특히 좋은 책을 내려고
노력하고 있다는 것을
강조하며 마무리하고
있다. 전쟁 전에 어린이
들 마음의 양식은 그동
안 주로 명작을 중심으
로 선별된 양서가 추천

그림 13　『이순신 장군』표지.
박광현, 『이순신 장군』상권, 산해당, 1953.6.30.

그림 14　"마치 빨치산" 같은 왜적의 약탈
『이순신 장군』상권, 13쪽. 왜적의 약탈이 빨치산의
습격과 같다고 표현되어 있다.

그림 15 '미국 어린이 만화'
저자미상,『타잔과 청룡새』상, 부인사, 1951.
10.25.

되었다. 물론 그 가운데 미국작품도 있었지만 특별히 '미국'을 강조한 시리즈는 아니었다. 하지만 『타잔과 청룡새』 편집실 글에서 표현한 어린이들 마음의 양식인 좋은 책은 '미국 어린이 만화'인 것이다. '명작', '양서'로 표현되던 것이 '미국 어린이 만화'로 대체된 것이다. 즉 '미국' 작품은 명작이고 좋은 것이라는 의미로 해석된다. 이는 미국문화의 우수성을 드러내는 의도를 보여준다.

미군정시기부터 미국문화는 한국에 영향력을 행사해왔다. 그러나 한국전쟁을 통해 다수의 대중들에게 빠르게 흡수되었다. 특히 친미 이데올로기를 내면화시키면서 미국 문화에 대한 맹목적인 동경을 갖게 하였다. 맹목적 친미 이데올로기는 미국 문화에 대한 막연한 동경 심리를 가져왔고 이후 한국 대중문화는 미국 대중문화의 영향권 속으로 편입된다.[64] 미국의 이념적 공세가 잘 먹혀들어 갈 수 있는 매우 '수용적 상태'[65]를 의도했던 미국의 문화정책을 염두에 둔다면, 반공을 내용으로 미국에 의해 전파된 냉전문화는 한국인들에게 친미적 경향의 가속화와 함께 전면적으로 나타나는 현상이었다. 따라서 '명작'과 '양서'를 대체한 '미국 어린이 만화'는 아동들이 미국에 대한 호감을 갖게 하는 것이고, 이는 반공이데올로기로 자연스럽게 연결시킨다고 볼 수 있다.

　용맹하고 정의로운 타잔이 거대한 청룡새로부터 마을을 구한다는 이야기인 『타잔과 청룡새』는 정의의 사도 타잔이 곧 미국을 의미하며, 미국은 영웅 이미지로 남는다. 공산주의자를 타도하는 미국은 우리의 혈맹이고 공산주의자에 의해 가족을 잃은 한국에게 영웅이다. 이와같이 우수하다고 여겨진 미국문화를 접한 아동들에게 미국만화는 마음의 양식을 살찌우는 명작이고, 미국이 한국에게 영웅이듯이 미국에 의한 반공이데올로기는 올바른 가치라는 인식을 만든다. 아동들에게 '영웅'인 미국을 동경하게 만드는 미국만화는 향후 반공이데올로기를 자연스럽게 받아들이는 문화적 토양으로 작동했다고 볼 수 있다.

　김성환의 『록키산의 아들들』도 이와 같은 연장선에서 볼 수 있다. 이 만화는 록키산 기슭의 작은 목장에서 벌어지는 카우보이들의 이야기로 전형적인 서부극이다. 언제나 악당을 물리치는 총잡이 카우보이의 멋진 활약은 미국을 영웅으로 추앙하는 우호적인 마음을 나타내고, 이는 곧 미국의 냉전 이데올로기를 거부감 없이 기꺼이 받아들이는 태도를 갖게 한다(그림 16).

　'정의의 사도=미국'을 나타내는 상징인 '슈퍼맨'도 이 시기 만화에 등장하기 시작했다. 이종현의 『화성의 초인』은 모사에 가까운 창작품인데, SF만화로서 개인의 야욕을 위해 화성에서 온 일당들이 지구를 위협하는 것이지만 지구를 사랑하는 슈

그림 16　『록키산의 아들들』
김성환, 『록키산의 아들들』, 계몽사, 1951.3.26.

그림 17　『화성의 초인』

이종현,『화성의 초인』상, 육영문화사, 1953.9.

퍼맨이 지구를 구한다는 이야기다. 슈퍼맨은 미국에서 활약하고 있고, 지구를 구한 영웅 슈퍼맨은 곧 미국을 상징한다. 미국을 영웅시하고 미국 문화를 추구하는 태도는 이렇게 아동만화를 통해 다양하게 표현되었다. 이는 한국전쟁을 통해 미국 냉전 이데올로기를 반공의 이름으로 한국 사회에 녹여내는 데 밑거름이 되었다고 볼 수 있다(그림 17).

1952년 7월 30일에 발행된 신동우의『이상한 요술소년』2편 뒷 표지에는 「우리의 맹서」라는 글이 실려 있다(그림 18~19). 1952년 7월부터 출간된 모든 인쇄물에 의무적으로 신도록 했기 때문이다.

　　一. 우리는 대한민국의 아들 딸 죽엄으로써 나라를 지키자
　　二. 우리는 강철같이 단결하여 공산 침략자를 쳐부수자
　　三. 우리는 백두산 령봉에 태극기 날리고 남북통일을 완성하자

이 세 문장은 모든 인쇄물에 정책적으로 게재하게 했던 문구다. 반공 이데올로기 주입을 위한 대대적인 관용 캠페인이었던 것이다. 1961년까지 출판된 모든 만화책도 예외가 아니었다.

이와 같이 한국전쟁기 오락만화는 반공 내용의 냉전 이데올로기를

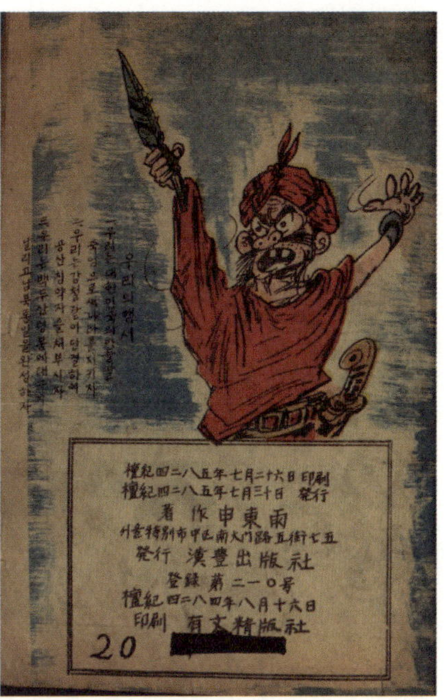

그림 18　『이상하나 요술소년』 2편 표지(좌)
신동우, 『이상하나 요술소년』2편, 한풍출판사, 1952.7.30.

그림 19　『이상하나 요술소년』 2편(우)
뒷표지에 게재된 '우리의 맹서'

심기 위한 후방 심리전 역할을 수행했다고 해석할 수 있다. 또한 선전만
화작업을 했던 신진작가들이 대거 등장하게 된 것은 선전전을 위한 만화
제작 필요가 많았기 때문이다. 이들은 선전만화로 시작을 했지만 향후에
오락만화 작가로 활동한다. 그리고 후방의 오락만화작가들 가운데는 선
전만화를 제작했던 작가들도 포함되어 있다. 전쟁 당시에 군인신분으로
만화제작을 시작한 이는 향후 오락만화를 제작하는 작가가 되었고, 오락
만화로 데뷔했던 작가가 전쟁후반 이후에 선전만화 제작을 하기도 했었
다. 이렇듯 선전만화와 오락만화 제작 인력이 겹치거나 경험을 공유할 수
있는 상황이었다. 따라서 오락만화가 전쟁의 영향력에서 벗어날 수 없었
고, 의도하지는 않았어도 후방심리전 성격을 가진 만화들이 상당수 제작

되었다고 본다.

4. 전후 만화 속의 냉전문화 연구를 위해

만화작가들은 심리전 목적의 만화선전물 제작에 동원되었다. 그러나 이는 조직적 활동이 아니라 만화작가의 개인적 활동에서 이루어진 것이었다. 혼란한 전쟁 속에서 다수의 신인 작가들은 만화 단행본을 출판할 기회를 잡을 수 있었다. 또 후방에서의 만화 출판은 대다수 작가들에게 생계를 위한 수단이 되었다. 생계 수단으로 만화를 시작한 신인 작가들은 휴전 이후에도 지속적인 활동을 했고, 그 결과 전업 만화가가 되었다. 한국전쟁 기간 동안 신인 작가들은 작품세계가 미처 확립되지 않은 상태에서 미국과 일본 만화를 접할 수 있었고, 이 경험은 그들의 작품세계에 큰 영향을 주었다. 선전만화든 오락만화든 신인 작가들에게는 다작할 수 있는 실험장이자 '훈련장'이었다. 한국전쟁 당시 십대 후반이나 이십대 초중반이었던 이들이 중견 작가로 작품세계를 꽃피우게 된 1960년대는 한국 만화의 첫 번째 르네상스 시기였다. 이들의 주옥같은 만화 속에는 반공과 냉전 이데올로기가 자연스럽게 녹아있다.

만화 독자를 아동으로 삼았던 것도 한국전쟁 당시의 오락만화 열풍과 관련이 있다. 전시의 열악한 출판 환경으로 인해 완성도가 떨어지는 도서를 출판했던 경험은 '만화가 아이들이나 보는 유치한 것'이라는 인식과 '만화는 불량하고 천박한 문화'라는 편견을 갖게 했다. 한국전쟁이라는 비상상황에서 만화책을 빌려보는 행위가 이후 유통체계로 정착하게 되었다. 이러한 요소들로 인해 만화는 독재정권의 사회정화 대상이 되었다. 예를 들면 1972년 '사회정화'의 일환으로 유신정권은 '만화가 불량한 것'이라는 여론을 만들었고 매년 어린이날에 만화책을 불태우는 관제 행사를 개최했다. 아동의 만화 문화 향유를 범죄 행위로 규정해 사회통제(억압)기제로 활용한 것이다. 만화는 억압적 독재체제가 반공이데올로기를 손쉽게 작동시키는 도구이기도 했다.

한국전쟁기 만화작가들의 활동과 만화출판 상황으로 본 이 연구는 전쟁 속의 만화와 만화 속의 냉전을 담기에는 일부분에 지나지 않는다. 오락만화에서 나타나는 후방심리전은 다양한 만화의 내용분석을 통해 더욱 상세한 연구가 필요하다. 그러기 위해서는 한국전쟁 당시의 오락만화를 더 추적해야한다. 그리고 한국전쟁 이후 1950년대 만화가 미국의 문화정책과 정권의 지배정책에 의해 반공만화 양산이 어떤 형태로 이루어졌는지도 따져봐야 한다. 이는 1960년대부터 1980년대까지 이어지는 독재정권 하에서 정부의 검열과 사회적 여론에 의한 탄압으로 이어지는 한국만화의 억압된 문화가 냉전문화와 맥이 닿아 있다는 것을 증명하기 위해서 선행되어야 할 연구인 것이다. 따라서 향후 만화 속의 냉전을 다각적으로 분석할 다양하고 심도 있는 연구가 필요하다. 대중문화인 한국만화 속에서 냉전문화를 탐구하기 위해 본 연구가 부족하나마 그 시작점이 되길 바란다.

5장

'열혈 냉전':

한국전쟁 시기 중국의 만화 선전

허우쑹타오(侯松涛) | 정령 역

1. 서론

미국과 소련의 대치를 주요 특징으로 하는 냉전은 1940년대 말부터 1990년대 초까지 반세기 동안 지속되었다. 냉전이 끝난 후 국제 학술계에서는 새로운 자료와 새로운 시각으로 냉전에 대해 재평가하는 "신냉전사New Cold War History"연구가 출현하였다. 이에 따르면 냉전은 사회의 여러 방면(정치, 외교, 군사, 경제, 문화, 교육, 체육을 포함)에 걸친 전면적인 대립이다. 따라서 냉전 쌍방의 선전 동원은 거의 모든 영역과 연관되어 있었고 매우 다양한 형식으로 진행되었다. 냉전 선전에는 두 가지 방향이 포함되어 있다. 하나는 다양한 상황에서 다양한 형식으로 "자신의 문화적 특징을 어필하고 자신의 제도적 우월성을 강조하며 본국 대중들의 애국 열정과 국가 정체성을 불러일으키는 것"과 동시에 "세계 범위 내에서(적대적인 진영에서뿐만 아니라 동맹국과 여러 중립국에서) 민심과 민의를 얻는 것"이다. 다른 하나는 적대적인 진영에 속한 나라에 대한 직·간접적인 비판, 부정, 폄하를 포함한다.[1] 미국 학자 피코비치Paul G. Pickowicz는 심지어 어떤 의미에서 냉전은 국내·국제적으로 동시에 진행되는 방대한 규모의 선전전宣傳戰이라고 본다.[2] 피코비치는 바로 이러한 관점에 기초해 중국과 미국 양국에서 제작한 두 편의 한국전쟁과 관련한 영화, 상감령上甘嶺(1956년 개봉, 중국)과 포크 찹 힐Pork Chop Hill(1959년 개봉, 미국)에 대해 흥미롭고 의미 있는 비교 연구를 진행했다.

이 글은 한국전쟁 시기에 중국에서 진행한 만화 선전을 분석의 대상으로 하고 있다. 중국에서는 한국전쟁을 통상적으로 '조선전쟁', '항미원조 전쟁'으로 부르는데, 전체 냉전사 속에서 이 전쟁은 냉전 중의 열전에 속한다. 전쟁이 조선반도에서 일어났을 때, 전쟁 중 궐기하고 냉전 중 건국한 중국 공산당은, 자신의 국가와 군대를 휴식, 정돈하고 냉전세계 속에서의 외교 구도를 조절할 시간도 없이 부득이하게 다른 나라의 영토에서 일어난 전쟁에 말려들게 되었다. 이 기간 동안 중국 국내에서는 밀도 높은 선전 동원이 진행되었다. 동원은 여러 영역에서 이루어졌고, 생각 가능한 모든 수단이 채용되었는데, 바로 그 중에서도 만화는 매우 전형적인 수단이었다.[3] 역사 연구 중에서도 도상사圖像史 연구는 다른 연구가 갖지 않은 특수한 의의를 가지고 있다. 폭스Edward Fox에 의하면, 우리는 여러 종류의 그림을 과거를 생동하게 재현할 수 있는 가장 신뢰할만하고 중요한 수단으로 생각한다. 동시에 그림을 문자자료를 검증할 수 있는 유일한 최고의 수단으로 본다. 그림은 가장 분명하고 가장 심플한 역사 문헌이다.[4] 일부 미술사 연구자들에 의하면, 중국에서 만화의 역사는 한나라 시기까지 거슬러 올라갈 수 있다고 한다. 그러나 객관적으로 봤을 때

만화가 하나의 독립적인 예술 형식으로 중국에서 흥행한 것은 약 20세기 초이다. 이는 영국에서 만화가 유행한 시기보다 약 200년 늦고, 일본보다 약 100년 늦다. 만화 대가 봉자개丰子恺의 소개에 따르면, 만화 예술의 탄생과 '만화'라는 용어의 사용은 모두 일본에서 시작된 것으로 일본으로 유학한 중국 유학생들에 의해 중국으로 전파된 것이다.[5] 1926년 봉자개의 첫 번째 만화집 『자개만화子恺漫画』가 출판됨에 따라 '만화'라는 용어가 비로소 중국에 널리 알려졌다.[6] 만화의 정의에 대해서 봉자개는 "만화는 필법이 간단하고 의의를 중요시하는 하나의 회화 방식이다"라고 했다.[7] 그리고 만화는 감상만화, 풍자만화, 선전만화 세 종류로 나누어지기도 하는데, 이것은 비교적 중성적인 정의 방식이다. 만화 기능에는 평의풍자評議諷刺, 정취오락情趣娛樂, 칭송창도歌頌唱導 세 종류가 있다. 그러나 "국가를 멸망의 위기로부터 구하여 생존을 도모"하는 것이 과제였던 근대 이후 중국의 시대적 배경 하에 만화는 흥행하기 시작할 때부터 현실 정치의 도구로 전락하였다. 만화의 풍자와 선전 기능만이 크게 활용되었던 것이다. 또한 만화가 대부분 중국의 현실 정치에 대한 폭로와 비판에 이용되었기 때문에 만화를 '시화時畵', '우의화寓意畵', '풍자화諷刺畵' 등으로 부르기도 하였다.[8] 근대 이래 중국 신문 만화의 발전에서 대표적 의의를 갖는 것은 1898년 7월에 홍콩의 『보인문사사간輔仁文社社刊』에 발표된 「시국전도時局全圖」이다. 이 작품의 작가는 사찬태謝纘泰이다. 이후 이 작품은 다시 「중국분할도瓜分中國圖」라는 이름으로 1903년 『러사경문俄事警聞』에 등재되어 전국을 들끓게 하였다.[9] 이 만화야말로 대표적인 정치 시사만화이다. 이처럼 만화가 정치적 도구로 전락하는 과정에서 '전투성'과 '풍자성'이 주요한 기능으로 부각되었다.[10] 항미원조 운동 중에서 유명해진 중국 국내의 만화가 필극관畢克官도 만화의 특징을 "비유, 우의寓意나 과장을 통해 간접적으로 일부 인간 사회의 현상에 대해 신랄하게 풍자하는 것"으로 개괄하였다.[11] 따라서 중국에서 만화는 역사와 시대의 바로미터라고 말할 수 있다.

　나는 본 연구를 하기 전에 중국 항미원조 기간의 만화를 분석하여 근대 이래 중국의 만화와 정치 사이의 관계의 변천에 대해 연구한 적이 있다.[12] 이 글에서는 냉전사 연구라는 시각으로 한국전쟁 기간에 중국에서 진행한 만화 선전에 대해 입체적으로 고찰하고자 한다. 한국전쟁 시기 3년 동안 "고열도 열전高烈度熱戰"을 겪은 중국의 냉전 만화 선전 속에는 어떤 내재적인 논리가 작동하고 있는가? 이런 내재적인 논리의 기초 위에 선전 무기로서의 만화는 냉전적 선전 구조를 어떻게 구성해 갔는가? 이러한 냉전적 선전 구조의 구성은 어떤 기능적 방향을 제시하고 있고, 어떤 방식으로 중국 대중들의 인식 사고 모델에 영향을 미쳤는가?

2. 냉전인가, 열전인가?: 한국전쟁 발발 후 중국의 여론 상황과 선전 논리

1950년 6월 25일 중국의 동북과 맞닿은 한반도에서 한국전쟁이 발발하였다. 중국학자들은 이 전쟁의 근본적 원인이 "미국과 소련 양국이 극동에서 세력범위를 쟁탈하는 냉전 구조에 있다"고 본다.[13] 전쟁 형세의 변화에 따라 1950년 10월 19일 중국인민지원군은 압록강을 건너 한국전쟁에 개입하여 미국을 수반으로 하는 동맹국들과 직접적으로 대적했는데, 이때 중국이라는 신생 국가는 건국한지 1년 밖에 되지 않았었다. 그 후부터 전쟁이 끝나는 1953년 7월까지 중국은 줄곧 이 냉전 중의 열전에 직접 참여하였다.

　전쟁이 발발할 때 중국은 국내 재건에 집중하고 있었다. 국내외 학자들은 이에 대해 단일한 관점을 가지고 있다. 즉 전쟁은 발발했지만 중국 정부가 이를 곧바로 중시하지는 않았고, 곧바로 전쟁으로 초점을 맞추지도 않았다는 것이다. 특히 전쟁 초기에 "중국 지도자들의 주의력은 아직 조선문제로 이전되지 않았다."[14] "중국인들은 전쟁이 발발할 때 전혀 개입하지 않았다. …… 중국 지도자들이 맞닿아 있는 영토에서 국제적으로 심각한 결과를 초래할 전쟁이 일어나는 것을 바랄 리가 없다."[15] 그렇다면 중국 정부는 왜 항미원조를 하기로 결정했을까? 이 문제에 대해서는 심지화沈志華 등 중국학자들은 이미 공개된 소련의 관련 자료들을 기초로 해 비교적 객관적인 과정 정리와 판단을 하였다. 첫째로 조선 문제에 있어서 당시 중국이 취한 행동은 수동적인 행위였고, 김일성이 군사적 수단으로 조선의 통일 문제를 해결하겠다는 것에 모택동이 동의한 것과 한국전쟁 파병은 모두 어쩔 수 없는 선택이었으며, 이는 여러 방면에 대해 종합적으로 고려하여 내린 결단이었다는 것이다. 둘째로 중국이 조선에 파병 결정을 내리는 과정에 우여곡절이 많았다. 모택동은 1950년 10월의 2일, 8일, 13일에 걸쳐 세 번 파병 결정을 하였으나 다시 집행을 연기하고, 10월 18일에 되어서야 최종 결정을 내렸다는 것이다.[16]

이와 같은 거시적인 역사과정과 맞물려, 한국전쟁이 발발한 후 중국의 여론 반응도 비교적 냉담하고 소극적이었다. 당시의 관련 조사에 의하면 한국전쟁의 발발, 특히 미국의 파병은 "한 때 중국 각 계층 민중들의 사상에 파동과 혼란을 초래하였다." 또한 중국이 파병하여 항미원조하는 것에 대한 중국 민중들의 "사상은 매우 불일치하였다."[17] 중국 민중들은 전쟁을 두려워하고, 안일함을 추구하거나, 무관심하거나, 미국을 숭배하고, 미국에 친근감을 느끼며, 미국을 두려워하거나, 유언비어로 인해 불안해하는 등 다양한 반응을 보였다.[18] 이런 반응은 대체적으로 냉담하고 소극적인 경향을 보여준다. 많은 중국 민중들은 "조선전쟁은 중국과 상관없다", "중국 영토에서 싸우는 것만 아니라면 괜찮다"고 생각했다.[19] 또 어떤 사람들은 "이런 일은 다 공산당과 미국의 일이니 나는 공부만 잘하고 사업만 잘하면 된다. 정치는 묻지 않고 어느 쪽이 이기면 어느 쪽을 따르면 된다."라고 생각했다.[20] 항미원조가 시작된 후 진행된 북경시의 조사에 의하면 상공업 자본가들은 "태도가 여전히 침울하였다. 대부분은 전쟁을 두려워하고 소수만이 적극적으로 조선을 지원하겠다고 한다." 그 중에 적지 않은 사람들이 "주저하고 방황하며, 소극적으로 관망하고 있다." 교수, 교직원들 중에서도 "적지 않은 사람들이 태도가 소극적이며 조선에 대한 적극적인 지원이 전쟁을 일으키지 않을까 두려워하고 있다." 그들은 심지어 "학생들이 시사를 토론하는 것을 반대한다." 정치, 시사에 가장 예민한 학생들도 적지 않은 수가 "냉담한 반응을 보이고", 대다수 학생은 "독서에만 몰두하고" 조선문제에 대한 관심은 매우 적었다. 조선문제에 대한 기타 일반 시민들은 "아직 논의가 분분할 뿐 적극적으로 지원해야 한다는 사상이 주류를 이루지 못했다."[21] 정치 중심인 북경도 이러한데, 기타 지역은 더 논할 필요도 없었다. 외진 지역에서는 심지어 한때 "세상이 바뀔 것이다. 국민당이 돌아왔다", "조선전쟁이 실패했다. 제3차 세계대전이 일어났다"는 등의 "유언비어가 벌 떼처럼 일어나고" "유언비어가 창궐하였다."[22]

위에서 언급한 냉담하고 소극적인 여론 반응은 주로 당시의 내부 자료에 반영되어 있다. 중국인민지원군의 참전은 1950년 10월 19일에 진행되었음에도 불구하고 10월 26일이 되어서야 중공중앙에서 모택동이 친히 심의 수정한 「전국적 시사 선전의 진행에 관한 지시關於在全國進行時事宣傳的指示」가 발표되었다. 이때 중공중앙은 이미 전국의 여론 반응에 대해 충분한 파악하였는데, 이는 한국전쟁이 발발할 때부터 중국 공산당 내부서들이 각 계층의 사상 변화, 시국에 대한 견해들에 대해 은밀히 조사하기 시작하였기 때문이다. 1950년 6월에 화북국 선전부에서 내부에 하달한 「시사 정책에 관한 선전을 강화하여 유언비어를 날조하는 적들의 음모를 분쇄할 것에 관한 통지關於加強時事政策宣傳粉碎敵人造謠陰謀的通知」가 있었고, 1950년 9월 9일에 중남국中南局에서 내부에 하달한 「대규모 시

사 선전 운동을 전개할 것에 관한 지시關於加強時事政策宣傳粉碎敵人造謠陰謀
的通知」가 있었으며, 1950년 10월 17일에는 동북국東北局에서 보고한 「심
양시 각 계층의 최근 동태에 관해 중앙에 드리는 보고關於最近瀋陽市各階層
動態給中央的報告」가 있었다. 이러한 조사 작업은 국내의 항미원조 선전 운
동이 시작될 때까지 줄곧 진행되었고 조사 결과는 당시의 내부 자료들에
게재되었다. 여기에는 여러 당내 간행물과 내부 참고 문서 등이 포함된
다. 냉담하고 소극적이라는 여론 반응은 주로 이러한 내부 자료에서 나타
난 것이다. 다른 한편 당시 비밀 보장이 되는 이 내부 자료가 보여준 상황
들은 선전 전략을 세우는 데 중요한 근거로 작용했다.

이와 반대로 공개적인 선전 과정에서 만들어진 자료들에서는 또 다른
열렬한 장면들이 나타난다. "제국주의가 조선과 대만을 침략한 이래 중국
각지, 각 계층 인민들의 분노는 미국의 침략 확대에 따라 증가하였다. 이
들의 항미원조를 지원하여 우리나라와 자신을 지키고 전쟁의 확대를 제
지할 것을 분분히 요구하고 있다."[23] 인민일보 등 여러 신문 매체에서는
대량의 지면을 할애하여 전국 각 분야의 민중들이 "정부에게 항미원조를
요구"하는 열렬한 장면들을 보고하였다. 1950년 11월 2일에 인민일보는
헤드라인 뉴스로 "본 신문의 독자들이 분분히 본사에 편지하여 항미원
조로 집과 나라를 보호하자는 주장을 펼쳤다"는 내용을 실었다.[24] 그 후
많은 유사한 편지들을 지속적으로 신문에 실었다. 산동성의 대중일보는
1950년 10월 31일부터 11월 15일 사이의 짧은 시간 동안에 '독자의 편지'
형태로 450여 명의 독자가 보낸 120여 개의 "정부가 항미원조할 것을 요
구"하는 편지를 실었다.[25]

객관적으로 보면 중국의 여론 반응이 냉담하고 소극적이었던 것은 거
시적인 역사 발전 배경과 논리적으로 일치한다. 첫째, 항미원조는 중국
이 직접 본토에 침략해 들어오는 적에 대응하는 전쟁이 아니라, 냉전의
시대적 배경 하에 중국 공산당 지도자층의 전략적 선택에 기인한 것이다.

이러한 선택은 냉전관계에 처한 두 개 진영에서 계획하고 있는 세계구조, 미묘하고 복잡한 미·소·중·조 간의 관계 등에 대한 이해를 내포하고 있는데, 이는 일반 민중이 이해할 수 있는 것이 아니었다. 따라서 냉담하고 소극적인 여론 반응이야말로 민중들의 자연적이고 본능적이며 진실한 심리상태를 보여주는 것이다. 여론 반응이 이렇게 다양하기 때문에 항미원조가 시작된 후에는 자연적으로 "통일적인 인식과 입장"이 만들어지는 과정이 필요하게 된다. 둘째, 모택동과 중국 공산당 중앙 지도자층에게 있어서도 항미원조를 하는 정책적 결정이 극히 어려운 선택 과정이었기에 일반 민중들에게 있어서는 더욱 받아들이고 이해할 과정이 필요한 것이다. 셋째, 항미원조는 겨우 평화를 되찾은 중국을 다시 전쟁상태로 끌어 들이는 것이기에 중국 민중들이 이것을 받아들이는 데에 심리적인 조절과 변화의 과정이 필요하다. 여러 측면에서 봤을 때 반드시 필요한 이 '과정'이 바로 선전동원이다.

따라서 공개된 자료에서 보이는 "열렬함"은 사실상 바로 내부 자료에서 나타나는 "냉담함"에 대응하여 실시된 선전일 뿐이다. 한국전쟁 기간에 중국 국내의 선전은 사실상 민중들의 자연적이고 본능적이며 다양한 반응들을 냉전 논리로 규범화하는 과정이다. 이와 마찬가지로 이 글에서는 항미원조의 선전도구가 되었을 때, 만화도 민중들의 다양항한 반응을 냉전 논리로 규범화하고 실천 하고 있음을 보여준다.

3. 뜨거운 피가 끓어오른다: 한국전쟁 기간의 중국 만화 선전 기제

중국 만화가 필극관은 이렇게 말한 적이 있다. 중국 만화의 발전 과정은 전투의 과정이다. 중국 근대 만화는 시초부터 반제국주의, 반봉건주의 깃발을 높이 들었고, 미술계에서 가장 일찍 전투에 참여하였고 가장 적극적인 역량을 가졌다. 따라서 지난 여러 차례의 혁명 투쟁에 힘껏 협력하였고, 영광스러운 혁명 전통을 가지고 있다.[26] 사실이 그러한 것이 만화가 근대 중국에서 유행하기 시작할 때부터 만화의 정치적 역할은 예술적 역할 보다 우위에 놓여 있었다. 이러한 이유로 항일전쟁 전야부터 만화가에 대한 동원이 시작되었다. 그 당시에 한 말처럼 "이러한 비상시기에 만약 만화가 동지들도 뜨거운 피가 있다면, 중화민국의 국민으로 생각한다면, 그럼 그들도 마땅히 국가를 위해, 자기 자신을 위해 책임을 다 해야 한다."[27] 따라서 대량의 만화가로 구성된 만화 선전대가 항일전쟁의 선전 행렬에 들어서게 되었다. 필극관은 "항일전쟁 중에 만화가들의 마음은 불처럼 뜨거웠다"라고 말한다. 전국의 만화가들은 대량의 "불과 피로 단련된", "화끈화끈한" 예술품들을 창작해냈다.[28]

만약 이런 행동들이 대부분 좌익 만화가들의 자발적 행동이라고 한다면 중국 공산당이 나라를 세운 후인 항미원조 시기의 만화 선전은 "같은 절차로 같은 목소리"를 내는 선전 체제에 의해 만들어졌다. 이러한 체제하에 만화가들의 열성적인 참여로 형성된 동원 규모는 역사상 유래가 없을 정도였고, 이는 더욱 그 전의 냉담하고 소극적이었던 여론반응과 선명한 대비를 이룬다.

이런 선전기제 하에 항미원조 선전은 지식분자의 사상개조와 결합되어 있기에 지식인들은 자발적이던 자발적이지 않던 정치적 분위기를 따라 열정적인 태도로 전력을 다해 참여해야만 했다. 항미원조 운동이 시작된 지 얼마 지나지 않아 북경 문예계의 학습동원대회가 1950년 11월 24일 개최되었다. 중국 공산당 내에서 신문과 선전 작업을 주관했던 호교목胡喬木은 회의에서 "'문화개조'의 궁극적 목표는 바로 문예를 혁명기계의 일부분으로 만드는 것이다"라고 명확히 제기하였다.[29] 어떻게 문예를 혁명기계의 일부분으로 만들 것인가? 중국 공산당 지도자인 도주陶鑄가 한 마디로 정곡을 찌르는 개괄을 했다. "오늘 모든 중국인 앞에 놓여 있는 문제는 새로운 인민들의 새로운 조국에 대해 어떤 태도를 가지느냐이다. 이 태도는 더 이상 애매해서는 안 된다. 사랑할 것인가? 증오할 것인가? 옹호할 것인가? 반대할 것인가? 반드시 둘 중에 하나를 택해야 한다. 중간 태도는 절대 있을 수 없다. 우리는 이 선을 반드시 분명히 그어야 한다. 이 선을 분명히 하는데 있어서 항미원조는 매우 좋은 시금석이다."[30]

"따라서 위대한 항미원조 운동은 애국주의 운동이다. 모든 중국 인민, 특히 지식분자에게 있어서 이는 조국과 세계의 평화를 지키는 중대한 혁명투쟁일 뿐만 아니라 거대한 사상개조 운동이고 새로운 계몽 운동이다."[31] 이처럼 항미원조 선전과 지식분자의 사상개조가 결합되어 있는 상황 하에 지식인들은 자발적이던 자발적이지 않던 정치적 분위기를 따라 열정적인 태도로 전력을 다해 참여해야만 한다. 만화계를 예로 들면 만화가 엽천여葉淺予는 젊은 시절에 만화로 회화계에 진입했지만, 1940년대 이후에는 점차 중국화 창작으로 방향을 바꿨다. 그는 1949년 7월 북평北平에서 열린 제1차 문대회文代會에서 「국민당 통치구역 내의 진보 미술 운동國統區的進步美術運動」이라는 보고를 하여 국민당 통치구역의 진보적인 미술 대표 인물로 신생 정권의 인정을 받았다. 1949년 이후 엽천여는 만화창작을 대폭 줄이고 중국화의 창작에 주력하였다. 그러나 항미원조 열풍이 일어날 때 그도 적지 않은 항미원조 만화를 그려냈다. 항미원조 선전 중에 만화가 효과적인 '전투무기'로 자리매김 되면서 시사만화에 익숙하지 않은 만화가들도 적극적으로 만화 창작에 참여하였다. 가장 전형적인 작품은 만화가들과 기타 화법의 화가 24명이 모여 창작한 24폭의 시리즈 만화 『미 제국주의의 중화침략 백년사화美帝侵華百年史畫』이다. 이 시리즈는 1950년 11월 18일 인민일보의 제5면에 게재되었다.

이러한 선전기제 하에 만화는 민중을 동원하여 열정적으로 적에게 대항하게 하는 중요한 '전투무기'였다. 항미원조가 당시의 "모든 작업을 압도하는 중심임무"로 자리매김 되었기에 이를 원칙으로 "조직할 수 있는 모든 역량을 조직하고, 동원할 수 있는 모든 역량을 동원하며", "이용할 수 있는 모든 도구와 모든 조직역량을 이용할 것"이 요구되었다.[32]

1950년 11월 중화 전국문예예술연합회는 「문예계에서 항미원조 선전 작업을 전개할 것에 관한 호소關於文藝界展開抗美援朝宣傳工作的號召」를 발표하여 여러 예술 형식을 이용하여 광범위하게 항미원조 선전운동을 전개하고 "미 제국주의의 범행을 폭로할 것"을 요구하였다. 이어서 인민일보와 광명일보는 함께 북경 만화 종사자들의 선언을 실었다. "우리 만화 종사들은 모든 폭력에 대항할 결심과 역량을 가지고 있다. 우리는 우리의 무기-화필畫筆을 높이 치켜들고 적을 향해 완강한 전투를 벌릴 것이다."[33] 같은 날 인민일보에 「시사 만화에 관하여」라는 문장이 게재된다. 문장은 항미원조 운동 중에 만화의 역할은 "예리하게 현상으로부터 본질을 폭로하고, 민중의 애국주의와 국제주의 사상감정을 격려하고 일깨우며, 항미원조의 신성한 투쟁에 투입하도록 민중들을 동원하고 조직하는 것"이라고 제기하였다.[34]

이러한 선전기제 하에 중국 공산당 선전부문은 그들의 기관지인 인민일보를 근거지로 만화 종사자에 대한 통합을 이루어 내고 이를 통해 만화 선전의 붐을 일으킬 조직적 기초를 마련하였다. 중국 공산당의 기관지인 인민일보는 만화선전에서 가장 권위적인 근거지로 활약하였다. 만화가 방성方成의 회상에 의하면, 건국초기에 인민일보 신문사의 사장인 범장강范長江은 "만화에 익숙하고 만화의 사용에 능했다." 게다가 "한 손에 총을 들고 한 손으로 그림을 그린다"는, "당대 중국 만화의 깃발"로 불리는 화군무華君武[35]가 미술 팀장을 맡고 있어, 당시 "인민일보의 미술 팀에 몸담은 만화가 수가 다른 신문사보다 훨씬 많았고 창작 실력도 뛰어났다." 따라서 각 지방의 신문에서는 모두 "인민일보를 본보기로 삼아 인민일보의 만화를 옮겨 싣기 시작하였고, 인민일보의 만화들을 범례로 만화가들을 조직하여 만화를 창작하기도 하였다. 각 지역의 만화가들은 인민일보에 발표된 만화를 참고로 창작 활동을 하였고, 자신의 만화가 인민일보에 실린 것을 큰 영광으로 생각하였다."[36] 중국 공산당이 나라를 세우기 전에는 상해가 만화가들의 집거지였는데 건국 이후에는 북경으로 옮겨여, 정총丁聰등 상해 출신의 만화가들을 전근시켰다. 1950년 6월에 상해에서 창간한 월간『만화漫畫』는 중국 공산당이 건국한 후에 있었던 최초의 만화 저널이었고 당시 전국에 유일한 만화 전문 저널이었는데 이를 북경으로 이전시켰다. 당시 잡지사의 많은 만화가들도 북경으로 이주하였는데 항미원조 선전 과정에서 이들이 그린 많은 작품들이 인민일보에 실렸다. 이러한 과정 중에 만화의 중심도 상해에서 정치 중심지인 북경으로 이전되었다.

이러한 선전 기제 하에 밀도가 높고 규모가 큰 만화선전의 붐이 신속하게 형성되었다. 항미원조 선전 가운데 만화가 아주 중요한 선전 형식이 된 것은 당시의 객관적 조건과 관련이 있다. 중국 공산당이 건국한 초기에 인민일보에서 사용하고 있던 인쇄기마저도 외국에서 구입한 것으로 이미 매우 낙후된 것이었다. 만화는 기타 예술 형태에 비해 기술과 기교에 대한 요구가 낮기 때문에 쉽게 모방하거나 대량생산 할 수 있는 장점이 있었다. 따라서 당시 대다수의 신문사에서는 만화를 삽화로 하고 문자를 곁들여서 항미원조를 선전하는 방식을 취하였다. 당시의 전국미술협회는 정부의 호소에 응하여 북경에서 미 제국주의의 대만 침략을 반대하는 좌담회를 열어 만화창작을 동원하였다. 그러자 각 지역의 만화가들도 전국문화연합회와 미술협회의 호소에 응하여 적극적으로 만화선전 운동에 참여하여 밀도 높고 규모가 큰 만화 선전의 붐을 형성하였다. 만화가 방성의 회상에 의하면, 항미원조 전쟁이 발발한 후 인민일보 신문사 사장으로 있던 범장강은 즉시 만화가들을 소집하여 만화를 무기 삼아 "민중들을 전투에 참가하도록 동원하고 아군의 사기를 돋구고 적의 위풍을 꺾어 버리자"고 호소하였다. 이러한 만화 선전의 붐 속에서 중국 공산당의 기관지인 인민일보는 항미원조 선전 운동이 일어난 1950년 11월 4일부터 12월 28일까지 2개월 미만인 기간 동안에 40여 폭의 만화작품을 이용하여 항미원조를 선전하였다. 전국 기타 신문사에서 게재된 만화들도 대부분 인민일보에서 발표한 작품들을 펴낸 것이다. 민중들은 심지어 신문에 실린 만화들을 복제하고 확대하고 색칠하여 공장, 기관과 거리에 붙이기도 했다. 회의와 시위 때에는 인민일보에 실린 만화를 높이 들고 행렬의 선두에 서기도 했다. 이런 것들로 인해 만화의 위세가 크게 상승하였다.[37] 이때로부터 한국전쟁이 끝날 때까지 만화는 줄곧 관련 선전을 진행하는 인민일보의 중요한 수단으로 자리 잡았다.

인민일보는 1950년 11월부터 1953년 7월까지의 한국전쟁 기간에 약 199편의 만화를 실었는데 그 중에 항미원조를 선전한 것이 160폭으로 80% 이상을 차지하였다.[38] 항미원조 운동이 고조되었던 1950년 11월에만 인민일보에 발표된 만화의 수가 30여 폭에 달하였다. 그 후 조선 전장의 형세가 변화될 때마다 선전 수요에 따라 발표된 만화의 수가 상승되곤 하였다(그림 1). 이와 같은 만화 선전의 열풍 속에서 1951년 1월까지 중앙미술학원에서는 3,000여 폭의 만화를 완성하여 벽보를 냈고, 상해의

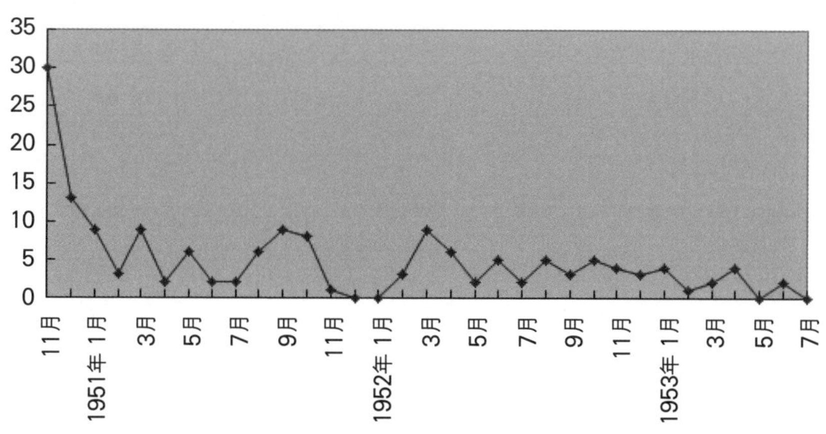

그림 1　1950년 11월에서 1953년 7월까지 인민일보에서 게재된 만화 수

만화가들은 항미원조 기간에 399폭의 만화를 발표하였다.[39] 그 중에서도 일부 만화가와 다른 분야의 화가 24명이 합작하여 완성한 24폭의 시리즈 만화인 『미 제국주의의 중화침략 백년사화』가 대표작이다.

4. 냉전 상상: 냉전 중에 적(敵)과 아(我)의 이미지 구성

어떤 학자가 말한 것처럼 "정치만화의 은유에 대한 분석은 인류의 기본적인 인식 기제인 은유의 다양한 실현방식을 논증할 수 있을 뿐만 아니라, 이를 통해 만화 배후에 숨겨진 사회적 이데올로기와 언어적 목적을 발견할 수 있다."[40] 만화 연구가 의의를 가지는 것도 바로 만화연구를 통해 배후에 숨겨진 이러한 "사회적 이데올로기와 언어적 목적"을 찾아낼 수 있기 때문이다. 위의 원리를 이용하여 분석한 결과 한국전쟁 기간의 중국의 만화 선전은 아래와 같은 몇 개의 방향성이 보인다.

1) 미국: "동맹을 맺은 벗"이 아니라, "가장 위험하고 흉악한 적"이다

당시의 관련 조사에 의하면 중국의 농촌 지역에서는 미국에 대해 잘 알지 못하고 있고, 미국에 대해 알고 있는 민중들도 정부의 "항미" 행위에 대해서 잘 이해하지 못했다. 예를 들면 어떤 사람들은 미국을 중국과 동맹을 맺은 벗으로 생각했다. "미국이 항일전쟁 시기에 우리를 도와 일본과 싸웠는데, 이제 왜 우리를 공격하나?"[41] 어떤 사람들은 미국이 "매우 온화하고 선하여" 중국을 침략하지 않을 것이라고 생각하고, 미국이 중국 땅에서 폭행을 저지르는 것은 "개별 사건"에 불과하고, 미국이 중국에 학교를 설립했던 것은 "미국인이 중국인에 대한 우정"이며 많은 혁명 간부들을 양성했다고 생각했다.[42] 어떤 사람들은 "우리는 조선전쟁에 간섭하지 말아야 한다. 원자탄을 폭파시키면 우리로서 감당해낼 수 없다"고 생각했다. 또한 미국은 실력이 강하고 무기가 선진적인 반면, 해방군은 "촌놈"이기 때문에 미국과 싸워서 이길 수 없을 뿐만 아니라 지원군이 조선전쟁에 참전한 것은 화를 자초하는 것이다"라고 생각했다.[43] 어떤 사람들은 "미국의 과학과 물질물명은 '세계 제일'이기에 우리는 그들보다 못하고, 소련도 그들보다 못하다." "미국은 많은 물질문명을 창조하여 전 세계가 누리게 하였다"라고 생각했다.[44] 어떤 사람들은 "미국의 제품이 정말 좋다는 것은 우리가 부정하면 안 된다"[45], "정서적으로 미국에 대해서는 증오심이 생기지 않는다"라고 생각했다.[46] 이러한 소극적인 여론 반응은 "친미, 미국을 두려워하고 숭배하는 심리"로 개괄할 수 있다. 그러나 항미원조의 배경 하에서 미국을 두려워하고 숭배하는 심리는 "민족 자존심이 결핍한 어리석은 사상과 그릇된 생각"으로 인식되었고 친미 심리는 하나의 반동적이고 노예화된 사상으로 인식되었다.[47] 정부의 선전은 "전국 인민들은 미 제국주의에 대해 일치한 인식과 입장을 가져야 하고, 친미 반동 사상과 미국을 두려워하는 그릇된 심리를 단호하게 소멸시켜야 하며, 미 제국주의에 대해 적대시하고, 무시하고, 멸시하는 태도를 양성해야 한다"는 것을 요구하였다.[48]

이러한 방향 하에 인민일보는 항미원조가 시작되는 첫날(1950년 11월 4일)에 바로 제1면에 「본 딴 음모照樣的陰謀」(그림 2)라는 만화를 실었다. 이 만화에서는 부정적으로 묘사된 트루먼, 맥아더, 애치슨이 흉포하게 날뛰면서, 일본을 기지로 하고, 조선과 대만을 발판으로 하여 중국을 침략할 음모를 꾸미고 있다. 요염한 〈미국의 소리〉의 아나운서는 "미국은 아시아 인민들을 동정한다. 우리는 벗이기 때문에 미국은 당신들을 도울 것이다"라고 방송하고 있다. 보여주고자 하는 메시지는 미국은 조선을 침략하는 동시에 중국의 대만을 침략했는데, 이는 과거 일본의 침략을 "본 딴 음모"에 불과하고, 미국의 선전은 모두 사람을 속이는 수단일 뿐이라

그림 2　본 딴 음모
출처: 「인민일보」 1950.11.4.

는 것이다.

　다른 하나의 비교적 전형적인 작품은 중국 저명 만화가 엽천여의 작품이다. 이 작품에서는 미국의 이미지를 유엔 총사령관 맥아더의 악마화된 모습으로 표현하였다. 맥아더는 한 손을 대만에 놓고 있다. 중국 공산당으로 인해 대륙에서 쫓겨나 대만에 움츠려 있는 국민당 장개석蔣介石은 맥아더의 팔을 꽉 껴안은 채 보호를 구걸하고 있다. 이와 동시에 피를 뚝뚝 떨구고 있고 털이 부시시한 맥아더의 다른 손은 조선반도로 내밀고 있다. 남조선의 '괴뢰정권' 두목인 이승만은 너덜너덜한 군복을 입은 채 맥아더의 넥타이에 매달려 있다. 만화는 이러한 방식으로 미국은 "우리에게 가장 위험하고 흉악한 적"이라는 이미지를 표현하였다(그림 3).

2) 조선: '가오리방쯔(高麗棒子)'가 아니라 "입술과 이처럼 상호 의존하는 형제"이다

학자들의 통계에 따르면 건국 초기의 중국은 문맹이 차지하는 인구 비중

이 약 80%였다.[49] 이를
통해 조선에 대한 중국
일반 민중들의 지리적,
역사적 이해도가 얼마
인지 엿볼 수 있다. 사
실상 중국 동북지역 이
외에 거주하는 많은 중
국 민중들, 특히 농촌
백성들에게 있어서 조
선은 낯선 나라이다. 당

그림 3   엽천여의 만화

시의 조사에 의하면 많은 민중들은 조선이 어디에 있는지, 김정일, 맥아
더가 누구인지 모르고 있었다. 어떤 사람들은 "조선은 중국의 동남쪽에
있다" "조선은 우리 땅이다"라고 생각했다. 심지어 일부 중국 공산당 간부
들도 "조선은 아마 우리나라의 남쪽에 있을 것이고 우리 땅일 것이다"라
고 생각했다.[50] 편벽한 지역에서는 어떤 농촌 부녀가 선전인원들에게 "조
선은 남자인가요? 여자인가요?"라고 물어보기도 했다.[51] 조선에 대해 알
고 있는 민중들도 조선에 대해 별로 호감을 가지고 있지 않다. '가오리방
쯔'라는 호칭의 유래에 대해서는 합의된 의견은 없지만 어쨌든 일부 중국
민중들의 인식 속에서 조선의 이미지가 그다지 좋지 않다는 것을 알 수
있다.[52] 따라서 정부가 항미원조를 하고 있는 것을 알고 나서 "과거에 '가
오리방쯔'들, 이승만과 같은 제국주의 앞잡이들이 일본을 도와 우리를 침
략했기 때문에, 일부 민중들은 이런 사람들과 조선인민을 구분 짓지 못하
고 항미抗美는 하되 원조援朝는 하지 말아야 한다"고 생각했다.[53] 당시 북
경시의 조사에 따르면 적지 않은 민중들이 "가오리방쯔는 원조해주지 말
아야 한다"고 하고, 어떤 민중들은 "아직 옛날 조선인들을 증오하고 있어
고려인은 '면을 도매하는 사람들로서 좋은 사람들이 아니니 맞아야 한다.

참견하지 마라'"라고 생각했다. 심지어 "조선에 대한 원한이 미국에 대한 원한보다 크다."[54]

　따라서 항미원조 선전을 지도하는 문건인 「전국에서 시사 선전을 진행할 것에 관한 중국 공산당 중앙의 지시 中共中央關於在全國進行時事宣傳的指示」에서는 "중국과 조선은 입술과 이처럼 상호 의존적인 관계이다. 미국이 조선을 침략하는 것은 중국을 침략하는 것과 떼어놓을 수 없다." "우리의 지원은 조선 인민들이 전투를 지속하는데 매우 중대한 의의가 있다. 더불어 조선 인민의 지속적인 전투는 우리나라의 안전에도 중대한 의의가 있다"라고 명확하게 제기하였다. 이에 근거하여 항미원조의 선전은 대량의 사실을 통해 반복적으로 "입술과 이처럼 상호의존적인 관계이다", "입술이 없으면 이가 시리다", "문이 부서지면 집 전체가 위험하다", "이웃을 돕는 것은 자기를 돕는 것이다", "단호하게 조선 형제들을 지원하자", "항미원조를 하는 것은 집과 가족을 지키는 것이다"라는 도리를 설명하였다. 만화 역시 이와 같은 역할을 수행하였다. 당시 유일한 만화 전문 저널인 월간 『만화』를 예로 들면, 항미원조 기간에 이 월간은 대량의 선전만화를 실었다. 그 중에 한 회의 표지에는 중국과 조선의 '위대한 우정'을 보여주는 채색 만화가 있었다. 만화 중에 비열하고 흉측한 모습을 가진 미국, 영국, 프랑스 등 다른 국가들은 패해 도주하고 있는 반면 중국과 조선 양국은 눈부신 빛을 배경으로 하고 어깨 나란히 적에게 맞서는 모습을 보이고 있다(그림 4). 인민일보의 1950년 11월 8일 제2면에 발표된 만화 「외면할 수 없다」는 역사상 중국과 조선 인민이 함께 일본 침략에 대항했기 때문에 오늘날 우리는 미국이 조선을 침략하는 것을 방관할 수 없다는 것을 논증하고 있다. 이것을 통해 양국 인민은 언제나 어깨 나란히 공통된 적과 맞서온 입술과 이처럼 상호의존하는 형제라는 것을 보여주었다(그림 5).

그림 4   월간 『만화』의 한 표지

그림 5   외면할 수 없다
출처: 「인민일보」 1950.11.8.

3) 소련: '라오마오쯔(러시아놈, 老毛子)'가 아니라 친절한 큰 형님이다

냉전 속의 열전 가운데 공산주의 진영의 우두머리이자 냉전의 일극으로서 소련의 모습은 잡힐 듯 말 듯, 없을 것 같으면서 실제로 있는 듯했는데, 전쟁은 사실상 중국과 소련의 관계에 있어서 아주 중요한 것이었다.[55]

1950년 2월에 중소우호동맹상호조약中蘇友好同盟互助條約이 체결되자 중국 국내에서는 중소 우정에 대한 선전 붐이 일어났다. 그러나 이러한 선전은 여전히 민중들의 복잡한 여론 반응을 수반한다. 역사적으로 볼 때 소련, 특히 예전의 제정 러시아沙俄에 직관적인 인상을 가진 중국 동북, 화북 지역의 민중들은 소련에 대해 부정적으로 생각했다. 중국 민간에서 사용되는 '라오마오쯔'라는 호칭은 넓게 외국인을 가리키는 말이긴 하지만 사실상 러시아인에 대한 두려움과 반감을 담은 소극적인 호칭으로 더 많이 쓰인다. 러시아인에 대한 이러한 두려움과 반감은 심지어 미국에 대한 소극적인 감정을 초월한다. 그러나 중국의 대부분 농촌에서는 소련에 대해 아무것도 몰랐다.[56] 건국 후에 중국에서는 소련과 관련된 여러 가지의 유언비어가 있었다. 예를 들면 1949년 겨울에 "우리나라 동북지역에서 소련에게 양식을 지원했다"는 소문이 있었고, "소련 촬영대"의 활동과 그들이 남경 천문대에서 사진을 찍었다는 뉴스가 보도되어 "군중들의 의심과 불만"이 발생했다. 일부 민중들은 "중국과 소련 양국의 정확한 관계에 대해 오해"하고 있었다.[57] 1950년 초에 화북지역에서는 '알 베기' 헛소문이 돌았다. 헛소문의 내용은 소련이 원자탄을 만들고자 하는데 그 재료가 남자, 여자의 생식기와 아이의 창자이다. 모택동은 이런 재료들을 소련에 제공하기로 약속하고 여러 지역에 사람을 파견하여 이런 것들을 베어 소련에 보냈다.[58] 심지어 1953년 강소, 안휘, 산동 등 성에서 일어난 '수귀모인水鬼毛人'과 관련된 헛소문에도 소련과 관련된 부분이 있다. 헛소문은 "소련과 모주석이 분배해서 내려온 것이다", "임신부 배 속의 아이로 약을 만들어 조선 전쟁에서 부상당한 사람들을 치료한다"는 등의 내용이었다.[59] 이런 날조된 사실이 널리 전파될 수 있었던 것은 중국 일반 민중들이 소련에 대해 부정적인 인상을 가지고 있었기 때문이었다. 한국 전쟁이 발발한 후의 관련 조사에서 어떤 사람들은 "이것은 소련 큰 형님이 사람을 해치고자 자기가 저지른 사고를 우리 보고 해결하라는 것이다"라고 생각했다.[60] 이러한 민중들의 반응은 이해되기도 하지만 항미원조의 배경 하에서는 이런 반응도 극복해야 하는 부정적인 사상인 것이었다. 따라서 항미원조의 선전 과정은 중국과 소련의 우정을 선전하는 과정이 되기도 했다.

인민일보 1950년 11월 7일 제1면에 발표된 만화 「불가피전승의 역량 不可被戰勝的力量」이 바로 전형적인 예이다. 이 만화는 3개의 그림으로 구성된 것인데 첫 그림은 1918년부터 1920년까지 반동적인 제국주의의 연합 공격을 소련이 막강한 힘으로 독자적으로 이겨낸 과정을 보여준다(그림 6). 두 번째 그림은 1945년에 소련이 제2차 세계대전 중에서 독일나치를 소멸시키고 중국 인민을 도와 일본을 물리친 것을 표현하였다(그림 7).

그림 6   「불가피전승의 역량(不可被戰勝的力量)」 1

그림 7   「불가피전승의 역량(不可被戰勝的力量)」 2

그림 8 「불가피전승의 역량(不可被戰勝的力量)」3

세 번째 그림은 1950년에 소련과 중국의 우호 합작을 기초로 세계의 평화를 수호하는 "불가피전승의 역량不可被戰勝的力量"– 공산주의 진영이 만들어졌고, 미국을 우두머리로 하는 자본주의 진영은 원자탄의 소가죽牛皮, 허풍을 터지도록 불었지만 높게 치솟은 공산주의 진영 앞에서 낡은 총칼을 들고 무력하게 날뛸 수밖에 없는 모습으로 표현하였다(그림 8). 이로서 소련은 더 이상 '라오마오쯔'가 아니라, 정의롭고 친절한 '큰 형님'이 된 것이다.

전반적으로 봤을 때 한국전쟁의 이른바 3년 동안의 열전 과정에서 만화 선전의 주요 내용은 여론 반응의 소극적인 방면을 직접적으로 겨냥한 것이다. 동시에 이는 항미원조 선전의 중요한 목표인 "양대 진영을 구분하는 것", 즉 누가 '우리의 적'이며 누가 '우리의 벗'인지를 확실히 알아내는 것을 보여준다.[61] 만화 속에서 "적과 아군을 대하는 경계는 매우 분명하다", '우리의 적'에 대해서 "만화는 칼과 같이 적의 급소를 겨냥하여 찔러야 한다."[62] 이러한 만화의 인물 형상화 과정에서 '우리의 적'은 추하고 옹졸하며, 음험하고 악랄하고 흉악하고 잔혹한 어릿광대이고 요괴와 악마이다. 반면 '우리의 벗'은 크고 우람하며, 정의롭고 의젓하고, 빛나는 영웅의 모습을 가지고 있다. 바로 이러한 과정 중에서 만화는 냉전에 대한 상상으로 적과 아의 이미지를 재구성하였고, 냉전에 대한 민중들의 인식을 냉전적 사고방식으로 구조화하는 중요한 선전도구가 되었다.

5. 철의 장막 아래, 차가움과 뜨거움 사이

심지화가 언급한 것처럼 항미원조는 중국을 "미국과 소련의 적대관계를 핵심으로 하는 냉전의 전차戰車에 단단히 묶어 놓았다. 전쟁으로 인해 유발된 모택동의 혁명 충동 때문에 소련보다 더 깊이 미국과의 적대적 소용돌이에 빠지게 되었다."[63] 당시의 선전을 봤을 때 혁명적 충동과 열정이 끓어오르게 된 사람은 모택동뿐인가? 냉전의 철의 장막 하에 만화를 포함한 여러 선전방식을 통해 적 이미지를 재정의·재구성하고, 이를 통해 냉전의 사유로 민중의 인식을 규범화하고 구조화하였다. 이러한 인식 구조 안에서 "미국은 우리의 적이고, 소련과 조선은 우리의 벗"이며 "트루먼은 나쁜 사람"이었다.[64] 심지어 유치원 안에서 어떤 아이가 다른 아이를 때렸을 경우에도 '미 제국주의', '트루먼'으로 불렸다. 놀이를 할 때도 서로 김일성 연기를 하려고 하고 트루먼 연기는 누구도 하려고 하지 않았다.[65] 항미원조 기간에 이러한 인식은 이미 고착화되기 시작하였다. 그러나 아이러니하게도 1960년대에 중국과 소련의 관계가 악화되었고, 특히 1969년에는 공산주의 진영의 중요한 구성원인 중국과 중국이 건국한 후 '큰 형님'으로 선전했던 소련과 군사충돌이 있었다. 따라서 공산주의와 자본주의라고 불리는 두 진영의 대립을 배경으로 하던 중국의 냉전 관련 선전은 어색한 조정 과정이 있었다. 전에 '미국놈'에게 썼던 수법을 이제는 '큰 형님'에게도 쓴 것이다.[66] 더욱 난처한 것은 1972년 미국 대통령 닉슨이 중국을 방문하면서 중미 관계가 완화되었다. 이는 중국 정부가 외교전략을 조정하는 것을 의미하는데 정부가 주도한 극단적인 냉전 선전이 다년간 지속되어왔기 때문에 갑작스럽게 브레이크를 걸을 수 없었다. 따라서 중국은 미국에 대해 부정적 선전을 하고 있는데 중미 관계는 완화되는 흥미로운 현상이 일어나기도 하였다. 당시 중국의 일반 민중들은 이 소식을 듣고 "한 때 정서적으로 납득할 수 없다", "심리적으로 의문이 생겼다, 중국이 왜 미국과 관계를 완화하고자 했는지 이해할 수 없었다. 오랜 시간이 지나서야 이 사실을 받아들일 수 있었다"라는 반응을 보였다.[67] "미 제국주의의 우두머리인 닉슨과 우리의 수령님이 친밀하게 악수하는 것을 보고 민중들은 놀란 나머지 어안이 벙벙해졌다."[68] 왜냐하면 민중들은 이미 선전 중에 나타나는 미국의 부정적 이미지에 익숙해졌기 때문이다.

따져보자면 이러한 극단적인 냉전 선전은 바로 항미원조 때부터 시작된 것이다. 만화가 가지는 풍자, 과장 등 특징에 의해 적의 이미지를 부정적으로 묘사하는데 있어서 만화는 매우 효과적이다. 이것이 또한 항미원조 기간에 만화가 중요한 선전도구가 된 이유이기도 하다. 중국 건국 초기에 만화제조 기술이 상대적으로 간단한 반면 신문에 사용되는 사진에 대한 조판 인쇄 기술이 이제 보급되기 시작하였다. 만화에 비해 사진이 훨씬 귀중하였기 때문에 신문에서 사진은 대부분 '우리'의 이미지를 부각하는데 사용하였고 적에게 사용하는 경우가 극히 드물었다. 하나의 만화 속에서 긍정적인 이미지와 부정적인 이미지가 동시에 출현할 때는 만화적인 화법은 적을 부정적으로 묘사할 때만 사용하고 '우리'의 이미지는 백묘나 스케치 등 화법으로 의도적으로 미화한다. 어떤 사람이 만화적 화법으로 모택동을 그린 적이 있었는데 "그림이 실물 같지 않다", "예의가 없다"는 이유로 금지되었다.[69] 항미원조 기간에 적 쪽의 트루먼, 아이젠하워, 맥아더 등은 모두 만화의 형식으로 출현하였다. 그때부터 오랜 기간 동안 중국인이 생각하는 미국은 바로 만화 중에 부정적으로 묘사되고 악마화된 미 제국주의의 모습이었다. 따라서 일부 중국인은 실제적으로 미국인이 어떻게 생겼는지도 모른다.

항미원조의 선전에 적극적으로 참여한 이유로, 만화계는 문화대혁명이 일어날 때까지 오랜 시간 동안 중국 미술계에서 주류적 지위를 차지할 수 있었다. 만화가 화군무華君武는 인민일보와 중국미술협회에서 요직을 역임했고, 만화가 채약홍蔡若虹은 중국미술협회의 부주석, 중국미술협회 당조서기黨組書記 겸 비서장 직무를 맡았다. 공산당이 나라를 세운 후 북경 신민보新民報와 북경일보에서 취직했던 만화가 방성方成은 바로 항미원조 선전 기간에 활약이 뛰어났기 때문에 1951년에 화군무의 추천으로 인민일보의 문예부 미술편집으로 전직할 수 있었다. 만화가 필극관도 항미원조 시기부터 만화를 창작하기 시작하여 단번에 명성을 얻었다. 중국 공산당이 건국한 후 새로운 정권이 수용하고 인정한 엽천여는 중국미술협회 부주석, 중국문연文聯위원, 중국국화國畫연구원 부원장, 중국미술학원 교수 등을 역임하였고 1950년대부터 줄곧 정치적 동향에 따라 '주제성 창작'에 전력하였다. 그는 만화에 능했고 만화를 통해 명성을 얻었는데 전문인사의 말에 의하면 건국초기에 '추상醜相'의 난제로 인해 엽천여는 정면 인물을 그리는데 어려움을 겪었다. 1949년에 토지개혁에 참가하면서 그는 지주가 농민을 착취한 내용을 담은 시리즈 그림을 창작하였고 그는 이 그림 중에서 최대한 농민을 미화하고 지주를 부정적으로 그려 애증을 분명히 보여주고자 하였다. 그러나 결과는 지주도 '추화醜化'되었지만 농민도 "약간의 추태를 갖게 되었다." 그 이유는 엽천여 자신이 분석한 것처럼 "지주의 부정적인 모습이 마침 나의 그림 스타일과 일치했기 때문이다.”[70]

엽천여가 1953년에 창작한 「중화민족 대단결中華民族大團結」 속의 여러 인물들에서도 그의 만화 풍격이 표현되었기 때문에 정면 인물도 “추상醜相”을 가지고 있었다. 문화대혁명시기에 엽천여가 탄압을 받았던 제일 큰 죄가 “지도자를 추화한 것”이었고,[71] 그 외에 엽천여가 항일전쟁 기간에 만화선전대를 조직하여 동맹군의 항일 선전에 참가한 적이 있었는데, 시간이 지나면서 철의 장막이 만들어지고 냉전이 시작됨에 따라 예전의 ‘벗’이 “가장 위험하고 흉악한 적”이 되었다. 엽천여가 항미원조 선전에 적극적으로 참여했지만 국내의 계급투쟁 폭풍이 불어 닥치자, 항일전쟁시기의 활동들이 “미 제국주의의 간첩”으로 죄목이 붙었다.[72] 학자들은 1950년대에 예술체제가 변화함에 따라 만화가 가진 풍자의 권력은 예술가로부터 국가에게 양도되었다고 본다.[73] 그러나 객관적으로 봤을 때 만화 예술이 중국에서 전파될 때부터 풍자의 권리는 개인이 소유했던 적이 없었다. 풍자의 권리는 늘 적과 투쟁하는 강력한 도구였고 총, 칼과 같은 혁명무기였다. 철의 장막 아래에서, 냉전과 열전 사이에서 만화든 만화가든 자기의 의지대로 움직일 수 있는 자율적인 주체가 아니라, 단지 전형적인 시대적 특징을 담은 역사의 축소 영상일 뿐이었다.

미국의 포로 자원송환과 재교화 정책, 전쟁의 최종 결과를 결정하다:

워싱턴 정책 입안부터 거제도 정책 시행까지

창청(David Cheng Chang)　|　박혜조 역

1. '자원송환' 정책의 의도와 의도하지 않은 결과

휴전 협상이 2년 이상 지연되면서 한국전쟁은 3년 1개월 2일 동안 지속되었다. 중국인 포로 21,000명의 송환이 교착되는 상황, 특히 중화인민공화국으로 돌아가기를 거부한 이른바 반공 포로 14,000명에 대한 논쟁이 그토록 긴 시간 동안 합의를 불가능하게 했다. 김일성은 1952년 초 희망 없는 전쟁의 가능한 한 빠른 종식을 모색하고 있었기 때문에 15,000명 이상의 북한 포로는 큰 문제가 아니었지만, 스탈린과 모택동은 전쟁을 빨리 종결시키기를 원치 않았다. 워싱턴의 자원송환 주장과 베이징의 맹렬한 거부, 더 정확하게 말하자면 중국인 포로 대다수를 중국으로 송환시키지 않겠다는 미국의 주장이 없었다면, 전쟁은 분명히 1952년 초에 끝났을 것이다. 전쟁포로 문제는 전쟁을 두 배로 연장시켰다. 다르게 말하면 두 개의 한국전쟁이 있었다. 첫 번째 전쟁은 1950년 6월부터 1951년 여름까지 영토를 둘러싼 싸움이었고, 두 번째 전쟁은 휴전을 못하게 만든 유일한 문제로 전쟁포로에 대한 논쟁이 급부상하면서 벌어졌던 1951년 후반에서 1953년 7월까지 포로를 둘러싼 싸움이었다.

최종 휴전선이 1951년 7월 전투선에서 북쪽이나 남쪽으로 거의 움직이지 않았기 때문에 후반기 전쟁(포로를 둘러싼 전쟁)의 유일한 가시적 결과는 1954년 1월 14,000명의 중국인 포로가 대만으로, 1,600명의 북한 포로가 남한으로 이반한 것이었다. 미국의 음모라는 공산당의 주장과 달리, 한국전쟁이 두 배로 연장되고 공산주의 포로들이 이반하게 된 것은 워싱턴의 계획이 아니었다. 이는 오히려 트루먼-애치슨 행정부가 정책적 실수를 하고 아이젠하워가 이 실수를 이어받아 발생한 의도하지 않은 결과였다. 미국 정부는 자원송환과 포로의 재교화reindoctrination 정책을 채택하였는데, 이는 심리전에 대한 고려로 오도된 두 가지 정책이다. 이 정책들은 심지어 전장에서의 이반을 장려하거나 미래의 공산주의자 침략을 억제하는 것과 같은 정치전 및 심리전의 본래 목적 역시 하나도 달성하지 못했다.

전쟁의 마지막 2년 동안, 12,300명의 미군과 최소 90,000명의 중국군 병사가 한국에서 전사했다. 그리고 최소 14,000명의 북한 민간인이 미국 폭격의 확대로 사망하였다.[1] 이는 14,000명의 중국인 포로 중 한 명이 고향이 아닌 대만으로 가기 위한 '자유'를 확보하기 위해서 거의 한 명의 미국 병사가 목숨을 잃었다는 것을 의미한다. 다른 한편으로 이는 중국인 포로 한 명의 그러한 '권리'를 부인하기 위해서 중국군 병사 6명 이상, 북한 민간인 10명 이상, 불특정 다수의 북한군이 죽임을 당했다는 것을 의

미한다. 미국은 자원송환과 포로 교화를 위해 상당한 대가를 치렀고, 미국의 동맹국과 적국도 그러하였다. 자원송환은 소수의 포로들이 정치적 망명을 할 권리를 보호했던 반면, 많은 포로들이 귀환할 권리는 부인했다. 포로를 둘러싼 전쟁의 최종 결과는 미국 정부의 심리전의 승리와는 거리가 멀었고 오히려 큰 곤경으로 닥쳐왔다. 이것이 아마도 한국전쟁이 미국에서 의도적으로 잊힌 이유일 것이다.

이 글에서는 포로 재교화 정책에 초점을 맞추고 거제도 포로수용소의 포로 재교화 정책의 기원, 발전 및 정책 시행을 검토할 것이다. 이 정책은 1947년부터 1949년까지 정책기획국Policy Planning Staff: PPS을 이끌었던 케넌George F. Kennan과 데이비스John P. Davies가 처음 옹호했던 정치전, 심리전 기획에서 자연스럽게 파생된 정책이었다. 1950년 여름 북한의 침략 직후, 국가안전보장회의NSC는 NSC 81/1에서 한국을 통일시키기 위한 롤백rollback 정책이자 공산주의에 반대하는 세계 심리전의 일부로서 필연적으로 포로 재교화 정책을 권고하였다. 이 정책은 트루먼 대통령의 승인을 받았고 애치슨Dean Acheson 국방장관의 열렬한 지지를 받았으며 맥아더Douglass MacArthur 장군, 그의 후임자인 리지웨이Matthew B. Ridgway, 클라크Mark W. Clark에 의해 적극적으로 시행되었다. 이 정책은 대다수의 중국인 포로들이 본국송환을 거부하고 대만으로 보내달라고 요구하게 만들었을 정도로 효과적으로 포로들을 '스스로 인정한 반공주의자'로 전환시켰다. 그러나 이는 애치슨과 다른 정책 입안자들이 예상하지 못했던 과정으로 만들어진 결과였다. 결과적으로, 대만으로 '망명'한 14,000명의 중국인 포로들이 상징하는 미국 심리전의 성공은 트루먼과 애치슨, 데이비스가 오랫동안 예상하고 기대했던 장개석 정권의 종말을 가져오지 않았고, 오히려 장개석 정권에 새로운 삶의 기회를 부여했다. 이는 중미 관계의 역사에서 가장 큰 아이러니 중 하나이며 한국전쟁이 초래한 주요한 비극이다.

2. '납치된' 한국전쟁: 미국 심리전의 의도하지 않은 결과

한국전쟁은 여러 가지 의미에서 '납치'되었다. 무엇보다도 미국 정부는 도덕적이지만 궁극적으로는 위선적이었던 정책과 반공 포로의 인질이 되었다. 미국이 초기에 판문점에서 협상에 유리한 위치를 점하기 위해 가볍게 제안했던 자원송환 정책은 돌이킬 수 없는 도덕적 원칙으로 신속하게 굳어졌다. 거제도에서의 포로 재교화 프로그램으로 우연찮게 약 3,000명의 진짜 중국인 반공 포로들이 가장 큰 중국인 포로수용소 두 곳을 통제하게 되었고, 한국인 반공 포로들이 한국 수용소를 통제하게 되었다. 중국인 반공주의자들은 11,000명 이상의 동료 중국인 포로들을 설득, 압박, 강탈, 납치하여 귀환을 포기하게 만들었다. 그 결과 1952년 심사에서 14,000명 이상의 중국인 포로가 송환을 거부하였으며, 워싱턴은 이를 부인할 수 없는 기정사실로 받아들여야 했다. 결국 미국은 중국에 대다수의 포로들이 귀환을 거부했다는 사실을 알렸고, 중국은 당연히 포로들의 선택을 거부했다. 1953년 3월 스탈린의 사망이 교착상태를 무너뜨리고 중국이 암묵적으로 부분 송환을 수용할 때까지 전쟁은 고조되고 지속되었다.

포로 재교화 정책은 포로들을 양극화하고 동요하게 만들었고, 반공 포로들이 수용소를 지배하게 만들었다. 포로들의 격렬한 본국 송환 거부에 미국 정부는 놀랐으며, 후에 포로문제는 휴전 협상의 의제를 장악하게 되었다. 실제로 포로 재교화 정책의 본래 목적은 포로들을 민주주의적 가치에 따라 개조하고, 공산주의 중국과 북한 사회의 변화를 위한 요원들을 양성하는 것이었다. 거제도 민간정보교육국CIE의 수석 교사에 따르면, 재교화 프로그램은 "독립적인 사고의 씨앗을 파종하고, 귀환을 통해 포로들을 훌륭한 사절단으로 만드는 것"이었다.[2] 즉 미국의 계획은 공산주의 전쟁포로들을 미국 스타일로 '세뇌'하고, 이들을 공산주의 중국과 북한 사회의 변화를 위한 잠재적인 요원으로 보내는 것이었다. 미국의 정책 입안자들은 어떠한 공산 포로라도 반공주의적 교화에 참여하는 것은 반역 행위에 버금가는 것이고, 송환 후 투옥되고 심지어 사형될 수 있다는 점에 대해 무지했던 것이 분명하다. 중국 공산주의 이념과 관행에 대한 기본적인 이해를 가진 사람이라면 실질적 목적조차 이룰 수 없는 이러한 터무니없는 발상을 하지는 않았을 것이다. 그러나 워싱턴은 정확히 그렇게 했다.

순전히 한국전쟁에 국한된 정책으로만 봐서는 포로 재교화 정책을 제대로 이해할 수 없다. 포로 재교화 정책은 공산주의에 대응하는 미국의 냉전 전략과 특정한 중국 정책들의 급변 속에서 양자가 점차 괴리되어가는 보다 넓은 맥락을 고려하였을 때 설명될 수 있다.

근본적으로 미국 정부는 실패한 중국 정책의 연장선상으로, 한국에서도 일관성 없고 모순적인 포로 정책을 시행한 것이었다. 전후 포로 정책의 실패를 통틀어 보면, 1946년부터 1949년까지의 국공내전 당시 미국이 분리된 중국 사회를 이해하지 못했던 것처럼 미국은 분리된 중국인 포로들 역시 깊이 이해하지 못했다. 애치슨과 다른 정책 입안자들은 국민당의 패배로 안정된 중국의 상황을 고려하며 장개석을 철저히 부패하고, 무능하며, 불법적이고, 마지막 숨밖에 남지 않은 것으로 치부하였기 때문에, 상당수의 포로들이 다시 장개석과 합류하기 위해 대만에 가고 싶어할 것이라는 점을 상상조차 하지 못했다. 트루먼과 애치슨은 중국인 반공 포로들이 부상하고 있다는 사실을 보지 못했다. 중국인 반공포로의 급격한 증가 그리고 그들의 집요함과 절박함은 이해의 영역을 벗어난 듯했다. 한국의 유엔 포로수용동에서 벌어진 중국인 포로들 간의 전쟁은 미국인들이 예측, 이해, 관리하지 못했던 또 다른 내전이었다.

3. 중국백서, 1949년 8월

사실상 중국 공산당에 대한 무지, 희망, 호기심이라는 세 가지 요소의 독특한 조합으로 인해 애치슨은 한국 내 중국인 포로에 대한 자원송환 그리고 포로의 재교화 및 심문이라는 두 가지 잘못된 정책을 채택했다. 이는 애치슨이 캐넌과 데이비스가 설정한 정책의 궤적을 따라간 결과였다.

애치슨은 중국 공산당과 소련이 다르다고 생각했다. 그가 보기에 중국 공산당은 스탈린주의를 따르지 않았다. 쐐기 정책으로 중국 공산당과 소련은 분리될 수 있었다. 중국이 잠재적으로 티토주의를 따를 것이라는 애치슨의 고집스러운 희망, 그리고 중화인민공화국과 소련 사이에 쐐기를 박으려는 강박관념은 유명한 중국백서에 가장 잘 드러나 있다. 중국백서는 원래 공산당이 중국을 손에 넣기 전인 1949년 8월에 캐넌과 데이비스가 주창하고 국무부가 출판한 것이다. 장개석과 내전에서의 중국 국민당 패배에 대한 비난을 모두 담은 15쪽의 "송달장letter of transmittal"이 끝날 무렵에 애치슨은 중국 공산당이 "중국의 전통을 포기했다"고 맹렬히 비난한다. "우리의 정책이 희망사항에 기반을 두고 있는 것"에 대해 경고하면서도 같은 맥락에서 애치슨은 "궁극적으로 중국의 심도 깊은 문명화와 민주적인 개인주의가 그들 자신을 재천명하게 하여, 중국은 외세의 굴레를 벗어 던질 것"이라는 믿음을 고백한다.[3] 애치슨 전기를 집필한 작가 베이스너Robert Beisner는 애치슨이 "러시아 공산주의의 열렬한 광신자로 중국을 묘사함으로써 중국과 러시아를 분열시키려고 했다"는 점이 주목할 만한 부분이라고 말한다. 애치슨의 맹렬한 논조는 "애치슨이 가장 좋아했던 사람 중 한 명"인 "데이비스가 부추긴" 결과였다.[4] 한편 중국의 '민주적 개인주의'에 대한 돈키호테적 희망 역시 데이비스로부터 온 것 같다.

1944년 말 제2차 세계대전 중 정치인으로 연안을 두 차례 방문한 데이비스는 중국 공산주의자들의 즉각적인 목표는 그저 "농민 민주주의로서 사회주의와는 거리가 있으며," 중국 공산주의자들의 정치적 실천은 "자유민주주의적이고 건전한 민족주의적"이라고 워싱턴에 보고한다.[5] 중국 공산당에 대한 그의 장밋빛 평가로 중국 주재 미국대사 헐리Patrick Hurley는 데이비스를 공산주의 동조자Red sympathizer라고 여겼고, 그를 모스크바로 이직시켰다. 모스크바에서 데이비스는 캐넌의 절친한 친구이자 그의 "모든 중국적인 것에 대한 조언자"가 되었다.[6]

1946년의 "긴 전보"와 봉쇄 옹호로 유명해진 캐넌은 마셜George C. Marshall 국무장관의 부름을 받아 1947년 초 워싱턴 정책기획국의 초대 국장으로서 워싱턴으로 소집되었다. 곧바로 그는 동아시아 문제를 다루기 위해 모스크바에서 데이비스를 데려왔다. 이 두 사람은 미국의 정치적 교리 및 실천의 초기 설립자가 되었다. 캐넌이 정의하는 '정치전'은 "평화의 시기에 클라우제비츠의 교리를 논리적으로 적용하는 것"이며 전쟁의 명백하고 은밀한 모든 수단을 사용하여 국가 목표를 달성하는 것이었다.[7] 데이비스는 정치전 계획에서 캐넌의 자문위원이 되었고, CIA의 정책조정국Office of Policy Coordination: OPC와 연락하는 국무부 연락 담당관을 지냈고, 해외에서 비밀 작전을 계획하고 수행했다.

1948년 12월 데이비스는 "한국, 중국, 인도차이나와 버마에 크렘린의 직접적인 영향력을 줄이기 위해 활발한 정치전의 수단들"을 동원하라고 미국에 촉구하였다.[8] 1949년 4월 캐넌은 데이비스에게 중국의 정치전 계획 설계를 요청했다. 데이비스는 중국에 풍선으로 떨어뜨릴 선전용 전단을 구상하기 위해 스메들리Agnes Smedley, 스트롱Anna Louise Strong, 스노우Edgar Snow, 슈워츠Benjamin K. Schwartz, 페어뱅크John K. Fairbank 부부 등의 좌파 미국인들을 이용한 계획으로서 타우니 피핏Tawny Pipit이라는 코드명의 비밀작전을 제시했다. 데이비스는 소련에 대항할 심리전 및 게릴라 작전을 제안하며 미국의 더욱 공격적인 행동을 촉구했다. 그는 미국이 반공주의 난민들을 모집하고 훈련시켜 그들을 소련에 낙하산으로 내려 보내 시민들의 소요를 조직해야 한다고 주장했다.[9] 중국에 대한 데이비스의 계획은 너무 기이해서 트루먼이 설립한 충성심사위원회는 그를 좌천시켰고 이로 인해 결국 데이비스는 자신의 경력을 망치게 된다.

역설적이게도 미국은 견제정책과 롤백을 통해 아시아 곳곳에 공산주의가 확산되는 것을 저지하면서도, 동시에 중국 본토나 대만의 중국인 공산주의자들을 군사적으로 대적하지 않기로 결정했다. 이러한 자기모순은 트루먼-애치슨 중국 정책의 결정적 특징이었고, 이로 인해 결국 미국은 한국전쟁 포로 정책의 대실패라는 예기치 못한 형태의 대가를 치르게 되었다.

1951년 후반에 한국전쟁 포로문제가 발생했을 때, 데이비스는 서독으로 발령되어 향후 정책 결정에는 아무런 역할을 하지 못했다. 그러나 NSC 81/1에 대한 그의 기여는 롤백이 무너지고 포로의 재교화 계획이 역효과를 가져오면서 한국에서 반향을 일으켰다. 데이비스의 중국 선전 계획은 그가 중국에서 근무하던 시기에는 실현되지는 않았으나, 비슷한 형태를 띠고 한국의 중국인 포로들을 대상으로 시행되었다. 러시아인 난민이 한국인과 중국인 포로로 대체되고, 요원투입지역이 소련에서 북한으로 대체되면서 데이비스가 소련을 대상으로 계획하였던 난민-요원 모집 개념이 한국에서 수행되었다. 그리고 이는 수백 아니면 수천 명에 이르는 포로에게 치명적인 결과를 초래했다.

4. NSC 48, NSC 59, NSC 68, NSC 81/1 및 포로의 재교화

1949년 12월 30일 승인된 NSC 48/2는 트루먼이 값싼 비군사적 수단. 예를 들면 중국 공산당에 대항한 선전 수단을 선호한다는 것을 분명히 보여준다. 종종 아시아의 NSC 68로 간주되는 "아시아와 관련된 미국의 입장"이라는 제목의 문서는 "1948년으로 되돌아가서 데이비스에 의해 주로 작성된 일련의 정책기획국 연구에서 추출"되었다.[10] 이 문서는 대만으로 쫓겨난 중국 국민당 정부를 사실상 방기하는 것을 통해 미국의 중국에 대한 비개입을 주장하면서도, "미국은 직접적인 개입의 모습은 피하며 적절한 정치적, 심리적, 경제적 수단을 동원해 중국 공산당과 소련 사이 그리고 스탈린주의자들과 중국의 다른 부류들 간에 어떤 틈을 이용해야 한다"는 주장을 옹호했다.[11]

1950년 3월 트루먼은 "외교정보 프로그램 및 심리전 계획"이라고 제목이 붙여진 NSC 59를 승인하였는데, 이는 "평화적인 기간 동안에는 외교정보 프로그램을, 국가비상사태에는 심리전 계획을" 실시하는 국가정책이었다. 이 정책으로 국무장관은 국가의 심리전 정책수립에 대한 책임을 지게 되었고, 국무부는 CIA와 군이 정책을 조정할 수 있는 조직을 만들었다. 국가 심리전 전략 위원회는 1950년 8월에 설립되었다.[12] 트루먼은 비용이 저렴하고 국방비를 증액하지 않아도 되었기 때문에 이 심리전을 신속하게 승인했다. 중국의 '상실'로 트루먼이 공화당원들에게 포위당했을 때, 트루먼은 아마도 이 반공 선전 계획으로 우익 비평가들을 무력하게 만들 수 있었다.

1950년 4월 중순 트루먼은 소련 확장을 '억제'하기 위한 노력으로 "전쟁 이외의 모든 수단을 동원하여" 군대와 무기를 대규모로 구축할 것을 요구한 NSC 68, 즉 "냉전 시대의 미국 대전략에 대한 기초문서"를 받아들였다.[13] 트루먼은 NSC 68이 포함하는 높은 비용 때문에 주저하였고, 한국전쟁이 발발한지 3개월이 지난 후인 9월 30일이 되어서야 이를 승인했다.

트루먼 행정부가 예측, 계획한적 없는 중국인 반공주의 포로의 대두는 미 육군 심리전국장 맥클루어_{Robert McClure}가 1951년 7월 계획한 심리전과는 아무런 관련이 없었다. 중국인 반공포로는 인천상륙 사흘 전 그리고 맥클루어 계획의 열 달 전인 1950년 9월 11일, 트루먼이 승인하였던 NSC 81/1문서에 요약되어있는 포로 재교화 정책의 직접적이고, 의도하지 않은 결과로서 등장했다. 브래들리 장군이 "혼란의 걸작a masterpiece of obfuscation"이라고 불렀던 NSC 81/1 "미국의 행동 방침"은 맥아더가 '롤백을 위해' 38선 북쪽으로 진격할 수 있도록 허가했지만 주요 소련과 중국의 개입에 대한 지침은 제공하지 않았다.[14] 잘 알려져 있듯 그 결과로서 맥아더는 중국이 설치한 거대한 함정으로 행군해 들어갔고, 애치슨의 말을 빌리자면 "불런Bull Run 전투 이후 미군 최악의 패배"를 겪었다.[15] 미국을 북한 지역 내의 처참한 전쟁으로 이끈 문서로서 NSC 81/1의 중요성은 널리 알려졌다.

그러나 NSC 81/1에 포로 재교화 정책의 구성 요소에 대한 연구는 거의 없다. 포로 재교화 정책 문제는 후에 자발적 송환 정책과 얽히며, 전쟁의 길이를 두 배로 늘렸다.[16] NSC 81/1의 결론인 21번째 단락은 "미국 정부, 특히 한국에 있는 군대 및 대사관은 전쟁으로 희생된 한국인의 고통과 분노의 화살이 미국이 아닌 한국의 공산주의자들, 소련, 그리고 (그들의 역할에 따라) 중국 공산주의자들로 향하게 하여, 파괴적인 전쟁에 대한 책임이 이들에게 있다고 여길 수 있도록 '즉각적이고,' '강도 높은' 선전에 노력을 기울여야 한다"고 규정한다.[17] 불행히도 1950년 10월 말과 11월, 즉 중국이 전쟁에 개입하기 2달 이상 전에 작성된 중국에 대한 이 내용은 자기실현적 예언이 되었다.[18]

그러나 이 선전 운동의 주요 표적은 북한 민간인이 아니라, 유엔 수용소에 수감된 포로들이었다. 22번째 단락은 "포로수용소에 이송된 후 전쟁포로의 처우는 심리전의 목적을 위한 활용, 훈련 및 이용을 위한 것이어야 한다"는 원칙을 설립하고 있으며, "손아귀에 놓인 한국의 포로들을 즉각적으로 파일럿 프로그램 수준의 심문, 재교화, 훈련할 수 있는 센터

를 설립"할 권한을 유엔군사령부에 위임한다.[19] NSC 81/1 결론의 '실체'
는 인천상륙의 날인 9월 15일에 맥아더에게 전달되었다.[20] 9월 27일 합
동참모부JCS는 명시적으로 맥아더가 38선을 통과하고 "파일럿 프로그램
수준의 심문, 교화, 훈련할 수 있는 센터를 설립"하도록 지시했다.[21]

5. 1950년 10월-12월, 포로 재교화 단기 파일럿 프로그램

이어지는 몇 주 동안 맥아더는 포로 재교화에 대한 빗발치는 워싱턴의
명령을 받았다. 유엔군사령부 부대가 압록강을 향해 진군하는 10월 동안,
맥아더는 서울 근처 영등포에 있는 500명의 북한인 포로에 대한 파일럿
프로젝트를 마련하고 11월에 공식적인 지침을 내렸다.[22] 분명히 맥아더
는 워싱턴의 명령에 효율적이고 열정적으로 응답한 것이다.

　미국의 민간인 관리들은 그다지 열정적이지 않았다. 한국의 야전사령
관과 한국 주재 미국 대사관에 부과된 "현재의 선전과 정보 프로그램을
강화"하라는 NSC 81/1의 요구 사항을 준수하여, 무초John J. Muccio 대사
는 북한의 '해방'은 "한국 국민의 생각을 민주적으로 바꾸어 놓는 최선의
도덕적 헌신"에 달려있다고 선언하는 시적인 전보를 애치슨에게 보냈다.
그리고 미국의 목표 중 하나는 "한국인의 분별력을 회복시키는 것"이었
다.[23] 극동담당 국무부 차관보이자 NSC81의 주요 기안자인 러스크Dean
Rusk는 나중에 유엔이 간섭해서 포로에 대한 접근을 어렵게 만들기 전에
"미국이 재교육reorientation 활동을 가능한 한 강력히 운영해야 한다."고
무초에게 말했다.[24]

　그러나 맥아더의 파일럿 프로그램은 오래 가지 못했다. 중국군은 11
월 말에 유엔군사령부 부대를 무너뜨리고 서울로 향해 남부지역을 휩쓸
었다. 1950년 12월 8일 파일럿 프로그램은 종료되고 500명의 북한 '시범

학생들'이 부산으로 피난했다.

북한을 '해방'시키라는 끔찍한 결정을 내린 워싱턴에게 맥아더는 오랫동안 편리한 희생양이었다. 마찬가지로 한 학자가 포로 재교화 정책을 "사후에 군대에 의해 허가를 받은" 맥아더의 '개인적 모험'이라고 잘못 칭하였듯, 맥아더는 포로 재교화 정책으로 자주 비난받았다.[25] 커밍스는 롤백(북한의 '해방')이 맥아더의 정책이나 그 개인의 잘못이 (맥아더가 그것을 선호함에도 불구하고) 아니라는 것을 증명했다. 롤백 결정에서 민간 중심성, 특히 애치슨의 중심성은 잘 확립되어 있었다.[26] 이 논문에서도 포로 재교화 결정에서 민간 중심성을 보여줄 것이다.

애치슨과 국무부는 NSC 81/1의 두 가지 주요 구성요소에 대해 책임이 있었다. 첫 번째 결정은 1950년 10월부터 1951년 여름까지 북한 영토를 둘러싼 전쟁의 패배를 가져왔고, 두 번째 결정은 1951년 말에서 1953년 7월까지 포로에 대한 전쟁을 교착상태에 놓이게 만들었다. 전쟁의 길이를 두 배로 늘이는 데 NSC 81/1가 중요한 역할을 했다는 것은 오랫동안 알려지지 않았는데 이는 1975년에 NSC 81/1가 해제될 때까지 1급 비밀로 남아 있었고, 부분적으로는 워싱턴이 교착상태와 뒤죽박죽이고 엉망인 포로 정책을 연결 지으려는 시도들을 억압했기 때문이다. 공식적인 미군사와 애치슨의 회고록에서는 NSC 81/1에서 포로를 활용한 요소들이 완전히 생략되어 있다.[27] 이러한 생략은 한편으로는 미국 정부의 의도적인 망각의 결과였고, 다른 한편으로는 의사결정의 중요성을 기록하는 군 역사가들의 지적인 실패였다.

6. 1951년 봄, 중국인 포로를 포함하기 위한 재개 및 확대

파일럿 프로그램의 종료에도 불구하고 맥아더는 자신의 임무를 잊지 않았다. 1951년 2월 군 상황이 안정되자 그는 워싱턴에게 새로운 프로그램에 관한 새로운 지침을 요청했다. 맥아더는 워싱턴이 "북한 전쟁포로에 대한 재교육 프로그램"의 재개를 결정해야 한다면, 이 프로그램은 연합군 최고사령부SCAP의 민간정보교육국의 직접적 감독 아래에 배치되어야 한다고 제안했다.[28] 민간정보교육국은 전후 일본을 교육과 선전으로 민주화하기 위해 맥아더가 고안한 것이었으며 당시 참여했던 인력은 북한인 포로의 재교화를 위한 파일럿 프로그램에도 참여했다.

육군부는 1951년 3월말 맥아더에게 "중국 공산주의자들까지 포함하기 위해 현 시간부로 귀관이 관할하고 있는 한국의 포로들을 위한 파일럿 수준의 심문, 교화, 훈련 센터를 재확립하라"는 미 육군 심리전국장 맥클루어Robert McClure의 지시를 전달했다.[29] 당시 중국인 포로 수가 1,672명밖에 되지 않았음에도 처음으로 워싱턴은 프로그램에 구체적으로 중국인 전쟁포로들을 포함했다.[30] 곧 이것이 운명적인 결정이었음이 증명되었다.

맥아더는 민첩하게 행동했다. 4월 3일 그는 한국 유엔군사령부 포로수용소에 민간정보교육국 지부 설립을 명령했다. 그러나 9일 후 트루먼 대통령은 맥아더를 해임했다. 북한인 포로들을 대상으로는 1951년 6월, 중국인 포로를 대상으로는 1951년 8월 초가 되어서야 민간정보교육국의 정치 교육이 시작되었다. 맥아더의 감독 아래에서는 500명 이하의 북한인 포로만이 한 달 이하로 파일럿 재교화 교육을 받았고, 중국인 포로는 이를 전혀 받지 않았다. 그의 후임자 리지웨이 장군 관할 아래 포로수용소에서의 정치적 양극화와 소요 사태가 발생했다.

리지웨이가 명령을 받은 직후 합동참모부는 '심리적인 공격'을 실시하고 "헌신적인 반공주의자로서 전쟁포로들을 궁극적으로 활용하기 위한 목적으로 전쟁포로들을 심문, 교화, 재교육하는 포괄적인 프로그램을 시작하고 유지"하라는 명령을 되풀이했다. 그리고 이 지시는 트루먼이

‘최종 승인’을 내린 후인 5월 31일에도 반복되었다.[31]

　포로 재교화 명령이 공포된 1950년 11월부터 리지웨이가 동일한 지침을 반복한 1951년 5월까지, 미국은 전략적 목표를 근본적으로 바뀌었지만 포로 정책은 바꾸지 않았다. 미국은 북한의 롤백 또는 ‘해방’이라는 주요 정책을 완전히 포기하였다. 그러나 이에 연계되는 “전장에서 적의 군대를 이반시키고, 북한 인사들을 조국의 통일을 바라는 활동에 참여하도록 훈련시키기 위해 고안된” 정책은 여전히 유효했다. 한반도 전체를 통일시키려는 워싱턴의 초기의 야심을 감안할 때, 북한 주민들의 분노를 한국 및 러시아 공산주의자에게 되돌리는 것은 정치적으로 타당했다. 그러나 중국이 어떠한 간섭의 위협을 가하기 한참 전에 “그들이 하는 역할에 따라” 중국 공산주의자들에게 파괴적인 전쟁의 책임을 묻는 것은 터무니없는 행동이었다. 더욱 황당하게도 1951년 봄 포로 재교화 프로그램은 중국 포로들까지 포함하도록 확장되었지만, 맥아더를 포함한 주요 미국 민간인 지도자, 군 지도자들은 중국을 공산주의자들로부터 ‘해방’시키는 것에 대해서 생각하지 못했다.

　중국 본토에서의 롤백이 목표였던 적이 없다면 미국이 중국인 공산주의 포로들을 ‘헌신적인 반공주의자’로 전환시키려는 목적은 무엇이었는가? 공산주의자들이 주장한 바와 같이 그들이 중국으로 돌아가지 못하게 막기 위함이었는가? 답은 정확히 반대이다. 우선 맥클루어가 자원송환을 제안하기 10개월도 전에 포로 재교화가 결정되었다. 당시의 기본적인 가정은 전쟁이 끝나면 모든 포로가 그들의 원래의 국가로 돌아간다는 것이었다. 게다가 이 프로그램의 목적은 포로들을 민주적인 가치로 변화시키고 중국 공산당과 북한의 사회 변화를 위한 요원으로 그들을 훈련시키는 것이었다. 즉 이를 위해서는 포로들은 본국으로 다시 돌려보내져야 했다! 사실 미국 정부는 포로들을 미국에 데려오는 것을 결코 고려하지 않았으며 수용기간 동안 그들에게 망명을 약속하지도 않았다. 확신의 부재는 반공 포로들에게 있어 불안과 동요의 근원이었다.

중국인 반공 포로가 미국 정부로부터 망명에 대한 공식적인 보장을 받지 못한 반면 그들은 민간정보교육국 요원, 특히 대만 국민당에서 온 통역가와 교사들과 동맹을 맺었다.

7. 장개석의 게슈타포? 대만의 통역가 및 교사들

민간정보교육국의 첫 번째 문제는 중국어 및 한국어를 구사할 수 있는 요원이 없었다는 것이었다. 한국전쟁이 발발했을 때 유엔군사령부는 동아시아 언어에 대한 충분한 지식을 가지고 있는 미국인이 50명도 안 된다는 것을 알게 되었다.[32] 수많은 지역으로부터의 절실한 요청 때문에 이들 중 소수만이 포로들을 다루는 임무를 맡았다. 중국어, 한국어 능통자가 극단적으로 부족하였기 때문에 민간정보교육국의 시선은 교화의 직접적인 표적이 될 포로들로 향했고 대략 2,500명의 포로들이 교사 및 행정가로 고용되었다.[33] 이 중 대부분의 사람들은 당연히도 자칭 반공주의자였다. 필자가 인터뷰한 3명을 비롯하여 백여 명의 중국인 반공포로들이 민간정보교육국 교사로 근무했다.

국무부와 주한미공보원USIS의 도움을 받아 유엔군사령부는 홍콩, 타이베이, 도쿄에서 자격을 갖춘 북경어를 구사할 수 있는 교사들을 육군부 군무원으로 고용했다. 11월 중순에 민간정보교육국의 주간 보고서에서 처음으로 육군 민간인 부서가 언급되었다.[34] 민간정보교육국 교사 마화馬和, Ma He는 1951년 가을 대만에서 자신이 고용되었다고 회상한다.[35] 거제도의 대중행동에 대한 연구를 수행하기 위해 미군과 계약한 사회학자인 브래드버리William C. Bradbury와 마이어스Samuel M. Meyers는 대만에서 23명의 중국인이 고용되었다고 보고했다. 결과적으로 "그들은 그 존재만으로도 수용동 전쟁포로들 사이에 친-국민당, 반-본국송환의 정서를 자극했다." 여러 산재된 증거들을 종합하면 의도되지는 않았더라도 결과적으로는 중국인 교사들이 교실 안팎에서 중국 국민당 정부의 요원 역할을 하였다는 것이 드러난다.[36] 대만에서 온 민간정보교육국 교사는 반공포로들의 등장에 중요한 역할을 하였다.

20년이 지난 후 무초 대사는 맥아더의 정보국장 윌로비Charles A. Willoughby가 "타이베이에 파견되어" "의심할 여지없이 장개석의 게슈타포"인 "75명의 수용소 경비대를 구했다"고 주장했다.[37] 이 주장은 맥아더-장개석 공모관계의 믿을만한 증거로 학자들에 의해 널리 인용되었다.[38] 그러나 무초가 만약 거짓말을 한 것이 아니라면, 그의 설명은 부정확하다. 동일한 인터뷰에서 무초는 "미군은 수용소 안에서 벌어진 이러한 일들을 알지도 이해하지도 못 했다."고 말한다. 사실 거제도에 자신의 정보원을 가지고 있던 무초도 이 사실을 알지 못했으며, 젊은 정치장교 맨하드Philip Manhard가 반공포로 '피신탁인trustees'(무초의 언어로는 '수용소 경비대')들이 대만에서 왔다고 주장한 적도 없다. 무초는 1951년 봄에 도착한 대만에서 온 73명의 첫 번째 통역원 집단과 맥아더 해임 7개월 후인 11월에 도착한 23명의 민간정보교육국 교사들을 혼동했고, 포로 피신탁인과 민간 근무자를 구분하지 못한 것이 분명하다.

전쟁이 발발했을 때 유엔군사령부는 중국어 능통자가 절실히 필요했기 때문에, 맥아더는 실제로 대만에서 수많은 통역원을 고용했다. 북한 침공 한 달 후, 1950년 7월 31일부터 8월 1일까지 맥아더는 타이베이를 이틀간 방문했고 장개석의 후계자이자 대만의 실질적인 정보국장이었던 장경국의 통제 하에 있던 국민당 정보기구를 통해 직접적인 소통 경로를 설립하였다. 맥아더의 유엔군사령부와 대만은 정보수집 그리고 포로 처리 및 활용을 포함하는 심리전 두 가지 분야에서 협력한다. 첫째, 국민당은 완전히 신뢰할만한 정보가 아닌 경우에도 가치 있는 첩보를 도쿄에 제공했다. 둘째, 워싱턴은 장개석의 군대 제공을 반복적으로 거절했지만, 점차 많은 수의 국민당 인력들이 도쿄와 한국의 유엔 군력으로 새어 들어갔다. 여기에는 암호해독가, 통역원, 심문가, 라디오 방송가, 선전전단 디자이너 등이 포함되어있었다.

장개석에 대한 워싱턴의 깊은 혐오감 때문에 유엔군사령부에서 근무하는 모든 대만 인력은 유엔군사령부의 고용자로서 개별적으로, 대부분 육군부 군무원으로 고용되었다. 맥아더가 4월 11일 해임되기 이전에 73명의 대만인 통역원으로 구성된 첫 번째 집단이 2월과 3월에 도쿄의 유엔사령군 본부와 한국의 전선 부대에 도착했다. 이 중 소수만이 부산에 억류된 중국인 수감자들을 다뤘다. 1951년 5월 재앙적인 공산당의 5차 공세의 여파로 4월에 3,423명이었던 중국인 포로의 수는 6월 17,182명으로 다섯 배 증폭했다.[39] 포로들이 거제도에 새로 지어진 포로수용소로 이동함에 따라 더 많은 통역원도 그곳으로 이송되었다. 73명의 통역가 중 한 명인 황천재黃天才, Huang Tiancai는 38선에서 그의 전선부대와 함께 머물렀으나, 그의 동료 국민당 통역원 중 일부는 거제도로 이전되었다.[40]

대부분의 경우 이러한 국민당 통역원들은 대만으로 가고자 하는 반공 포로와 공감하는 경향이 있지만, 대부분의 문서자료와 두 명의 전 통역원/심문가에 대한 필자의 인터뷰에서 알 수 있듯이 모든 사람들이 다 장개석의 요원이었던 것은 아니다. 윌로비가 대만에 요구를 했던 1950년 후반에서 1951년까지 중국인 포로는 매우 적었다. 휴전협상은 7월까지 시작되지 않았고 포로 송환은 11월까지 논의되지 않았다. 따라서 통역원의 원래 임무는 포로와 거의 상관이 없었으며 그들은 '수용소 경비'가 아니었다. 무초는 이후의 사건을 극동 지역의 모든 정책 실패에 대한 쉬운 희생양이 되었던 맥아더의 책임으로 돌린 것이다.

73명의 대만인 통역원으로 구성된 첫 번째 집단을 '장개석의 게슈타포'라고 명명한 것은 실수였지만, 23명의 민간정보교육국 교사로 구성된 두 번째 집단은 대부분 국민당 요원이었다. 두 번째 집단의 교사들은 국방부의 제2국(첩보국)이 선택한 자들이었고, 그들 중 일부는 장경국과 긴밀한 관계를 가지고 있었다. 그 중 한 교사였던 마화는 이 두 번째 집단이 한국에 가기 전 3일에 걸쳐 훈련을 받았다고 보고했다. 해당 프로그램의 임원은 국민당 정보기관의 인사들이었다. 책임자는 장경국이었고 핵심 교사는 방첩을 책임지는 국민당 센터의 제6부 부국장인 진건중陳建中, Chen Jianzhong이었다. 마화는 막연하게 "훈련의 내용은 매우 중요했고 우리는 많은 것을 배웠다"고 말했다.[41] 젊은 교사로 구성된 이 부대가 한국에서 자신의 임무에 착수하기 전에 진건중은 아마도 자신의 공산주의 이념과 방법에 대한 지식을 전수하였을 것이다. 해당 국민당 교사 집단은 대부분 교육과 훈련을 받은 사람들이었다. 따라서 포로수용동에서 이들은 존재자체로 반공 정서를 자극했다.

포로가 신문이나 라디오에 대한 접근권한을 거의 가지지 못했다는 사실을 감안할 때, 이 통역가와 교사들은 포로들이 외부 세계에 대해서 들을 수 있는 유일한, 그리고 주로 편향된 소식통이었다. 이들은 도쿄와 한국 대사관에서 국민당 사절단과 정기적인 접촉을 했기 때문에 반공주의 포로들이 피로 서명하거나 작성한 청원서를 포함하여 여러 정보와 서류들을 주고받으며 포로들과 타이베이 사이에 중요한 비밀연락망이 되었다. 유엔 포로수용소의 상황을 워싱턴보다 더 잘 알았던 타이베이는 이 청원서를 공개하고 "다른 이들이 살 수 있도록 그들을 구제하라!"라는 슬로건 하에 미국에서 선전 활동을 동원하여 몇몇 중요한 시점에 워싱턴을 선제 타격하였다.[42] 타이베이의 잘 정돈된 움직임은 워싱턴이 자원송환 정책에서 퇴각하는 것을 거의 불가능하게 만들었다.

1953년 6월 국무부 보고서에 따르면 미국 관료들은 유엔군포로사령부가 포로에 대한 완전하고 정확하며 신뢰할만한 정보를 결코 얻을 수는 없었지만, 중국 국민당 대사관은 "중국인 포로에 대한 상세한 정보"를 얻기 위해 "2년 넘게 충분한 기회를 이용했다"는 점을 인정했다.[43] 무초 대사는 국민당 인사들의 영향력 증가, 특히 미군이 도입한 "통역가, 번역가 집단 및 민간정보교육국 인력"과 "최근 크게 증원된 중국 대사관, 육군 및 공군 군무원"으로 인해 불안해했다. 1952년 2월 무초는 "나는 개인적으로 중국인들이 거제도와 판문점에서 일어난 사건의 과정에 영향을 미쳤다는 것을 직관했다"며 슬픔에 잠겼다.[44] 그는 여기서 확실히 중국 국민당을 언급한다.

역설적이게도 중국 공산당이 유엔군을 38선으로 패퇴시키는 동안 중국 국민당은 거제도에 있는 중국인 포로들에게 영향을 주어 전쟁 과정을 장악하였는데, 우연히도 이는 국민당이 수용소에 침투할 수 있는 제도적인 기반인 민간정보교육국을 마련해준 미국의 심리전 기획 덕분이었다.

8. "명백한 정치적 교화 프로그램"

한국전쟁포로 대처에 관한 미 육군의 평가에 따르면, 민간정보교육국의 재교화 지시 그 자체는 광적인 반공주의적 소요를 목표로 삼지 않았기 때문에 "본질과 내용면에서 이상주의적"이었다. 이는 순수하게 "서구적이고 민주적인 방향에 대해 포로들이 더 우호적인 태도를 심어주고, 공산주의 이데올로기에 대한 불신을 주입"하려고 시도했다. 그럼에도 민간정보교육국의 재교화 지시는 "명백한 정치적 교리 프로그램"이었고 "전체 민간정보교육국 프로그램에서 문해, 직업 및 여가 활동 이상으로 '가장 중요도 높은 일'로 할당"되어있었던 것이었다.[45]

작전과장이었던 오브라이언Robert E. O'Brien 중령에 따르면 민간정보교육국의 임무는 다음과 같다.

우리는 질서, 책임, 진보, 평화에 대한 사랑, 민주사회를 향한 이념적 지
향을 제공한다. (...) 특히 우리는 이 사람들 자신과 주변 사람들이 전체
주의 정권보다 민주적인 정권이 사회적, 정치적, 경제적으로 더 낫다는
확신을 갖게 만들려고 한다.[46]

명백한 반공주의 의제로 작동하며 민간정보교육국은 "전체주의적인
것과 반대되는 것으로서 민주주의의 원칙, 이상 및 관행"을 가르친다는
목표를 명시했다.[47]

각 수용동에 있는 교실에서는 문해 교육과 목공 및 금속을 다루는 실
제적인 직업 훈련을 가르쳤는데, 이외에 민간정보교육국 프로그램의 핵
심은 한국전쟁의 배경, 민주주의와 전체주의의 대조, 자유세계 국가들의
삶을 포함하여 6개 주제를 다루는 30주간의 필수 수업이 있었다. 중국인
수용동에서 가르치는 여섯 개의 테마 중 하나는 다음과 같은 의제를 포
함하고 있었다.

1. 노동 조합의 목적은 무엇인가?
2. 중국의 중앙 지구에서 농부의 삶에 대해 공산주의의 선전은 무엇인가?
3. 중국 공산당 치하에서 우리 형제들은 어떤 삶을 살고 있는가?
4. 왜 중국 농부들은 공산주의자에 반대했는가? [48]

"제네바 협약에서 허가된 여가recreation 활동의 일부"로서 민간정보교
육국 프로그램은 1952년 영국 총리 에든Anthony Eden의 질의에 대한 답변
으로 미 국무부가 묘사한 바와 같이 겉보기에 무해한 "수용소에서 진행
되는 정보 프로그램"은 명백히 아니었다.[49] 민간정보교육국 프로그램은
단지 "전쟁포로가 자발적으로 참여하여 한국과 중국의 역사에 대한 강의
를 듣는 오리엔테이션 프로그램"이 아니었고, 포로들이 직업 기술을 습득
하는 것도 아니었다.[50] 미국 대사관의 정치과 외교관 맨하드는 교사들이

대부분 "자천한 전쟁포로 교사였으며, 이들은 대부분 반공주의 정치 교화를 강조하며 전쟁포로들의 참여를 무력으로 빈번히 강요했다"는 반대되는 보고를 하였다.[51] 1년 후 거제도 포로수용소의 사령관 보트너Haydon L. Boatner장군 역시 "미국의 장교들은 교육 내용을 적절하게 통제하지 않았다"며 유사한 관찰을 보고했다. 그의 결론은 민간정보교육국의 활동이 "불안의 주요인"이라는 것이었다.[52] 1952년 5월 사령관이 되었을 때 보트너는 현지 민간정보교육국 장교들의 항의를 억누르며 그들을 진압했다.

이론적으로는 자발적 참여였다. 그러나 실제로 프로그램의 진행은 협력적 반공주의 포로에 의존하고 있었으며 공산주의자의 저항과 마주하고 있었다. 민간정보교육국의 상징적 지지를 지렛대 삼아 반공 포로 파벌은 두 개의 큰 중국인 수용동과 한국인 수용동 몇몇에서 신속하게 자신들의 지배를 확립하고, 동료 포로들이 재교화 수업에 참여하도록 강요했다. 이는 곧 수용소에서 반공주의 포로들의 이념적 패권을 검증하기 위한 것으로 작용했다.

민간정보교육국 교육 담당 교사의 부족을 충당하기 위해 교육을 잘 받은 몇몇 포로들은 자진해서 포로 교육을 맡았다. 당연하게도 민간정보교육국 책임자 오스본Monta L. Osborne은 포로 교사들이 "전부는 아닐지라도 대다수 수용동 내에 전쟁포로의 통제 하에 있었다"는 것을 목격했다. 포로 교사들은 "수용동을 지배하는 파벌의 승인을 받지 않고서는 어떠한 말도 할 수 없었다." 민간정보교육국 고용인들은 업무가 끝나면 포로수용동을 떠났지만 포로 교사들은 수용동 내에 머물러야 했고 수용동 내에서 그들은 '구타의 대상'이 되었으며, '북한과 중국 공산당 당국으로 보내질지도 모를 불리한 보고서'로 인해 두려움에 떨었다. 일부 수용동에서는 몇몇 교사들이 공산주의 국가들을 '새로운 민주주의'라고 칭하기도 하였다.[53] 그러나 이러한 일은 반공주의자들의 엄격한 통제 하에 있던 중국인 수용동 안에서는 벌어지지 않았다.

　　민간정보교육국의 중국어 교재 분과장 스타웃W. E. Stout은 중국인 수용동 안에서는 "한국인 부대에서 그러했던 것처럼 공산주의 전쟁포로들이 교육 담당을 한 적은 없었다."고 보고했다. "다른 전쟁포로들에게 위협을 받거나 구타를 당하는 한국인 수용동 교사들의 고난을 중국인 수용동 교사는 겪지 않았다. 사실 72수용동과 82수용동의 교사들은 다른 동료 전쟁포로들에 비해 상당한 특권을 누린 것으로 보인다."54 그 중에서도 귀순한 하사이자 황포군관학교 사관후보생인 고문준高文俊, Gao Wenjun은 대만에서 온 교사인 마화, 장Zhang과 함께 가르쳤다. 고문준은 자신이 겪은 짧은 교사로서의 경력을 "전쟁포로수용소에서의 가장 행복했던 나날"로 정답게 기억한다.55 민간정보교육국의 교장, 교사관리자, 교사들은 전국민당 군사학교 학생이거나 졸업생이었다. 전직 국민당 경찰인 정립인程立人, Cheng Liren은 일정 기간 동안 민간정보교육국 교장을 역임했다.

　　1951년 9월 민간정보교육국 보고서에는 전쟁포로들이 교실에 둔 슬로건들이 번역되고 나열되어있다.

　　유엔은 세계 평화의 보루이다.
　　전 세계를 자유로 승리하게 하라.
　　조국을 위해 우리 자신을 헌신하자.
　　잘못된 공산주의 이상을 바로잡자.
　　빨갱이 도적떼를 무너뜨리고, 중국 본토를 탈환하자.
　　중국의 삼민주의를 불러일으키자.
　　자유로운 중국을 건설하자.
　　우리는 어떤 상황에서든 대만으로 돌아갈 것이다.
　　우리는 철의 장막을 넘어 사는 사람들의 이름으로 빨갱이 도적떼에게 복수할 것이다.
　　빨갱이 도적떼를 완전히 무너뜨리지 않으면, 전 세계의 평화는 이루어질 수 없다.

학습은 중국 본토에 반격하기 위한 준비이다.[56]

의심의 여지없이, 민간정보교육국의 교육 내용은 '명백한 정치적 교화 프로그램'이었다.

9. 전쟁의 최종 결과를 결정한 포로 재교화

민간정보교육국 인사의 장려와 수용소 당국의 묵인에 힘입어 중국인 반공 포로는 72수용동의 장교대대의 중국 국민당 63지부中國國民黨六三支部, 장교가 아닌 이들을 위한 72수용동의 중국애국청년반공구국단中國愛國青年反共救國團, 86수용동의 반공항러애국청년동맹反共抗俄青年愛國同盟會 등 세 조직을 설립했다.[57] 수용동 지도부의 지위, 수용소 경비대 및 민간정보교육국 교실에 대한 그들의 통제력에 힘입어 반공주의 포로는 주먹, 돌, 곤봉이 동원된 연이은 수용소 내 전투에서 승리했고, 점차적으로 두 수용소에 대한 통제를 강화했다.

중국 전문가이자 상황을 관찰하기 위해 거제도 현장에 있던 미국 외교관 맨하드는 포로수용동에서 "서명을 얻기 위해 잔혹한 폭력이 자행되었고 동시에 절정에 도달하는" 선전 운동이 뒤따랐다고 보도했다. 맨하드는 "도쿄의 연합군 최고사령부General HeadQuarters: GHQ가 전쟁포로 업무에 할당한 대만의 중국인들의 격려로 피신탁인들은 몇 달 동안 대만 송환을 요청하는 청원서를 수집하는 운동을 실시하고 있었다"며 거제도 포로수용소의 불안한 현실을 묘사했다.[58] 휴전 협정이 임박한 것으로 보였을 때 반공주의 지도 아래에 있던 수천 명의 포로들은 긴급히 유엔군사령부와 세계 언론에 비송환을 간청하는 청원을 보냈다. 친-국민당 집단은 1951년 7월 자신의 몸에 반공 구호와 상징을 새기는 문신 캠페인을 시작했다. 반공 포로 지도부는 문신 캠페인의 확대와 함께 청원을 담은 혈서편지들을 여러 차례 수집했다. 민간정보교육국 직원 및 군종목사들은 대만과 서구 언론에 대중의 문신 사진 및 청원을 담은 혈서편지를 보냈다. "대만에 돌아가거나, 죽겠다," "대만으로 돌아가자"라는 집회의 외침은 본국송환에 저항하는 슬로건이 되었다.[59]

이 강렬한 캠페인에 미국인 관찰자들은 경탄했다. 사회학자 마이어스와 브래드베리는 "중국 국민당 (…) 에 대한 적극적인 충성"과 이런 종류의 "송환에 대한 대중적 저항은 최근까지의 근대 전쟁에서 알려진 바가 없다."고 논평했다.[60] 맨하드는 "피신탁인들이 (…) 무력과 강압으로 중국인 수용동에 대한 통제를 유지한다."고 설명한다.[61] 얼마나 많은 포로들이 진짜 반공주의자인가? 그리고 얼마나 많은 포로들은 그들에 의해 통제된 자들인가?

놀랍게도 미국, 중국 공산당, 국민당의 정보 당국은 각각 독립적으로 동일한 평가에 도달했고 진짜 중국인 반공 포로가 3,000명이었다는 측정을 공유했다. "중국인 포로의 70~80%는 공산당으로 돌아가고 싶어 하지 않는 반면, 그들 중 대략 3,000명은 대만으로 돌아가겠다는 확고한 의사를 밝혔다"고 한국에 있던 국민당 대사관은 1952년 1월 초에 타이베이에 전보를 보냈다.[62] 1월 말에 정책기획국 위원인 스텔레_{Charles C. Stelle}는 "3,000명은 중화인민공화국으로 송환되고 싶어 하지 않을 것이다"라고 추정했다. 스텔레는 이들이 '폭력배'와 같다고 묘사했으며, 그들이 "직접적이고, 폭력적이며, 잔인한 (…) 폭력적인 전체주의"로서 그리고 "사실상 테러의 영역"으로서 포로수용소를 통제하고 있다고 묘사한다.[63] 휴전 후에 중국 인민지원군 정치부장인 두평_{杜平, Du Ping}은 본국에 송환된 포로들과 상담을 한 후에 3,000명의 강경파 반공주의자들이 11,000명의 '망설이는' 포로들이 대만에 가게하기 위한 노력의 일환으로 그들을 통제했다고 보도했다.[64] 분명히 이 세 가지 측면 모두 진짜 반공주의 중국인 포로들 3,000명이 일부 동료 포로 11,000명을 지배하였다는 결론으로 이끈다. 1954년 1월 두 집단은 함께 14,000명의 대만으로 가는 '배신자'를 구성했다.

포로의 대부분은 분명히 중립적인 입장에 있었고 어느 쪽이든 선택할 수 있었다. 그러나 반공 포로들은 협박과 강압을 행사하여 그들이 본국 송환을 선택하지 못하게 하였다. 미국 정부는 언제든지 그들을 중국으로 돌려보낼 수 있었기 때문에, 반공주의 포로들에게는 그들의 집합의지를 증명하기 위한 수단으로서 협박과 강압을 동원해서라도 가능한 한 많은 동료 포로들을 자신의 통제 하에 두는 것이 합리적이었다. 유엔군사령부가 그들의 송환정책에 따라 포로들을 선별할 계획을 발표했던 1952년 4월 초에 폭력은 극단적으로 강화되었다.

중국어권 통역가인 두 명의 미국인은 조이C. Turner Joy 해군 제독에게 그들이 심사과정에서 목격한 것을 보고했다. 설문 조사의 질문은 본국 송환을 독려하기 위해 설계되었으며 선별 과정에 대만인 직원은 한 명도 참여하지 않았지만, 설문 조사에서 "대부분의 포로는 자신의 진짜 선택을 솔직하게 표현하기에는 너무 겁에 질려 있었다. 질문에 대해 그들이 할 수 있던 것은 몇 번이고 반복되는 '대만'이라는 대답뿐이었다." 포로들은 이것이 "친-국민당 지도부들의 무서운 지배"에 대한 명시라고 믿었다. 사실 심사가 있기 전날 밤 고향으로 돌아가고 싶어 했던 포로들은 "피멍이 들 때까지 맞거나 살해당했다."[65] 사실 워싱턴은 심사 첫 3일 동안 "해가 진후에 전쟁포로들 사이에서의 폭력 사태로 2명이 자살하고 8명이 구타로 사망했다."고 도쿄로부터 보고받았다.[66]

20,000명의 중국인 전쟁포로 중에 15,000명 이상이 송환을 거부했는데, 대부분의 송환 거부는 16,000명의 포로들이 수용되어있던 반공주의 수용동인 72동과 86동에서 나왔다는 것은 심사 전의 극단적인 폭력을 감안할 때 당연한 일이었다. 21개월 후인 1954년 1월에서 15,000명의 반

공 포로로 추측되는 사람들은 "14,000명의 반공주의 영웅들"로서 대만에 송환됐다. 포로를 둘러싼 전쟁의 마지막 결과는 분명히 1952년 4월 이후 시점에 결론이 나왔다.

요약하자면 재교화 프로그램은 포로수용소 내의 권력 균형을 극심하게 바꾸어 놓았고, 포로들의 계산법을 바꿨으며, 포로들의 송환 선택에 영향을 주어 두 번째 전쟁, 즉 포로를 둘러싼 전쟁의 최종 결과를 결정했다.

10. 최종 결과: 승리 혹은 곤경?

14,000명의 중국인 포로들이 대만으로 '망명'했다는 사실은 미국을 위한 선전이 아니라 장개석을 위한 선전으로 쓰였다. 중국인 전쟁포로 중 3분의 2가 공산주의 중국을 거부했다는 이야기가 진실이라면, 공산주의에 반대하는 장대한 내전 속에서 국민당이 '여전히 살아서 완고히 꿈틀대는' 와중에 트루먼-애치슨 행정부가 국민당 정부를 평가절하했다는 비난, 즉 친-장개석 '중국 로비'에 유리한 것이었다.[67] 반대로 만약 유엔 포로수용소에 널리 퍼져있던 폭력과 강압이 세상에 알려진다면, 공산주의자가 제기하는 혐의는 유효해질 것이고 한국전쟁의 마지막 2년에 대한 미국의 정당화가 무너질 것이며 트루먼의 명성, 더 중요하게는 미국의 명성이 손상을 입을 것이다. 이는 모두가 지는 상황이었다.

전쟁이 끝난 후 미국 정부는 의도적으로 반공포로의 이반으로부터 이익을 얻기는커녕 그에 대한 언급을 피했다. 국가안전보장회의 소속 심리전 첩보 분석가는 특히 "이들의 해방은 우리가 한국을 위해 한 노력으로서 보여주어야 할 모든 것이었다"라는 전제 하에 "자유를 선택한 중국인 포로와 한국인 포로들은 그 가치에도 불구하고 불명확한 이유로 인해 주목할 만한 활용 유형으로 제시되지 못했다"고 언급했다.[68] 그는 워싱턴의 곤경을 이해하지 못한 것이다. 결국 아무 것도 보여주지 않는 것이 당황스러운 승리에 대한 원치 않는 정밀한 조사보다는 좀 더 나은 선택이었다.

만약 소위 선전의 승리가 실패작이었다면, 자발적 본국송환과 포로 재교화 옹호자들은 여전히 두 정책이 군사적 목표, 즉 NSC 81/1에서 명시된 바처럼 "전장에서 적의 군대를 이반시키고," 미래의 공산주의자들의 침략을 억제하기 위한 정책이라고 주장할 것이다. 합동참모부도 처음에는 "심리전 효과라는 측면에서 극도로 중요하기 때문에" 자원송환을 선호하는 경향이 있었다.[69] 그러나 이 효과는 환상에 불과한 것으로 판명되었다. 조이 제독에 따르면 "대량의 이반은 없었으며," 공산당의 인도차이나로의 확장과 대만에 대한 위협은 계속되었다.[70]

자원송환 정책이 1952년 1월에 도입된 이후로 중국인 병력이 이반하거나 항복한 경우는 사실 거의 없었다. 중국인 포로의 대다수(74%)는 1951년 4, 5, 6월 재앙적인 공산당의 5차 공세 중에 붙잡혔다. 유엔의 수중에 있던 중국인 포로의 수는 1952년 1월 20,773명에서 1953년 3월 최대 21,063명으로밖에 증가하지 않았다. 14개월 동안 단지 389명이 증가한 것이었다.[71] 사실 소수의 자발적 이반과 탈영을 제외하고, 나머지 대다수의 중국인 포로들은 며칠간 음식과 탄약이 고갈되었으며 압도적인 유엔군사령부의 군사력에 절망적으로 둘러싸여 있었기 때문에 항복한 것이었다.

어떠한 방식으로 평가하든지 한국전쟁의 두 번째 절반(포로를 둘러싼 전쟁)에 대한 미국의 정책은 완전히 재난이었다. 미국은 원래의 목적을 하나도 달성하지 못했으며, 소수 포로의 권리만을 보호하며 대다수 포로들의 권리를 부정했다. 트루먼-애치슨 행정부는 군사적 승리의 대체물로서 선전과 정치적인 승리를 달성하고 싶어 했다. 스탈린의 뜻밖의 죽음 덕분에 결과적으로 미국은 선전적 승리를 겨우 얻어냈다. 그러나 미국은 의도하지 않은 "승리"의 성격과 비용에 대중들의 관심이 쏠릴까 염려해 이를 축하할 수도 없었다.

미국 정부의 심리전/정치전 프로그램은 국내 선전 부분에서 유일하게 성공을 거두었다. 이 프로그램은 중국의 세뇌 기술과 미국인 전쟁포로의 협력에 대해 꾸며내거나 과장하여 워싱턴의 어리석은 실수를 효과적으로 은폐하였고, 전쟁이 장기화된 원인을 애매하게 만들었다.

궁극적으로 공산주의자에 대한 군사적 승리의 대체물로서 정치적인 승리를 얻어내는 대신, 미국 정부는 미국인들을 대상으로 한 심리전의 승리를 얻어냈다. 정부가 부과한 이 신비화를 최선으로 유지하기 위해서는 한국전쟁은 잊혀야 했다. 순종적인 언론이 부지불식간에 공범자가 되면서 한국전쟁은 '망각된 전쟁'이 되었다.

7장

수용소와 죽음의 경계선에 선 귀환용사:

'지옥도' 용초도와 귀환군 집결소

전갑생

1. 알려지지 않은 귀환포로의 존재

한국전쟁기 전쟁포로는 送還Repatriation 또는 歸還者와 未送還者가 있다. 송환포로는 유엔군사령부 전쟁포로사령부(Prisoners of War Command, 포로사령부라고 줄임) 관리 아래 북한인민군(NKPA, 민간인억류자 포함) 및 중국인민지원군 일부가 북한과 중국으로 돌아간 것을 말한다. 귀환포로는 북한인민군·중국인민지원군 관리 아래 국군·유엔군이 한국을 비롯한 각국에 돌아간 것을 일컫는다. 미송환[1] 전쟁포로는 북·중 포로 가운데 1953년 6월 18일 한국정부의 조직적인 탈출 작전으로 탈출에 성공한 '6·18 탈출자'[2]와 대만에 돌아간 사람들이다. 본 주제와 관련 있는 귀환 전쟁포로는 1953년 4월과 8·9월 사이 북한 내 여러 전쟁포로수용소(포로수용소라고 줄임)에 수용되었다가 돌아온 국군포로들이다. 따라서 앞의 북이나 중국으로 돌아간 포로와 유엔군 전체 포로는 여기서 다루지 않는다. 또한 필자는 북한 여러 포로수용소에서 일어난 북한군의 '제네바 협정 위반'사건이나 수용소 생활 등을 주목하는 게 아니다. 귀환 직후 국군포로에 대해 한국정부가 어떻게 취급했고, 재교육이라는 명목 아래 이들이 새롭게 '용사'가 되는 과정을 살펴보는데 집중하고자 한다.

국방부는 국군포로들의 사상교육과 정훈政訓을 실시한다는 명목으로, 북한인민군 송환포로를 수용한 유엔 제1B용초도 포로수용소(UN POW Camp Number. 1B, Yoncho-Do, 용초도 포로수용소로 줄임)에 '귀환군 집결소'를 설치했다. 이 집결소에 들어간 국군 귀환포로들은 짧게는 3개월, 길게는 8개월 동안 수용되어 '반공교육'을 받았다. 왜 그들은 다시 '수용소'에서 사상교육을 받아야 했을까. 또 귀환군 집결소에서는 어떤 일이 일어났는가. 국군 귀환포로에게 실시했다고 알려진 심문과 심리전은 어떤 역사적 함의를 가지는가. 이들뿐만 아니라 북한과 중국, 대만으로 간 포로도 사상 재교육을 받았다. 이처럼 포로들은 자기 나라 혹은 다른 나라로 행선지를 선택했지만 자유로운 존재는 아니었다.

국군 귀환포로와 관련해서는 여러 연구가 있다. 조성훈은 국군포로의 귀환 과정과 미귀환 포로를 다루었는데 주로 미귀환 국군포로의 실태와 귀환 대책을 미국과 한국군 자료를 토대로 재구성하고 있다.[3] 그 외 국방부나 몇몇 국군포로의 수기는 북한 내 수용소에서 생활한 '고통과 희생'을 강조하고 있다.[4] 국군포로 출신 박진홍[5]은 북한 포로수용소 경험과 함께 귀환 직후 수용된 용초도 귀환군 집결소의 생활을 비교적 자세히 기록하고 있는 유일한 체험기를 남겼다.[6] 문학작품에서 국군포로 문제를 다룬 대표적인 작품은 국군귀환포로 출신 姜龍俊의 「鐵條網」[7]과 종군작가 朴英俊의 「龍草島近海」, 한국전쟁기 국방부 정훈국 장교 출신 鮮于煇

의 「歸還」 등이 대표적이다. 특히 선우휘는 인천에서 용초도로 가는 배 안에서 국군귀환포로 42명과 인터뷰한 명단을 책에 게재했다. 그러나 이 책에는 용초도 귀환집결소의 자세한 내용은 다루지 않았다.

　이 글은 귀환 직후 국군귀환포로의 정의와 귀환 과정, 귀환군 집결소 설치 이전의 용초도 포로수용소의 지리적 특성, 국군귀환포로의 사상 재교육 속에서 발생한 사건, 용초도 주민이 본 국군귀환포로 경험 등을 차례대로 살펴보고자 한다. 박진홍이 말하는 '패자'라는 인식이 어떻게 재현되었는지도 본 글의 중요한 주제이다. 또한 중국, 대만으로 간 포로가 국군귀환포로와 어떤 유사한 재교육 프로그램을 받았는지 비교해 보고자 한다. 그리고 미 8군과 육군특무대에서 실시한 국군귀환포로에 대한 심문 내용이 재교육프로그램에 어떤 영향을 미쳤는지도 간략하게 짚어 보고자 한다.

2. 국군귀환포로의 정의와 '돌아온 패자'의 인식

1) '귀환포로'에서 '귀환용사'되기

1953년 2월 22일 유엔군 사령관 마크 클라크Mark Wayne Clark 장군은 전체 포로 중 부상병부터 즉시 송환할 수 있다고 발표했다. 3월 5일 스탈린 사망 뒤 포로교환 협상은 급물살을 탔다. 이어서 북·중 대표단은 3월 28일 상병포로 교환원칙에 동의하고 4월 5일 유엔군과의 휴전회담 재개와 11일 최종 상병포로 교환에 조인한다. 유엔군과 북·중은 4월 20일부터 5월 3일까지 판문점에서 "상병포로 교환Operation Little Switch"을 실시했다.[8] 이 시기부터 국내 언론에 국군 귀환포로 기사가 쏟아졌다.

　이때 국내 언론은 1953년 4월 18일부터 포로협상 결과를 보도하면서 국군귀환포로를 '상병귀환포로병' 또는 '귀환포로'[9], '국군포

로’, ‘한국군포로’[10], ‘귀환군포로’[11] 등 다양하게 지칭했다. 상병포로
교환 뒤 같은 해 ‘6·18 포로대탈출’ 사건으로 한때 포로교환의 위기
를 맞았다. 우여곡절 끝에 국군과 유엔군은 “일반포로 귀환Operation Big
Switch(1953.8.5.~9.7.)”을 합의했다. 이를 앞두고 국방부는 국군귀환포로
호칭을 ‘귀환용사歸還勇士’로 통일할 것을 언론에 지시했다.[12] 그 뒤 국내
언론은 ‘귀환용사’와 국군귀환포로 등을 번갈아 사용했다. 정부의 지침으
로 나온 용어인 ‘용사’는 패자가 아닌 용맹스러운 군인임을 강조하고 ‘모
진 고통’을 이기고 돌아온 “충성스러운” 이미지를 부각시키려는 의도를
담고 있다.[13]

  그러나 국군귀환포로 출신 박진홍은 북한 수용소 경험담을 담은 『돌
아온 패자』에서 스스로를 패자로 인정하고 있다. 귀환 직후 박진홍은 용
초도로 가는 미군 LST 선상에서 이렇게 회고했다.

그림 1　소년병으로 보이는 국군귀환포로
일반 귀환포로들은 문산리에서 출발해 인천항을 거쳐 미군 상륙주정을 타고 용초도
소재 ‘귀환군집결소’로 이동했다.
출처: 육군기록정보관리단

"인천에 있을 때 5층 옥상에서 이북 포로수용소의 자치 위원장을 지낸 사람을 여럿이서 땅바닥으로 던져버렸다는 것이었다. 또 하나는 배를 타고 올 때 여러 사람이 동료를 바다에 던져버렸다는 등의 뜬소문이었다. (중략) 군중심리가 무서웠다.

"이놈은 나쁜 놈이다!"라는 누군가의 소리에 한둘만 동조해도 몰매를 맞게 되는 판이기 때문이었다. 통제기능을 잃은 상황에서는 아무런 대안이 없었다. 지금 생각하면 왜 그런 뜬소문이 있어서 모두가 공포에 떨었는지 모를 일이었다."[14]

이 글에서 '귀환용사'라는 이미지는 전혀 찾아볼 수 없다. 국군귀환포로 대부분은 판문점 포로교환 때 한국군 간부와 여러 인사들의 '따뜻한 미소'나 환영식 광경을 잊지 못하고 있었다.[15] 그러나 그들은 용초도로 내려가는 선상에서 뜬소문과 공포에서 나온 긴장감까지 더해져 혼란스러움을 벗어날 수 없었다. 앞서 "상병포로 교환"으로 제36육군병원에 수용된 귀환포로들은 가족의 개인적 방문과 신문기자의 회견 금지까지 당하고 있었다. 8월 5일 이후 국군귀환포로는 판문점에서 인천으로 이동해 다시 용초도까지 긴 뱃길을 가면서 가족과의 접촉조차 할 수 없었다. 그 과정에서 대부분 국군귀환포로는 곧장 고향에 돌아가지 못한다는 심리적 불안감과 '혹시 문초나 심문을 받을지 모른다'는 공포감에서 벗어나지 못했다.

2) 국군포로, 돌아온 자는 얼마나 되나

유엔군과 북·중 군사대표단은 두 차례에 걸쳐 포로교환을 했다. 1차 상병포로 교환은 전체 648명 중 한국군 471명, 미군 149명, 영국군 32명, 기타 31명이다. 국가별·날짜별 귀환포로 현황은 표 1과 같다.

표 1　1953년 4월 20~26일 상병포로 귀환자 현황[16]

날짜	횟수	처리 시간		국가	운송수단	
		도착	출발		들것	구급차
4.20	1	0855	0945	한국군		25
	2	0855	0945	유엔	4	21
4.20	3	1100	1130	한국군	4	21
	4	1100	1130	유엔	4	21
	소계				12	88
4.21	1	0900	0925	한국군	4	21
	2	〃	〃	유엔군	3	22
	3	1100	1125	한국군	4	21
	4	1100	1125	유엔군	4	21
	소계				15	85
4.22	1	0900	0920	한국군		25
	2	〃	〃	〃	4	21
	3	1100	1118	〃		25
	4	〃	〃	〃	8	17
	소계				12	88
4.23	1	0855	0920	한국군		25
	2	0855	0920	유엔군	10	15
	3	1100	1120	한국군	1(여성)	25
	4	1100	1120	한국군	18	82
	소계				18	82
4.24	1	0902	0923	한국군	8	17
	2	〃	〃	유엔군		25
	3	1100	1120	한국군	4	21
	4	〃	〃	유엔군	4	21
	소계				16	84
4.25	1	0902	0923	한국군	8	17
	2	〃	〃	유엔군		25
	3	1100	1120	한국군	8	17
	4	〃	〃	한국군	5	20
	소계				21	79
4.26	1	0902	0923	한국군	8	17
	2	〃	〃	한국군	8	17

날짜	횟수	처리 시간		국가	운송수단	
		도착	출발		들것	구급차
4.26	3	1100	1120	한국군	4	17
	4	〃	〃	유엔	1	12
	소계				21	63

국군귀환포로의 더 상세한 현황을 보자. 1953년 4월 14일 상병교환 귀환자 인수처리본부(훗날 귀환군인수처리본부) 본부장에 임명된 최석崔錫[17] 준장은 포로가 장교 15명, 사병 409명, 해병 13명, 타 기관 34명이라고 국회에 보고했다.[18] 더 자세한 분류를 보면 표 2와 같다.

표 2 　국군귀환포로 중 상병포로 계급 및 연령현황[19]

성격별		계급별		연령별	
구분	인원	계급	인원	나이대	인원
보병	377	중위	4	19세	2
포병	20	소위	11	20-24세	178
공병	9	상사	5	25-29세	224
통신	6	중사	23	30-34세	54
의료	7	하사	18	35세 이상	11
헌병	3	일,이병	298	미상	2
보급	1	해병대	13		
해병	13	군속	64		
군속	33	민간인	1		
모름	2	전체	436		471

또한 상병포로의 질병 상황은 결핵 84명, 기관지염 40명, 동상 39명, 관통상 74명, 파편 72명, 늑막염 15명, 위장병 33명 등인데 내과 187명이었다. 그러나 초기에는 계급과 상병별 통계 수치가 불명확했다. 그 뒤 귀환포로의 심문 과정에서 정확하게 밝혀졌다. 그 원인은 국군포로가 북한 내 수용소에서 북한인민군에게 신분을 감추고자 거짓 진술한 경우가 많았기 때문이다. 북·중 대표단이 유엔군에 통보한 명단 중 계급이나 연령

및 상병 표기가 없는 사례도 있었다.[20] 민간인 1명은 이광애李光愛(당시 26세)이며 군속이지만 민간인으로 분류되었다.[21]

국군귀환포로 중 일반포로는 9월 10일 유엔군 사령부와 극동사령부에 보고된 최종보고서에 따르면 9월 9일 24시 현재 12,760명이고 그 가운데 한국군은 7,848명이다. 자세한 내용은 표 3과 같다.

표 3   한국군 및 유엔군 귀환포로 현황[22]

국가별	귀환인원	북한 내 수용소 잔류인원 추정치
미국	3,597	944
한국군	7,848	2,410
호주	21	9
캐나다	30	3
남아프리카	8	8
뉴질랜드	1	0
영국	945	19
벨기엘	1	3
콜롬비아	22	2
프랑스	12	0
그리스	2	1
네덜란드	2	0
필리핀	40	0
타이	0	0
터키	228	4
그 외(일본)	3	0
총계	12,760	3,404

표 3의 '북한 내 잔류인원'은 귀환 포로의 개별 진술로 나온 수치였다. 유엔군 군사정전위원회는 북한 내 수용소에 잔류하고 있는 인원 3,404명의 명단을 북·중 대표단에 통보했다.[23] 하지만 쌍방의 귀환포로 인원은 포로의 대우 문제, 제네바협약 위반과 정치 선전전에 휘말리면서 제대로

다뤄지지 않았다.

미귀환포로 문제는 휴전 협상 뒤에도 쉽게 사그라지지 않았다.[24] 최석 준장이 국회에 보고한 자료를 보면 전체 귀환포로는 7,861명이다. 계급별로 보면 장교 262명, 사병 6,392명인데 장교는 대령·중령·소령 각각 1명, 대위 14명, 중위 59명, 소위 119명이었다.[25] 언론사는 이름, 계급, 나이, 포로 당시 부대명, 포획장소, 포획 상황, 출신지 및 주소, 한국의 친인척 관계, 교육, 수용소 시설이나 음식·의료지원 상황, 포로편지 수취여부, 귀환한 소감 등을 다루었다.[26]

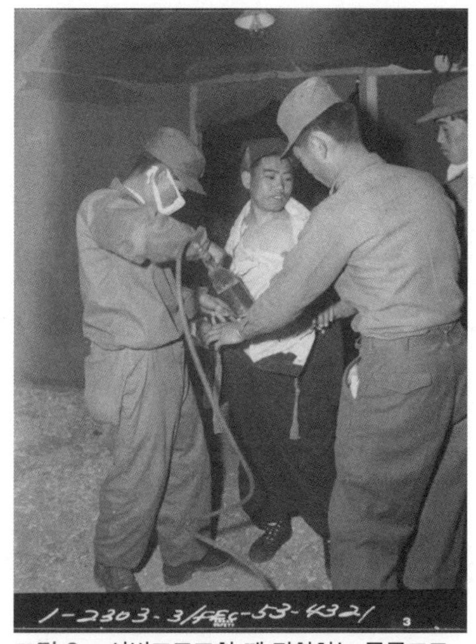

그림 2 상병포로교환 때 귀환하는 국군포로
1953년 4월 25일 문산리 제5한국군 육군이 동외과병원에 도착해 DDT 방역을 받고 있는 귀환군 포로.
출처: RG111-SC-421975

앞의 국군귀환포로 중 상병포로는 애초 영천 자유의 집에 수용한다고 했으나 서울 용산 제36병원36th Army Hospital으로 이동했다.[27] 1953년 8월 5일 이후 국군귀환포로는 거제도포로수용소 분소 용초도 포로수용소에 전원 수용되었다. 또한 제36육군병원 6병동에 있던 국군귀환포로는 완쾌된 상태에서 용초도로 이동해 재교육을 받았다.[28] 이들 국군귀환포로들은 귀환과 동시에 원대 복귀할 수 있다는 희망을 갖고 있었다. 또 일부는 고향에 돌아가 새로운 삶을 꿈꾸고 있었다. 그러나 북한 내 수용소에서 '부역자'로 낙인된 일부 귀환포로는 자신이 '대한민국 국군 용사'라는 것을 증명해야 했다. 이처럼 귀환포로는 막연한 '패자' 인식과 '애국자'여야 한다는 경계에서 충돌하고 있었다.

3. 용초도 포로수용소와 국군귀환집결소의 중첩된 경계

1) 인민군포로수용소에 귀환군 집결소 설치되다

1953년 8월 5일 다시 포로교환이 시작되면서 국방부는 언론에 "국군귀환포로를 거제도에 이송해 3개월 동안 정신교육과 재훈련을 실시한다"고 발표했다.[29] 이미 국군귀환포로 중 부상자는 제36육국병원에서 치료뿐만 아니라 "정훈장교들로부터 사상교육"을 받고 있었다.[30] 최종적으로 1953년 9월 12일 국방부 보도과는 9월 10일부터 "국군귀환포로 재훈련을 통영군 한산면 용초도 귀환군 집결소에서 12월 5일까지 3개월 동안 실시한다"고 밝힌다.[31] 그럼 왜 재교육 장소가 용초도이며, 귀환군 집결소는 어떻게 설치되었는지를 살펴보자.

지금의 경상남도 통영시 한산면 용호리 용초도는 한산도에서 남쪽으로 1km 해상에 위치하며, 부근에 추봉(봉암도), 비진도·미륵도 등이 있다. 이 섬 중앙에 수동산秀東山(174m)이 있고 주변은 구릉성 산지가 대부분이다. 또한 섬의 동쪽에 호두 마을, 남쪽에 용호리 작은 마을과 북쪽의 큰 마을은 한산면 소재지 진두, 의암 마을과 마주하고 있다. 작은 마을 뒤편 넘어 비진도와 마주보는 산지는 큰논골이라고 부른다. 이 큰논골 부근은 용초도 포로수용소 제3구역이다. 용초도는 한산도, 추봉도(유엔 제1C 민간인억류자수용소), 거제시 남부면 저구리(유엔 제1B포로수용소)와 가까운 거리에 있다. 예로부터 물이 풍부해서 조선시대 대마도인들의 무역 중간 기착지라고 알려져 있다.[32]

한국전쟁기 용초도는 유엔군의 포로 분산과 분리정책에 따라 1952년

6월 20일 최종적으로 북한 인민군 장교들을 수용하기로 결정된 곳이다. 1952년 6월 12일 해군 수중 폭파팀이 수중과 해변, 마을 조사를 마쳤다. 용초도 포로수용소는 6월 16일부터 8월 22일까지 3개 구역과 16개 수용동과 부속건물 등을 포함해 총 187개 시설물을 세웠다.[33] 1952년 6월 19일부터 1953년 8월 4일까지 운영되었으나 국군귀환집결소에 넘어가면서 1954년 3월까지 시설물은 그대로 남아있었다.

국군귀환포로가 재교

그림 3　　1954년 3월 미 극동사령부에서 촬영한 용초도 귀환군 집결소 전경
그 이전 용초도는 북한인민군 장교들을 수용한 유엔 제1B 용초도 전쟁포로수용소였다.
출처: 국방부 지리정보단

육을 받은 귀환군집결소歸還軍集結所는 1953년 8월 5일 용초도 포로수용소 제1구역(용호리 작은 마을, 용초도 포로수용소 사령부)과 2구역(용호리 큰 마을)에 설치되었다. 집결소는 제1, 2, 3收容隊로 나눠져 있었다. 집결소 운영 및 관리는 헌병사령부(책임자 대령 조흥만曹興萬[34])와 육군 특무대가 관할하고, 경비 책임은 용초도 포로수용소의 마지막 경비책임 부대 제9경비대대 1~5중대(4중대 제외)가 맡았다. 9경비대대(본부중대 중대장 육군 소위 장상오張相午)는 1953년 8월 1일 관구사령부 작전명 제31호에 의거 8월 7일 해당 사령부로부터 배속 해제됨과 동시 육군본부 작전지휘 제359호(1953.8.3.)에 따라 헌병사령부로 배속되어 "귀환

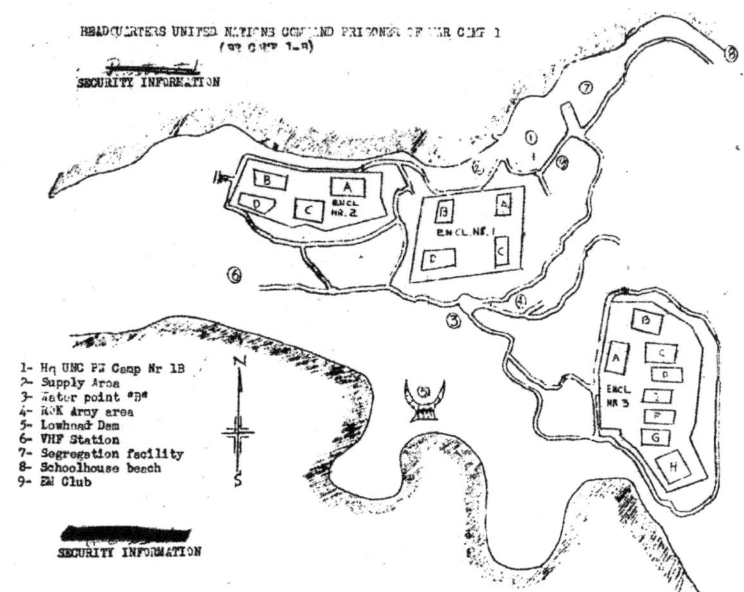

그림 4   1953년 1월 제1B 포로수용소 구역도

1953년 8월 4일 북한인민군 포로들은 용초도 포로수용소를 떠나 인천항으로 향했다. 다음 날 8월 5일 국군귀환포로들이 용초도로 들어왔다. 북한인민군들은 용초도를 '지옥도'라고 불렀다. 귀환포로 출신 박진홍은 용초도를 '지옥도'라고 회상하고 있다. 성격이 다른 두 포로 집단들은 용초도를 똑같이 '지옥도'라고 부른다[35].

장병 수용소 경비"를 담당했다. 이 결정에 따라 제1중대(중대장 육군대위 김용택金容澤)는 제3수용대 경비근무 담당, 제2중대(중대장 육군대위 송이호宋二皓)는 귀환군포로 수송 경비담당, 제3중대(중대장 육군대위 엄익선嚴翼善)는 1 및 2수용소 경비근무 담당, 제5중대(중대장 육군대위 길운송吉雲松)는 외곽경비 및 귀환군 사역경비근무 담당을 맡았다.[36] 그러다가 1953년 10월 31일 9경비대대 1, 3, 5중대는 남원으로 이동하고 2중대만이 용초도 귀환군 집결소 건물 경비 등을 담당했다. 9경비대대 제2중대는 1954년 4월 13일까지 용초도에서 整備敎育을 계속하고 있었다.

2) 집결소에서 '지옥도' 생활

귀환군집결소는 정훈, 보급, 노역 등 주요 부서를 두었다. 정훈과는 사상교육과 각종 훈련을 담당했다. 보급은 의복 및 매점(주보酒保) 등을 담당했다. 노역은 집결소 주변의 청소 등을 주관했다. 그 외 가족면회소가 별도로 운영되고 있었다. 귀환군 집결소에 있었던 박진홍은 어떻게 기술하고 있는지 살펴보자.

> 용초도에 도착한 다음날 아침 전원이 운동장에 모였다. 단상에서 훈시하는 군인에게 주목했다.
> "나는 이곳 소장인 헌병 대령 조흥만(국회의원, 작고)이다!"
> 이 첫 말에 나는 갑자기 밝은 곳에서 어두운 낭떠러지로 떨어지는 것만 같았다. 보병 장교가 아닌 헌병이 왜 우리를 관할하는가? 우리가 죄인인가? 우리는 국군이었다. 부대 이름이 있어야했다. 그런데 부대 이름도 없고 간판도 없었다. 우리는 세상과 격리된 남해의 섬 용초도에, 그것도 인민군 포로수용소에 언제까지라는 기약도 없이 그렇게 수용되고 말았다. '나의 조국 대한민국은 무엇 때문에 우리를 외딴 섬 용초도에 가둬놓고 철조망까지 둘러치고 있는 것일까?'[37]

박진홍의 회상은 자신과 대부분 귀환포로가 용초도 포로수용소에 '격리'된 공황상태였음을 보여주고 있다. 국군 귀환포로와 함께 돌아온 미군과 대만, 북한에 송환된 포로들은 어떻게 다른 모습이었을까. 미군 귀환포로들은 대규모 환영행사 조차 없었고 친지나 친구들과 만나는 정도였다.[38] 대만에 돌아간 미송환 포로들은 1953년 '한국으로부터 귀국한 반공의사접대주비회接待由韓回國反共義士籌備會'에서 마련한 환영식에 참여했다.[39] 북한 송환 포로들은 「김일성장군의 노래」를 부르면서 연도에 환영 나온 인민들에게 만세와 노래로서 호응했다"고 한다.[40]

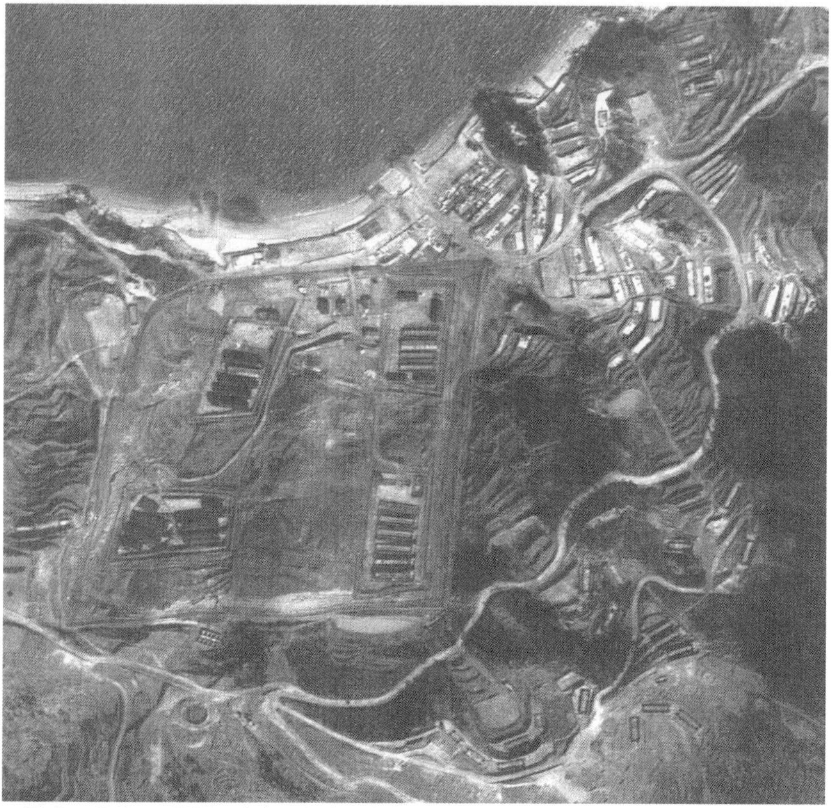

그림 5　용초도 귀환군 집결소의 헌병사령부 모습

과거 용초도 제1B 포로수용소 제1구역과 포로사령부 건물이 보인다.

출처: 국방부 지리정보단

그림 6　용초도 귀환군 집결소 제3수용대 모습

출처: 국방부 지리정보단

용초도 귀환군집결소는 과거 용초도 포로수용소에서 사용한 건물과 운동장, 방송시설뿐만 아니라 매점PX, 酒保까지 그대로 사용하고 있었다. 국방부는 "집결소에서는 귀환용사들에게 충분한 급양을 주고 있는바 식사 피복 기타 일용품 보급에 있어서는 현역 국군보다도 한층 우대를 하고 있으며 매일 운동경기 등으로 체육향상에 힘쓰고 있고 방역설비도 현대적으로 완비"[41]되어 있다고 언론을 통해 선전했다.

그러나 일반 귀환포로 교환을 앞두고 정부는 1953년 7월 31일 서울시청에서 지방 장관 및 각도 경찰국장 연석회의를 열었는데 민심계도와 함께 "귀환포로의 그간의 수난을 성심으로 위로하고 再起 奉公할 愛國心의 喚起와 아울러 따뜻한 同胞愛를 인식시키기 위하여 관계 각 시도에서는 언제든지 官民을 動員하여 大大的으로 歡迎할 수 있도록 할 것"[42]을 결정했다. 정부의 시각은 두 가지다. 하나는 '재기 봉공할 애국심 환기'에 있다. 이 뜻은 북한 내 포로수용소에서 "공산주의 훈련에 젖은" 국군포로들을 재교육시켜 "국민으로서 포섭"한다는 것이다. 두 번째는 귀환포로들에게 '동포애'와 '대대적 환영'을 통해서 '민심계도'하는 것을 염두에 두고 있음이다. 국군귀환포로는 아군이지만 '적의 포로'였다는 이분법 구별 짓기에서 자유롭지 못했다. 따라서 정부는 귀환포로들을 '공산주의 세뇌교육'에서 벗어나도록 '教化善導'되어야 한다고 보았다. 이런 시각은 귀환포로들에게 '패자'의 인식을 확산시키는데 주효했다고 볼 수 있다.

4. 국군귀환포로들의 사상 심리전

1) 반복되는 심문에서 살아남기

1953년 8월 6일 판문점 해방촌Liberty Village에서 육군총참모장 백선엽은

"光明의 大韓民國 품으로 돌아왔다. 戰友와 家族親舊들은 雙手를 들고 歡迎한다. 戰友들 中 敵의 强壓에 못이겨 本意안인 行動이 있었다하여도 忠心으로 反省하고 大韓民國에 忠誠을 盟誓하면 戰友들의 前導는 揚揚할 것이다."라고 귀환한 국군포로에게 일장 연설했다. 백선엽이 말한 '반성'과 '충성'의 맹세는 국민과 비국민을 가르는 것과 같았다. 이날 귀환한 朴石泰 하사는 "大韓靑年의 意志는 꺾지 못하리라"고 머플러에 혈서로 쓰고 백선엽에게 제시하면서 "다시 軍務에 服務할 것을 哀願"했다.[43] 이 장면은 한국전쟁 직후 국민보도연맹원의 혈서 입대와도 같은 장면이다. 박석태의 혈서는 변화하지 않은 대한민국 국민이라고 증명하는 행위였다.

귀환포로의 '복무 애원 혈서'에도 불구하고 국방부는 귀환포로 전원을 "정신훈화, 사상강좌, 정치토론회 등 정훈교육을 실시하고 군가 보급단을 동원하여 새로운 군가를 지도"하기로 결정했다. "사상적으로 확고한 이념을 체득한 용사들은 아무런 차별없이 대한민국 국민으로서 포섭될 것"이라고 누차 강조했다. 그럼 국방부의 발표대로 국군귀환포로들은 정훈교육과 매일 운동경기 등으로 체위향상에 힘쓰고 있었을까.

헌병대사령부는 1953년 4월 7일 미 8군과 함께 모든 귀환포로의 심문 계획을 수립했다. 이 계획은 국군귀환포로와 미군 귀환포로 심문 가이드 및 질문지를 작성할 것을 담고 있다. 심문 내용을 간략하게 보면 북한 인민군의 군사정보 관찰(비행장, 해군기지 수리 공장)과 포로수용소 현황(막사, 저장소 및 공급 현황)[44], 수용소 내 세뇌교육 상황, 적의 간첩 및 정보시스템, 적의 점령 지역에서 건강과 적 군대 또는 민간인의 의료 서비스, 전쟁범죄와 잔학행위 등 전체 26개 항목이었다.[45] 이 심문은 미 8군 정보(G-2)에서 최종책임을 맡았다. 국군귀환포로 심문은 1953년 4월 20일부터 제3(새 말, 제3보병사단), 201(의정부, 1군단), 209(11군단), 308(서울, 10군단) CIC파견대 및 육군특무대원이 제36육군병원과 용초도 귀환군 집결소에서 시행했다. 1953년 4월 28일 대령 위네크(R. H.

Wienecke)는 국군귀환포로 71명의 심문을 완료한 상태이며 앞으로 전체 국군귀환포로로 확대한다고 유엔군사령부에 보고서를 제출했다. 심문 과정에서 나온 정보나 자료는 그대로 유엔군사령부에 즉시 보고되었다.

그럼 제36육군병원과 용초도에서 진행된 대표적인 국군 귀환포로의 심문 내용이 무엇인지 살펴보자. 매우 중요하다고 판단될 경우는 심층 심문이 진행되었다. 심문보고서는 제출일과 사건명을 제외하면 세 부분으로 나눠진다. 첫째, 식별 자료는 귀환포로의 성명, 군번 또는 포로번호, 인종(국가), 등급(비밀정보 취급유무), 군인 또는 민간인, 직책 및 직무, 생년월일, 출생지, 근무처 및 부대 주소, 본적 및 현 주소, 포획된 날짜 및 시간, 장소 등이다.

둘째, 통제통계CONTROL DATA는 심문관(한국군 CIC 파견대), 통제 장교(미 8군 G-2 장교)의 인적사항이 담겨 있다. 셋째, 심문자료는 심문 요청 부서 또는 부대, 심문 사유(국군귀환포로들의 공산주의 세뇌 효과의 유형과 범위 및 포획된 포로 및 위험인물의 심사에 대한 필요성), 심문 날짜, 지위, 심문 개요, 배포선, 검토, 검토자의 성명과 제목, 서명 등이다.[46] 또한 심문 요원이 직접 작성한 「요원보고서AGEN REPORT」는 용의자의 성명 또는 사건명, 제출일, 관리번호, 조사결과보고서, 심문관의 성명과 특별요원의 조직, 요원의 서명 등을 담고 있다.

간략하게 심문보고서와 요원보고서 중에서 국군귀환포로들이 진술한 몇 가지 내용을 살펴보자. 몇 건의 심문보고서 가운데 국군 특무대가 작성한 것이다. 1953년 9월 4일 미 8군 CIC 스탈링스(William T. Stall-ings)는 국군 특무대에서 작성한 심문 보고서를 보고 "두 명의 한국군 포로는 인민군에 의해 포획된 이후 한국군 12사단 내에서 간첩행위와 암살 임무를 수행했다. 그들은 자신의 의도와 상관없이 거부할 수 없는 상황이었다"고 주장했다. 즉 국군귀환포로는 간첩행위와 암살이 북한인민군의 강요에 의한 불가피한 행위였다고 밝혔다.

또한 북한의 신안주 포로수용소 내 한국군 포로들은 정치세뇌를 받았다고 진술했다. 한 국군포로는 미군 CIC 심문에서 인민군에 가입했다는 이유로 자발적으로 미 제40사단에 자수했다고 말했다. 그는 만주와 북한에서 공산주의 세뇌 교육과 군사훈련을 받았다고 시인했다. 또 다른 두 명의 국군포로는 북한 내 수용소에서 정치세뇌교육을 받고 인민군에 협조했음을 시인했다. 1953년 6월 24~25일 제36육군병원에서 미 8군 G-2 특별요원 존스James F. Jones와 노이만Phillip Neuman(제201 CIC파견대 상사)이 제308 CIC 파견대308th CIC Detachment에서 이○현(1929년생, 강원도 출신) 등을 추가 심문해야 한다고 결론을 내렸다.[47] 다른 국군포로들을 북한인민군에 인도하고 정치세뇌교육에 간여했다는 이유였다.

요원보고서에 나온 몇 가지 사례를 보면 6월 18일 제308 CIC 파견대는 4월 23일~5월 31일까지 471명의 상병 국군귀환포로 심문과정에서 북한 내 각 수용소 현황[48]과 잔류한 국군포로 인원, 북한인민군의 정치세뇌교육뿐만 아니라 수용소 자치위원장이나 주요 간부들의 정치활동 등을 고발했다. 이 심문은 귀환군포로 내 '적 협력자' 색출 작업 일환이었다. 그리고 심문 요원들은 북한 수용소 내 '반공공산주의 조직'이 어떻게 구성되었는지, 그 책임자가 누구인지도 파악하고자 했다.[49]

한 명의 국군귀환포로는 1946년 남한노동당의 회원이었고, 일본 도쿄 소재 재일조선인 조직(재일조선인연맹)에서 북한 스파이로 활동하고자 일본에 밀항했다. 이 포로는 재일조선인연맹에서 운영하는 정치학교에 참석 후 국군에 자원 입대해 스파이와 파괴 임무를 수행할 수 있도록 권한을 부여 받았다. 그는 북한의 정치보위부에서 작성한 도쿄 지역정보부tokyo area intelligence section의 조직도를 제공했다.

이와 유사한 사례는 박진홍 체험기에서 확인된다. 박진홍은 화풍 광산 포로수용소에서 만난 백군이라는 사람을 회상했다. 그는 백군이라는 귀환국군포로가 철도복구 작업대에서 일하면서 인민군 전사 계급장과

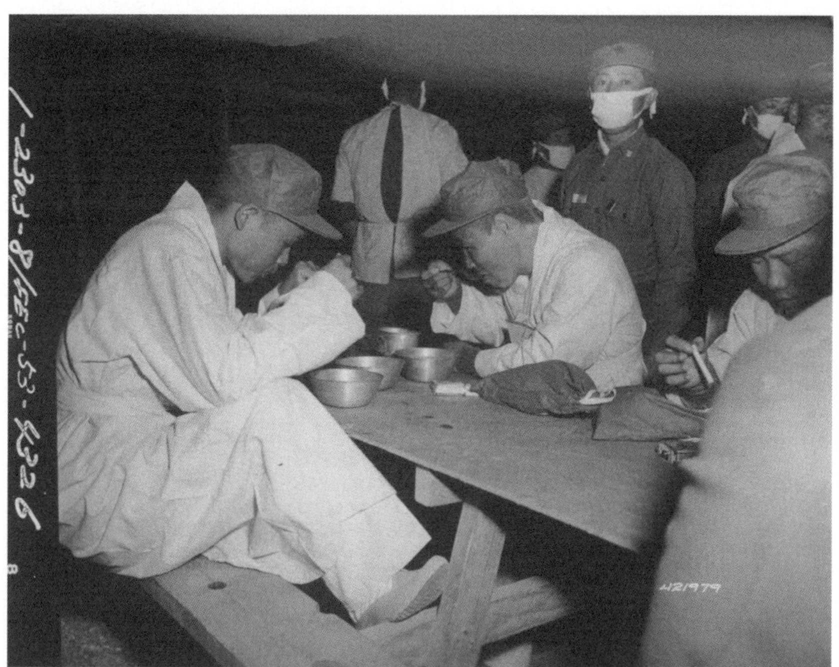

그림 7　귀환직후 한국군 텐트에서 스프를 먹고 있는 귀환포로들

1953년 4월 25일 귀환포로들이 제5 육군이동외과병원 텐트에서 스프를 먹는 장면이다.
출처: SC-421979

월급까지 받았다고 적고 있다.[50] 또한 그의 책에는 용초도 귀환군 집결소
에서 사상검증 결과를 놓고 귀환군 포로끼리 폭행하는 사건이 나온다.

사상검증 심사가 끝나고 잠잠하던 어느 날 한밤중에 신음 소리와 고성이 오
고갔다. 급히 밖에 나가보니 여러 사람이 한 동료를 둘러싸고 발로 차고 때리
고 있었다. 내가 물었다.
"왜 사람을 때리노?"
"이놈이 자치위원장 안했는교!"
그 소리를 들은 모두가 때리지 말라고 말렸다. 말썽을 일으키고 있는 동료들
은 포로가 된 지 얼마 안 된 것 같았다. 내가 있던 포로수용소에는 자치위원
장이 없었다. 우리 같은 소위 고참 포로들은 서로가 이해하고 지냈기 때문에

점잖은 편에 속했다.[51]

이처럼 국군귀환포로 중에는 북한의 수용소 내에서 '자치위원장'을 맡아 활동한 사례도 있었다. 이런 활동은 전우끼리 적과 아군을 구분하는 결과를 초래하고 말았다. 한국군과 미군의 심문은 같은 국군귀환포로 사이의 갈등을 증폭시키는 결과를 낳았으며 더 큰 사건으로 이어지는 계기가 되었다. 또한 사상검증 이후 귀환군포로들은 재분류와 재교육 프로그램을 통해 생존경쟁에서 살아남아야 했다.

국군귀환포로와 유사한 사례는 대만과 중국의 인민지원군 포로에서 나타나고 있다. 1954년 2월 21일 대만에 거주한 14,282명의 중국인민지원군 포로들은 '반공의사취업보도처 反共義士就業輔導處'라는 조직에 들어가 대대 단위로 4단계의 각종 훈련과 교육을 받았다.[52] 교육내용은 심화연구(삼민주의를 중심으로 하는 반공교육), 좌담 및 소조토론(자기소개 등),

그림 8　(좌) 문산리에 도착한 국군귀환포로

1953년 8월 16일 판문점에서 출발해 문산리 자유의 마을에 도착한 귀환포로들이 최덕신 소장과 함께 포즈를 취하고 있다. 트럭 안에 있는 귀환포로들은 어두운 표정이다. 그 반면 최덕신은 환한 표정을 짓고 있다.

출처: RG 127-GK-65

그림 9　(우) 1954년 1월 22일 대만에 도착한 중국인민지원 포로들이 정부의 환영식에 참석했다.

참관활동(군사설비 및 명승고적 관람), 자유글짓기(한국·중국 본토에 대한 방송 원고 및 선전운용 자료 작성) 등이다.[53]

중국에 귀환한 인민지원군 포로들은 '지원군 생포귀래인원관리처 支援軍生捕歸來人員管理處'에서 중국정부에 '자발적 해명자료' 제출과 '혹독한 심사'를 받아야 했다.[54] 장저스 張澤石, CHANG CHAI SHIH(1929년생, 포로번호 63NK 730050)[55]는 소속

그림 10　1952년 6월 거제도포로수용소 최고감옥에 수감되기 직전 촬영된 장저스의 모습

부대명과 군번을 적군에 알린 것과 "생포된 후 배고품을 견지 못해 번역일을 하면서 적군의 일을 도"운 내용을 진술했다. 특히 중국군은 그에게 서로 전우의 잘못을 폭로하거나 배신자 또는 간첩 행위자들을 실토하도록 강요받았다.[56] 결국 그는 군적만 인정받고 공산당원의 당적이 박탈되고 말았다. 국군귀환포로와 대만, 중국에 거주한 포로들은 동료 포로들의 고발과 '자발적 해명'이라는 검증을 통과해야 했다. 검증된 포로는 다시 '반공'의 정신개조와 각종 사상 심리전에 이용되어야 했다.

2) 사상검증에서 '국민'되기

용초도 귀환군집결소에서 실시된 재심사와 재교육프로그램은 정신훈화, 사상강좌, 정치토론회, 군가보급 등이다. 재심사는 사상검증에서 시작되었다. 애초 육군은 국회에 보고하기를 귀환군포로들을 전원 본인 희망에 따라 처리한다고 밝혔다. 그러다가 국방부는 다시 국회에 "전원 입대시킨다"고 육군의 입장과 달리 보고했다.[57] 그러나 모든 귀환포로들이 재입대

한 것은 아니었다. 앞에서 언급한 대로 상당수 귀환포로들은 심문과 사상 검증과 재심사 과정을 거치면서 제대 또는 재입대, 기소자나 사망자까지 다양하게 나왔다.

국군귀환포로는 용초도에서 어떤 방식으로 사상검증을 받았을까. 귀 환포로 출신 박진홍의 체험기에서 일부 그 내용을 알 수 있다.

> 용초도에서 사상검증이 시작됐다. 1950년대만 해도 공산주의자에게 며칠이 라도 교육을 받았다고 하면 모두가 빨갱이가 된다는 게 상식이었다. 사상검 증은 우리가 당연히 겪어야 했던 과정의 하나였던 것이다.[58]

박진홍의 기술대로 용초도 귀환군집결소에서 사상검증은 누구나 피 해 갈 수 없는 통과의례가 되었다. 귀환포로들은 사상전의 최전선 북한포 로수용소에서 어떤 역할을 했느냐에 따라 '투철한 반공투사'인지 아니면 '북한의 협조자'인지를 검증 받아야 했다. 유사한 성격을 지닌 6·18 대탈 출 포로들은 '철저한 반공투사'인지를 확인하는 재심사와 감시 속에 살았 다. 육군 인사국 차장 대령 정강鄭剛은 1953년 8월 6일 6·18 탈출 포로 들의 처우에 관해서 다음과 같이 계획을 수립했다. 정강은 "그들을 放任 하라는 것은 아니며 身分과 思想 等이 確實히 判明될 時까지는 계속 隱 密裡에 內査를 實施하여야 할 것이다."라고 지적하고 특무대에서 '사상 감정 내사'를 주장했다.[59] 1953년 12월 28일 육군본부 대대장 회의에서 6.18 탈출 포로들의 사상감정 방법이 제시되었다. 정보국장은 제 1, 3신 병보충대대에 소요 인원을 파견해서 장정입대수속에 준하는 CIC심사와 군정보대MIS 심사로 나눴다. CIC 심사는 개인자력 및 신상조사, 기타 필 요한 사항 등이 포함되었다. MIS의 심문은 월북자 동정 심문, 공산 등의 설득공작 및 선전공작실황, 포로들의 조직 및 활동실황, 중립국감시 등에 관한 특보 등을 질문했다.[60] 이처럼 귀환포로들은 6·18탈출 포로와 유사

하게 미군과 한국군 CIC
로부터 두 차례 심문을 받
았고, 의심스러운 일부만
이 재심문을 받았다. 다만
국군귀환포로들은 6·18
탈출 포로와 달리 지속적
인 감시를 받지 않은 것으
로 보인다. 용초도에서 사
상검증 전후 박진홍은 다
음과 같은 불안감에 휩싸
였다.

우리는 사상검증을 받을
수밖에 없었다. 모두가
불안감에 휩싸였다. 만일
빨갱이로 낙인찍힌다면
대한민국에서는 출세 길
도 살 길도 막히는 것을
의미했다. 살아도 죽은
사람과 같은 것이다. 심

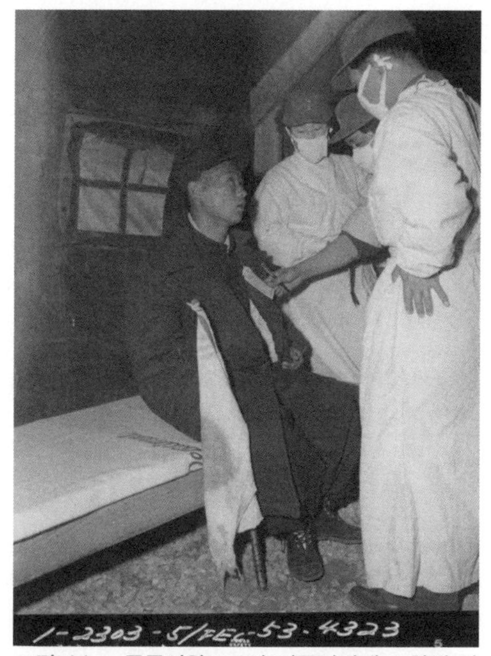

그림 11　　국군귀환포로가 이동병원에 도착해 신
분확인을 받는 모습

1953년 4월 25일 한 귀환포로는 외과의사들로
부터 제5육군이동외과병원 텐트에서 포로 등록
표를 확인하고 있다. 귀환포로는 '대한민국 국
민'임을 증명하는 듯 흰 천에 태극기를 그린 깃
발을 들고 있다.

출처: RG111-SC-421976

사관의 판정에 따라서 생사가 결정이 되었다. 심사가 시작되면서 수용소
에서는 초긴장이 흘렀다. 심사를 마치고 나오는 동료를 둘러싸고, 심사관
이 무엇을 물었으며 뭐라고 대답했는가를 불안한 표정으로 물어보았다.
며칠 후 내 차례가 됐다. 심문관 군복에는 계급장이 없었다. 심문관은 북
한에 있을 때의 행적에 대해서 물었다. 또 수용소에 있었던 일시와 그 장
소를 물었다. 수용소의 정확한 위치 등은 알 수 없다고 답하자 심사관은
이상한 눈초리로 나를 쳐다봤다. 소문에 의하면 판정은 A, B, C로 나눠진

다고 했다. 그렇지만 내가 어디에 분류됐는지 알 길이 없었다.

대부분 귀환포로들은 사상검증으로 매우 불안한 상태였음을 알 수 있다. '판정' 즉 분류는 A, B, C 혹은 갑, 을, 병으로 나눠졌다. 용초도 귀환군집결소의 관리는 헌병사령부가 맡았지만 심문은 CIC가 감독했다. CIC(특무대)의 후신 국군보안사령부(지금의 기무사)에서 편찬한 기록은 귀환포로 재심사와 분류를 구체적으로 언급하고 있다. 특무대는 귀환한 국군이 7,862명(육군 인참부 기록에 7,861명으로 1명이 더 증가함)으로서 "이들이 一律的으로 歸還後의 北傀 支援活動 指令을 받았으며 一部는 特殊指令까지 받고 南下하였기 때문에 當部隊(陸軍特務隊-필자주)에서는 이들 中 7,862명(重傷者 및 死亡者 除外)에 對한 審査를 實施하여 甲, 乙, 丙種으로 分類"했다고 한다.[61]

특무대의 분류기준은 다음과 같다. 갑종은 "思想이 穩健한 者로서 軍에 復歸시켜 再服務하여도 無妨하다고 認定되는 者"이며, 을종은 "在北當時 惡質行爲를 敢行하였거나 南下時 特殊指令을 받은 者로서 改悛의 情이 無하여 依法 處斷함이 妥當하다고 認定되는 者"였고, 병종은 "思想 또는 健康面으로 보아 前記 甲, 乙에 各各 該當하지 않음으로 除隊 또는 歸鄕시킴이 加하다고 認定되는 者"였다. 그 심사 결과 갑종이 794명, 을종이 593명, 병종이 6,460명으로 나타났다.

특무대는 "국가정책상 을종으로 분류된 자 중 극히 악질적인 자만을 처단하고 나머지 인원은 관대히 처분 조치"했다고 한다. 특무대는 사법처리되지 않은 을종 469명의 심사기록을 별도 선발해 "간첩색출 활동에 이용했다고 밝혔다. 전체 593명 중 469명을 제외한 124명은 '의법처단'된 것이다.

그러나 육군본부 인사참모부의 인원 통계는 전혀 다른 결과였다. 표 4는 심사 이후 국회에 보고된 결과이다.[62]

표4   육군본부 인사참모부의 인원 통계(1954.1.12)

구분	장교	사병	타 기관	계
징집특명발령자(재복무)	255	6,139		6,394
입원특명발령자	7	253	21	281
기소대상자	2	48		50
사망		14	2	16
미소집자(불응)		261		261
귀향(민간인)			736	736
제대 신청 중 (적령대상, 36세 이상)		123		123
인수 총인원	264	6,838	759	7,861

진하게 표시된 기소대상자는 전체 50명에 지나지 않는다. 특무대가 밝힌 결과와는 전혀 다른 수치이며, 사망자까지 포함해도 턱없는 수치라고 하겠다. 또한 표 5에 나온 상병 귀환포로의 수치를 보면 전체 471명 중 기소자 2명, 사망 8명을 총 10명을 제외하면 복무자 보다 제대자가 월등하게 많다. 국방부의 보고를 받은 국회 국방위원장 임홍순任興淳 의원은 1953년 9월 23일 제16회 국회 임시회에서 "귀환하는 용사로 하여금 국회에서 신분보장을 대한민국 헌법에 의지해서 완전히 보장한다는 말을 듣고 자기도 감격해서 눈물을 흘리는 것을 보았다."고 "그분들을 조속히 자유로 해방할려고 생각하였으나 행정조치상 그분들을 통영 근처 용초도에 70명을 수용했던 것이다."고 밝힌다. 그는 "국방위원회에서 수차 당국과 협의했고 그이들을 하루바삐 행정조치인 심사를 간단히 마치고 자기 집에 돌아가도록 여러 번 교섭, 부산에서 각 도청 소재지에다가 인도해서 도청과 병사구사령부에 인도했습니다."라고 보고했다.[63] 임홍순은 국방부에서 보고한 자세한 인원과 향후 처리에 대해서는 구체적으로 밝히지 않았다. 다음 표 5는 상병포로의 현황이다.

표 5   상병(傷兵)귀환장병 인수처리 현황(1954.1.12)

구분	장교	사병	타 기관	계
인수 총인원	15	409	47	471
제대	7	325		332
재복무	5	46		51
귀향			28	28
기소	2			2
인계(해병대)			13	13
사망		7	1	8
입교 상신		5		5
입원 특명발령	1	9	5	15
나병환자		3		3
補大待期(제대상신 중)		14		14

표 4와 표 5에 나온 사망자가 병사인지 구체적으로 적시되지 않고 있다. 특무대가 '즉결처단'한 인원과 아주 적은 수다. 그럼 사망자는 어떤 경우일까. 또 '즉결처분'된 인원은 어떻게 처리되었을까. 앞의 사망자 사례는 다음의 글에서 유추해 볼 수 있다. 박진홍의 체험기에는 "날마다 10여 명이 목을 매달았다"고 적고 있다.

화장실 앞에 동료들이 모여 있었다. 웅성거리지도 않고 말없이 서 있었다. 무슨 큰 일이 난 것임에 틀림없었다. 어깨 너머로 화장실 광경을 보는 순간 천 길 만길 낭떠러지로 떨어지는 것만 같았다. 거기에는 밧줄에 목을 메달아 죽은 동료가 달려 있었다. 한둘이 아니었다. 한꺼번에 10여 명이 덩그렇게 대들보에 매달려 있었다. 등을 돌리고 있었기 때문에 누구인지 보이지는 않았다. 처참한 얼굴을 안 보이려고 등을 돌리고 죽은 것일까? <u>죽은 지 오래된 것 같았다.</u> 팔 다리가 힘없이 늘어져 있었다. 아무도 손을 쓸 생각도 하지 못한 채 그저 바라보고만 있었다. 비극은 다음날도 계속되었다. 목을 매단 사람은 전날에 비해 적었지만, 그래도 7~8명이었다. 다음날도 4~5명이 목을 매달았다. 그렇게 동료들이 차마 눈뜨고 볼 수 없이 처참하게 죽어갔다.[64]

위의 인용글은 용초도 귀환군 집결소에서 귀환포로들 다수가 자살한 사건을 묘사하고 있다. 첫 사건이 발생한 날로부터 매일 자살사건이 이어졌다. 근데 시신은 박진홍의 말처럼 '죽은 지 오래된 것 같았다.'라고 표현했는데 자살자가 아닐 수도 있다. 귀환군 집결소 철거 전후 다시 마을에 들어온 주민들은 한국군 경비병들과 자주 접촉할 수 있었다. 용초도에서 한산면 진두로 소개된 김남조는 "국군 포로들이 주로 1, 2구역에만 있었지. 육군 귀환병 한 사람은 자기 고향이 하포(한

그림 12　　상병포로교환 때 귀환한 국군포로
1953년 4월 문산리 자유의 마을에서 한국군 군의관과 헌병 등이 지켜보는 가운데 부상당한 귀환포로가 진료를 받고 있다.
출처: 육군기록정보관리단

산면-필자주) 마을인데 2구역 큰 마을에서 마주보이는 자기 집을 보곤 했다고 하데"라고 회상했다.[65] 다수 주민들은 "국군 포로들이 들어온 후로 밤만 되면 큰논골에서 총소리가 자주 나데요."라고 증언했다. 이 증언만으론 그 총소리가 특무대에서 밝힌 '즉결 처분'인지 구체적인 사실을 알 수 없다. 하지만 특무대는 을종 593명 중 469명을 '간첩색출 활동'이란 명목으로 구제하고 나머지 124명의 행방을 언급하지 않았다. 표 4에서 '미소집자(불응)'는 전체 261명인데 주로 휴가 간 후 소재를 파악할 수

없었던 인원이라고 한다. 따라서 '즉결처분'자들이 '미소집자(불응)'에 포함되지 않았는지 의심할 이유가 충분하다고 여겨진다.

5. 전쟁포로, 다시 존재를 묻다

국군 귀환포로들은 개전 초기부터 1953년 3월까지 북한인민군에게 붙잡혀 여러 지역의 전쟁포로수용소에 흩어져 수용되었다. 다시 휴전협정 논의 속에서 포로교환이 시작되었다. 전투 현장에서 살아남았고, 포로수용소에서 생존한 포로들은 그리운 고향 땅을 밟을 수 있으리라 믿었다. 1953년 4월부터 상병포로 교환과 8월부터 일반포로 교환 직후 국군 귀환포로들은 기쁨보다 긴장과 암울한 표정에서 벗어나지 못했다. 상병포로들은 육군병원에서 치료를 받으면서 심문을 받아야 했다. 일반포로들은 판문에서 인천항에 대기하고 있던 상륙용 주정(LST)선을 타고 과거 인민군포로들을 수용한 용초도 포로수용소로 떠났다. 귀환포로들은 선상에서 죽음과 생존을 다시 겪어야 했다. 이들은 심문과 사상검증을 통과하지 못하면 '국민'이 될 수 없다는 것을 체감하고 있었다.

국군 귀환포로들은 북한 내 수용소에서 사상 '세뇌교육'을 받았다는 것을 실토했다.[66] 더 나아가 귀환포로들은 같은 전우끼리 수용소에서 직책을 맡은 자나 학대 등에 가담한 자들을 고발할 수밖에 없었다. 이 경우는 유엔군 관할 북한인민군과 중국인민지원군 포로도 동일한 경험을 갖고 있었다. 따라서 국군 귀환포로들은 '지옥'에서 생환했지만 또 다른 '지옥'에서 생존해야 한다는 시험대에 놓였다.

돌아온 포로들은 용초도 귀환군 집결소에서 심문과 사상 재교육 등을 받았다. 용초도는 어떤 곳인가. 이곳은 북한인민군 장교들이 수용된 포로수용소였다. 1953년 3월 7일 인민군 포로 23명이 명령에 거부하면서 시

그림 13   일반포로 교환 때 자유의 문으로 향하는 귀환포로

1953년 8월 판문점 자유의 문으로 들어가는 귀환포로 모습. 국군귀환포로들은 북한 인민군과 동일하게 북한에서 지급한 군복을 탈의한 채 자유의 문으로 들어가고 있다.
출처: 육군기록정보관리단

위를 벌이다가 진압과정에서 미군에 의해 총살되었다. 용초도는 육지와 가까우면서도 폐쇄적이고 고립적인 공간이었다. 그리고 북한인민군 수용소의 건물과 철조망이 그대로 유지된 상태에서 귀환군 집결소가 설치되었다. 용초도는 심리적 압박과 위축감이 상존하는 '지옥도'이자 경계의 섬이었다. 귀환포로들은 얼마 전까지 사용된 인민군 포로수용소에서 국군 특무대와 미군 CIC 부대로부터 북한군 포로처럼 강도 높은 심문을 받았다.

귀환군 포로들은 용초도 집결소에서 사상검증과 심문을 받은 직후 갑(A), 을(B), 병(C)으로 나눠져 재입대나 '즉결처분', 귀향이라는 결과를 판결받았다. 그 중 기소자나 휴가 중 미귀소한 경우가 있었다. 북한인민군 송환자는 전원 전후복구 작업에 참여하고 재교육과 지정집단수용지에서 지내다가 훗날 숙청되었다고 알려졌다. 중국인민지원군이나 대만으로 간 포로들은 재교육과 집단생활에서 벗어나지 못했다.

이처럼 귀환포로들은 자국에 돌아가면 환영받지 못하는 존재이자 '사상적으로 검증'받아야 했다. 이들은 귀환군 집결소에서 심문과 재심사를 받으면서 '포로수용소의 포로'와 다름없는 정체성의 혼란에 빠지고 말았다. 박진홍은 "우리가 인민군 포로수용소에 있게 되다니. 세상에 이럴 수가!"[67]라고 놀라고 있다. 귀환포로들은 '잘못된 장소에 왔다'는 심리적 압박에 더욱 '패자'라는 인식을 질 수 있었다. 귀환집결소 담당 헌병들은 귀환포로들이 북한 내 포로수용소에서 배운 노래(「김일성장군의 노래」 등)나 공산주의 세뇌교육을 씻어내야 '건강한 사상을 지닌 반공투사'가 될 수 있다고 판단했다. 남북한에서 실시된 동일한 사상 심리전은 귀환 포로들에게 다시 적용된 것이다. 검증의 악순환은 귀환포로들에게 패자라는 인식을 확산시키는 결과로 이어졌다. '지옥도'는 사상 심리전에서 살아남은 귀환포로와 터전을 잃고 다른 두 성격의 포로를 겪은 지역주민들에게 기억된 또 다른 용초도였다. 이 글은 포로와 용초도, 지역주민들의 평화 찾기를 위한 모색일 것이다.

8장

시각과 청각의 양안관계:

냉전기 대만해협 양안의 심리전을 중심으로

장보웨이(江柏煒) | 정령 역

1. 냉전의 섬: 1949년 이후의 금문도

금문은 과거에 오강浯江, 오주浯洲등의 이름으로 불려왔다. 현재의 금문
은 금문 본도, 열서烈嶼, 대담大膽, 이담도二膽 등 여러 섬으로 구성되어
있으며 면적은 약 152㎢에 달한다. 복건성의 하문만廈門灣의 바깥쪽, 구
룡강 입구에 위치해 있어 안으로는 장주漳州, 하문을 지킬 수 있고 밖으
로는 팽호군도, 대만도를 견제할 수 있기에 14세기 이래로 대만해협의
중요한 전략적 요충지 중의 하나로 간주되어 왔다.

　근대 이래로 금문은 동남아시아, 일본의 고베와 나가사키로 이주한
화교들의 고향이었기에, 1860~1940년대까지는 화교들이 국내로 송금하

는 돈이 지역의 주요한 경제 소득이었다. 1937년 10월부터 1945년 8월 까지는 일본군이 금문을 점령하여 화남지역의 해양으로 진출하는 출구 를 통제하였다.

제 2차 세계대전이 끝난 후에도 금문은 진정한 평화를 누리지 못했다. 미국의 중재 하에 평화 회담이 열리기도 하고, 협정이 체결되기도 했지만, 중국 국민당과 공산당의 투쟁이 날로 치열해지는 가운데 1946년 7월에 내전이 발발하였다. 1949년 4월에 약 백만 명의 공산당 군대가 장강을 건너 남경, 상해, 무한, 장사를 공략하고 사천과 광서등 지역으로 진군하였다. 이후 10월에 공산당은 중화인민공화국의 성립을 선포했고 장개석은 국민정부를 대만으로 이주시켰다.[1] 10월 24일 사령관 호련胡璉 장군이 지휘하는 제12병단이 조산潮汕에서 금문으로 경비구역을 바꾸어 방위 업무를 맡았다. 그날 밤에 약 2만 명에 달하는 공산당 군대가 금문도의 서쪽의 고령두古寧頭에 상륙하여 국민당과 56시간 동안 치열한 전투를 벌였다.[2] 그 결과 국민당이 승리하여 "금문을 점령하고 대만을 해방"하고자 했던 공산당의 군사 행동을 잠시 저지시켰다. 이는 국민당 정부에게 숨 돌릴 기회를 주었다.

1950년 6월 한국전쟁이 발발한 후, 미국 대통령 트루먼Harry Truman 은 대만해협의 "중립화neutralization"를 적극 주장하면서 중화인민공화국의 대만 공격을 저지하는 한편 중화민국이 중국 대륙을 공격하는 것도 저지하였다. 이로써 해결되지 못한 채 남아있던 중국내전의 문제가 국제화되면서, 세계적 냉전의 일부가 되었다.[3]

그러나 대만해협의 중립화는 평화를 가져다주는 좋은 해결책은 아니었다. 전쟁은 금문에서 계속되었는데, 1950년 7월의 "대담大膽전투", 1954년의 "9·3전투"(제1차 대만해협 위기), 1958년의 "8·23포격전"(제2차 대만해협 위기), 1960년의 "6·17 포격전, 6·19 포격전" 등이 이어진다. 미국 중앙정보국의 관할 하의 "서방기업공사Western Enterprises Inc.,

WEI"가 지원하는 반공산당 구국군 유격대도 금문, 마조를 기지로 삼고, 지속적으로 중화인민공화국이 통제하는 복건 연해의 섬들을 습격하는데, 1952년 1월의 "미주도 기습", 1952년 10월의 "남일도 기습", 1953년 7월의 "동산도 기습" 등이 이에 해당한다. 반면 공산당은 1958년의 "8·23포격전" 이후로 금문에 대해 "단타쌍불타單打雙不打(월요일, 수요일, 금요일, 일요일에는 선전탄을 포격하고 화요일, 목요일, 토요일에는 포격하지 않음, 옮긴이)"의 상징적인 무력위협을 가해왔다.[4]

1950년대 이후 금문은 세계적으로 유명한 전쟁지역으로 부상하게 된다. 장개석은 미국 언론과의 인터뷰에서 이러한 말을 하였다. "금문과 마조를 잃으면 대만과 팽호를 잃을 것이고, 대만과 팽호를 지킬 수 있으면 대륙을 도모할 수 있다(1955)." "금문과 마조는 대만과 팽호를 지키는 최전선이자 자유세계가 서태평양을 공고히 하는 생명선이다(1961)." 또한 미국의 국무장관인 덜레스John Foster Dulles는 "중화민국에게 있어서 금문과 마조를 포함한 연해의 섬들은 극히 중대한 의의를 가진다. 이는 베를린이 서구사회에서 가지는 중요성과 비슷하다(1958)."라고 말한 바 있다.[5]

그러나 이러한 국제적인 군사 대치 상황은 금문을 한편으로는 '냉전 속의 열전 지역'으로, 다른 한편으로는 하나의 특수한 '전지사회戰地社會'로 만들었다. 군사당국은 1956년부터 1992년까지 금문에 대해 전지정무戰地社會(전장에서의 행정 사무)를 실시하여 지방사회를 고도로 동원하는 한편, 민정, 재정, 건설, 교육, 경찰행정, 정보, 위생 등에 대한 전면적인 통제를 실시하였다. 동시에 대만인이 금문도로 오는 것, 금문 사람이 대만으로 가는 것, 섬 내 여러 촌락 사이의 왕래에 대해 엄격한 호적 관리를 실시하였다. 우편물의 경우에도 배송은 가능했으나, 정치 검열을 거쳐야만 했다. 대만과 금문 사이의 비 군용 전화는 국방안전을 이유로 1991년이 되어서야 개방되었다. '전지사회'의 통제는 정보에 대한 통제로도 나타났다. 군부에서 경영하는 정기중화보正氣中華報, 금문일보金門日報 등의 인쇄 매체, 군부 측의 방송, 적진에 대한 선전, 1980년대 이후 군인 교육을 위해 설치한 거광일菖光日 TV프로그램만이 유일하게 허용된 대중매체였다. 그 외에도 라디오, 사진기는 정부의 통제를 받는 물품으로, 개인이 이를 소유하기 위해서는 반드시 등록 절차를 거쳐야 했다(그림 1, 2). 공간과 건축물도 전면적으로 군사화되어, 군사주둔지 등 방어시설 이외에도 섬 내의 중요한 길목에는 교화를 위한 랜드마크 건물과 조각상들을 설치하였고, 주택 주위의 외벽에도 공산당을 반대하는 표어가 적힌 흙 조각상을 설치하였다. 이러한 군사체제는 1987년 대만의 계엄령이 해제된 후에도 계속 유지되어 1992년 11월 7일이 되어서야 중지되었다.

군사 통치하에서 금문은 '삼민주의 모범현'으로 부각되었고 '관管·교教·양養·위卫'의 4대 건설, 즉 정치, 교화, 경제, 군사 등 네 영역에 대

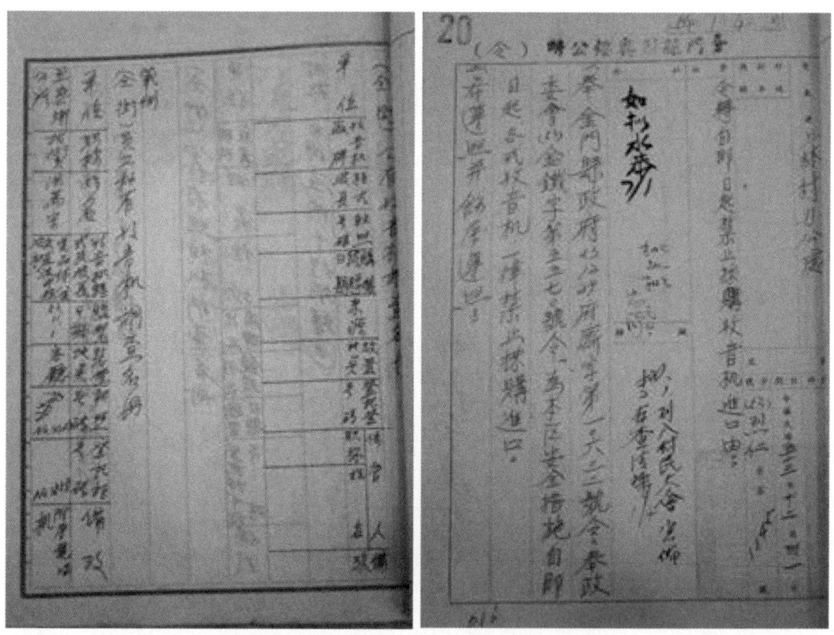

그림 1 　(좌) 공적·사적으로 보유한 라디오의 조사 명부(1953)
그림 2 　(우) 라디오 구입을 금지하는 수입 공문(1954)
출처: 烈嶼鄉公所民防檔案

해 전면적인 군사동원, 사회통제, 경제건설, 이데올로기 교화가 진행되었다. 이러한 계획은 이상적이고 실험적인 현대화 정치 기획으로 포장되었으며, 이러한 의미에서 금문은 '군사화된 유토피아 현대주의a militarized utopian modernism'를 보여준다.[6] 이러한 기획을 통해 대외적으로는 중국 공산당의 군사 위협에 대항하는 한편, 대내적으로는 반대파의 목소리와 정치적 저항을 억누르면서 보다 수월하게 전지戰地를 통제하려고 한 것이다.

이 글에서는 냉전시기 금문에서의 '공표'와 '방송'을 활용한 심리전의 운영에 대해 논의하고자 한다. 우선 금문이 '냉전의 섬'으로 변화하게 된 사회 상황에 대해 간단하게 서술하겠다. 다음으로 당시 공표 작전을 책임졌던 광화원光華園을 중심으로 군사 전선에서의 심리전의 구체적인 방식과 그 영향에 대해 알아보겠다. 그 다음으로 전지 방송과 함화참喊話站(진지 앞에서 적을 향해 큰 소리로 선전을 하는 곳: 옮긴이)을 중심으로, 당시 양안의 군민들이 방송을 들었던 집단 기억을 살펴보고, 이를 통해 방송의 대내적·대외적 영향에 대해 논의할 것이다. 사회문화사의 시각을 통해 바라본 심리전은 우리에게 동아시아 냉전사의 또 다른 측면을 말해줄 수 있을 것이다.

2. 금문도의 공표심리전(空飄心理戰)

1) 정치 작전 조직

중화민국 군대의 정치작전은 1924년 황푸군사학교의 창립 이래 실시되었던 정공政工제도에서 유래한다. 1949년 중화민국이 대만으로 이주한 이후, 1950년 4월에 원래의 국방부 정공국은 국방부 '정치부'로 개편되었고 1951년에는 명칭이 '총정치부'로 다시 변경되었다. 1952년 8월에는 이를 다시 '총정치작전부'로 개명하는 등, 그 뒤로도 조직의 편성을 여러 차례 조정하였다. 2013년에 총정치부는 '정치작전국'으로 개명되었다. 정치작전국은 국민당 군대의 정치작전을 지휘하는 최고의 조직으로서 대외로는 문화 선전, 심리작전과 '인민을 위한 복무'를 중점 업무로 하고, 대내로는 심리보도, 심리작전 훈련, 군사뉴스 처리 및 장교와 사병의 정신전투력의 축적을 주요 업무로 하여, '자기를 튼튼히 하고 적을 이기는' 것을 목표로 한다.[7] 정치작전국은 '심리작전대대'를 관할하는데 심리작전대대는 심리전을 전문적으로 책임지며, 대대장 1명(대령)을 장관으로 하고 그 아래로 대대부, 심리전중대, 방송중대 등의 조직을 두고 있다.

냉전 시기 금문의 정치작전은 국방부 총정치작전국의 체제를 이어받아 금문방위사령부(이하 금방부) 아래의 정전부政戰部에서 관할하고 있었다. 금방부는 무양武揚주둔지에 주둔하고 있었고, 주임은 소장少將 겸 전지정무위원회戰地政務委員會의 비서장이었으며, 그 아래에 두 명의 부

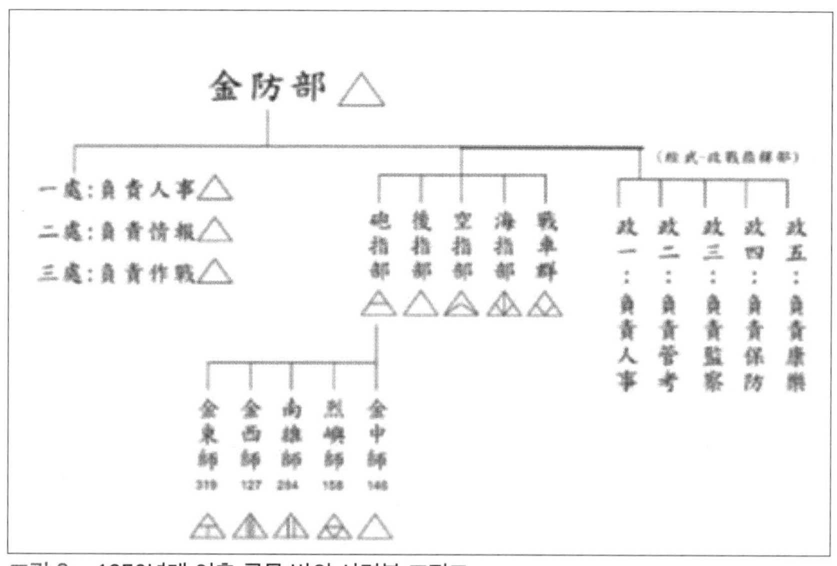

그림 3　1950년대 이후 금문 방위 사령부 조직도

주임이 있었다. 내부조직은 정1팀政—組, 정2팀, 정3팀, 정4팀, 정5팀으로 구성되어 있었는데, 그 중 심리전 부분은 정2팀에서 책임졌다(그림 3). 주요 업무로, 대외적으로는 손님 접대, 뉴스 발표 등이 포함되었고 대내적으로는 거광일교학莒光日教学[8], 정기중화보[9], 공표, 해표海漂, 방송선전, 대륙동포 접대 등이 포함된다.

2) 광화원: 공표 기지의 건설

금문의 동남 쪽, 태호太湖 부근에 위치한 광화원은 냉전 기간에 공표 기구를 띄워 보내던 기지였다. 현재 문서의 보안문제로 인해, 언제부터 금문에서 공표 기구 작전이 시작된 것인지는 알 수 없다. 그러나 1957년 10월 7일자 정기중화보의 기사를 통해서 당시 미국 선교사 해기스가 송미령宋美齡의 지지 하에 중국 대륙으로 '성경 기구' 150만 개를 날려보냈음을 알 수 있다.[10] 기사로는 정확한 방출 위치를 알 수 없으나, 중국 대륙과 가장 가까운 위치인 금문도인 것으로 추측된다. 또한 1958년 11월 1일자 정기중화보의 보도에 의하면, 전군은 대통령 장개석의 생신을 축하하기 위해 금문에서 수백 개의 생신 축하 기구를 중국 대륙으로 보냈다(그림 4, 5). 이로부터 1950년대 후반에 금문에서 선전품을 실은 공표 기

그림 4   (좌) 1957년 10월 7일 중화정기보의 성경 기구에 대한 보도
그림 5   (우) 1958년 11월 1일 중화정기보의 성경 기구에 대한 보도

구를 이용한 심리전이 이루어졌음을 알 수 있다.[11]

　금문의 공표 작전은 처음에는 태무산太武山방위사령부 본부에서 진행되었다. 관련 물품들은 무양주둔지의 갱도 속에 보관하였고 공표용 수소 탱크, 기구, 전단지와 선전품들은 모두 대만에서 운송해왔다. 공표는 심리전 작전시 외에도, 외빈들의 참관, 방문 때 실시되었다. 공표는 기상 상황과 밀접한 관련이 있기 때문에 공군 기상연대에서 매일 전보로 당일 기상정보를 금방부 정2팀에 전달하였고, 풍향이 공표작전에 유리할 때만 공표 작전을 실시했다. 1960년대 중엽 이전까지는 기술, 기상, 장소의 제한으로 대부분 소형 기구를 방출했고, 중형 기구의 방출은 매우 제한적이었다.

　그러나 공표 작전 지점이 태무산 지역에만 집중될 경우 공산당의 집중 포격을 받을 수 있기 때문에, 위험을 분산하기 위해 비정기적으로 장소를 금성거광루金城莒光樓, 열서호정두烈嶼湖井頭, 대담도 등의 지역으로 옮기기도 했다. 민방자위대도 때로는 공표활동에 참가했는데, 장소는 중학교, 초등학교나 넓게 트인 공간에서 이루어졌다(그림 6, 7).

　1969년에는 공표지점이 너무 분산되어 공표의 효과를 명확히 통계하지 못하는 문제점을 해결하고 공표 기구를 더욱 안전하게 방출하며 선전

그림 6　(좌) 1960년대 금문시범중심국민학교 앞에서 공표 기구를 방출하는 민방자위대원
그림 7　(우) 1960년대 금문중학교 운동장에서 방출되는 공표 기구

품을 더 효과적으로 전달하기 위해, 금문 태호 호숫가의 삼계교三谿橋 옆에 광화원기지를 건설하였는데, 기지의 군영과 엄폐물은 모두 방폭 건축물로 건설되었다. 기지는 금방부 정2팀 심리전대대에 소속되었으며, 이곳에서 금문의 모든 공표 업무가 진행되었다 이와 동시에 금문 시냇가의 촌락에 '대륙의포접대작전大陆义胞接待工作'을 건설하여 심리작전을 강화하였다.

광화원기지는 건설된 후 공산당 군대의 폭격을 당한 적이 있었다. 따라서 1976년 금방부 사령관 하초夏超는 지하건축을 위주로 광화원기지를 증축할 것을 지시하였는데, 증축 이후 광화원기지는 면적이 3만 여 제곱미터에 달했다. 기지는 주로 두 부분으로 나뉘었는데, 하나는 하창下廠이라 불린 지하기지로서 주로 생산 및 수소 보관의 용도로 쓰였으며, 하창의 갱도는 길이가 150미터, 너비가 6.2미터에 달했다. 다른 하나는 상창上廠이라 불린 공표 방출 기지로서, 공표물품 보관 공간과 직원들의 군영으로 쓰였다. 그리고 상·하창은 지하 갱도로 연결되어 있어 직원들이 출입할 수 있었고, 갱도에는 수소운송 통로도 설치되어 있었다. 상·하창 이외에도 기지 주변에는 성공보成功堡라는 이름의 5개의 보루가 설치되어 있었는데, 1980년 9월 성공보에서는 중국 대륙에서 비행기를 몰고 자유를 찾아온 '반공 의사' 범원혁范園焱을 접대한 적도 있다. 1983년에는 광화원 옆에 심전心戰자료관을 증설하여 관련 성과를 전시하였다.[12]

광화원의 주요 임무가 중국 대륙에 대해 심리전을 실시하고, 공표 전단지 등의 물품을 방출하는 것이기에 때문에, 이곳은 냉전시기 국내외 언론 매체, 외국 사절들이 자주 방문하는 장소가 되었다(그림 8).[13] 이곳에서 중국 대륙으로 공표 기구를 방출하는 것은 하나의 "정치적 의식cere-mony"이 되었다. 많은 외래 손님들은 자기 손으로 직접 선전품을 공산주의 세계인 중국 대륙에 공중 투하할 수 있다는 것에 큰 흥미를 가졌다. 분명한 것은 이러한 의식이 중화민국이 국제 사회의 지지를 얻고, 자유진영

그림 8   1980년대 광화원 공표의 모습(한정락 제공)

에서의 대만의 역할을 강화하는데 기여할 수 있었다는 것이다.[14]

3) 공표 및 공표 산업

공표 기구를 이용하여 심리전을 진행했던 초기에는 주로 '모반을 선동하는 것'을 목적으로 공표 기구에 전단지를 묶어서 띄워 보냈다. 당시 전단지 위에는 "본 전단지를 간직하여 반공의 뜻을 증명하고 다양한 우대를 받으세요"라는 글자가 인쇄되어 있었다. 중·후기에 와서는 주로 민생물자를 보내어 대만의 풍요로움을 널리 알리고자 하였다. 이러한 민생물자에는 방한 의복, 장난감, 담배, 식량, 소형 전기제품 등이 포함되어 있었고, 설이나 명절에는 명절 식품을 보내기도 했다. 당시 전선에서의 심리전 작전을 지원하기 위하여, 연합근무총사령부는 퇴제역관병보도위원회退除役官兵輔導委員會와 영민복무처榮民服務處를 통합하고 일련의 플라스틱 기구, 식품, 복장, 통조림, 제약 등 가공공장을 설립, 전선에서의 공표 업무를 지원하였다.

　　1972년에 창립한 영민플라스틱공장(이하 영소로 약칭)을 예로 들면, 이 공장은 기존의 공표 기구 공급업체인 대만합성수지공사를 대체하여,

당시 심리전 관련 물품을 제공하였다. 영소는 국방부의 요구에 따라 공표기구를 연구·개발하고 생산하였는데, 제품이 일련의 테스트를 통해 일정 기준에 도달하자 1974년 국방부는 정식으로 주문을 하여 제품을 구매하기 시작했고, 이후 국산 소형 기구는 대량 생산 단계에 도달하게 되었다. 소형 기구의 생산에 성공하자 국방부는 대형 기구의 생산을 희망했지만, 당시 대만의 기술과 재료로는 대형 기구를 생산할 능력을 갖추지 못했다. 영소는 일 년 넘게 연구를 거듭했지만 끝내 난관을 돌파하지 못했던 것이다. 이에 같은 해 국방부는 영소의 직원들과 함께 화련공표기지에서 기구 작전을 참관하고, 기구 공급업체인 미국 운삼공사雲森公司의 부총재와 만나 기구 제조 기술을 논의하였다. 여러 차례의 협상 끝에 영소가 자금을 투자하여 당시 국민당 군이 사용하고 있는 두 가지 종류의 대형 기구를 제조하는데 필요한 데이터 자료를 구매하기로 하고, 운삼공사는 저밀도 폴리에틸렌 원료와, 기계설비, 기술을 제공하고 직원 훈련에 협조하기로 합의하였다. 이 전문 안건을 '이정전안犁庭專案'이라고 부른다. 그 후 영소는 전문 인력을 미국으로 파견하여 1개월의 훈련을 받게 하고 미국의 열봉합 기술과 관련 설비를 수입하여 대형 기구를 대량 생산하기 시작했다. 이때 영소가 생산한 여러 유형의 기구는 외관이 크게 개선되었는데, 실제로 심전총대心戰總隊가 묘율苗栗과 병동屏東 등 지역에서 영소에서 생산한 기구를 가지고 여러 차례 공표 시험을 해본 결과 모두 좋은 효과를 보였다. 1977년 영소의 기구 제조량은 이미 상당한 규모에 달하였고 생산라인도 완전히 독립적으로 운영되었다. 국방부는 비밀보장의 원칙에 근거하여 모든 기구 구매 안건을 '이정전안'으로 명명하였고 기구 제조공장은 '이정 공장'으로 불렀다(그림 9).[15]

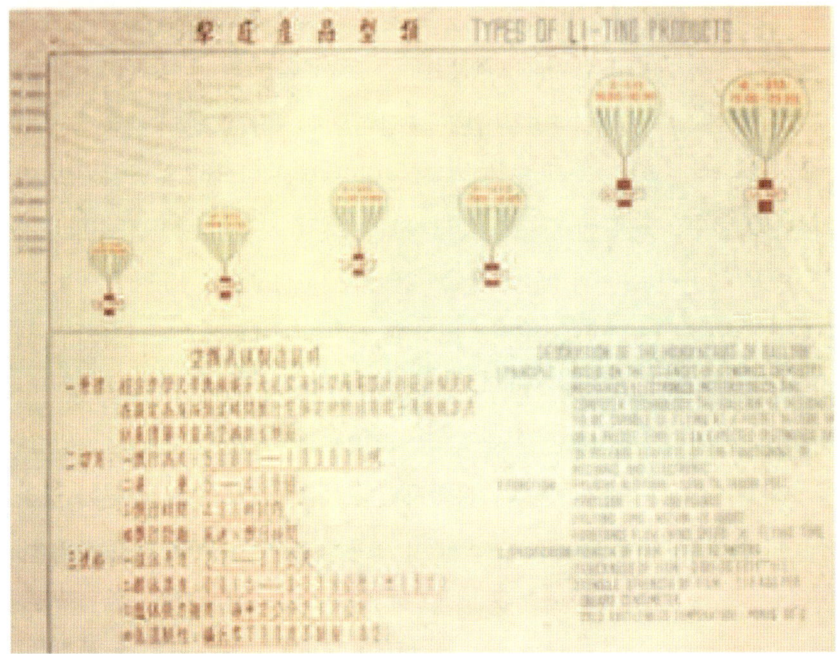

그림 9   이정 공장에서 생산한 여러 종류의 공표 기구

4) 공표작전의 성과와 종료

옛 광화원심전자료관에는 과거 매해의 공표 수량을 보여주는 자료가 전시되어 있다. 현존하는 자료들로 살펴보면, 통계자료가 있는 1974년부터 1981년까지 공표 물품의 무게는 무려 20만 파운드에 달했고, 그 후 해마다 감소하다가 1989년 천안문사태가 일어난 직후인 1990년에는 조금 증가한 것으로 보인다(그림 10). 1987년 대만이 계엄을 해제하고 양안의 정치형세가 완화되자 공표를 통한 심리전의 필요성이 감소하게 된 것이다. 국방부 총정치작전국 심리전대대 왕사천王四川 소장은 공표업무가 종료된 이유로서, 양안 관계가 변화한 것 이외에도, 공표업무가 국제적인 항공 안전에 엄중한 영향을 미친다고 지적한 민항국民航局의 보고, 그리고 심리전 예산의 감소를 지적하였다.[16] 결국 1997년 중화민국의 공표 업무

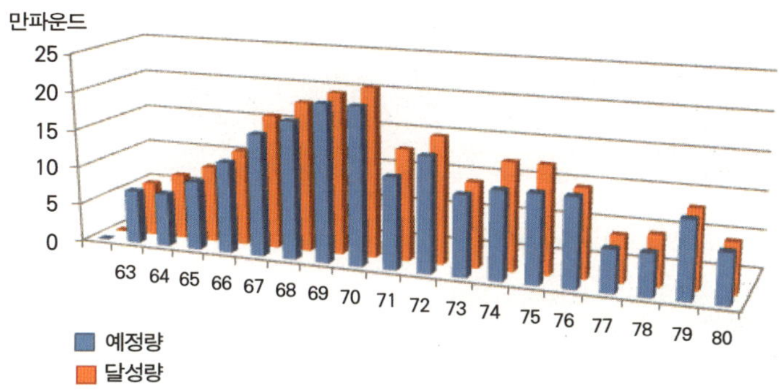

그림 10 광화기지 과거 매년의 공표수량 통계표(광화원심전 자료관의 자료를 정리)

는 정식으로 종료되었다. 이때 금문의 심리전 조직은 폐지되었고 광화원은 문을 닫았으며, 하창 갱도는 2000년 전후부터는 고량주의 저장실로 사용되었다. 냉전 시기 금문의 군민들은 광화원에서 공표작전을 실시할 때, 섬의 곳곳에서 기구들이 국기, 심리전 전단지, 과자, 통조림 등 물품을 가득 싣고 기류의 상승에 따라 맞은편으로 날아가는 것을 쉽게 볼 수 있었다. 가끔씩 기구들이 논밭에 추락할 때면, 주민들은 전단지와 물품을 주워갔다. 공표 물품들이 금문 사람들에게 뜻밖의 선물이 되기도 한 것이다(그림 11~15).

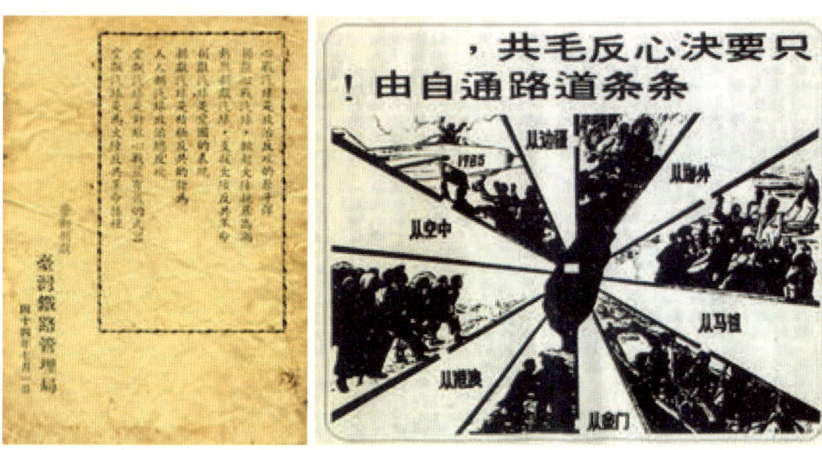

그림 11 반공 공표 전단지(翁沂杰 제공)

그림 12　대만의 공업 발전 성과를 알리는 전단지(翁沂杰 제공)

그림 13　대만 스타와 유행 가요를 인쇄한 전단지(翁沂杰 제공)

그림 14　(좌) 광화문 대문 현황
그림 15　(우) 광화문 하창은 현재 고량주 술 저장고로 변하였다.

5) 중국으로부터 온 공표물

냉전적 대치의 시기에는 금문에서 공표 물품을 대륙으로 날려 보낼 뿐만 아니라, 맞은편 하문에서도 금문과 가장 가까운 섬인 대등도에서 공표, 해표 등의 심리전을 실시했다. 오늘날 우리는 대등도의 전지관광원战地观光园에서 당시의 정황을 살펴볼 수 있다. 당시 대만이 공표 작전의 도구로 저고도, 중고도, 고고도용 기구를 날려 보내는 방식을 택했다면, 대륙에서는 주로 연风筝, 때로는 간이 기구가 활용되었다. 공표 업무의 책임은 주로 대등도의 여성들이 떠맡았는데, 이들은 풍향과 풍력이 적절한 때 수백 개의 연을 기러기처럼 무리 지어 금문도로 날려보냈다. 선전품들을 정확하게 뿌리기 위해 그녀들은 좋은 방법을 고안해내기도 했다. 선전품을 묶어 놓은 끈에 모기향을 달아 놓고, 모기향에 불을 붙여서 연을 날리면, 금문도의 하늘에 다다를 즈음 향이 끝까지 타 들어가면서 선전품이 지면으로 떨어지는 방식이었다(그림 16~19). 그러나 연과 기구를 통해서 날려 보낼 수 있는 선전품은 종류가 제한되어 있었기 때문에, 포선탄砲宣彈이 주요 방식이 되었다.

　금문 사람들에게는 1980년대 이전에 논밭에서 대륙으로부터 온 선전품을 주웠던 것이 하나의 집단기억으로 남아있다. 당시 학교 선생님들은

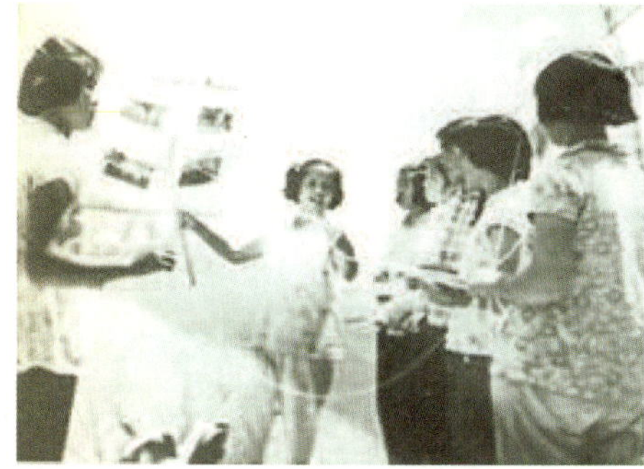

그림 16, 17　연을 제작하는 대등도 여성들

출처: 하문 대등 전시관광원의 전시

그림 18　(좌) 하문에서 제작된 공표 전단지

그림 19　(우) 하문에서 금문으로 날린 공표 기구

출처: 沈衛平著, 劉文孝補校, 『金門大戰: 臺海風雲之歷史重演』, 臺北: 中國之翼出版社, 2000, 页107~108.

아이들에게 하문으로부터 온 선전물을 읽지 못하게 하고, 만약 이를 주울 경우 학교에 제출하도록 했다. 흥미로운 것은 상대방의 읽기 습관을 고려하여 대만의 선전물들은 간체로 인쇄하였고 중국은 번체로 인쇄하여 더 큰 효과를 꾀했다는 사실이다. 공표는 냉전 시기 양안에서 진행했던 심리전이 반영된 특수한 생활방식을 만들어내고 있었다.

3. 대내의 방송으로부터 '철의 장막' 돌파까지: 방송국과 함화참 (喊話站)의 건립

1) 방송국의 성립

금문에서 최초로 무선방송국이 출현한 것은 1935년이었다. 무선방송의 최초의 목적은 변방의 안전과 치안을 유지하기 위한 것이었다.[17] 1949년 이후에 금문이 대만 해협 양안간 충돌이 집중되는 지역이 되면서, 대규모 군대가 금문에 주둔하였다.

국방부 총정치부는 1953년에 금문의 군민을 위해 방송국을 설립할 계획을 수립했고,[18] 1955년 10월 31일 국방부 총정치부의 방송총대播音總隊가 정식으로 금문도 중부의 진갱陳坑(지금의 成功)에서 방송을 시작했다. 초기에는 송신기가 단 하나밖에 없었고, 음파의 전파 범위는 복건 지역 까지였다. 이 방송국은 "금문방송국金門廣播電臺"이라 명명되었으며, 중국 대륙과 금문의 주민들을 향해 방송하는 임무를 부여받았다.[19] 이것은 금문 최초의 정식 방송국이었으며, 이곳에서 자유 중국을 위한 목소리가 퍼져나갔다.[20]

금문방송국은 1960년 3월에 국방부 심리전 총대에 소속되어, 중국에 대한 심리전을 전문적으로 담당하게 되었다.[21] 이후 1962년 5월에 금문방송국은 금문 중부의 태무산 남록南麓 탑후塔后마을에 위치한 적후산赤後山의 갱도로 이전하였고, 1963년에는 "광화지성 금문방송국(약칭 광화방송국)으로 개편되었다. 방송의 주파수는 800kHz였고, 이후에 발사기 두 대가 증가되었다. 방송의 내용은 제1, 제2부분으로 구성되었고, 방송은 북경어와 민남어를 사용하여 이루어졌다. 제2부분에서는 후에 주파수 1470kHz를 추가로 사용했다.[22]

광화방송국은 국방부 총정치국 심리전대대의 관할하에 있는 조직으로서, 오직 심리전 방송 임무만을 부여받았다. 광화방송국의 편제는 상당히 간단했으며, 방송국장, 방송관, 기무관, 기무사, 여성 아나운서 3명으로 구성되어 있었다. 방송관, 방송사, 기무관과 기무사는 예비 장교거나 군사학교를 졸업한 직업군인인 반면 아나운서는 공개 시험을 통해 채용한 1년제 계약직 직원으로서 위관급 장교 대우를 받았다.[23] 요컨대 광화방송국은 심리전을 위한 전문적인 군부 조직 중 하나이자, 중국의 폭격을 대비하여 지하갱도에 설치한 방송국이었다.

광화 방송국의 두 개 채널 중 하나는 대외 방송, 다른 하나는 대내 방송을 목적으로 했다. 전자는 중국 대륙의 청중들을 대상으로 투항을 권유하고 정치 선전을 진행하는 것을 목적으로 했다. 여기에서는 장개석 총통의 여러 가지 정치적 호소, 대팽금마臺澎金馬(대만도臺灣島과 팽호제도, 금마지구金馬地區. 옮긴이)의 번영과 군사적 강성함에 대한 내용이 중점적으로 보도되었으며, 더불어 "대륙 청중들의 투쟁 기술을 지도하고, 공산당과 모택동에 대한 반대 행위를 고무하며, 공산당 군의 투항을 권유"하기도 했다.[24] 후자는 금문의 군민을 대상으로 심리 방어, 문화 선전, 교육, 건강과 오락 등을 내용을 방송했다.[25] 그런데 이러한 방송은 비정기적인 군사 위문공연 활동 이외에는 그리 많지 않았던 전지사회의 오락생활 중의 하나였다. 1959년에서 1966년 사이에 방송국의 기무사로 근무했던 곽원郭源은 이렇게 말한다.

금문방송국의 방송은 대내, 대외의 2개 부문으로 구분되었는데, 대내적으로는 예능 가요를 방송하고 대외적으로는 3개 시간대로 나누어 방송했던 것 같아요. 아침에는 아마 6시, 7시쯤에 두 시간 방송하고, 점심에는 아마 12시부터 오후 2시까지, 저녁에는 5시, 6시부터 11시, 12시까지 방송했던 것 같아요. 대외 방송의 주된 목적은 교란과 심리전이죠. 대내로는 섬 안에 사는 군사들을 대상으로 방송이 이루어졌습니다.[26]

1970년대 중엽이 되어서도 방송 내용은 여전히 정치적인 내용이 대부분을 차지하였다. 특히 중국 대륙을 향한 방송은 주로 뉴스, 평론, 심리전 원고 등이었으며, 가벼운 프로그램은 거의 없었다. 방송의 많은 프로그램은 공산주의에 대한 비판을 기조로 하고 있었으며, 주로 '반공 의사'들에 대한 투항 권유를 담고 있었다. 1975년부터 1976년 사이에 아나운서를 맡았던 등용용鄧榕榕은 첫 부분 프로그램들의 내용에 대해 이렇게 말했다.

방송을 통해 아침, 점심, 저녁에 한 번씩 뉴스가 방송됩니다. 뉴스들 사이사이에는 각 시간대의 정각 혹은 30분 시점에 광화방송국에서 보내온 녹음 프로그램을 방송해요. 애국가요, 행진곡 뿐 아니라 국어(북경어, 옮긴이)나 대만어로 된 내용들을 내보냈어요. 뉴스는 한 회 방송하고 나서 다시 그것을 녹음해서 뒤에 여러 번 중개 방송을 해요. … 일상생활에 대한 내용은 하나도 없고 다 심리전에 관한 방송들이에요. 뉴스 외에 비밀번호도 방송해야 했는데 5분 내에 비밀번호 몇 개를 다 방송해야 해서 자기가 알아서 시간을 맞춰야 했습니다. 그 외에도 귀순해올 때 비행기의 날개를 몇 번 흔들어야 하는지, 어떤 노선으로, 무엇을 따라와야 하는지, 오면 상금을 얼마나 받을 수 있는지 등의 내용들을 내보냈어요.[27]

정치성이 강한 프로그램의 내용들은 타이페이 린커우에 있는 광화방송국 본부에서 제공한 것이었다. 1980년대가 되어서야 방송 중에 오락성 대화 프로그램들이 조금 포함되기 시작했는데, 이러한 프로그램은 금문에서 독립적으로 제작해서 방송했다. 1980년부터 1981년까지 아나운서를 맡은 방미려方美麗는 이렇게 말한다.

방송국의 프로그램 내용은 타이페이 린커우에 있는 광화방송 본부에

서 보내온 건데 모든 프로그램 원고는 전문적인 원고 작성자에 의해
제작되었어요. 예를 들어서 심리전 총대의 신문관들은 대부분 정치작
전학교 신문학과를 졸업한 사람들이에요. 이들이 매달마다 심리전 주
제를 부여받아서, 당시 대륙에서 일어나는 중요한 일에 따라 선전원
고, 뉴스 분석, 뉴스 평론 같은 원고를 쓰는 거에요. 예를 들면 화국봉
(華國鋒)이나 등소평이 한 어떤 발언에 대한 평론 등등, 모든 원고는
전문인력이 써준 것이었고, 우리는 그것을 쓸 수도 없고 고칠 수도 없
어요. 가끔 일상생활에 대한 만담 등의 오락성 프로그램 대본을 우리
가 쓸 때도 있었어요. 방송은 국어(북경어, 옮긴이)와 대만어 두 가지
로 이루어졌어요. 뉴스만 생방송이고 다른 것들은 미리 녹음하는데
프로그램은 늘 반복해서 방송했지요. 24시간 동안 계속이요.[28]

이 밖에도 금문의 광화방송국은 반드시 타이페이의 중앙방송국에서
부여하는 특수 정치임무에 따라 방송해야 했다. 예컨대 중앙방송국의 '특
정 프로그램'에는 '청중 사서함', '공중 연락 방법', '방송통신', '삼언양어
三言兩語', '중국 청년 반공구국단의 시간', '중국 공산당 군관과 병사에 대
한 소환' 등이 있었다. 그 중 '청중 사서함'은 자주 대륙 동포가 자유지역
을 찾아 올 때 필요한 노선에 대한 제안과 서신 연락 방법들을 내보냈다.
'공중 연락 방법'은 무선 통신 기술을 알고 있는 반공 인사들에 초점을 맞
춘 프로그램으로, 무선 연락방법을 알려주는 등의 지원을 해주는 것이었
다.[29] 금문의 아나운서였던 등용용은 이렇게 말했다. "뉴스 외에 비밀번
호도 방송해야 했는데 5분 내에 비밀번호 몇 개를 다 방송해야 해서 자기
가 알아서 시간을 맞춰야 했습니다."[30] 방미려도 "우리 프로그램은 민공
처閩工處[31]의 위탁을 받아서 적후연락신호를 보내기도 했습니다. 여러 가
지 암호를 연락 비밀번호로 사용했어요"라고 말한다.[32] 이처럼 전지 방송
프로그램은 정보 임무도 감당해야 했던 것이다.

2) 함화참(喊話站)의 설치

라디오 방송 이외에, 고출력 고데시벨의 선전 방식을 통해 해협 맞은편의 주민에게 소리 정보를 제공하는 것도 심리전의 한 가지 방식이었다. 금문 함화참의 설치는 1953년 3월 5일에 중국이 먼저 하문 각서도角嶼島에 "대금문 방송조"라는 이름의 함화참을 설치하여 매일 금문에 주둔한 국민당 수비군에게 선전을 진행했던 것과 관련이 있다.[33] 이에 대응하여 국민당 군대는 1954년에 하문의 동남쪽에서 4킬로미터 떨어진 대담도大膽島 북산에 함화참을 설치하고 구산龜山(1954년에 설치, 1958년 8·23포격전 중에 파괴됨), 마산馬山(1954년에 설치), 열서호정두烈嶼湖井頭(1954년 설치)에 잇따라 함화참을 설치했다. 1967년에는 고령두에 하나가 더 설치되는데, 이로써 금문에 총 5개의 함화참이 설치되었다.[34] 설비도 매년 꾸준히 개량되어, 이후에는 음파가 20km 밖에서도 똑똑히 들릴 정도였다.[35] 금문 함화참의 영향 범위는 진강晉江, 남안南安, 동안同安, 하문, 해등, 동산東山 등 민남 연해지역을 포괄하였다(그림 20).

함화참의 직원은 처음에는 1950년부터 국방부 총정치작전부 제7팀의 여자청년공작대대에서 충원되었다. 훈련을 받은 여자 청년들이 금문, 마조에 분산 배치되어 정치작전을 수행했는데, 작전 내용은 군가 교습, 민족무용 교학, 정치수업 가르치기, 간행물 만들기, 전선에서의 선전 등을 포괄했다.[36] 1970년대 중반부터는 직원을 직접 금문에서 모집했으며, 방송국의 인원을 간소화하여 아나운서 이외에의 요원으로는 방송국장, 기무관, 정보관만을 두었다. 1966년부터 1968년까지 마산, 호정두, 대담 함화참의 기무관으로 있었던 설조삼薛祖森에 의하면,

> 우리 방송국 안에는 방송국장 외에는 기무관, 정보관, 총 세 개의 관직밖에 없어서 우리 셋 중에 누가 휴가를 나가면 꼭 직무를 대체 해줄 대리인을 찾아야 했어요. 그래서 제가 자주 직무 대리를 했습니다. 제 본업은 기

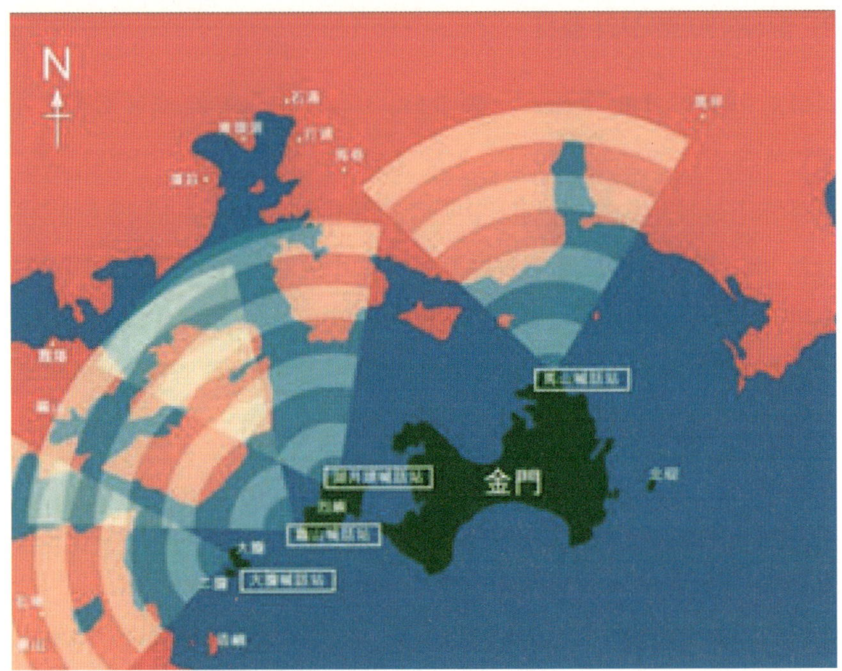

그림 20　　1950년대 금문 함화참의 분포와 그 영향 범위

출처: 금문 국가공원관리처

> 무관이고 기계실 부분이었어요. 근데 아나운서가 부족하면 아나운서 역
> 할도 임시로 대신해주고 정보관이 안 계시면 그 역할도 대리하기도 했어
> 요.[37]

금문과 하문, 천주泉州와 장주漳州 연안 사이는 4~8km밖에 떨어지지
않았기에 선전 소리를 똑똑히 들을 수 있었고, 따라서 라디오를 사용할
필요가 없었다. 그러나 함화참은 방송국보다 작전 수행에 있어 더 많은
제약이 있었다. 선전내용은 스피커를 거쳐 공기를 통해 전파되었기 때문
에 전파 범위가 제한적이었고, 날씨와 풍향의 영향을 받았다. 그래서 스
피커의 설치 지점은 상대방과 가까울수록 좋았는데, 바로 때문에 함화참
은 공격을 당할 위험에 노출되어 있었던 것이다. 열서烈嶼에 있는 구산함

화참은 바로 1958년의 8·23포격전으로 인해 파괴되었다.

3) 하문 측의 함화참

금문을 향한 하문 쪽의 함화참은 1953년에 최초로 출현하였다. 당시 각서에 대금문방송팀이, 하문 시내에는 광파산 방송국, 호리산 방송국, 하조향산 방송국이 만들어졌다. 금문을 상대로 하는 방송국의 초기 정식 명칭은 '전선하문前線廈門 대적유선방송국'이었다.[38] 이후 중미수교와 양안의 형세 변화에 따라 '대적對敵'이라는 두 글자는 빠지고 '전선하문 유선방송국'으로 이름이 바뀌었다. 최초로 사용된 확성기는 '구두조九頭鳥'라 불렸던 250와트짜리 스피커 9개였는데, 그 출력은 90개의 보통 스피커를 동시에 사용한 것과 같았다. 양안의 거리가 매우 가깝기 때문에 때로 금문을 향한 하문의 선전 내용은 일상생활과 매우 밀착된 것일 때가 많았다. 1950년대 각서 함화참에서 일했던 진비비陳霏霏는 그때 상황을 "비가 올 때면 금문의 동포들에게 '빨리 빨래를 거두세요'라고 하기도 한다"라고 서술했다.[39] 1991년 4월 24일이 되어서야 금문을 향한 하문 연해와 소속 유선방송국들의 방송선전이 중단되었다.

하문을 향한 금문 함화참의 방송 내용은 정해진 원고 제공처가 있기 때문에, 현장 방송 때 아나운서가 원고를 고쳐 방송할 수 없었다. 맞은편 주민들의 청취 접근성을 높이고 그들의 인정을 얻어 내기 위해 방송은 북경어 및 천주泉州 억양의 민남어, 두 가지 언어로 진행되었다. 아나운서들은 선전 방송을 하는 일 이외에 정보 수집도 맡았다. 설조삼薛祖森 선생에 의하면,

> 선전의 원고는 대부분 총대부에서 제공해요. 총대부에는 프로그램 팀이 있었지요. 우리의 원고는 광화지성(光華之聲) 방송국 쪽에서 제공해줬습니다. 두 가지 경우가 있는데, 하나는 직접 녹음테이프를 쓰는 것이고 다

른 하나는 원고를 우리 혼자 방송하는 것이에요. 제가 방송할 때는 주로 두 가지 언어, 국어(북경어: 옮긴이)랑 민남어를 사용했습니다. 저는 표준 민남어를 해요. 대만어 말고 대륙 민남에서 하는 거랑 똑 같아요. 전주(泉州), 동안(同安)쪽도 다 이 언어 계열에 속하고요.

함화참은 거의 대륙을 향해서 방송해요. 우리는 그쪽을 공군(共軍)이라고 부르고 그쪽은 우리를 장군(蔣軍)이라고 불러요. 이쪽편에서도 그들의 선전이 들렸는데, 그때는 대부분 사람들에게 방송을 듣지 못하게 했지만, 우리는 그것을 반드시 들어야 했어요. 우리 정보관은 매일 그쪽에서 방송한 내용을 듣고 기록해서 이른 아침에 금방부로 통화해서 보고했어요. 그들의 방송자료를 수집하는 게 정보 수집에 해당되거든요.[40]

언어의 유사성은 1970년대 이후 현지에서 아나운서를 뽑게 된 이유 중에 하나였다. 그러나 1980년대 중엽 이후 방송은 그 마지막 단계에 들어섰다. 이를테면 1985년에 마산방송국에서는 더 이상 아나운서들이 현장에서 선전을 진행하지 않고 테이프에 녹음된 내용을 방송하기 시작했다. 1989년에 '호정두湖井頭함화참'은 '호정두전사관戰史館'으로 개축되어 그 역사적 역할을 내려놓게 되었다. 냉전 대립의 시대에 금문과 하문 사이의 공중에서 진행되는 방송과 선전의 교전은 보이지 않은 또 다른 형태의 전쟁이었다.

4. 소리에 대한 집단적 기억

1) 금성방송국의 청취 기억

1950년대에서 1980년대까지의 전쟁의 위협과 엄격한 군사적 통제는 금문인 모두가 경험한 전지의 생활경험이다. 그 중 방송과 선전의 발송과 청취는 한층 더 깊은 문화적 기억으로 남아있다.

군부가 주도하는 금문방송국과 광화방송국에서는 대외용와 대내용 두 종류의 프로그램을 방송했지만, 라디오가 관제품이었기 때문에 일반 주민들은 라디오를 소유할 기회가 없었다. 자연스럽게 이들이 방송을 들을 기회는 거의 없었고, 대내적 방송의 영향은 매우 제한적이었다.[41]

이러한 문제점을 고려하여 1965년에 군사 당국은 진장鎭長 주병염朱炳炎에게 위탁하여 인구가 가장 밀집되어 있는 금성진金城鎭에 "금성 유선 방송국(또는 금성방송국)"이라는 지역사회 방송국을 설립하였다.[42] 금성 방송국은 당시의 사회교육관에 소속되어 있었고 방송실은 현지 주자사朱子祠 안에 만들어 졌다.[43] 초기의 방송 범위는 금성진 지역에만 국한되어 있었는데, 이후 금사金沙, 금호진金湖鎭에도 유선방송국이 세워졌다.[44]

1965년 4월 15일자 정기중화보의 보도에 의하면 금성방송국을 설립한 취지와 목적은 "정령政令의 선전을 용이하게 하고, 사회교육과 협동하며, 민간 오락을 증진"시키는 것이다. 초기 프로그램의 내용에는 중앙방송국과 광화방송국의 프로그램의 중계방송, 각급의 장관들의 훈시, 학술강연, 정령과 일반 법령의 선전, 금성진의 여러 작전과 조치들, 시사 해설, 지방 뉴스 보도, 음악 방송 등이 포함되었다. 방송은 오전 6~11시, 오후 13~16시, 저녁 18~20시의 세 개 시간대로 나누어, 하루 총 12시간 동안 진행되었다. 그러나 방송이 장기화 되면서 방송시간이 조정되어 첫 방송은 5시 30분에서 6시 사이에 시작하여 30분 동안 이어졌고, 두 번째 시간대는 8~10시, 세 번째 시간대는 12~15시, 네 번째 시간대는 17~18시로 총 6시간 방송한 뒤, 마지막에는 22시까지 방송을 연장하였다. 프로그램은 대체로 '사교의 목소리社教之聲', 정령 선전, 국민생활 안내, 가정교육, 뉴스 보도, '금문의 목소리金門之聲', 공중空中 영어교육 및 기타 오락 프로그램 등으로 이루어졌다.[45]

금성방송국의 조직은 방송국장 한 명, 편집팀, 방송팀, 기계 업무팀으로 구성되었고, 설비로는 확대기放大器 1대, 레코드플레이어 2대, 녹음기 1대, 주主 확대기 5대, 가구 수신기 300대, 각 향진에 설치한 공공 스피커 8개가 있었다.[46]

1966년 7월 3일 중화정기보의 보도를 통해 아나운서 모집 과정을 살펴보면, '고등학교 이상 학력을 갖추고, 20~25세의 연령대에 속하며, 출신성분이 깨끗하고, 건강하며, 불량한 습관이 없고, 북경어와 민남어로 방송할 능력이 있는 자'에게 시험지원 자격을 부여했다. 금성진공소公所에서 수험자를 모집하면 금문방송국에서 시험과 단기 훈련을 주도했고, 1차·2차 시험을 통과하면 2개월 동안 수습기간이 있었다. 수습기간의 수당은 매월 식비를 포함해서 800원이었고 수습이 통과되면 식비를 포함하여 1,500원이었다.[47] 이러한 대우 수준은 당시의 일반 사무직보다 훨씬 높은 것이었기 때문에 많은 현지인들이 시험에 지원했다.

1978~1980년대에 방송은 신문 이외에 금문 주민들이 가지고 있는 유일한 정보 접근의 통로이자, 오락생활의 원천이었다. 우리는 보존되어 있는 당시의 방송 프로그램 편성표를 통해서, 당시의 방송이 금문광화방송국 뉴스의 중계, 금문일보의 사설과 지방신문의 발췌독, 법률지식이나 정부 법령에 대한 선전 외에도, 행복한 가정·국민 생활을 위한 안내 사항, 영어 교육 등의 프로그램들을 포함하고 있음을 알 수 있다. 방송은 매일 아침에 군가와 건강체조로 시작하여 저녁에는 반공복국가反共復國歌로 끝났다(그림 21). 여기에서 명확히 드러나는 것은 정부의 반공교육 및 정치선전의 성격을 띤 방송도 '현대성'에 대한 언설들을 통해서 건강하고 행복한 몸·가정·일상생활이란 무엇인지, 어떤 외국어를 배워야 하는지, 어떤 음악을 들어야 하는지, 어떤 오락활동을 해야 하는지 등을 규정하고 있다는 것이다. 국가는 정보와 오락 내용을 제공하면서 동시에 사적 영역과 개인의 몸과 의식을 엄격히 통제함으로써 개인, 가정과 지역 사회가

金門縣社會教育館金城播音節目表（一）

第一次播音　0500－1100

時間	節目	內容
0600	[illegible]	[illegible]
0610	[illegible]	[illegible]
0630	[illegible]	[illegible]
0700	新聞	[illegible]
0710	[illegible]	[illegible]
0800	[illegible]	[illegible]
0810	[illegible]	[illegible]
0830	地方新聞	[illegible]
0850	[illegible]	[illegible]
0900	[illegible]	[illegible]
0930	[illegible]	[illegible]
1000	[illegible]	[illegible]
1010	[illegible]	[illegible]
1020	[illegible]	[illegible]
1100	[illegible]	[illegible]

第二次播音　1200－1630

時間	節目	內容
1200	新聞	[illegible]
1210	[illegible]	[illegible]
1400	廣播劇	[illegible]
1430	[illegible]	[illegible]
1530	平劇	[illegible]
1600	[illegible]	[illegible]
1610	[illegible]	[illegible]
1630	[illegible]	[illegible]

第三次播音　1800－2200

時間	節目	內容
1735	[illegible]	[illegible]
1800	[illegible]	[illegible]
1810	[illegible]	[illegible]
1820	[illegible]	[illegible]
1830	[illegible]	[illegible]
1850	[illegible]	[illegible]
1930	[illegible]	[illegible]
1950	[illegible]	[illegible]
2010	[illegible]	[illegible]
2040	[illegible]	[illegible]
2110	[illegible]	[illegible]
2200	[illegible]	[illegible]

그림 21　1970~1980년대 금문방송국 프로그램 편성표(채기수 제공)

냉전 시기 국가의 요구에 부응하도록 했다.

주민센터 사무실에 설치된 스피커를 통한 방송 범위는 금성진의 대부분의 생활영역에 걸쳐 있었다. 따라서 주민 생활의 시간 리듬도 이로부터 매우 큰 영향을 받았다. 이른 아침에 울리는 군가와 건강체조 음악, 잠들기 전에 울리는 반공복국가는 전지 생활의 집단적 모습을 만들어 냈다. 그 때의 금문사람들에게는 공중에 울려 퍼지는 방송을 듣는 것이 일상생활에서 빼놓을 수 없는 부분이었다.

1972년에서 1988년까지 아나운서를 맡고 있었던 채기수蔡琪秀의 회상으로부터 우리는 그때의 방송과 사회생활이 얼마나 밀접하게 결합되어 있는지 알 수 있다.

아침 일찍 6시부터, 우리는 고층건물과 같은 높은 위치에 금성에서 네 방향으로 큰 스피커를 설치했어요. 이렇게 하면 소리가 멀리 퍼지거든요. 이른 새벽에 30분 방송해요, 일어나라고. 여름에는 5시 30분부터 6시까지 하고, 겨울에는 30분 뒤로 해서, 6시부터 6시 30분까지 했지요. 그때 학생들이랑, 공무원들이랑 제 방송을 듣고 "학교 다녀오겠습니다", "근무 다녀오겠습니다"라고 하죠.
나이 좀 있는 사람들은 오락거리도 없고 하니까 집에서 방송 듣기만 기다리죠. 우리는 언제나 시간에 맞춰서 방송을 했어요. 예를 들면 가자희(歌仔戱)를 오늘 한 단락 방송하고, 시간이 되면 내일 또 한 단락 방송하고 하는데 나이 든 사람들은 다음날에도 계속 방송을 듣는 거에요. 그러다가 선이 끊기면 엄청 조급해져서 우리한테 찾아 와서는 선이 끊겼다고, 오늘 못 들었다고, 빨리 수리 좀 해달라고 해요. 나이 든 사람들은 오락거리가 별로 없으니까 그냥 집에서 방송을 들으니까요.[48]

1953년에 출생하여 금성진에 거주한 허연학許燕学은 아직도 국민 건강 체조의 음악을 기억하고 있다.

아침에 일어나서 제일 처음 하는 일이 국민건강체조 방송을 켜는 거에요. "하나 둘 셋 넷…", 6시 즈음이면 해요. 그때 당시는 벌써 스피커가 있었어요. 그래서 집에 라디오 있는 사람도, 없는 사람도 다 들을 수 있었지요. 스피커에서 "국민건강체조 하나 둘 셋 넷…"하면 바로 들려요.[49]

1955년에 출생하여 금성진에 거주한 리경방李瓊芳은 신생활운동, 국민생활 안내 등 방송내용을 기억하고 있다.

그때는 사교관(社敎館)에서 책임지고 방송을 했죠, 매일 새벽 6시에. 그때 그쪽에서는 문화대혁명을 할 시기였는데, 우리는 신생활 운동을 선전했어요. 사교관은 6시에 기상 나팔, 음악, 아침 체조를 방송하고 그 다음에 국민 생활 안내를 선전해요. 대형 스피커로 전 금성진에서 다 방송했어요, 한번에 20분 동안.[50]

1980년대 후반이 되면서 TV가 보급되고, 금문에도 중화TV회사의 프로그램이 개방되면서 방송을 듣는 사람은 날로 감소해갔다. 동시에 대만 본섬에서 계엄이 해제되었고 냉전 대립구도도 완화되어, 전지정무(戰地政務)의 사회통제가 다소 느슨하게 되었다. 그리고 1988년 금성방송국의 활동은 정식으로 마침표를 찍게 되었다.

2) 하문으로부터 들려오는 소리

양안이 대치했던 시대에 금문의 군민들도 자주 하문으로부터 오는 정치선전을 들을 수 있었다. 1960년대 이전에 하문 쪽에서 들려오는 선전은 대부분 위협적인 말로 쌍방의 적대의식을 격화시키는 내용이었다. 1965년부터 1966년까지 금문에 주둔하면서 방어임무를 맡았던 등鄧씨 성을 지닌 장교는 그때 상황을 이렇게 회상했다.

대체적으로 9시 이후에 다들 조용하게 자려고 할 때는 아주 조용하니까
선전이 더 똑똑히 들렸어요. 특히 해변에 있으면 선전이 정말 잘 들렸죠.
그들은 우리를 '장개석 패거리' 혹은 '국민당 특무(國特)'라고 불렀어요.
어떤 때는 "며칠 전에 국민당 특무 몇 명을 잡았다. 오늘 몇 시에 이미 어
디에서 총살했다…" 이렇게 공갈하는 말도 했습니다.[51]

온정을 담은 호소도 공산당이 선전할 때 사용하는 언어 책략 중에 하
나였다. 당시 대부분 국민당의 군인은 대륙 출신이었고, 그들 중 다수가
대륙에 가족들이 있었다. 이런 이산가족의 상황에 초점을 맞추어, 공산당
은 금문을 방어하고 있는 국민당 군인의 가족을 선전방송에 활용했다. 금
문의 장교와 병사들이 가족을 그리워하는 마음을 이용하여 군대의 사기
를 흐트러뜨리고자 한 것이었다. 예를 들면 어느 설 기간의 선전 내용은
"아들아! 새해에 난롯가에 모일 때 되면 나는 늘 테이블 위에 빈 그릇 하
나랑 젓가락 한 쌍을 올려놓는단다. 네가 돌아와서 우리랑 같이 설을 보
낼 거라는 뜻이다."와 같은 것이었다.[52] 가족이 중국 대륙에 있는 등씨는
고향이 그리운 나머지 '중국 대륙으로 돌아갈까' 하는 심리적 갈등이 있
었음을 숨기지 않았다.

한번은 수영해서 돌아갈까 생각한 적이 있었는데 머뭇거리다가 행동으로
옮기지는 못했어요. 그런데 이튿날에 어떤 사람이 수영해서 돌아가려고
하다가 잡혀서 총살당했다는 소문을 들었어요. … 집이 그립죠. 가족이
다 그쪽에 있는데.[53]

1980년대 초기에 와서 중국 대륙의 방송은 국민당 군을 '장개석 패거
리', '국민당 특무' 등 모독적인 말(금문의 선전에서는 상대방을 '공비共
匪'로 불렀다.)로 부르지 않고, 비교적 중성적인 '장개석 군'으로 고쳐 부
르기 시작했다(금문의 선전에서는 상대방을 '공산당군'으로 고쳐 불렀

다). 냉전의 막바지에는 서로를 '공산당 장교와 병사들'과 '국민당 장교와 병사들', '공산당 장교와 병사 형제들', '국민당 장교와 병사 형제들'과 같은 식으로 불렀다.[54] 특히 1979년 중화인민공화국과 미국이 수교한 이후에 양쪽의 선전은 보다 온화한 방향으로 변화해갔다. 1980년대 대만의 방송에서는 대만 가수 등려군鄧麗君의 가요를 중국 대륙으로 방송했는데, 그녀의 부드럽고 아름다운 목소리와 선율은 문화대혁명을 겪었던 중국 민간사회에서 대환영을 받았다. 대만 중앙방송국에서는 10년 동안이나 '등려군 시간'이라는 프로그램을 방송했는데, 이것이 낳은 영향력은 컸다. 이로 인해 중국 대륙에서는 "노등老鄧, 등소평은 사랑하지 않고 소등小鄧, 등려군을 사랑한다"[55], "낮에는 노등을 듣고 밤에는 소등을 듣는다"는 말이 생기기도 할 정도였다.

이 때 하문에서는 대만의 유행문화로 금문 군사와 민중의 주의를 끌고자 시도하였다. 1987년부터 1988년까지 열서에서 위관급 관측관을 맡았던 손진영孫振縈은 이렇게 당시의 선전을 회상하였다.

> 맞은편에의 방송은 매일은 아니었고 격일로 했던 것 같아요. 심리전 선전은 극히 드물었고, 대부분 대만 유행가요, 예를 들면 동안격(童安格)의 "사실 넌 내 마음을 몰라(其實妳不懂我的心)", 엽계전(葉啟田)의 "노력해야 이길 수 있다(愛拼才會贏)" 이런 것이었어요. 그때는 라디오를 개인적으로 소유할 수 없었기 때문에 솔직히 말해서 그때는 정말 "비적들의 방송(匪播)"을 기대했었어요. 심리 선전에 관해서는 이미 그런 것들에 대한 완전한 면역력을 가지고 있기 때문에 자세히 무슨 말을 하는지 들을 흥미도 없었어요.[56]

물론 공산당군이 이익을 미끼로 제시하며 금문 군민이 조국으로 귀환할 것을 부추기는 것도 있었고 국민당도 마찬가지였다. 상대방의 이런 선전이 있을 경우 아군 측에서는 음악을 방송하는 방식으로 방송을 교란하였다. 1985~1987년 사이에 대담도에서 복무 중이었던 군관 범의빈(范義彬)의 기억에 의하면,

> 풍향이 맞을 때면 우리 쪽의 선전을 가끔 들을 수 있는데 내 생각에는 하문 억양으로 방송했던 것 같아요, 어떤 때는 국어로 하기도 했지만. 내용은 다 선전성이 매우 강한 말이었어요. 예를 들면 "당신들의 생활은 매우 어려우나, 우리는 매우 풍족하다. 귀순하는 것을 환영한다"는 식으로요. 상대편의 말도 가끔 들렸어요. 내용은 다 기억하지 못하는데 우리 쪽에서 하는 거랑 마찬가지로 우리 쪽이 생활이 어려우니까 그쪽으로 넘어오는 것을 환영한다는 식이었죠. 좀 무서운 거는 그들이 자주 우리 쪽 사람의 고향, 친인들의 현 상태를 말해주고 혈육간의 정을 이용하는 거에요. 고향을 그리워하는 마음을 불러일으켜서 우리 군대의 투지를 흔들려고 하는 건데, 제 생각에는 이런 방식의 정보 수집과 이용이 매우 위협적인 것 같아요. 그런데 우리 쪽이든 저쪽이든 선전들은 다 잘 들리지 않아서 대략적인 내용만 들려요. 상대 쪽에서 선전하면 음악을 방송하는 형식으로 교란했거든요. 우리 쪽에는 해질 무렵에 방송하고 그쪽에는 밤에 했어요. … 제 생각에는 그쪽의 선전이 효과가 별로 크지 않은 것 같아요. 왜냐하면 우리 쪽(대담도)에는 주민이 별로 없고, 군인들은 의식이 쉽게 동요되지 않거든요.[57]

3) 하문 주민들의 청취 경험

전쟁 대치의 시기에는 권위적 통치가 인민들의 정보 획득 자유를 박탈한다. 따라서 외래 방송을 청취하는 것을 금지하고, 다양한 방법을 통해 자기에게 불리한 언론과 선전 간행물, 전단지를 검사·통제하며, 뉴스와 우편에 대한 심사를 강화하는 조치가 이루어진다. 금문과 하문에서는 자기 쪽의 군민이 상대 쪽의 선전을 듣는 것을 방지하기 위해서, 상대의 방송

은 전자파로 교란하고, 함화참에 대해서는 다른 소리로 덮어버리는 방법을 가장 많이 사용하였다. 동시에 상대방의 선전을 들을 경우에는 엄격한 경고와 징벌을 내렸다. 1953년 2월 23일자 정기중화보의 기사 "자유의 소리를 엿듣다가 비적의 폭력에 의해 총살당함"에서는 광동 대산臺山의 주민이 대만이나 미국의 소리 방송을 듣다가 '반동분자'로 몰려 총살당했다는 사실이 보도되었다.[58]

1949년에 출생하여 하문에 거주한 주명周明 여사는 이렇게 말했다.

전에도 몰래 들어본 적이 있는데 '미국의 소리'는 대부분 중국 내부 소식을 이야기해요. 예를 들면 당산(唐山)대지진에서 도대체 몇 명이 죽었는지, 상황이 얼마나 비참한지에 대해서는 우리 쪽에서는 모두 모르고 있는데 '미국의 소리'에서는 보도를 했어요. '미국의 소리'는 중국어로 방송해줬어요. … 그런데 당신들 쪽의 방송은 방해가 심해서 늘 잘 들리지가 않았어요.[59]

또 다른 문제는 1980년 이전에는 일반 중국 대륙 사람에게 라디오는 비싸서 살 수 없는 사치품이었다는 것이다. 1952년에 태어나 1977~1983년 사이에 하문대학교에서 수학하고, 현재 하문대학교 문학대학교의 학장으로 있는 진지평陳支平의 회상에 의하면,

(라디오는) 농촌에서는 사기 어려운 것이에요. 통제가 있어서라기보다 그냥 돈이 없어서 살 수가 없었어요. 좀 비싼 물건이거든요. 당시에 하나 사려면 인민폐 40~50원씩 했는데, 그 때 노동자 한 명의 월급이 약 30몇 원이었어요. 나는 당시에 대학원생이라서 봉급을 받았어요. 한 달에 38원씩 받았는데, 대학 졸업하고 나서 월급이 40몇 원이었고, 1년이 지나서 50몇 원을 받았어요. 일반 노동자들은 아마 20몇 원 정도 받았을 거예요. 실습단계에서 18원 정도이고, 1년이 지나야 26원이 되요.[60]

당시 경제적으로 비교적 여유가 있었던 진지평은 라디오를 가지고 있었다. 그러나 매번 방송을 들을 때면 특정한 채널에서는 심한 방해를 받았는데, 아마도 금문에서 방송한 방송프로그램일 것으로 추측된다. 오락거리가 부족한 시기에 이 채널은 해협의 맞은편에서 살아가던 청년에게 매우 매력적이었다. 그는 이렇게 말했다.

> 나는 연구소에서 공부할 때부터 라디오가 하나 있었어요. 그때는 TV는 없었고. 우리 쪽에서는 9시 즈음에 채널 하나를 들을 수 있었는데, 어떤 방송국인지 잘 모르겠지만 아마도 금문의 방송이었던 것 같아요. 프로그램은 매력적이었는데 어떤 때는 잡음이 너무 심해서 안 들렸고 어떤 때는 아주 잘 들렸어요. 그 때는 제가 학생일 때라 라디오 외에는 다른 오락거리가 없을 때였죠. 그때가 아마도 1980년 즈음이었던 것 같아요.[61]

다수 사람들은 라디오가 없었지만, 해변가에서는 바람을 타고 들려오는 선전은 들을 수 있었기에, 연해 주민들은 바깥 세상에 대해 보다 쉽게 알 수가 있었다. 진지평의 말에서 알 수 있듯 1980년대 이전 사람들은 지금의 북한 방송처럼 엄숙하고 격앙된 언어를 사용하는 방송 스타일에 익숙했으며, 금문에서 방송하는 감미로운 아나운서의 목소리와 등려군의 노래를 들을 수는 없었다.

> 금문 쪽에서 흘러온 "공산당군 제형들", "장군…", "황금 몇 …". 그때는 아마 1977년이었을 거에요. 나는 그때 하문대학교에서 공부를 했는데 매일 정해진 시간에 들렸어요. 그쪽에서도 마찬가지일거에요. 하루 종일 들리지는 않았을 거예요. 조수랑 풍향이 맞을 때만 들렸겠죠. 내 생각에는 달이랑 관련이 있는 것 같아요. 달이 매우 밝고 밤에 조용할 때는 소리가 특별히 크게 들렸어요. 선전에는 음악도 있고 노래도 있었어요. 초반에 우리는 대만 노래를 싫어했어요. "퇴폐적인 음악(靡靡之音)"이라고 말했어

요. 1980년대 등려군이 나와서야 사람들이 듣기 좋아했어요. 처음에는
습관이 안됐죠. 아나운서의 목소리도 나쁜 사람 같았어요. (그런데) 지금
와서 다시 북한을 보면 아나운서들의 말투가 참 이상해 보여서 받아들일
수가 없어요. 그런데 30년 뒤로 돌아가면 사실 (그 때) 우리 대륙의 아나
운서들도 그렇게 말했어요. … 하하.[62]

문화대혁명 기간에 주명周明 여사는 중학교를 다녔는데 하문의 연해
하조何厝에서 자주 노동을 했다. 그래서 늘 금문의 선전을 들을 수 있었
다. 선전과 함께 정치선전, 음악프로그램, 따뜻한 말, 총과 대포의 사격소
리가 들렸다.

매일 있었죠(선전이). 음악도 방송하고 노래도 있었고. 그 노래들은 우리
는 들을 수 없었어요. 음악이 끝나면 10분 넘게 연설이 있었는데, 연설이
끝나면 또 노래 방송이 나오고, 끝나면 또 연설하고. 풍향을 봐야 해요.
어떤 때는 잠깐 중단될 때도 있었고. 방송은 매일 이루어졌고 저녁에도 9
시, 10시까지 방송했어요. 가끔씩은 대포도 쏘고요.…어떤 때는 방송 한
참 하다가 기관총 사격소리, 포격 소리가 들렸어요. 우리 하조가 금문이
랑 가까워서, 그쪽의 스피커도 우리 이쪽을 향하고 있고, 우리 쪽의 스피
커도 보루 위에 그쪽을 향해 설치되어 있어요. 다음날 날이 밝으면 바로
또 방송을 시작해요. 그 때 우리 쪽의 모택동이랑 주덕(朱德: 주은래와 팽
덕회, 옮긴이)을 그쪽에서는 주모(朱毛: 주은래와 모택동, 옮긴이), 공비
(共匪)라고 불렀어요. '당신들은 주모의 폭정 아래서 살아가고 있다', '공
비들이 당신들에게 어떤 잔혹한 짓을 했고, 얼마나 많은 사람을 총살했는
지 아느냐'는 식으로 많이 말했어요.
그때 저는 듣는 거 진짜 좋아했어요. 밭에서 노동하면서 귀를 쫑긋해서
들었어요. 되게 신기하거든요. 우리가 밭에서 노동하면 들리는데 시내에
서는 안 들려요. 우리는 가끔 야밤에 살그머니 라디오도 들었어요. 그때
선전은 이런 종류도 있었어요. 누구의 남편이 대만에 있으면 그 아내보고

이쪽에서 "아무개야, 나는 누구누구다, 이쪽의 생활은 공산당의 보살핌 덕분에 아주 좋아. 네 어머니도 잘 지내고 계시고, 우린 농사지을 땅도 있고 먹고 살 밥도 있어. 어서 이쪽으로 와라!"는 식으로요.[63]

냉전시기에 공산당은 장기적으로 대만 사람들의 삶은 가난하고 고통스럽다고 선전하였다. 하문의 주민인 주명周明은 선전과 방송에서 대만의 상황을 듣고 반신반의하였다. 그러다가 훗날 직접 접촉해 보고 나서야 공산당의 대만에 대한 묘사가 자기가 관찰한 바와 거리가 극히 멀다는 것을 실감하였다.

> 그때 내가 초등학교 때부터 고등학교 때까지 정치를 배우면 제일 처음에 나오는 게 "우리는 매일 매일 나아지고 있고 적은 매일 매일 썩어가고 있다", "대만 인민들은 극심한 고통 속에서 살고 있다"라는 것이었어요. 나는 지금도 똑똑히 기억해. 그때는 정말 믿었어요. 후에 서서히 개혁개방이 진행되면서, 하문에 고향을 둔 많은 화교들이 많이 들어왔어요! 그제서야 대만도 '아시아의 네 마리 작은 용'인 줄 알고, 달러 비축량도 세계적으로도 앞선 수준인지 알았어요. 그때 저는 '그럼 대만이 우리보다 좋네'라고 생각했죠. 예전에는 정말 그들한테(공산당) 세뇌 당해서 당신들이 극심한 고통 속에서 살고 있는 줄 알았죠. 그제야 실상은 다르다는 것을 깨달았어요.[64]

금문과 하문 해역의 상공에서 울려 퍼지는 소리는 정치·군사적 사안과도, 오락생활과도 연관되어 있을 뿐만 아니라, 당시 양안의 군민들이 서로 이해 혹은 오해하게 되는 정보의 출처이기도 했다. 이러한 소리는 하나의 집단적 기억이며 전지의 역사에서 삭제될 수 없는 한 페이지이기도 하다.

4) 심리전의 영향: "자유를 찾아서"와 "조국으로 귀환"

방송에서의 정치선전이 과연 어떤 구체적인 영향을 미쳤는지는 당시 "봉기하여 귀순"한 공산당군과 "조국으로 귀환"한 국민당군의 상황을 통해 다소 엿볼 수 있을 것이다.

"적절한 시기에, 적당한 뉴스로 부추기고, 후한 상금으로 성사 시킨다." 이것은 매우 효과적인 전술적 심리전 방법이다. 1954년 연말에 한국 전쟁터에서 대만으로 이동한 1만 4천 명의 군인(거제도 포로수용소에서 중화인민공화국으로의 송환을 거부한 포로들을 지칭. 옮긴이)을 국민당 정부는 '1만 4천 명의 증인'이라고 불렀다. 이들은 '의포義胞', '난포難胞' 이외에 가장 특별한 의의를 지닌 '반공 의사'였는데, 국민당 정부는 이들이 심리전의 효과를 검증해주었다고 생각했다.[65]

따라서 중화민국 정부는 1955년에 '주모朱毛 공산군의 봉기 귀순을 장려하는 조례'를 반포하고, 1958년에 '비적 육, 해, 공 군관과 병사의 봉기 귀순에 대한 우대 방법'을 반포하여 공산당 군대의 귀순을 꾀했다. 1991년 5월 1일 이 법규들이 폐지되기 전까지 40년에 가까운 기간 동안 대만정부는 총 4만 4천 7백 냥의 황금을 상금으로 지급했는데, 이를 지금의 화폐 가치로 추산했을 때 대만 달러로 약 5억 4천 611만 2,400원에 해당한다.[66] 냉전시기 '봉기' 사건들의 배후에는 새로운 정치 환경이나 풍부한 물질적 장려와 함께, 극진한 예우를 갖춘 대접을 제공해주었던 것이 원인으로 작용하고 있었다. 한쪽에서 보았을 때는 '봉기'였지만 상대방의 입장에서는 '배반 도주'였을 이러한 사건들은 정치 선전의 결과임과 동시에, 이후 또다시 정치 선전의 내용이 되기도 했다.

그들을 '의사'라고 부르든 '반역자'라고 부르든 간에, 방송은 그들의 도주를 이끄는 통로였다. 1962년 미그기를 조종하여 도원桃園공항으로 귀순한 류승사劉承司에 의하면, 그는 공군 방송에서 '공군의 장미' 진맹화

陳孟華의 방송을 듣고 도주를 결정하였다고 한다. 1981년에 전투훈련기를 타고 복주福州공항으로 도주한 황식성黃植誠도 몰래 중국 대륙의 전단지를 보고 중국 대륙의 방송을 들은 적이 있다고 말했다.[67] 1975년에서 1978년 사이에 광화방송국의 아나운서였던 허빙형許冰瑩이 아나운서로 있는 동안에 범원혁范園焱이 비행기를 조종하여 대만으로 온 사건이 있었는데, 그는 대만의 정치선전의 모델로서 끊임없이 부각되었다.

1977년(민국 66년) 7월 7일, 이 해는 중국 대륙의 문화대혁명이 가장 치열하게 진행되고 있던 한 해였는데, 중국 공산당 인민해방군 공군 독립정찰 제2단의 대장 범원혁 소령이 중국 공산당제 미그19 정찰 전투기를 조종하여, 복건 진강 사제기지로부터 자유를 갈망하여 대만해협을 넘어서 대남(臺南)기지로 찾아왔다. 중앙정부는 '반공의사조례'에 따라 범원혁에게 사천 냥의 황금, 즉 3천 2백만 원에 달하는 신 대만 화폐를 상금으로 포상하였고 공군 대령으로 진급시켜 심리전에 종사하게 하였다.
반공의사 범원혁이 비행기를 조종하여 귀순한 일은 당연히 방송국에서 반복적으로 내보내는 소재가 되었다. 허빙형의 말에 의하면 그 당시 적지 않은 '반공의사'들이 자유를 찾아 이쪽으로 왔고, 우리 쪽에서도 많은 군인들이 맞은편으로 헤엄쳐갔는데, 우리 쪽에서 건너간 군인들도 마찬가지로 그곳에서 특별 우대를 받았다. 그 때는 하늘과 비행기, 방송국이 모두 분주하게 움직였다. 보이지 않는 줄다리기가 대만해협의 공중에서, 금문과 하문의 수역에서 벌어지고 있었다.[68]

1997년부터 1995년 사이에 금문에서 주둔했던 퇴역 중령 진서다陳書茶는 방송의 영향력이 매우 컸던 것으로 생각한다.

초기에 1970년대에 많은 중국 공산당 공군의 미그전투기가 날아왔어요. 내 생각에는 방송 효과인 것 같아요. 방송에서는 비행기 행로는 어떤 것인지, 어디로 와야 하는지, 귀순할 때 비행기 꼬리 부분을 두 번 흔들어야 하는지, 공항의 위치는 어딘지 등을 알려주었는데, 제일 중요한 것은 귀순하면 황금 천 냥을 얻을 수 있다는 것이었어요. 아마도 이게 제일 큰 유혹이었을 거에요. 그때는 며칠 간격으로 많은 미그전투기들이 귀순했는데, 저는 금전적 유인의 역할이 상당히 컸다고 생각해요.[69]

『금문현지』에 의하면, 1950년부터 1986년까지 공산당 쪽에서 금문으로 온 사람들의 신분은 정규부대에 소속된 군관과 병사, 민병 반장, 대대장, 어민, 선원, 기자, 화가, 평민 등이 있었고, 귀순 방식은 배를 빼앗거나, 헤엄쳐 넘어오는 등이었다(표 1).[70]

표 1 1950-1986년간에 중국 대륙에서 금문으로 탈출한 사례

시간	이름	신분	방식	탈출 원인에 대한 진술	비고
1950.8.27	복화륜(福華輪)		홍콩으로	공산당을 반대함	총30여 명
1950.10.19	진치립(陳治立)	복건 연합사령부 대대장	미상	공산당의 정책에 불만이 있고 장개석 대통령에게 충성하기 위함	
1953.2.18		선부 14명	범선	생활이 어렵고 장개석 통치시기의 생활을 그리워함	
1953.6.20	정인걸(鄭仁傑) 정리희(丁梨喜)	공산당 85군 전사	무기 지참	대만을 동경함	
1966.9.8	고병피 일가 (高椪皮)	평민	미상	생활이 어려움	
1967.3.26	진문박(陳文博)	전 민병 반장	선박	장개석 대통령의 호소에 응함	
1968.8.25	진영생(陳永生)	하문학생, 홍위병	수영	공산당을 증오함	
1969.8.16	오원명(吳遠明)	평민	대담(大膽)까지 수영	선전의 영향을 받고 장개석 대통령의 호소에 응함	탈출 시도를 6번 함, 10년 형을 받은 적이 있음

시간	이름	신분	방식	탈출 원인에 대한 진술	비고
1972.11.15	곡군성(曲軍成)	포병 정찰병	수영	아름다운 세상을 찾아감	방송을 자주 듣고 전단지를 자주 읽음
1974.8.25	림소한(林紹韓) 림몽룡(林夢龍)가 거느린 가족 친척 23명	평민	작은 범선	장개석 대통령이 그리움	방송을 자주 듣고 전단지를 자주 읽음
1976.4.9	진인복(陳仁福)	평민	삼판선(舢舨)	장개석 대통령의 서거를 추모하고, 모택동 공산당이 반드시 멸망할 것이라는 것을 굳게 믿음	
1981.8.9	리중도(李中道)	어민	삼판선	대만의 번영과 진보를 앎	방송과 선전을 자주 들음
1986.10.7	장창원(張倉元)	어선 선원	삼판선	생활이 어려움	방송을 자주 듣고 TV를 몰래 시청함

분명한 것은 방송국과 함화참을 통한 정치선전은 일정한 효과가 있었다는 것이다. 1972년에 하문에서 금문으로 헤엄쳐 건너간 곡성군曲成軍은 공개적으로 "하문에서 7개월 거주하는 동안에 자주 국민당 군의 방송을 듣고 전단지를 볼 수 있었다. 공산당 쪽에서 '듣지도, 보지도, 생각하지도, 말하지도 못하게 하는' 통제가 있었음에도 불구하고, 계속 청취했다. 이로 인해 바깥에 또 다른 아름다운 세계가 있음을 알게 되었고, 그곳으로 찾아가고픈 소망이 생겼다"고 말했다.[71] 그러나 국민당 정부가 이런 사건들을 확대하여 선전한 결과 중국 대륙에서는 보복 조치를 감행하곤 했다. 가장 유명한 것은 1966년 중국 공산당 해군의 상륙정 하나가 마조로 귀순한 사례이다.[72] 그러나 다음 날 주은래의 명령 하에 국민당 군이 반공의사들을 마조에서 대만으로 호송하려고 보낸 전용기가 격추되어 바다에 추락했고 비행기에 탑승한 17명은 모두 사망했는데, 이 사건은 "오문헌吳文獻 사건"으로 불렸다.[73]

표 2　1957-1990년의 기간에 중국으로 귀환한 대만 군인 · 조종사

이름	시간	운항 도구	장소	심리전 방송을 청취했는가
서정택(徐廷澤)	1962	F-86 세이버	복건 용전 공항 (福建龍田機場)	그렇다
황천명(黃天明) 주경용(朱京蓉)	1963	T-33 복좌 훈련기	광동 혜양 관음각향 (廣東惠陽觀音閣鄉)	그렇다
임정의(林正誼, 林義夫)	1979	농구공	복건 각서 (福建角嶼)	미상
	1981	F-5F전투기	복건 복주 공항 (福建福州機場)	그렇다
이대유(李大維)	1983	U-6A 관측 연락기	복건 복주 공항	그렇다
왕석작(王錫爵)	1986	화항(華航) 보잉747화물기		미상
임현순(林賢順)	1989	F-5E 전투기	공동 풍순 (廣東豐順, 비행기는 파괴되고 사람은 생존함)	미상

출처: 大崙尾藝術工作隊, 『彼岸-起義與叛逃的歷史回顧』, 金門: 金門縣政府, 2004, 页 79- 140.

냉전 시기 대만이나 금문도에서 중국으로 귀환한 대만 군인들은 대부분 공군이었다(표 2). 그 중에서 1979년 금문 마조연대의 연대장이었던 임정의林正誼는 수영을 해서 맞은편으로 간 것으로 보인다. 그때 그는 육군 군인의 신분이었고 후에 임의부林義夫로 개명하였다. 훗날 그는 중국 정부의 특별한 중용 하에 북경대학교의 교수, 세계은행 수석 경제사, 부은행장의 요직에 오르기도 했다. 중국 대륙에서는 이러한 사건들을 뉴스 보도 및 방송 선전 이외에도 화보에도 실으면서 크게 선전하였다. 이를 테면 1962년, 1963년에 군용 비행기를 조종하여 중국으로 간 서정택徐廷澤과 주경용朱京蓉은 인민화보人民畫報와의 인터뷰에서 귀국한 이유를 이렇게 설명했다. "미 제국주의가 대만에서 행패 부리는 것을 보고 있을 수 없다"는 것, "주권을 잃고 나라를 욕보이는 국민당 정권을 보고 있을 수 없다"는 것이었다. 인민화보는 또 "모 주석 혁명전선의 승리, 무산계급 문

화대혁명의 승리"를 선전하기도 했다. 이러한 정치적 선전에는 대륙 내부의 정치의식과 정권의 정당성을 강화하려는 의도가 담겨있다.

양안이 서로를 봉쇄했던 시대에 이런 '봉기'나 '배반 도주'의 사건들은 방송과 선전에서 집중적으로 보도되기 때문에 관련 사실을 쌍방이 다 알게 된다. 하문대학의 진지평은 임의부 사건, 공군 귀순사건과 몇몇 실패한 사례들에 관해 이렇게 회상하였다.

임의부라는 사람이 있었어요. 당시에 그는 아주 젊었고 조용한 사람이었어요. 그 사람 딸이 우리 역사학과를 졸업했어요. 그 외에 또 사람들이 다 아는 다른 선전이 하나 있었어요. 공군 교관이었는데(1981년 전투기를 조종하여 복주공항에 착륙한 황식성(黃植誠)입니다. 당시 그는 공군 연대의 시험관이었는데 새로운 조종사들을 심사하는 틈을 타 복주로 날아왔다), 귀순 후에 어떤 여자애가 그 사람한테 시집가려고 했어요.
그런데 웃긴 일도 있었어요. 중국의 북쪽 지역에서 온 사람이 해변에서 그쪽으로 수영해서 넘어가려고 했어요. 바다에 들어가서 한참 헤엄치고 나서 육지에 올라와서는 금문에 도착한 줄 알고 "공산당을 타도하자"라고 외쳤는데, 사실상 (조수 때문에) 아직 이쪽에 있었던 거에요. 그때는 몰래 건너가다가 돌아오면 심각한 상황에 놓였거든요. 총살까지는 아니더라도 옥살이는 면치 못했어요.[74]

5. 결론: 전지사회의 공표와 방송

냉전이라는 특수한 역사 배경 하의 전지사회에서 언론의 역할이 맡은 기능은 주로 정치 선전이었다. 공표를 통한 실질적인 선전품의 배송, 방송국이나 연해의 함화참을 통한 방송들은 모두 한편으로는 정치 선전을 진행하면서 다른 한편으로는 서로에 대한 위협과 협박을 내보냈기 때문에 오랜 세월 동안 전지의 긴장된 분위기를 강화하는데 기여하였다.

1958년 8·23 포격전 이후에 심리전은 아군의 정치이념을 선전하여 적군의 민심과 사기를 와해하고, 적군의 사회적 안정을 파괴하며, 적군의 봉기와 귀순을 유발하는 방향으로 전환되었다. 때로는 이산 가정들이 가족을 그리워하는 마음을 이용하여 감정 공세를 펼쳤고, 이러한 개인적 감정을 통해 국가가 선동하는 상대방에 대한 증오를 상쇄하고자 하였다. 따라서 공산당을 반대하고 러시아에 대항하는 국민정부든, 장개석을 반대하고 미 제국주의를 타도하려는 중국 공산당이든, 양쪽의 정치 언어는 크게 다르지 않았다. 만약 주어와 목적어를 바꿔 놓는다면 그 내용은 거의 같았다고 해도 과언이 아니다. 이러한 내용의 심리전은 끊임없이 서로의 대립을 야기하고, 군대와 변경 거주민들의 귀순과 '배반도주'에 영향을 미쳤다. 그리고 '자유를 찾으러 가는 행위'와 '조국으로 귀순하는 행위'는 모두 겉으로 애국주의와 민주주의를 추구하는 행위처럼 보이지만, 사실 그 배후의 동기에는 물질적인 유혹과 실질적인 계산이 더욱 앞서 있었다.

그리고 전지 방송과 선전의 정치적 목적에는 적에게 영향을 주는 것뿐만 아니라, 내부에 대한 통제도 존재했다. 방송 등 언론이 제공하는 이데올로기적 교화, 현대화된 생활방식, 건강한 오락생활, 국가가 특정한 목적을 놓고 취사선택한 여러 정보들은 민간인들에게 공통적인 정치 의식을 주입하고, 그들을 정치적으로 동원하는데 기여했다. 이러한 내용은 고출력의 스피커를 통해 방송되었기 때문에, 심지어 인민들에게는 이로부터 도망갈 곳도, 듣지 않을 권리도 없었다. 방송이 구성한 사회시간과 생활 리듬도 완전히 군사당국의 통제 안에 있었다. 오랜 세월 동안 일상 생활에 대한 금문 사람들의 집단적 기억은 아침의 기상나팔 소리인 군악과 건강체조, 야간의 취침 전의 반공복국가로 구성되었다. 지역의 방송과 선전은 군사적 관리가 어떻게 개인영역에 침투하여 엄격한 사회통제를 실현하는지를 매우 구체적으로 보여준다.

물론 라디오 소유 및 청취 가능 채널이 엄격히 통제되었기 때문에 1975년 이전에 태어난 금문 사람들은 대부분 방송 청취 경험이 없었고, 그들은 거의 선전에 관한 음성기억만 가지고 있다. 1980년대 이후에는 TV가 점차 보편화되면서 많은 사람들이 TV뉴스와 오락의 세계로 진입했기 때문에, 대부분의 금문 주민들도 "방송을 들은 경험이 없는" 사람들, 또는 "방송에 대한 감정"이 없는 사람들이 되었다. 이는 근대화 이후의 대만 본섬의 거주민의 생활 경험과는 극히 다른 것이었다.

동시에 전지의 폐쇄성 때문에 주민들은 외부 세상에 대한 정보에 접근할 방법이 없었고, 국민당 군과 공산당 군의 움직임에 대해서도 거의 아무것도 모르고 있었다. 가끔 맞은편에서 들려오는 선전은, 그 의도한 바와 달리 금문 군대의 최근의 움직임과 금문도의 최근의 형세를 주민들에게 알려주었다. 맞은편의 선전은 상대방을 설득하거나 교란할 심리전의 목적으로 시작했지만, 결과적으로는 금문 주민에게 자신의 거주지역의 군사상황을 파악할 수 있는 유일한 경로를 제공해 준 셈이다. 이러한 상황은 하문에서도 마찬가지였다.

선전 프로그램에 포함된 일부 오락-방송극, 음악 등은 많지 않은 금문의 오락생활 중의 하나가 되었다. 전지 사회의 딱딱하고 긴장된 분위기는 늘 군민들의 정신 상태를 팽팽하게 만든다. 목소리가 부드럽고 아름다운 아나운서들의 방송은 내용적으로는 여전히 엄숙하지만 고향을 멀리 떠난 군인에게나 전쟁의 위협 속에 살아가는 주민들에게는 마음의 위안을 가져다주었다. 1980년대 이전에는 하문의 군민들도 지금의 '조선 방송'과 같은 방식에 익숙해져 있었기에, '퇴폐적인 음악靡靡之音'과 같은 방송 방식을 받아들일 수 없었다. 그러나 개혁개방 이후에는 상황이 달라져, 금문의 방송국과 함화참에서 방송한 등려군의 유행곡은 문화대혁명을 겪은 사람들에게 매우 인기가 있었다. "낮에는 노등老鄧을 듣고 밤에는 소등小鄧을 듣는다"는 말이 생겨난 것처럼, 방송과 선전은 일정한 문화적 효과를 거두고 있었던 것이다.

결론적으로, 대만 본도와 중국 대륙 사이가 '정치적 상상 속의 양안관계'라고 한다면 금문과 하문 사이는 '시각, 청각의 양안관계'라고 할 수 있다. 최초의 직접적인 군사 충돌에서, 중반기의 문화 공격과 무력 위협이 담긴 정치선전, 그리고 마지막 국면의 따뜻하고 정을 담은 호소에 이르기까지, 쌍방은 모두 서로 보고, 서로 듣는 과정에서 상호 영향을 주고받았다. 1949년에서 1992년까지 43년 동안의 기나긴 특수한 "전쟁"은 세계 냉전사와 대만해협위기의 일부분이며, 해당 지역의 문화와 사회생활에 구체적인 영향을 미친 중요한 요소이기도 하다. 탈냉전적인 역사적 반성은 평화로 향하는 중요한 과정이며, 이러한 역사적 반성은 반드시 더욱 많은 집단적 기억의 발굴과 보존을 기초로 해야 할 것이다.

9장

냉전 아시아에서 미군의 심리전과
거점으로서 오키나와

고바야시 소메이 | 이민정 역

1. 문화냉전과 미군의 심리전

20세기 전반에 세계는 제국주의와 전체주의로 뒤덮였고, 사람들은 엄청난 파괴와 살육, 가혹한 지배와 억압을 경험해야했다. 1945년 전쟁의 종결은 이러한 과거에 종지부를 찍고, 세계가 더 나은 미래를 향해 출발할 수 있는 시작점이 될 것처럼 보였다. 하지만 세계는 다시 한 번 두 개의 이데올로기로 분단되어 서로 대립하는 새로운 전쟁을 시작했다.

냉전은 직접적인 무력충돌을 수반하지는 않았지만, 물리적인 폭력을 배경으로 한 이데올로기 간의 대결이었다. 전쟁은 유럽 대륙에서 아시아, 아프리카로 그 전역을 넓혀갔고, 심지어는 심해에서 우주공간까지의 광대한 공간을 포괄하며 치러졌다. 냉전기 미국과 소련 간에는 각자 세계의 사람들이 자신의 정치·경제체제, 사회시스템, 생활양식 등을 선택하도록 만들기 위해 체제의 우열을 가리는 투쟁이 벌어졌다.

다수의 냉전사 연구는 국가 간의 상호관계에 대하여 외교·군사적인 접근을 하거나, 유럽의 사례를 들어 분석을 진행했다. 하지만 냉전이 종결되고 각국의 외교문서 등 사료공개가 진행되면서, 기존의 접근법에 따른 냉전사 연구를 비판적으로 검토한 실적이 점점 쌓이고 있다. 유럽에서 아시아, 아프리카로 시야를 확대함으로써 냉전사 연구 자체의 '탈중심화'를 꾀하거나[1] 이데올로기적 요소에 주목한 연구들이 나타나기 시작했다. 더욱이 1980년대 말부터 1990년대 초까지 '또 하나의 냉전사'로서 문화나 사회의 다양한 요소에 주목하는 연구도 등장했는데, 이는 냉전이 얼마만큼 문화를 형성했는지, 또 문화가 어떻게 냉전을 형성했는지를 활발하게 논의하는 장이었다.[2] 2000년대 이후 프로파간다나 심리전, 홍보·문화외교 등을 주제로 한 연구도 급속히 늘어나 그 성과가 축적되었고, 이것들은 문화·사회적 요소에 주목한 냉전사 연구 맥락 속에 자리매김하게 되었다.[3] 이 글은 이러한 연구사를 바탕으로 하여 냉전기 아시아에서 미군의 심리전에 대한 고찰을 시도한다.

냉전기 미국은 대상으로 정한 국가에서 사는 사람들의 마음과 정신을 획득하고자 전 세계에 심리전을 전개하고, 스스로의 패권을 확립하려 했다. 심리전이란 적이나 현지 사람들, 나아가 미국의 목적을 지원하며 중립 또는 우호적인 외국인 집단의 의견, 감정, 태도, 행동에 영향력을 행사하기 위해 계획·실행하는 활동을 이른다.[4] 방해공작이나 파괴공작을 포함하여 적의 심리에 영향을 미치는 무기로 인정된다면, 그것이 무엇이든 심리전으로 여겨졌다.[5] 실제로 미국은 소련이나 공산주의에 대한 적의나 증오를 부추김과 동시에 미국에 대한 동경과 존경을 유도하기 위하여 미디어, 문화, 인재 교류 프로그램뿐만 아니라 파괴행위나 방해공작을 활용한 심리전을 실시하고 있었다. 미국의 심리전은 미국이 바라는 행동을 대상국에게서 '자발적'으로 이끌어내려는 전략 아래 이루어진 문화적 헤게모니의 행사였고, 이는 반드시 하드파워와 함께 이루어짐으로써 최대의 효과를 발휘했다.

이 글은 한국전쟁기부터 1972년 오키나와 반환까지의 기간 동안 아시아에서 미군이 어떻게 심리전을 실행했는지, 그 조직과 역할, 기능에 주목하여 분석하려고 한다. 첫 번째로 미군이 아시아에서 심리전 체제를 어떤 방식으로 확립했는지 부대의 변천사를 통해 살펴본다. 두 번째로 심리전 체제의 변용을 드러낸다. 아시아에서 미군의 심리전 부대는 한국전쟁에 대응하기 위해 배치되었다. 하지만 한국전쟁의 휴전 이후에도 심리전 전선은 한반도에서 일본 본토, 오키나와, 동남아 등지로 확대되었다. 이러한 전역의 확대에 주목하여 심리전 체제의 변모를 검토하는 것이 두 번째 과제이다. 세 번째로 심리전의 구체적인 실체를 제시하고자 한다. 여기서는 1950년대 후반부터 1960년대 초반까지 활동했던 미 태평양육군 방송·시각 활동부대와 1960년대 중반부터 1970년대 초반까지 활동했던 제7심리전 부대, 두 부대에 의한 심리전 전개를 인쇄매체에 주목하여 살펴본다. 특히 심리전 부대가 발행했던 일본어 잡지 『교류交流』와 『슈레이의 빛守礼の光』 그리고 한국어 잡지 『자유의 벗』이 창간된 경위와 편집된 방침을 통해 밝혀내고 있다. 하지만 이와 같은 잡지에 관한 연구는 결코 풍부한 축적이 이루어졌다거나 사료적 위상이 충분히 보장되었다 볼 수 없다. 따라서 세 번째 과제는 심리전 부대의 프로파간다 잡지 연구를 진행함과 동시에 중요한 기초작업을 수행하는 것이기도 하다.

이러한 문제제기를 바탕으로 심리전의 주요 행위자였던 미군의 활동에 초점을 맞추어 냉전기 아시아에서 전개된 미국의 심리전 동태를 비추어보고자 한다. 이러한 시도는 미국이 심리전을 통해서 어떻게 대상국에 대한 문화 침투를 시도하였는지, 또 이에 대하여 대상국 사람들은 어떻게 반발 또는 수용하였는지 그 과정에 집중함으로써 냉전 시대 문화변용의 역동성을 규명하는 단서를 제공할 것이다.

2. 미 태평양육군 방송·시각 활동부대(USABVAPAC)의 심리전

1) 미 태평양육군 방송·시각 활동부대의 발족

제2차 세계대전의 종결은 곧 새로운 전쟁의 시작이었다. 1947년 3월 미국 트루먼 대통령은 소련을 중심으로 한 동구권의 봉쇄를 목적으로 한 트루먼 독트린을 선언했고, 이어서 6월에는 미국에 의한 유럽 부흥 원조 계획인 마셜 플랜이 발표되었다. 두 가지 모두 반공주의적 성격을 명확히 드러내고 있었다. 결국 세계는 미국, 소련를 기축으로 양분된 두 진영이 서로 첨예하게 대립하는 냉전으로 진입했다.

　냉전은 심리전에 대한 미국과 소련 두 진영 모두의 관심을 확대시켰다. 냉전의 발소리가 점점 가까워짐에 따라 미국은 제2차 세계대전 이후 폐지했던 심리전 담당부서를 연달아 부활시켰다. 1947년 9월에는 전략사무국Office of Strategic Service, OSS과 전쟁정보국Office of War Information, OWI의 후속 기관으로서 중앙정보국Central Intelligence Agency, CIA이 설립되었다.

　심리전에 관하여 정책 차원의 조정도 진행되었다. 1947년 12월 국가안전보장회의National Security Council, NSC에 제출된 보고서『외국에 대한 정보 대책의 조정』에서는 소련의 대미 선전 캠페인에 대한 철저한 주의를 요구하면서, 이에 대항하기 위한 외국 대상의 다양한 정보 대책 강화를 건의하고 있다.[6] 1948년 1월 미국에 대한 타국의 이해를 촉구하고, 미국 국민과 타국민의 상호이해 촉진을 목표로 한 미국 정보교육교류법(스미스-문트법)이 제정되었다. 평상시 미국에 대한 외국 대상 정보 프로그램이 합법화된 것이다. 이는 미국 정부의 선전 방송 미국의 소리Voice of America: VOA를 운용하는 법적 기반이 되었다.[7]

트루먼 정권은 선전을 중시하는 자세를 명확히 했다. 진실 캠페인Campaign of Truth의 개시가 선언되고, 철의 장막 너머의 상대에게 '진실'을 전달함으로써 소련의 심리적 영향을 주는 것이 트루먼 정권의 중요 정책 목표가 되었다. 봉쇄정책은 군사력을 바탕으로 한 하드파워뿐만 아니라 적의 마음과 정신을 쟁취하기 위한 소프트파워, 두 가지 모두를 활용함으로써 소련과의 대결 자세를 선명히 한 것으로 볼 수 있다.

이렇게 하드파워와 소프트파워라는 양쪽의 힘에 의거한 정책의 주요 관심사는 사실 유럽을 향한 것이었다. 하지만 동아시아에서도 중국의 국공내전 상황과 극동에서의 소련의 동향 등에 대응하기 위한 미군의 심리전 기구 정비가 개시되었다. 1947년 미 극동군사령부Far East Command, FEC 내부에 심리전과Psychological Warfare Branch: PWB가 설치되었다. 연합군총사령부GHQ/SCAP의 정보참모장(G-2) 찰스 윌로우비Charles A. Wiloughby는 산하의 민간정보교육국Civil Informationand Education, CIE 소속 중에서 대일 심리전 경험이 있는 그린J. Woodall Greene을 심리전과의 책임자로 임명했다. 심리전과의 그린 이외 6명의 요원은 미 육군부와 국방부와 연계하여 심리전과 특수작전에 관한 계획의 입안 및 지위를 담당했다.[8] 1949년에 들어서는 극동군 G-2의 군 방첩대Military Intelligence Division, MID에 특수작전과Special Projects Branch, SPB가 설립되었고, 이 부서는 심리전에 관한 계획 권한을 관장했다.[9]

1950년 6월 25일 한국전쟁이 발발했다. 트루먼 대통령은 즉시 연설을 통해 미국이 한국을 지원할 준비가 되어있음을 표명했다. 특수작전과는 연설 이후 24시간 이내로 선전용 전단지 배포를 시작했다. 한국인들에게 미국과 다른 국가의 원조가 곧 도달할 것이라는 내용이었다. 더욱이 26일에는 극동군 심리전국Psy War Branch, PWB이 활동을 개시했다.

6월 28일 특수작전과는 일본에 있는 NHK 시설을 통해서 한국인을 대상으로 한 맥아더 사령부의 라디오 방송을 개시했다. 북한 대상으로는 7월 6일부터 시작했다. 7월 1일 미 국방부도 한반도를 향한 미국의 소리 방송을 시작했다. 바로 다음 7일에는 유엔 안전보장이사회에서 한반도에의 유엔군 파견이 결정되었고, 유엔군이 창설되었다. 이 시점에 맥아더 사령부의 소리 방송은 유엔군총사령부 방송 Voice of United Nations Command: VUNC으로 개명되었다.[10]

8월에는 제1라디오방송부대가 캔자스주 포트 라일리에서 발족되었다. 이 부대는 심리전국의 지휘권 아래에서 '8230부대'라는 별칭으로 일본 및 한국에서 활동을 개시했다.[11] 제1라디오 부대에 관한 상세한 내용은 알려지지 않았지만, 1950년 11월 9일 발족한 제1라디오방송삐라부대의 전신 부대였을 가능성이 높다. 그렇다면 특수작전과와 제1라디오방송삐라부대는 어떠한 관계를 가지고 있었을까? 다음 두 종류의 미군 사료에서 검토해보고자 한다.

한 사료에서는 9월 22일 인천상륙작전 당시 특수작전과 요원으로부터 구성된 팀이 유엔군 주력부대와 함께 인천에 상륙했다고 기록되어 있다.[12] 한편 다른 사료에서는 제1라디오방송삐라부대 선발대가 인천상륙작전 당시 해병대와 함께 인천상륙을 수행했다고 기재하고 있다.[13] 또한 이 사료는 다음과 같이 서술하고 있다. 9월 26일 유엔군이 북한의 점령하에 놓여있던 서울을 탈환했을 때, 특수작전과는 곧바로 북한이 점거하고 있었던 방송국 '라디오·서울'을 재건했다. 유엔군이 평양까지 진격했을 때에도 특수작전과는 평양의 라디오 방송국을 재건했고, 10월 25일부터 방송을 개시했다.[14] 더욱이 이에 따르면 제1라디오방송삐라부대 선발대는 서울을 탈환한 다음날 KBS의 업무가 재가동될 수 있도록 지원했다.[15] 이러한 사실에 입각하여 특수작전과와 제1라디오방송삐라부대 선발대는 동일한 부대, 또는 공동으로 작전 임무를 수행하던 가까운 관계에 있었음을 짐작할 수 있다.

1951년 6월 심리전과는 극동군 G-3으로 이관되어 심리전국Psycho-logical Warfare Section, PWS으로 변경되었다.[16] 8월에는 제1라디오방송삐라부대가 포트 라일리에서 일본에 도착하여 심리전국으로부터 심리전 임무를 인수받았다. 산하 부대였던 제4기동라디오방송중대4th Mobile Radio Broadcasting Company가 라디오를 이용한 심리전을, 제3제작중대3rd Reproduction Company가 인쇄물을 통한 심리전을 담당했다.[17]

1952년 12월 유엔군 민간정보교육국CIE/UNC가 심리전국의 일부로 재편되어 1953년 1월에는 제1라디오방송삐라부대로 합병되었다.[18] 민간정보교육국은 제1라디오방송삐라부대가 심리전을 위해 발행해온 출판물을 이용하여 유엔군 포로수용소에서 포로 교육을 실시하고 있었다.[19]

한국전쟁기 유엔/미국군에 의한 심리전은 제1라디오방송삐라부대가 주로 담당했고, 프로파간다 라디오였던 유엔군 총사령부 방송과 선전용 전단지 등의 출판물을 통해 실시했다. 제1라디오방송삐라부대는 일본과 한국에서 심리전 계획을 입안하고 실행하는 심리전 실전 부대였다.

1953년 7월 27일 휴전협정이 체결되었고 3년에 걸친 전투행위는 중단되었다. 휴전 후 제1라디오방송삐라부대는 미국에 귀환하여 활동을 정지하고, 심리전 기능은 심리전국으로 인계되었다.[20] 1955년 1월 극동군 심리전국은 극동군 심리전 분견대Far East Psywar Detachment로 변경, 이어지는 10월에는 극동군 미 육군 심리전 분견대US Army Psywar Detachment가 되었다.[21]

1956년 심리전국은 미 극동육군 방송·시각 활동부대US Army Broadcasting and Visual Activity, Far East: USABVAFE로 재편되었다. 1957년 1월 미 육군 심리전 분견대는 미 육군 극동 심리전 부서Armed Forces Far East Psywar Service가 되었다. 동시에 극동군과 미 태평양군US Pacific Army Commnad: PACOM이 하나의 부대로 통합, 재구성 되어 미 태평양육군US Army

Pacific Command: USARPAC이 발족했다. 미 태평양육군은 심리전 기능을 하나의 부대로 집약함으로써 이 부대가 서태평양의 작전 지역과 가능한 한 가까운 장소에서 전쟁에 대비할 수 있도록 결정한 것이다.[22]

1958년 1월 1일 미 태평양육군은 서태평양 지역에서 일어나는 심리전을 관할하는 미 극동육군 방송·시각 활동부대와 제14 라디오·선전전 대대14th Radio Broadcasting and Leaflet Battalion: 14th RB&L Bn를 본부대 지휘하로 배속했다.[23] 전자는 도쿄에 본부를 두고 한반도에 대한 전략적 심리전의 실시와 일본에 대한 심리전 활동 강화를 임무로 맡고 있었다. 후자는 하와이에 주둔하며 긴급시 심리전의 전개를 담당한 부대였다.

1958년 2월 15일 미 극동육군 방송·시각 활동부대는 미 태평양육군 방송·시각 활동부대US Army Broadcasting and Visual Activity, Pacific: USABVA-PAC로 재편되었고, 제14 라디오·선전전 대대는 그 산하로 이관되었다. 양 부대는 같은 날 하순에 오키나와로 파견되었다.[24] 이는 도쿄에 자리하던 전략적 심리전 기능과 하와이의 통합 심리전 및 긴급시 대응 심리전 기능이 오키나와로 집약된 것을 의미했다.[25]

미 태평양육군 방송·시각 활동부대의 산하에는 일본 분견대Japan Detachment와 한국 분견대Korea Detachment가 설치되었다. 이어서 1963년 9월 15일에는 대만 분견대Taiwan Detachment가, 1964년에는 5월에는 남베트남의 사이공 제224심리전 분견대244th PSYOP Detachment가 발족되었다.

1950년대 후반 이후 미군은 오키나와에서 다양한 심리전을 위한 거점 구축 작업을 진행했다. 오키나와는 하드파워뿐만 아니라 소프트파워적인 면에서도 '태평양의 요석Keystone of the Pacific'이 되어있었다.[26] 오키나와를 거점으로 한 미국의 심리전은 주로 일본(본토와 오키나와)과 한반도를 대상으로 했다.

2) 미 태평양육군 방송·시각 활동부대의 기능과 역할

미 극동육군 방송·시각 활동부대(이후 미 태평양육군 방송·시각 활동부대로 재편)는 라디오 방송과 인쇄물을 이용한 심리전 활동을 적극적으로 전개하고 있었다. 지금까지 라디오 방송을 사용한 심리전은 유엔군총사령부 방송에 초점을 둔 연구를 통해 비교적 많이 축적되어왔다.[27] 따라서 이 글에서는 인쇄물을 사용한 심리전의 구체상에 대하여 미 태평양육군 방송·시각 활동부대가 활동을 정지한 1965년까지의 기간에 한하여 살펴보기로 한다.

미 극동육군 방송·시각 활동부대는 한국과 일본 본토, 오키나와의 사람들을 대상으로 심리전을 실시했다. 이를 위해 사용했던 인쇄물에는 다음 네 가지 목적이 내재되어있었다.[28]

· 공산주의의 위협에 대항하는 효과적인 행동을 취하도록 대중 의식과 의지를 고양한다.
· 미국, 유엔, 자유세계의 정책과 목적에 관한 호의적인 태도와 수용을 촉진한다.
· 심리전을 활용하여 미국에 중요한 이익인 우호국의 군사력 발전을 지원한다.
· 적에 의한 심리전 효과를 무효화 한다.

미 극동육군 방송·시각 활동부대는 적의 프로파간다가 미국의 우호국 사람들에 대한 효과를 발휘하고 있다 여기고, 이에 대항하는 프로파간다의 필요성을 인식했다. 미 극동육군 방송·시각 활동부대가 인쇄매체를 통해 실시했던 심리전은 한국과 일본 본토, 오키나와와 같이 적이 아닌 사람들의 반공주의 의식 함양을 꾀함으로써 그들, 그녀들 사이로 공산주의가 침투하는 것을 막고자 한 것이었다. 이러한 사실을 근거로 하여 미 태평양육군 방송·시각 활동부대가 미 극동육군 방송·시각 활동부대로부터 재편된 직후인 1958년 4월 시점에 한국, 일본, 오키나와 사람들에게 배포되었던 심리전을 위한 인쇄물을 살펴보고자 한다.[29]

(1) 한국

①『자유의 벗』

1955년 6월, 『자유의 벗』이 한국어 월간지(컬러인쇄, 32매)로 창간되었다. 이 잡지는 오키나와 반환 직후인 1972년 6월까지 발행되었다. 『자유의 벗』이 상정한 독자는 한국군 또는 카투사 군인, 주한 미군기지의 한국인 고용자, 한국의 일부 민간인이었다. 미 태평양육군 방송·시각 활동부대(미 극동육군 방송·시각 활동부대)는 유엔군과 주한 미군의 임무수행을 위해 이들로부터 이해와 협력을 이끌어낸다는 중요한 역할을 맡고 있었는데, 이는 이들이 한국 사회의 지도자나 여론 형성자가 될법한 사람들이라고 생각했기 때문이다.[30] 이들에게는 주한 미공보원과 한국군 부대, 서울의 미 태평양육군 방송·시각 활동부대(미 극동육군 방송·시각 활동부대) 라디오 부문을 통해서 무료로 배포되었다.[31]

1958년 당시의 발행목적은 ① 자유세계의 중요한 일원으로서 한국의 역할, ② 공산주의와의 싸움에서 한미협력, ③ 한국 부흥계획에 대한 독자의 이해 촉진에 있었다.[32] 1962년에는 발행목적이 수정되어 다음과 같이 이전보다 구체적으로 명시되었다.[33]

· 유엔/주한 미군의 수용과 지원, 주한 미군의 프로파간다 창출과 유지
· 자유세계의 목적과 이상을 선호하는 태도의 발전·유지, 국내·국제 문제의 공산주의적 해결 거부
· 주한 미군의 부수적 활동과 미 공보원(US Information Service: USIS)의 국가별계획(Country Plan) 지원 간으로부터 3년 간 『자유의 벗』에

대한 독자의 반응은 대체적으로 양호했다. 미 태평양육군 방송·시각 활동부대에는 독자나 공급자로부터 『자유의 벗』의 증쇄를 요구하는 다수의 목소리가 전달되고 있었다. 더욱이 재일 한국인(Korean residing in Japan)은 공산주의 프로파간다의 홍수에 대항하기 위해 『자유의 벗』을 이용하여 아이들에게 한국어를 가르치고 싶다는 이유로 1만 부를 일본에 송부하도록 요청하기도 했다. 이러한 상황에 따라 미 태평양육군 방송·시각 활동부대는 『자유의 벗』의 내용이 적절하며 잡지발행의 효과가 증명되고 있다고 분석했다.

② *Friendship Review*

*Friendship Review*라는 제목의 출판물이 인쇄되고 있었던 듯하나 이번 조사에 한해서는 현물을 발견할 수는 없었으며, 발행 개시연도와 사용 언어 또한 명확하지 않다. 미 태평양육군 방송·시각 활동부대의 자료에 따르면 청색과 흑색 잉크로 만든 포스터 형식으로 한쪽 면에 인쇄된 출판물이었으며, 일러스트와 한문이 섞여있었다고 한다. 포스터의 발행인란에는 한국과 미국의 국기가 그려져 있었다. *Friendship Review*의 발행목적은 미군 제1군단이 관할하는 지역에서 한미우호를 촉진하는 것이었다. 발행부수는 1만 부였으며, 제1군단을 통해서 배포되었다.

③ *Bullseyo*

발행 개시연도는 불분명하다. 4면, 흑백으로 인쇄된 호외 형식의 인쇄물로 사진이나 일러스트, 한문 등으로 구성되어있었다. 발행부수는 3만 5천 부였으며 월간으로 발행되었다. 배포는 미군 제1군단 및 한국군의 여러 부대를 통해서 이루어졌다.

발행목적은 *Friendship Review*와 동일했으나, *Bullseyo*는 미군 제1군대 내 한국인 병사 또는 카투사 병사와의 소통을 위한 매체로서의 역할도 겸하고 있었다.

④ *New Strength*

New Strength 또한 현물을 확인할 수는 없었으나 미군 사료에 따르면 16매 정도의 소형책자 형식의 인쇄물이었으며, 월간으로 30만 부가 발행되었다고 한다. 이것은 1957년 11월부터 주한 미공보원을 통해서 배포되었다. 이 책자는 ① 한국의 애국주의를 고양하고, ② 한국의 경제발전과 미국 또는 유엔의 원조를 강조하며, ③ 공산주의 아래 살고 있는 농민의 안타까운 상황을 전달하는 것을 목적으로 했다.

⑤ 달력

달력은 4색으로 인쇄되어 리플릿 형식으로 발행되었다. 한국어와 영어 두 가지 언어가 병기되었으며, 월간으로 31만 부가 발행되었다. 배포는 주한 미공보원과 한국군, 미군을 통해서 한국 전 지역에 실시되었다.

　달력의 발행은 반공감정의 촉진을 목적으로 했다. 달력에는 대중을 향한 프로파간다 용으로 짧은 문구가 기재되어 있었다. 미 태평양육군 방송·시각 활동부대에게 달력은 프로파간다를 위한 매체이며, 효과적인 심리전 수단이었다. 한국에서는 물자가 부족했기 때문에 미 태평양육군 방송·시각 활동부대가 배포하는 달력이 매우 인기가 높았으며, 심리전으로서의 효과도 매우 좋았다. 달력은 적은 비용으로 다수의 사람들에게 전달될 수 있었기 때문에 매우 효과적인 심리전 매체였다.

⑥ 정보·정책 출판물

정보 출판물Information Bulletin은 주한 미공보원, 국가 경찰, 치안국, 농업부, 부대 사령관, 한국군 심리전 부대, 미 태평양육군 방송·시각 활동부대 조사 부문 등과의 협력을 기반으로 하여 비정기적으로 발행되었다. 이것은 미국의 외교정책이나 유엔의 정책과 활동 등을 한국인에게 전달함으로써 그들·그녀들의 미국과 자유세계에 대한 우호적인 태도를 더욱

강화하는 목적으로 발행했다. 이러한 출판물은 주한 미공보원과 미군을
통해서 한국 전역에 배포되었다.

⑦ 그 밖의 출판물

그 밖에 미 태평양육군 방송·시각 활동부대는 선전용 전단지나 포스터
형식으로 다양한 주제를 다룬 한국어 인쇄물을 비정기적으로 발행했으
며, 미군, 한국군, 한국 정부, 주한 미공보원을 통해서 배포했다. 이러한
인쇄물들에는 ① 미군 사령관 또는 한국군이 직면하고 있는 문제(사격
범위나 방화, 치안 등)를 해결하기 위해 이에 관한 정보를 한국 시민에게
알리고 그들·그녀들로부터 협력을 얻는 것, ② 한미우호관계의 추진, 특
히 미군이 주둔하고 있는 지역 사회와의 우호관계를 추진하는 목적이 깊
이 내재되어있었다.

(2) 일본 본토

①『교류』

1957년 5월 미 극동육군 방송·시각 활동부대는 일본 본토에서 일본어
월간지『교류』(4색인쇄, 32매)를 출간하였다. 발행부수는 1958년 4월 당
시 8만 부로 되어있었다.[34] 창간호에는 "본국 주둔 미군에서 일하는 일본
인 종업원 여러분을 위한 새로운 월간잡지를 발행하게 되었습니다"라고
표기하며, "각 기지 또는 시설 사령관을 통해서 매월 무료"로 배포될 것을
「알림」에서 게재하고 있었다.[35] 「알림」에는『교류』가 "주일 미군과 일본
인 종업원 간의 상호이해와 융화를 더욱 심화하기 위한 가교적 역할"을
수행하는 목표로 창간되었다고 명기하고 있다. 그 뒷 배경으로는 주일 미
군 측과 미군 기지의 일본인 종업원 간의 상호이해가 부족하고, 융화해야
만 하는 상황이 존재했다. 실제로『교류』가 창간되기 전, 주일 미군 측과
일본인 종업원 노조 간에는 심각한 대립이 펼쳐지고 있었다. 「알림」은 이

러한 상황에 대해서 다음과 같이 설명하고 있다.

주일 미군은 "일본 전 국민의 평화와 안전을 지키기 위하여 미군과 협력하여 일본 국가를 위해 종사하고 있"으며, "군과 종업원 사이는 최근 수년 동안 상당히 협력적이고 부드럽게 유지되었다"고 되어있다. 하지만 "때로는 오해가 생기고 불만과 실망이 겹쳤으니, 불화가 전혀 없었던 것은 아니다"라고 말하면서, "많은 경우 서로 간 의사소통의 부족, 역지사지 정신의 결여, 아니면 언어와 습관의 차이에서 발생한 오해"가 그 원인으로 작용하였다고 지적했다. 「알림」은 "선의를 가진 사람 사이에 서로 이해하고 협력하고자 하는 정신이 있다면 어떠한 일도 해결로 이끌 수 있습니다"며, 이해와 협력을 촉진하기 위한 역할을 수행하기 위해 『교류』가 창간되었다고 강조했다.

「알림」은 이후 게재 예정인 기사의 내용도 언급하고 있었다. 그것은 다음 세 가지 부분에서 나타나고 있다 (「알림」의 원문에 따름).

a. 주일 미군의 일본인 종업원과 관계된 임금, 이익, 취업사정, 여러 규칙, 복리후생 등에 관한 기사. 포상 또는 그밖에 개인 또는 집합적인 표창에 관한 소개 기사. 종업원 여러분의 의견과 질문, 그리고 이에 관한 책임관리자의 회답. 작업의 안전 확보에 유익한 기사. 일본인 종업원에 대한 주일 미군의 방침
b. 일본인 종업원의 작업에 관계되는 뉴스, 보고, 단문, 또는 일본과 미국, 일본인과 미국인 간 접촉에 관한 단문, 보고, 뉴스 등 일본인 종업원의 기고
c. 일-미 문화교류에 관한 기사. 일-미 협력에 대해 말하는 기사. 각 지역의 동정. 이재민 구원을 위한 협력 활동. 일본뿐만 아니라 미국의 생활이나 문화에 대한 사진 소개. 스포츠 기사. 그 밖의 것

미 태평양육군 방송·시각 활동부대의 보고서는 『교류』가 상당한 인

기를 누리고 있었으며, 미국(및 미군)과 주일 미군 기지의 일본인 종업원과의 관계 개선에 유익한 효과를 보이고 있었다고 분석하고 있다. 사실증쇄를 요청하는 독자의 목소리가 발행자에게 전달되고 있었다. 주목해야 할 부분은 이 보고서에 따르면『교류』의 창간에는 일본인 종업원 노조에 대항하기 위한 목적이 내포되어있었다. 이 보고서에서는『교류』창간 전후의 움직임에 대하여 다음과 같은 기술을 볼 수 있다.

『교류』를 창간하기 전에는 주일 미군 기지의 일본인 종업원 노조가 포스터나 선전용 전단지 등과 같은 다수의 출판물을 정기적으로 발행하거나, 확성기 등을 사용하여 일본인 종업원에게 주일 미군이 발행하는 출판물을 읽지 않도록 호소하고 있었다. 일본인 종업원 노조는 주일 미군에 대하여 상당히 적대적이었다. 하지만『교류』가 창간 된 이후, 주일 미군 출판물에 대한 직접적인 노조의 반대는 감소했다. 노조 지도자는『교류』가 노동자의 복지에 효과적으로 도움이 되고 있다 생각하며 묵인하기 시작했다. 주일 미군 첩보기관은 극동군 사령관의 요청을 받아 은밀히 노조의 출판물을 수집하였는데, 그 과정에서『교류』에 대한 평가와 영향력이 일본인 종업원 사이에서 확대되는 모습을 볼 수 있었으며 노조는 그것을 질투하고 있다고 판명하였다. 더욱이 노조 지도자의 권위와 노조의 영향력이 낮아지고, 파업도 그 효과를 잃어가고 있다는 분석도 포함되어있었다.[36] 『교류』는 분명히 노조의 움직임을 견제하기 위한 목적을 가지고 있었다. 즉『교류』는 주일 미군과 일본인 종업원 간의 이해와 융화를 달성하기 위한 양자 간「가교」로서의 역할도 수행했지만, 노조에 대항하고 억제하는 목적 또한 내재하고 있었음을 간과해서는 안 된다.

② 정보·정책 출판물

정보·정책 출판물은 한국과 동일하게 일본 본토에서도 책자형식으로 발행되었다. 이것들은 1958년 4월 당시 10만 부가 발행되었고, 주일 미 공보원이나 미군 기지를 통해서 배포되었다.

목적도 한국과 동일하게 미국과 자유세계에 대한 우호적인 태도를 촉진하기 위한 것이었으며, 미국의 외교 정책이나 유엔의 정책과 활동 등을 일본인에게 전달하고자 하였다. 독자로부터 증쇄를 요구하는 목소리도 높아지고 있었다. 출판형식과 배포방법, 출판목적과 독자의 반향 그 모든 것에 대해서도 한국의 경우와 동일한 평가가 내려지고 있었다.

(3) 오키나와

① 『슈레이의 빛(守礼の光)』 발행 전 상황

미국의 신탁통치 아래에 있던 오키나와에서도 미 태평양육군 방송·시각 활동부대의 인쇄물을 이용한 심리전이 활발하게 전개되고 있었다. 1959년 1월에 창간된 『슈레이의 빛』은 이러한 심리전 활동의 실태를 상징적으로 보여주는 대표적인 인쇄매체였다. 여기서는 『슈레이의 빛』 발행 이전 시기 동안에 시행된 인쇄매체를 통한 심리전에 대해서 다루고자 한다.

1958년 4월 당시 미 태평양육군 방송·시각 활동부대는 정보·정책 출판물과 지역 사회에서 사용되는 출판물을 발행하고 있었다. 전자는 일본 본토에서 배포되었던 책자와 동일한 것이었으며, 5천 부가 주류큐열도 미국 민정부USCAR을 통해서 오키나와 사람들에게 배포되었다.

지역 사회에서 사용된 출판물은 포스터나 선전용 전단지, 호외 형식으로 발행되었으며 주류큐열도 미국 민정부에 의해 배포되었다. 이러한 출판물의 목적은 ① 오키나와 사람들의 공중위생, 복지, 지방 정부에 관한 신중한 참여 등에 대하여 사람들에게 전달하고 그들의 협력을 얻어낼 것, ② 오키나와 주둔 미군 부대와의 우호관계를 촉진할 것임을 밝히고 있다. 미 태평양육군 방송·시각 활동부대는 출판물을 통해서 미국의 정책을 도울 우호적인 태도와 의견을 창출해내는 것을 목표로 했다. 주류큐열도 미국 민정부의 직원은 지역 사회에서 사용되는 출판물의 효과에 자신감을 가지고 있었다. 주류큐열도 미국 민정부에는 다양한 주제에 관한 출판물의 발행을 요청하는 목소리가 전달되고 있었으며, 이는 독자의 반응이 더할 나위 없이 좋았기 때문이었다. 주류큐열도 미국 민정부은 미 태평양육군 방송·시각 활동부대에게 위생이나 교통안전뿐만 아니라 공산주의와의 전쟁이나 민주주의와 자본주의 시스템의 우월성을 강조하는 출판물을 발행하도록 요청했다.[37] 이후 오키나와의 지역 사회에는 냉전이라는 시대적 상황을 바탕으로 한 정치적인 메시지가 담긴 출판물이 더욱 많이 유통되었다. 그것은 냉전이 오키나와의 지역 사회에 침투되는 양상, 그 자체를 나타내고 있었다.

② 『슈레이의 빛』

1958년 3월 12일 미국 태평양육군 사령관은 미 태평양육군 방송·시각 활동부대에게 곧 임박한 입법 의회 선거와 장기적으로 실시되는 교육·정보·심리적인 캠페인 양쪽 모두에 대하여 주류큐 민정 미 고등판무관을 지원하도록 요청했다.[38] 15일 미 태평양육군 방송·시각 활동부대는 요청을 받아 오키나와의 미 정부 기관US Authorities in Okinawa과 오키나와 주민 사이의 커뮤니케이션 경로를 구축하기 위한 잡지발행에 협력하겠다는 자세를 명확히 했다.[39] 19일 주류큐열도 미국 민정부 공보국은 미 태평양육군 방송·시각 활동부대를 소집하여 잡지 발행을 위한 검토회의를 개최했다. 이 회의에서 잡지의 발행이 결정되었고, 이후 미 태평양육군 방송·시각 활동부대의 책임 아래 『슈레이의 빛』 창간을 위한 준비가 개시되었다.

1958년 12월 『슈레이의 빛』 발행을 위한 미 태평양육군 방송·시각 활동부대와 주류큐열도 미국 민정부의 협력관계가 맺어졌고, 다음해 1월 『슈레이의 빛』이 창간되었다.[40] 『자유의 벗』으로부터 4년, 『교류』로부터 2년 늦어진 발행이었다.

『슈레이의 빛』은 1972년 5월 오키나와 반환까지 발행되었다. 부수는 1964년 3월에는 7만 5천 부,[41] 다음해 후반기에는 오키나와 인구의 10분의 1에 해당하는 9만 부로 증쇄되었다. 미군의 류큐인 고용자, 학교, 도서관 등에 배포되었다.[42]

창간 목적에 대해서는 주류큐열도 미국 민정부 고등판무관 부스Donald P.Booth 중장이 다음과 같이 말하고 있다.[43]

말하는 언어가 다르기 때문에 때때로 류큐인과 미국인이 서로 간 모든 것을 완전히 이해하는 것이 어려운 경우가 생깁니다. 이러한 언어의 장벽을 제거하고자 하는 목적을 가지고 모든 류큐인과의 소통을시도하는 월간잡지로서 이『슈레이의 빛』을 발행하게 되었습니다. 저는 이 간행물이 당신과 관계된 미군 정부나 미군의 여러 방침을 이해하는 데 큰 도움이 되길 기대합니다.

이에 더하여 부스는『슈레이의 빛』이 '오키나와 주둔 미군의 군인과 미국인 직원들'과 '류큐의 여러분들' 간의 "친화관계를 한층 더 깊게 할 수 있도록 진심으로 갈망한다"고 호소했다. 즉,『슈레이의 빛』은 오키나와 사람들과 미국인들 간의 커뮤니케이션을 가능하게 함으로써 상호이해를 촉진하고 우호관계를 구축하는 목적에서 창간된 것임을 알 수 있다.

1961년에 주류큐 고등판무관으로 취임한 캐러웨이Paul Caraway는 오키나와에서 강권적 정책을 발동했다. 캐러웨이의 독재적인 오키나와 정책은 이후 '캐러웨이 선풍'이라 불리며 오키나와 사람들 사이에서 미국에 대한 격한 반발을 불러일으키고, 일본 복귀운동을 가속화하는 커다란 요인으로 작용했다. 미국은 오키나와 통치에 있어 중대한 기로에 서게 되었다. 제7심리전 부대는 오키나와 반미여론을 억제한다는 관점에서 주류큐열도 미국 민정부 공보부와 연계하여 오키나와 사람들에 대한 심리전을 강화할 필요성을 느꼈다. 이러한 점에 입각하여 생각해보면『교류』의 경우와 동일하게『슈레이의 빛』에도 미군 통치에 대한 오키나와 주민의 저항이나 반발을 통제하는 목적이 내재되어 있다고 여겨도 이상할 것이 없었다. 다만 이 점에 대해서는 더 많은 검토가 필요할 것으로 보인다.

3. 제7심리전 부대의 심리전

1) 제7심리전 부대의 발족

1965년 8월 19일 제7심리전 부대가 발족했다. 10월 15일에 제7심리전 부대는 주류큐 미 육군의 지휘 아래 들어왔고, 20일에는 활동을 개시했다. 같은 날 미 태평양육군 방송·시각 활동부대는 활동을 정지했다. 제7심리전 부대는 태평양 군사령관, 유엔군 사령관, 태평양군 산하부대, 주류큐 마 민정 고등판무관 등의 심리전을 지원하는 임무를 가지고 있었다.[44] 하지만 제7심리전 부대를 미 태평양육군 방송·시각 활동부대의 후계 부대로 보기에는 일정 부분 주의할 필요가 있다. 제7심리전 부대의 공식 부대사史는 다음과 같이 지적하고 있다.[45]

제7심리전 부대는 미 태평양육군 방송·시각 활동부대에 의한 모든 임무와 기능을 이어받기 위해 요원과 장비의 양도를 진행했다. 하지만 두 개의 조직은 역사적인 관련성이 없으며 제7심리전 부대는 임무 정지된 미 태평양육군 방송·시각 활동부대의 활동의 역사를 계승하지 않는다는 점을 염두에 두어야 할 것이다.

제7심리전 부대사가 미 태평양육군 방송·시각 활동부대와의 역사적 관련성을 부정한다는 것은 활동 목적이나 방침에 관해서 미 태평양육군 방송·시각 활동부대와는 일정 종류의 상이함이나 대립의 가능성을 짐작하

게 한다. 실제로 제7심리전 부대는 발족 직후부터 미 태평양육군 방송·
시각 활동부대가 충분한 관심을 두지 못했던 베트남 문제에 강한 관심을
표하고 있었다.

1964년 통킹만 사건 이후 베트남에 대한 미국의 개입 정도는 강화되
었고, 1967년에는 제7심리전 부대가 가진 다수의 자원이 주베트남 미 군
사 원조 사령부Military Assistance Command, Vietnam: MACV에의 전략적 지원
으로 집약되었다.[46] 1965년에는 제7심리전 부대의 활동 중 절반이 주베
트남 미 군사 원조 사령관을 지원하도록 구분되어있었다.[47] 그 배경에는
미군 심리전 부대 내부의 공산주의 국가에 대한 강한 경계심 확산이 자
리하고 있었다. 앞서 기술한 제7심리전 부대사는 자유세계의 일원으로서
미국인이 공산주의자와 생과 사를 겨루는 전투를 벌이고 있으며, 이 싸
움에서 지게 된다면 자유나 민주주의의 유산을 잃어버리게 될 것이라 주
장하고 있다. 이러한 정황을 바탕으로 미-소 양 진영에게 '가장 결정적인
무기는 핵탄두가 아니라, 오히려 정치적, 이데올로기적인 무기'이며, 승
자는 이러한 무기를 효과적으로 이용한 심리전을 벌일 것이라 지적하고
있다. 부대사는 공산주의자가 심리전에 능숙하다 경종을 울리면서, 제7
심리전 부대가 심리전에서 싸우기 위한 무기를 준비하고 있다고 적고 있
다. 제7심리전 부대는 심리전의 중요성을 강하게 인식함과 동시에 공산
주의자가 가지고 있는 심리전 능력에 위협을 느끼고 있었다. 1968년 7월
1일 행정 및 운송지원임무 이외 제7심리전 부대의 지휘권은 주류큐 미
육군에서 미 태평양육군US Army Pacific: USARPAC으로 인수인계되었다.[48]

1960년대 중반 동아시아에서 동남아시아에 걸쳐 3100 마일에 달하
는 범위를 관할하는 미국의 일원적 심리전 체제가 출현했다. 제7심리전
부대 본부가 '태평양의 요석'의 지위를 오키나와에 부여한 것에서도 짐작
할 수 있듯이 미국은 오키나와를 거점으로 하여 아시아 내 복수의 전역

에서 심리전을 수행하게 된다. 복수의 전역이란 공산주의 진영(중국이나 북한, 소련, 북베트남 등)뿐만 아니라 우호국(일본, 한국, 태국)이나 점령지(오키나와)이라는 세 개의 지역을 말한다. 제7심리전 부대는 다른 말로 '삼면작전'을 수행하는 심리전 부대였다. 그렇다면 제7심리전 부대는 1960년대 중반부터 1970년대 초기까지 아시아 지역에서 어떠한 심리전을 벌이고 있었을까. 다음 장에서는 제7심리전 부대를 구성했던 부대에 대하여 개괄적으로 서술하면서 한국과 일본에서 행해진 인쇄 매체를 이용한 심리전의 일단을 드러내고자 한다.

2) 오키나와 주둔 부대의 기능과 역할

(1) 제7심리전 부대 본부

제7심리전 부대는 오키나와에 설치된 다섯 개의 부(S1~S4, 감찰부)와 일본 본토와 한국 등 오키나와 외부에 주둔한 여섯 개의 분견대로 구성되어있었다.[49]

S1는 부관참모부였으며, 행정과, 메세지·센터과, 인사과로 구성되어 있었다. 여기서는 인사행정, 군인·민간인관리, 행정정책과 수속, 기록관리, 우편, 출판 관리, 통신, 수송 등의 업무를 수행했다. S2는 첩보부였으며 산하에 방호 관리와 지도, 두 개의 과를 두고 있었다. 전자에서는 필요에 따라 미국인 또는 외국인 군인, 민간인의 충성심 조사를 포함한 부대 내 조사 및 부대원의 기록 관리, 기밀 관리의 적정여부 조사 등을 시행했다. 후자는 군사 지도의 조달, 관리, 배포 등을 담당했다. S3는 작전·훈련부였으며, 심리전의 입안과 실행, 제7심리전 부대 요원의 훈련을 담당했다. 산하에는 계획입안, 작전·훈련, 정책이라는 세 개의 과가 설치되었다. 더욱이 작전·훈련과는 작전계, 훈련계, 특별계획계로 다시 나뉘었다. S4는 보급부로서 병참 업무에 관한 계획, 조정, 감독을 임무로 맡았

다. 산하에는 공급과와 입안·특별계획과, 두 개의 과가 설치되었다. 감
찰부는 예산 계획 및 집행, 관리 분석, 비용계산 등의 여러 문제에 대하여
사령관을 보좌하는 임무를 맡았다.

(2) 제15심리전 분견대(전략)

제15심리전 분견대15th PSYOP Detachment: 15th Det는 오키나와에 거점을
두고 사령관의 명령에 따라 심리전을 수행하고 대대·중대 수준의 행정
을 담당했다. 이 부대는 하위 6부로 구성되어 있었다.

① 프로파간다부

이 부서는 제작과, 평가과, 대상자 분석과, 수집·출판과로 세분화되어있
었으며, 더 나아가 제작과는 남아시아팀, 북아시아팀, 태평양팀으로 구성
되었다. 여기서는 심리전을 위한 선전물의 제작과 라디오, 잡지, 선전용
전단지의 효과 등 심리전의 평가와 검토, 대상자 분석 등을 시행했다.

② 전기부

이 부서는 스튜디오·관리과, 송신과, 전신장치teletype 수신과로 구성되
었으며, 주로 라디오와 전신장치 송수신에 관한 기술적인 문제를 담당했다.

③ 라디오부

이 부서는 유엔군총사령부 방송 프로그램의 제작과 방송에 더불어 오키
나와 라디오 시설로부터 고등판무관의 지원을 받아 방송되는 프로그램
의 제작과 방송업무를 담당했다. 라디오부 산하에는 언어별로 영어과, 일
본어과, 한국어과와 함께 스튜디오과가 설치되어 있었다.

④ 그래픽부

이 부서는 출판물의 디자인과 색조 조정과 같이 인쇄를 위한 기술적인 작업을 담당했다. 산하 부서는 설치되지 않았다.

⑤ 출판부

여기서는 고등판무관에 지원을 받아 제작지시 된 잡지나 그 외의 출판물에 게재되는 기사의 준비, 또는 이러한 출판물에 들어가는 사진이나 일러스트의 제공이 실시되었다. 오키나와에서 발행되는 출판물의 제작에 주안점을 두고 프로파간다 부문과 내용을 조정하면서 제작 작업이 진행되었다. 산하에는 기획과, 집필자과, 사진과의 세 개의 과가 설치되어 있었다.

⑥ 인쇄부

이 부서에서는 제7심리전 부대의 활동을 지원하는 인쇄물을 발행하는 한편, 태평양 군사령관, 태평양육군사령관, 태평양군 구성부대를 위한 인쇄지원도 제공했다. 산하에는 카메라·제판과, 인쇄과, 실행처리과가 놓여 있었다.

(3) 제14심리전 대대(지휘·통제)

제14심리전 대대14th PSYOP Battalion: 14th Bn는 오키나와에 주둔하며, 마찬가지로 오키나와에 주둔하는 제16심리전 중대16th PSYOP Company: 16h Co와 제18심리전 중대18th PSYOP Company: 18th Co를 지휘했다.[50] 행정조직으로서 제14심리전 대대 산하에 S3가 설치되었다.[51]

제16심리전 부대는 유엔군총사령부 방송의 송신기와 함께 긴급시에 대비한 휴대용 확성기, 태평양군 구내에 설치된 이동형 라디오국의 설비 보수관리를 임무로 맡았다. 제18심리전 중대는 심리전 부대원의 훈련과 인재공급 등을 담당했다.[52]

3) 오키나와 이외 주둔 부대의 기능과 역할

(1) 일본 분견대: 일본·아사카

일본 분견대Japan Detachment: Japan Det는 사이타마 현 아사카에 있는 노스캠프 드레이크North Camp Drake에 주둔했다. 제8군이나 유엔군, 태평양군의 관할 지역에서 미국과 유엔군의 지원을 받은 시각정보물의 제작을 임무로 했다. 일본 분견대는 행정부, 편집부(『교류』과, 『슈레이의 빛』과, 『자유의 벗』과), 그래픽부로 구성되었다. 일본 분견대 편집부에서는 『교류』와 『슈레이의 빛』, 『자유의 벗』의 제작 작업이 모두 진행되었지만, 여기서는 『슈레이의 빛』에 주목하여 1971년 시점 당시의 인쇄매체를 사용한 심리전의 일단을 밝히고자 한다.

1971년 1월 8일 『슈레이의 빛』 제작 절차를 결정한 비망록 『군사작성: 슈레이의 빛』이 작성되었고, 이는 결국 제15 분견대과 일본 분견대의 제작지침서가 되었다. 비망록은 『슈레이의 빛』을 제작하기 위한 방침에 관하여 다음과 같이 밝히고 있다.[53]

- · 『슈레이의 빛』의 내용은 제7심리전 부대에 의한 주류큐열도 미국 민정부 고등판무관 지원계획에서 나타난 심리전의 목적을 지원하는 것으로 한다.
- · 기사는 간결하고 명쾌하며 저널리즘적 수필로 집필하고 익숙하지 않은 표현이나 참조 기준의 사용은 피하도록 한다.
- · 사용하는 언어 수준은 오키나와 독자들이 최소한 중학교 교육을 이수한다는 사실에 입각하여 중학교 3학년 수준으로 한다.
- · 매달 기사 원고는 주류큐열도 미국 민정부 공보국장 및 고등판무관 부정보조사관의 승인을 받는 것으로 한다.

위와 같은 방침에 따라『슈레이의 빛』은 제15 분견대 대장 및 일본 분
견대장 공동책임 아래 다음과 같은 순서를 거쳐 발행 작업이 실시되었
다.[54]

   a. 제15 분견대대장은 주류큐열도 미국 민정부 공보국장과 협력하여『슈
      레이의 빛』의 기사 내용을 결정
   b. 제15 분견대에서 영어 또는 일본어로 기사 작성
   c. 제15 분견대는 기사 작성 과정에서 정책에 관한 정보 및 관점, 정책 성명
      의 입수 등에 대해서는 필요에 따라 주류큐열도 미국 민정부 공보국장
      과 협의
   d. 제15 분견대가 작성한 영어 또는 일본어 기사, 사진을 일본 분견대 대
      장에 송부
   e. 일본 분견대는 영어기사 원고의 교열(명료성, 어휘, 표현 검토, 일본어
      기사와 대조 검토 등)
   f. 교열 종료 후, 제15 분견대는 주류큐열도 미국 민정부 공보국을 통해
      정보조사관에게 기사 원고를 송부하고, 최종승인 요청. 승인 후 제15
      분견대 대장은 가능한 한 빨리 일본 분견대에 승인을 통보
   g. 영어판 기사와 일본어판은 동일한 절차를 밟음
   h. 일본 분견대는 영어판 기사의 번역 및 레이아웃, 교정 등의 편집 작업
      을 실시
   i. 일본 분견대로부터 주일 미군 부관 인쇄출판물 센터(U.S. Army Adju-
      tant General's Printing and Publication Center, Japan: USAPPCJ)
      에 입고하여 인쇄·제본 실시

『슈레이의 빛』은 오키나와 제15 분견대에서 원안을 작성하고, 사이타
마 현에 주둔하는 일본 분견대가 편집 작업을 진행, 동경 근교의 주일 미
군 부관 인쇄출판물 센터에서 인쇄하였다.

(2) 한국 분견대 / 제24 심리전 분견대: 한국·서울

한국 분견대Korea Detachment: Korea Det는 서울에 주둔하며 제7심리전 부대의 지령을 기반으로 하여 유엔군 사령관과 주한 미군, 미국 제8군을 지원하는 심리전의 실전부대였다. 1968년 시점에서 한국 분견대는 다음과 같이 3부 9과로 구성되어 있었다.

> · 행정부: 보급과, 급식과, 주차장과
> · 통신부: 관리과, 기지과, 유엔군총사령부 방송-A과, B과
> · 작전부: 시각과, 평가·번역과, 음성과

 한국 분견대의 주 활동은 음성 매체와 인쇄 매체를 사용한 프로파간다의 실행이었다. 음성 매체를 통한 프로파간다 활동은 구체적으로 유엔군총사령부 방송 프로그램 제작과 방송업무였다.[55] 인쇄 매체를 통한 프로파간다 활동은 제15심리전 분견대와 일본 분견대가 발행하는 출판물에 관한 제작 협력 및 『자유의 벗』을 비롯한 한국어 달력, 농업연감, 선전용 전단지 제작 등이었다.[56]

 1968년 12월 한국 분견대는 미 태평양육군 일반명령 792호에 따라 제24심리전 분견대24th PSYOP Detachment: 24th Det로 명칭이 변경되었다. 더욱이 병참 지원을 받기 위하여 제8군 특별부대8th Army Special Troops 산하에 배속되었다.[57] 이후 제7심리전 부대와의 지휘명령체계가 어떠한 형식으로 변화하였는지 알 수 없다. 하지만 제7심리전 부대의 벤츠Harold F. Bentz 사령관이 1970년부터 1971년에 걸쳐 국무부와 국방부 간에 유엔군총사령부 방송의 귀추를 둘러싸고 벌어진 협의에서 한국 분견대가 실시하고 있던 선전 방송의 최종적인 책임자로서 참석하고 있었음을 확인할 수 있다.[58] 더욱이 1972년 6월 제7심리전 부대의 『직원 안내책자』에도 제24심리전 부대는 제7심리전 부대의 산하 부대로서 기재되어 있다.[59]

이러한 이유로 미 태평양육군 일반명령 792호가 발령된 이후에도 제24 심리전 분견대는 제7심리전 부대의 지휘체계 아래 편성되어있었다고 추측할 수 있다.

1970년까지 제24 심리전 부대 분견대는 세 개의 과로 구성된 작전부를 네 개의 과(인쇄 매체 프로파간다과, 라디오 프로파간다과, 첩보·분석과, 배부과)로 개편했다.[60] 제24심리전 부대 분견대에서는 미군 30명, 카투사 8명, 미 국방부 소속 민간인 4명, 한국인 62명이 심리전 활동에 종사하고 있었다.[61] 여기서는 1970년 당시 제24심리전 부대 분견대의 인쇄 매체를 이용한 심리전 활동에 대하여 살펴보고자 한다.

제24심리전 부대 분견대는 1970년에 들어선 이후에도 계속해서『자유의 벗』과 선전용 전단지, 포스터 등을 발행했다. 이것들은 제24심리전 부대 분견대에 의해 제작 준비된 후 최종적인 레이아웃이나 인쇄는 일본 분견대에서 실시되었다. 이외에도 극히 소량이긴 했지만 이색 인쇄된 선전용 전단지가 오키나와의 제15심리전 부대에서 인쇄되었다. 포스터와 전단지 중 각각 한 가지 종류는 원주에 있는 한국 육군 인쇄시설에서 제작되었다.

『자유의 벗』은 주로 한국의 농촌 거주자나 군인을 겨냥한 다양한 기사를 게재하고 있었다. 1970년에는 60만 부가 발행되었고, 우편발송이나 직접수령 등의 방법으로 무료 배포되었다. 더욱이 매월 1만 부의『자유의 벗』은 이를 인쇄하던 주일 미군 인쇄시설에서 직접 베트남으로 송부되었다. 베트남에 파견된 한국군 병사에게 전달하기 위함이었다.

1969년 7월 닉슨 독트린이 발표되고, 미국의 대외 정책은 대한 방위 군사공약을 감축하겠다는 방침을 명확히 했다. 미국은 한국의 자주방위를 바라게 되었고, 한국은 한미 상호방위조약에 의거한 미국의 책무 이행에 불안과 불신을 갖게 되었다.[62] 이러한 미국의 대한정책 변화는 제7 심리전 부대의 심리전, 특히『자유의 벗』의 내용에도 뚜렷하게 나타났다.

『자유의 벗』은 창간 이래 경제나 사회발전을 강조하는 기사를 게재해왔다. 하지만 미국의 정책적 변화에 따라 한국의 군사 방위능력과 군사적 자립을 강조하는 기사가 많이 출현하게 되었다. 이러한 기사 내용의 변화 배경에는 닉슨 독트린에서 표명한 한국 내 미국 병력삭감 방침에 따라 한국에 대한 심리전의 필요성 또한 저하했다는 제7심리전 부대의 판단이 있었다.[63]

미국의 정책적 변화에 따른 대한 심리전의 필요성 저하는 유엔군의 마이켈레스J. H. Michaelis 사령관도 제기해왔다.

1972년 6월 『자유의 벗』의 최종호는 마이켈레스의 「독자에게 보내는 편지」를 게재했다. 한국과 유엔군 간의 견고한 관계가 보여짐으로써 『자유의 벗』의 발행 목적은 달성되었으며, 한국의 전반적인 방위 여건을 면밀하게 분석한 결과 폐간이 결정되어 『자유의 벗』을 발행하기 위한 노력은 이후 다른 방면에서 이어가게 될 것이라 말하고 있었다.[64]

유엔군총사령부 방송은 『자유의 벗』의 폐간에 앞서 이미 1971년 6월에 운용 정지되어 있었다.[65] 음성 매체와 인쇄 매체를 사용한 심리전 활동은 닉슨 독트린 발표 이후 잇따라 종료하게 되었다. 이즈음 전 세계적으로 데탕트의 움직임이 활발해지고 미국은 중국과의 관계개선을 모색하기 시작했다. 더욱이 1971년 6월에는 오키나와 반환협정이 체결되어 1972년 5월에는 오키나와의 신탁통치권이 미국에서 일본으로 반환됨으로써 제7심리전 부대는 오키나와에서 철수했다.[66] 제24심리전 부대 활동의 종식은 지구적 수준에서 일어난 데탕트와의 관계 속에서 생겨난 것으로, 아시아의 지역 수준에서는 오키나와 반환 움직임과 연결되어 있었다.

(3) 대만 분견대: 대만·타이베이

대만 분견대Taiwan Detachment: Taiwan Det는 미 군사 고문단US Military Assistance Advisory Group: USMAAG과 대만 방위대Taiwan Defense Command:

TDC에 의한 심리전 활동에 조언을 하고, 지원하는 것을 임무로 했다. 대만 분견대에는 (a) 심리전에 유익한 관점에서 미국-대만의 연계를 유지할 것, (b) 제7심리전 부대의 요청에 따라 필요한 경우 심리전에서 사용되는 중국어 자료를 사전에 실험해 둘 것, (c) 미국-대만의 첩보 기관을 통해 심리전에 필요한 정보를 획득할 것의 세 가지 구체적인 임무가 주어져 있었다.

더욱이 미국-대만의 특수부대가 대륙반공을 염두에 두고 연습한 「전방 찌르기」작전에서 심리전적 측면에서 협력하는 것도 대만 분견대의 임무였다.[67]

(4) 베트남 분견대: 남베트남·사이공

남베트남 원조 미군 사령부US Military Assistance Command, Vietnam: MACV와 미 종합 공보실Joint United States Public Affairs Office: JUSPAO은 제7심리전 부대에게 베트남에 관한 심리전의 지원을 요청했다. 그에 따라 베트남 분견대244th PSYOP Detachment가 조직되었다. 이 분견대의 임무는 첫 째, 관련 기관 사이를 조정하는 것이었다. 그 일환으로 미 종합공보실에서는 매주 베트남 분견대와 남베트남 원조 미군 사령부, 제4심리전 부대4th PSYOP Group가 출석하는 심리전을 위한 조정회의가 실시되었다.[68]

두 번째 임무는 심리전에서 사용되는 인쇄물의 발행이었다. 베트남에서 이용될 선전용 전단지의 75%가 베트남 분견대의 지원을 받아 인쇄되었다. 또한 이 분견대는 남베트남 원조 미군 사령부에 의한 베트남어잡지 『공감thông cảm』의 발행도 지원했지만, 달력 제작에는 관여하지 않았다. 달력은 남베트남군과 베트남 주둔한국군에 의해 발행되었다. 이 밖에도 베트남 분견대는 미국의 군사·민간 첩보기관과 연계하여 심리전에 관한 정보 수집과 베트남 주둔 미국공군과 해병대원에 전단지배포기술을 지도하는 제7심리전 부대 요원섭외 등도 맡고 있었다.

(5) 태국 분견대: 태국 · 방콕

제7심리전 부대 산하 부대로서 태국 분견대3rd PSYOP Detachment가 태국에서 본격적인 심리전 활동을 시작한 것은 1968년 즈음부터로 추측된다. 1967년까지 제7심리전 부대사를 기록한 미군사료에 따르면 태국에 파견되있던 기동훈련팀Mobile Training Team: MTT이 제7심리전 부대의 태국 분견대가 되었다고 한다. 이 분견대는 태국군의 심리전 요원이나 태국 정부에게 민간인에 대한 프로파간다 이론과 선전용 전단지 제작, 배포 방법 등을 교육하고 있었다. 1968년에 들어서 태국 분견대는 심리전을 위한 태국용 달력을 제작했다.[69] 이후 1972년까지 제7심리전 부대 산하의 정식 부대로서 심리전 활동을 전개했다고 보여진다.

태국 분견대는 태국 주둔 미 군사 원조 사령부 사령관Commander, US Military Assistance Command, Thailand: COMUSMACTHAI과 태국 주둔 종합군사 원조 · 고문단 부단장Deputy Chief, Joint Military Assistance and Advisory Group, Thailand: DEPCHJUSMAGTHAI과 연계하여, 태국에서 심리전 활동을 지원하는 부대로서 다음과 같은 임무를 수행했다. 첫 번째로 심리전에서 사용되는 포스터와 선전용 전단지 등의 인쇄물 발행에 대해서 제7심리전 부대와 의견을 조정했다.[70] 인쇄물 중에서도 특히 선전용 전단지는 라오스 북부나 북베트남 점령지역을 대상으로 배포했기 때문에 공산주의자를 억압하기 위한 목적에 따라 제작되었고, 인쇄는 태국정부가 시행했다.[71]

두 번째 임무는 심리전의 직접적인 실시였으며, 세 번째 임무는 태국 정부의 심리전을 지원하는 것이었다. 태국 분견대는 방콕의 미국 공보원USIS 직원과 주태국 미국대사관의 「대對 반란 특별원조 사무소Office of the Special Assistant for Counterinsurgency」와 연계하여 태국정부의 심리전을 지원했다.[72] 네 번째 임무는 라오스 내 심리전 활동의 지원이었다. 태국 분견대는 태국 주둔 종합군사원조 · 고문단 부단장를 통해서 라오스 주재의 미국대사관이 행하는 심리전 지원 프로그램에 협력했다. 주된 임무는 라오스 주재 미국 기관과 선전용 전단지를 인쇄하는 오키나와 부대 간의 관계를 조정하는 것이었다.

지금까지 살펴본 것처럼 제7심리전 부대는 한반도, 일본 본토, 오키나와에서 베트남, 태국, 라오스, 대만에 이르기까지 활동지역을 확대해갔다. 한반도에서는 음성 매체와 인쇄 매체 양쪽을 사용하여 심리전을 전개했다면, 타 지역에서는 주로 인쇄 매체를 사용한 심리전 활동을 실행했다. 이러한 활동의 중심에는 오키나와가 있었다. 오키나와는 폭탄을 탑재한 전투기가 날아오르는 출격 기지이기도 했지만, 이데올로기적인 측면으로도 공산주의 진영과의 전쟁에서 승리를 거머쥐기 위한 심리전의 공격 기지였다. 미국은 1950년대 말부터 1970년대 초까지 하드파워와 소프트파워 양쪽의 기능을 모두 갖춘 '태평양의 요석Keystone of the Pacific'으로서 오키나와를 지속적으로 활용했다.

4. 미국 심리전 체제의 구조와 변용의 중층성

본고는 냉전기 아시아에서 미국의 심리전 체제 구조와 변용에 대하여 미군 심리전 부대의 조직, 역할, 기능을 중심으로 그려내 보고자 하였다. 그리고 이를 통해 명확해진 부분은 다음 두 가지 지적에서 재확인할 수 있다.

첫 번째는 심리전 체제의 출현과 전역의 확대에 대한 것이다. 1940년대 후반 미국은 유럽을 향한 심리전에 대해 커다란 관심을 보이고 있었다. 하지만 1949년 중화인민공화국의 탄생과 1950년 한국전쟁 발발은 미국이 불가항력적으로 심리전의 관심을 유럽에서 동아시아로 전환하게 만든 최대의 요인으로 작용했다. 그 중에서도 한국전쟁은 미국의 심리전 수행에 있어 긴급하고 신속한 입안과 실행을 요구했다. 미군과 미 국방부는 선전용 전단지와 라디오 방송 등 다양한 매체를 통한 프로파간다를 실시했다. 동아시아에서 미국의 심리전 기구와 기능은 한국전쟁을 통해서 정비되었다. 더욱이 1953년 한국전쟁의 휴전협정 체결 후에도 미국의 동아시아에 대한 심리전 기구와 기능은 유지되었다. 그 이유는 크게 두 가지였다. 첫째, 한국전쟁은 어디까지나 휴전에 돌입한 것이었으며, 남북한 간의 대립이 지속되는 이상 심리전 기구와 기능을 유지할 필요성이 있었다. 둘째, 일본 본토와 오키나와 주민 내부에서 미국(군)에 불만을 가지고 반발 또는 저항하는 기운이 확산함에 따라 심리전을 통한 대처가 필요했기 때문이다. 그것은 『자유의 벗』과 『교류』, 『슈레이의 빛』이 창간된 경위와 발행방침을 통해서도 충분히 유추해낼 수 있다. 이러한 상황에 따라 미군은 한반도에서 일본 본토, 오키나와까지 심리전의 전역을 확대시켰다. 그리고 미군은 이렇듯 확장하는 전역을 관리하기 위한 심리전의 거점으로서 오키나와를 선택했다. 미국의 신탁통치 아래에 놓인 오키나와는 미군에게 자유로운 기지사용이 보장된 동아시아에서 가장 이상적인 장소였기 때문이다. 1950년대 후반 오키나와를 거점으로 한 미군의 심리전 체제가 동아시아에 출현하였다.

두 번째는 1960년대를 중심으로 발생한 심리전 체제의 변용에 대한 것이다. 1960년대에 들어 미군의 심리전 체제가 동아시아에서 동남아시아로 전역을 확대함에 따라 심리전 부대가 중점으로 둔 목표에도 변화가 생겼다. 존슨 정권이 베트남 군사개입을 강화하면서 미군의 심리전 또한 베트남 전선활동에 중점을 두게 된 것이다. 이에 따라 1960년대 말 한반도와 일본 본토, 오키나와를 전역으로 하던 심리전에서 철수하려는 미국 정부의 태도가 명백해졌다. 이는 닉슨 독트린으로 인한 대한 군사 투입의 저하와 데탕트의 전개, 오키나와 반환 등으로 이어진 국내외 정세 변화에 대하여 미국 정부로서 종합적인 정책 판단에 따른 결정이었다. 하지만 미 국방부는 동아시아의 심리전 축소에는 반발하였다. 제7심리전 부대가 동아시아를 전역으로 한 심리전에서 철수하는 것은 국무부와 미 공보처 United States Information Agency: USIA 등에 의해 강행되었던 것이었음을 간과해서는 안 된다.[73]

본 논문은 1950년대 초 출현했던 미군의 심리전 체제가 동아시아에서 동남아시아로 전역을 확대함과 동시에 작전의 중심이 변화한 후에도 1970년대 초까지 그 기능을 지속하고 있었음을 밝히고 있다. 하지만 이는, 당연한 것이지만, 1950년대부터 1970년대까지 아시아에서 전개되었던 심리전에 한하여 그 일환을 드러내고 있을 뿐이다. 마지막으로 냉전시기 아시아에서 벌어진 심리전의 전모를 해명하기 위해서 최저한으로 필요하다 생각되는 몇 가지 부분에 대하여 말하고자 한다.

첫 번째로 발송인인 미국과 수취인인 아시아의 사람들 양쪽으로부터 심리전의 동태를 살펴보아야 할 것이다. 이 논문은 미군 심리전 부대의 조직과 기능, 역할에 대한 분석에 집중하였기 때문에 프로파간다의 내용까지 충분히 다루지 못하였다. 다른 말로, 미군이 인쇄 매체나 음성 매체를 통해서 무엇을 말하고, 어떤 방식으로 그 대상인 사람들의 마음과 정신을 쟁취하려고 하였는지에 대한 질문에는 답하지 못하고 있다. 앞으로는 심리전을 위한 매체였던 『슈레이의 빛』과 『교류』, 『자유의 벗』에 대한 내용분석을 통해 발송인의 의도를 해명할 필요가 있다. 그 과정에서 수취인이었던 독자의 반응에 주목하는 것이 중요하다. 미국의 심리전 대상이었던 아시아 사람들은 적과 아군, 점령지 주민과 같은 서로의 입장을 구분하기보다 서로 비슷하게 미국에 반발하고 저항하면서도 동경과 존경, 선망의 눈길을 보내고 있었다. 이러한 사실에 기반을 두고 발송인과 수취인 양쪽으로부터 접근함으로써 심리전의 동태를 더욱 깊이 있게 드러낼 수 있다.

두 번째로 다수의 행위자 간 상호관계 속에서 심리전을 파악해야 한다. 이번 논문에서는 미군 본체에 주목하여 심리전에 관한 분석을 실시했다. 하지만 국무부나 CIA, 미 공보처 등 미국 정부기관뿐만 아니라 민간기업이나 민간단체, 종교단체 등의 비정부 조직도 심리전에 ‘참전’하고 있었음은 이미 잘 알려진 사실이다. 더욱이 이 글에서 밝혔듯이 미군의 심리전은 일본인과 한국인, 대만인, 태국인, 베트남인 등의 협력을 통해서 성립하고 있었다. 심리전에는 다수의 행위자가 관여하고 있었음을 염두에 두고 냉전 시기 아시아의 심리전을 파악함으로써 더욱 중층적인 심리전의 동태를 밝혀낼 수 있다.

이러한 부분에 입각하여 냉전 시기 아시아에서 행해진 미국의 심리전이 얼마만큼 아시아의 ‘냉전’을 형성하고 있었는지, 또한 그것을 ‘냉전’적인 것과 그렇지 않은 것의 경계를 명확히 인식하고 그려냄으로써 냉전의 새로운 모습을 제시하고자 한다. 그것이 앞으로 다루게 될 커다란 과제일 것을 지적하며 이 글을 마치고자 한다.

서장

냉전적 학지로부터 전지구적 사상운동으로

1 이 글은 한국연구재단 2007년 인문한국사업(Humanities Korean Project)의 지원으로 이루어졌음(KRF 과제번호 2007-361-AM0005). 이 글은 한국냉전학회 2016년 여름정기학회(2016.6.24.~25.)에서 기조발제문으로 발표된 것을 수정·보완한 것이다.

2 백원담, 「냉전 연구의 지역적·문화적 전화문제」, 『중국현대문학』 75, 2015 참조.

3 패트릭 매이저(Patrick Major)와 레이나 미터(Rana Mitter)는 기존의 냉전 연구사를 가로지르는 경계(boundaries) 혹은 경계짓기에 대해 발본적인 의식의 변화를 촉구하면서 상위 정치학(high politics)에 대한 추가항이 아닌 냉전 연구의 사회-문화적(socio-cultural) 전환을 제기했다. 이는 냉전의 비교사회문화사를 지향하는 것으로, 이들 논의는 주로 2000년에 창간된 *Cold War History* 저널을 중심으로 이루어지고 있다. 이 저널은 "냉전의 기원과 발전에 관한 최근 연구의 결과들과 냉전이 치국 그리고 군사와 정보, 경제 그리고 사회적 지적 발전들과 같은 분야에서의 다양한 수준에서 국가들, 동맹들 그리고 지역들에 미친 영향을 일반대중에게 유용하게 만드는 데 목적을 두고 있다." http://www.history.ac.uk/history-online/journal/cold-war-history 이에 대한 자세한 논의로는 위의 글 참조.

4 이에 대한 논의로는 장세룡, 「헤테로토피아: 탈근대 공간 이해를 위한 시론」, 『대구사학』 95(1), 2009 참조.

5 이병한, 「신냉전사: 중국현대사의 새 영역」, 중국근현대사학회, 『중국근대사연구』 53, 2011.

6 沈志華, 『냉전의 재전환: 중소동맹의 내재적 분기 및 그 결국(冷戰的再轉型: 中蘇同盟的內在分岐及其結局)』, 九州出版社, 2013; 沈志華, 『냉전 중의 맹우: 사회주의진영 내부의 국가관계(冷戰中的盟友: 社會主義陣營內部的在國家關係)』, 九州出版社, 2013.

7 그 첫 성과는 한국 국제관계학의 수준을 볼 수 있는 서울대 국제연구소가 편찬

하는『세계정치』가 "글로벌 냉전의 지역적 특성"을 주제화하고 세계 각지의 냉전 경험을 전열한 지점에서 확인된다. 『세계정치』는 '글로벌 냉전의 역학과 각 지역의 특성이 만나서 전개되는 양상에 한 비교를 통해 냉전이라는 학문적 주제에 종합적 이해를 모색하는 한편, 냉전의 지속과 새로운 냉전의 등장이 언급되는 동북아시아에 한 실천적인 고민을 한다'는 점에서 그 가치를 찾고자 한다.

8   사상계연구팀 편, 『냉전과 혁명의 시대 그리고『사상계』』, 소명출판, 2012.

9   이동기, 「유럽 냉전의 개요」, 『세계정치』 22, 2015, 19~65쪽.

10   얄타협정은 당시 유럽이 자기중심적인 평화책략으로 세계사를 추동해간 명백한 실증이다.

"(A) 국내평화상태의 확립, (B) 이재민구호대책의 수립, (C) 국민들의 모든 민주적 요소를 광범하게 대표하고 최단기일 내에 국민의 의사를 반영하는 자유선거에 의한 정부를 수립할 것을 확약하는 정권의 수립, (D) 필요한 지역에 대해서는 이러한 자유선거실시의 편의를 도모할 것.

3개국 정부가 취급할 문제가 기타 연합국가와 구라파의 다른 임시정권 또는 정부의 이해관계에 직접 연관될 때에는 그들에게 상의할 것이다. 해방된 어떤 국가나 또는 추축국가 내의 상태가 상기한 조치를 필요로 한다고 3개국이 생각할 때에는 이 선언 속에 설정된 공동책임을 수행하는 데 필요한 조치에 관하여 3개국 정부는 곧 서로 상의할 것이다. 이 선언으로써 우리는 대서양헌장의 원칙에 대한 우리의 약속과 그리고 다른 모든 평화애호국가들과의 협조 아래 평화와 안전과 자유 그리고 모든 인류의 전체복지에 기여할 법적인 세계질서를 수립할 우리의 결의를 이에 다시 굳게 하는 바이다."

合同通信社調查部 譯編, 『「얄타」秘密協定-美國務省發表全文』, 合同通信社, 1956, 528~529쪽, 1945년 2월 10일 얄타비밀협정의 조인된 제 협정 (5)해방된 구라파지구에 대한 선언 부분.

11   김학재, 『판문점 체제의 기원』, 후마니타스, 2015.

12   汪暉·백원담, 「20세기 중국역사 시야에서 본 항미원조전쟁과 아시아 평화 二十世紀中国历史視野下的抗美援朝战争」, 『황해문화』, 2014년 여름호.

13   汪暉·백원담, 앞의 글.

14   이와 관련된 논의로는 다음 참조. 沈志華, 「試論中蘇同盟破裂的根本原因-兼談社會主義陣營國家關系的結構性弊病」, 『國際觀察』 2005年 第5期; 沈志華·李丹慧, 『戰後中蘇關系若幹問題研究-來自中俄雙方的檔案文獻』, 北京: 人民出版社, 2006; 沈志華, 『冷戰的再轉形: 中蘇同盟的根內在分岐及本其結局』.

15 백원담, 「냉전기 아시아에서 아시아주의의 형성과 재편 Ⅰ」, 『중국현대문학』, 한국중국현대문학학회, 2007.
「아시아에서 1960-50년대 비동맹/제3세계운동과 민족·민중 개념의 창신」, 『중국현대문학』, 한국중국현대문학학회, 2009.

16 백원담, 「총론: 한국전쟁과 동아시아 상(象)의 연쇄」(백원담·임우경 엮음, 『냉전아시아의 탄생: 신중국과 한국전쟁』, 문화과학사), 2013.

17 모리스 마이스너 저, 김수영 역, 『마오의 중국과 그 이후 1』, 이산, 2004.

18 린이푸(林毅夫) 교수와 함께 『중국의 기적』을 공저한 야오양(姚洋) 베이징대학 경제학과 교수는 중국 경제 발전의 조건을 총결할 때, 중성정부(中性政府) 혹은 중성국가(中性國家)를 중국개혁이 성공한 전제로 삼는다. 다음 글 참조. 林毅夫, 姚洋(主編), 『中国的奇迹: 回顾与展望』, 北京大学出版社, 2005; 姚洋, 「中性政府与社会平等是中国经济增长的原因」, 『中国经济』, 2009年 10月 16日; 姚洋, 「中性政府与国家政治精英的选拔」, 『文化纵横』 2015年 6月号. 이에 대한 논의로는 백원담, 「아시아 사회주의와 유럽 사회주의」, 한국문화연구학회, 『문화연구』 제4호, 2016, 참조.

19 楊奎松, 『中間地帶的革命: 國際大背景下中共成功之道』, 山西人民出版社, 2010.

20 Benedict Anderson, " 아시아를 둘러싼 이주와 문화변동-이주시대의 관 주도 민족주의와 쇠락 중인 영미권의 전지구적 헤게모니 Reflections on Late Nationalism, the State, Citizenship and Migration", '2015 국립아시아문화전당 비전포럼' 기조강연문, 국립아시아문화중심도시 아시아문화개발원, 2015

21 관련 논의로는 Wondam Paik, "The 60th anniversary of the Bandung Conference and Asia," *INTER-ASIA CULTURAL STUDIES*, vol. 17, no. 1, 2016, pp.148-157.
(http://dx.doi.org/10.1080/14649373.2016.1150246)

22 관련 논의로는 Leong Yew, 「복수성 관리하기: 냉전 초기 싱가포르 주변의 정치학」, 성공회대 동아시아연구소 편, 『냉전아시아의 문화풍경』 Ⅰ, 현실문화연구, 2008 참조.

23 Leung Yew, *Op cit.*

24 이임하, 『해방공간, 일상을 바꾼 여성들의 역사: 제도와 규정, 억압에 균열을 낸 여성들의 반란』, 철수와영희, 2015.

1장

「심리전, 전후 세계질서를 구성하다」: 「낙하산뉴스」와 「자유세계」로 본 미국의 심리전

1   국방부, 『政訓大系』1, 청구출판사, 1956, B424쪽.

2   김학재, 「탈식민 냉전국가의 형성과 검열: 정부수립 전후 공보처의 활동과 통치성의 계보」, 『대동문화연구』74, 성균관대학교 대동문화연구소, 2011, 67쪽.

3   국방부, 앞의 책, B424쪽.

4   국방부, 앞의 책, B425쪽.

5   타케마에 에이지 지음, 송병권 옮김, 『GHQ』, 평사리, 2011, 37쪽.

6   USAFPAC, Report on Psychological Warefare in the Southwest Pacific Area 1944-1945, RG 4 Box 56(MA), p.5.

7   Walter L. Hixson(1997), *Parting the curtain: propaganda, culture, and the Cold War*, 1945-1961, St. Martin's Press, P.3-4(김학재, 앞의 글 재인용).

8   장영민, 「6·25전쟁기 유엔군총사령부의 소리 라디오 방송에 관한 고찰」, 『한국근현대사연구』47, 2008, 291쪽.

9   3D Historical Detachment, "EUSAK COMBAT PROPAGANDA OPERATIONS 1950 7 13-1952 9 1", 1953 1, RG 550 Box 98.

10   John Ponturo, Willmoore Kendall, L.F. O`doneell, "EIGHT ARMY PSY-CHOLOGICAL WARFARE IN KOREAN WAR", Operation Research Office The Johns Hopkins University, Maryland, ORO-T-17(FEC), 1951.12.

11   USAFPAC, Report on psychological warfare in the Southwest Pacific Area 1944-1945, RG 4, Box 56, p.3

12   USAFPAC, Report on psychological warfare in the Southwest Pacific Area 1944-1945-Annex 21, RG 4, Box 56.

13   USAFPAC, 「Basic Military Plan for Psychological Warfare Against Japan-Conference On Psychological Warfare Against Japan」, RG 4, Box 56, p.32.

14   USAFPAC, 「Report on psychological warfare in the Southwest Pacific Area 1944-1945」, RG 4 Box 56, p.19.

15   William E. Daugherty, ORO-T-3(EUSAK), Evaluation and Analysis of Leaflet Program in the Korean Campaign 1950. 6-12, p.21.

16   USAFPAC, Basic Military Plan for Psychological Warfare in the Southwest Pacific Area-Aappendix A, RG 4 Box 56.

17   USAFPAC, Report on psychological warfare in the Southwest Pacific Area 1944-1945, RG 4 Box 56, pp.1-2

18   「落下傘ニュース」2호(1945.3.22.).

19   「落下傘ニュース」22호(1945.8.11.).

20   「落下傘ニュース」8호(1945.5.5.).

21   마고사키 우케루 지음, 문정인 해제, 양기호 옮김, 『미국은 동아시아를 어떻게 지배했나』, 메디치, 2013, 80쪽.

22   USAFPAC, Basic Military Plan for Psychological Warfare against Japan-appendix B, RG 4 Box 56.

23   「落下傘ニュース」9호(1945.5.12.).

24   「사설: 전쟁의 규칙」, 「落下傘ニュース」20호(1945.7.28.).

25   George S. Pettee, "US Psychological Warfare in Korean War", Operation Research Office The Johns Hopkins University FEC, Maryland, ORO-T-3(FEC), 1951.2.23.

26   「자유세계」23호(1951.8.3.).

27   「자유세계」52호(1952.2.22.).

28   「자유세계」37호(1951.11.9.).

29   「자유세계」47호(1952.1.18.).

30   「자유세계」27호(1951.8.31.).

31   「자유세계」10호(1951.4.27.).

32   「자유세계」18호(1951.6.22.).

33   「자유세계」39호(1951.11.23.).

34   「자유세계」56호(1952.3.22.).

35   「자유세계」161호(1954.5.3.).

36   이임하, 『적을 삐라로 묻어라-한국전쟁기 미국의 심리전』, 철수와영희, 2012, 223쪽.

37   3D Historical Detachment, *Ibid*.

38   「자유세계」28호(1951.9.7.).

39   「자유세계」60호(1952.4.19.).

40   「자유세계」28호(1951.9.7.).

41 「자유세계」 125호(1953.8.10.).

42 「落下傘ニュース」 7호(1945.4.28.).

43 「落下傘ニュース」 8호(1945.5.5.).

44 「落下傘ニュース」 10호(1945.5.19.).

45 「落下傘ニュース」 10호(1945.5.19.).

46 「落下傘ニュース」 22호(1945.8.11.).

47 「자유세계」 7호(1951.4.6.).

48 「자유세계」 13호(1951.5.18.).

49 「자유세계」 46호(1952.1.11.).

50 「落下傘ニュース」 17호(1945.7.7.).

51 「落下傘ニュース」 20호(1945.7.28.).

52 「落下傘ニュース」 21호(1945.8.4.).

53 『국민보』, 1952.10.8.(독립기념관 한국독립운동정보시스템).

54 「자유세계」 85호(1952.10.11.).

55 「자유세계」 22호(1951.7.27.).

56 「자유세계」 39호(1951.11.23.).

57 「자유세계」 92호(1952.11.26.).

58 「자유세계」 162호(1954.5.10.).

59 알렉스 아벨라 지음, 유강은 옮김, 『두뇌를 팝니다-미제국을 만든 싱크탱크 랜드연구소』, 난장, 2010, 55쪽.

60 장용경, 「諷刺와 寓話 사이에서-한국에서의 동물농장』 번역의 정치」, 『역사문제연구』 26, 2011, 239쪽.

61 황의웅, 「동물농장」(http://www.kmdb.or.kr).

2장

냉전 사회과학의 '실험장'으로서 한국전쟁:
HRRI 심리전 프로젝트와 냉전적 학지의 생산구조

* 2장의 축약된 버전은 김일환·정준영(2017), 「냉전의 사회과학과 '실험장'으로

서 한국전쟁: 미공군 심리전 프로젝트의 미국인 사회과학자들」, 『역사비평』 118
호에 수록된 바 있다. 2장은 당시 게재잡지의 성격 및 지면의 제약으로 상세하
게 논의하기 어려웠던 부분을 대폭 보완하여 재구성한 것이다. 미발표원고를 제
공해주어 본문 2장 1절의 내용 작성에 큰 도움을 준 옥창준, HRRI보고서 1권 자
료 입수에 도움을 준 손준우에게 감사한다. 또한 자신이 소장한 HRRI보고서 2
권 자료를 선뜻 공유해주고, 존 라일리의 서한을 구하는데 큰 도움을 준 Robert
Oppenheim과 개인적으로 갈무리한 아버지의 서한을 이용할 수 있도록 해준
Lucy Sallick에게도 특별히 감사의 인사를 전한다.

1   한국전쟁기에 군부와의 긴밀한 연계 속에 활동했던 연구기관으로는 미 공군 산
하에서 활동한 랜드 연구소(Rand), 공군대학 인적자원연구소(HRRI), 미 육군과
의 연계 속에 활동한 존스 홉킨스 대학의 작전분석연구소(ORO), 조지 워싱턴
대학의 인간관계연구소(HumRRO)를 꼽을 수 있다. 이들 연구기관들의 한국전
쟁기 전반적 활동에 대한 소개로는 Ron Robin, *The Making of the Cold War
Enemy: Culture and Politics in the Military-Intellectual Complex*. Prince-
ton University Press, 2001의 1부와 2부가 유용하다.

2   냉전기에 본격화된 군과 학계 사이의 제도적, 재정적, 인적 네트워크 형성에 주
목한 대표적인 연구로는 크리스토퍼 심슨, 『강압의 과학: 커뮤니케이션 연구
와 심리전, 1945-1960』. 정용욱 옮김. 선인, 2009; 노암 촘스키 외, 『냉전과 대
학: 냉전의 서막과 미국의 지식인들』, 정연복 옮김. 당대, 2001; 브루스 커밍스
외, 『대학과 제국: 학문과 돈, 권력의 은밀한 거래』, 한영옥 옮김. 당대, 2004. 또
한 이러한 네트워크가 당시 미국학계의 주류로 부상하던 행태주의 패러다임과
의 밀접한 연관성을 가지고 있었음을 지적하는 연구로는 Ron Robin, *Op cit*; 정
용욱, 「6·25전쟁기 미군의 삐라 심리전과 냉전 이데올로기」, 『역사와 현실』, 51,
2004. 최근에는 이러한 연구 프로젝트가 다양한 지역적 수준의 행위자들과 구
체적으로 어떤 연계를 가지고 실현되었는지를 분석하려는 시도도 나타나고 있
다. Robert Oppenheim, "On the Locations of Korean War and Cold War
Anthropology.", *Histories of Anthropology Annual* 4.1, 2008.

3   두 권의 보고서는 HRRI, "Preliminary Study of the Impact of Communism
Upon Korea: Psychological Warfare Report No. 1", Air University, Max-
well Air Force Base, 1951(이하 Report No. 1)와 HRRI, "Implications and
Summary of a Psychological Warfare Study in South Korea: Psychological
Warfare Research Report No. 2", Air University, Maxwell Air Force Base,

1951(이하 Report No. 2)로 미공군역사연구소(Air force Historical Research Agency)에 소장되어 있다. 보고서의 1권은 콜롬비아대학 도서관에도 소장되어 있다.

4 미 공군은 1948년에 랜드 연구소(RAND, The Research and Development Corporation)를 설립했다. 한편 공군의 인적자원 관련 연구기관으로서는 텍사스 소재 Lackand Air Force Base에 설치된 인적자원연구센터(Human Resources Research Center, HRRC)와 워싱턴 D.C. 소재 Bolling Airforce Base에 설치된 인적자원연구실(Human Resources Research Laboratory, HRRL)이 있었는데, 각각 1949년에 설립되었다. Ron Robin, *Op cit*, ff.36.

5 HRRI의 전반적 연구경향에 대해서는 Raymond V. Bowers, "The Military Establishment", in Paul F. Lazarsfeld, William H. Sewell [and] Harold L. Wilensky eds, *The Uses of Sociology*, Basic Books. 1967; George W. Crocker, "Some Principles Regarding the Utilization of Social Science Research within the Military", in *Social Scientists and International Affairs*, 1969을 참조할 수 있다. '윤리 강령 프로젝트'는 1,000명 정도의 공군 장병을 대상으로 '좋은 행동'과 '나쁜 행동'을 설문하여 통계처리하고, 이 자료에 근간해서 윤리강령을 만드는 프로젝트로 제2차 세계대전 동안 진행되었던 군의 사기(morale)에 대한 연구의 전통 위에 서 있었다.

6 당시 하버드 러시아연구소의 소비에트 연구에 대해서는 David C. Engerman, *Know Your Enemy: The Rise and Fall of America's Soviet Experts*, Oxford Press, 2009. 이들의 대표적인 연구 성과는 이후 Raymond A. Bauer, Alex Inkles and Clyde Kluckhohn, *How the Soviet System Works: Culture, Psychological and Social Themes*, Harvard University Press, 1956; Alex Inkeles, Raymond A. Bauer, *The Soviet Citizen: Daily Life in an Totalitarian Society*, Harvard University Press, 1959로 공개 출간된다.

7 George W. Crocker, *Op cit*, pp.189.

8 HRRI는 공군 산하 다른 연구기관인 HRRL과 HRRC와 함께 14명의 사회과학자와 2명의 장교로 구성된 기획그룹(Planning Group)을 설치, 한국전쟁에서 HRRI가 수행할 수 있는 연구계획의 목록을 작성하기 시작했다. 기획그룹을 이끌었던 인물은 사무엘 스투퍼(Samuel A. Stouffer)로, 이미 2차 세계대전 당시부터 병사 사기 연구로 명성을 얻었던 인물이었다. George W. Crocker, *Op cit*, pp.189; 스투퍼에 대해서는 크리스토퍼 심슨, 앞의 책, 47~59쪽.

9 "Kenny to Vandenberg", 16 October 1950; "Kenny to Stratemeyer", 25 October 1950. in HRRI, "Correspondence and Reports Relative to the Air University Far East Research Group For Human Resources", Declassified materials, Air University, Maxwell Air Force Base. 위의 문서는 노근리 사건과 관련하여 미 공군역사연구소(AFHRA)가 당시 공군작전 관련 문서들을 수집한 자료들 중 일부이다. 위 자료는 미국 국립문서기록관리청(NARA)의 노근리 파일(NO GUN RI File)에 포함되어 있으며, 국립중앙도서관에서 온라인 열람이 가능하다.

스트레이트마이어 장군에게 보낸 편지에서 케니 장군은 공군 조종사들의 사기 연구의 세부주제로 "1)전투 지역에서 가족들과 함께 지내는 것의 영향, 2)적 진영에 물자를 수송하는 민간인 여성과 어린이들에게 사격을 가했던 요원들의 태도, 3)위의 민간인 여성과 어린이들이 남한인인지 북한인인지에 따라 나타나는 태도의 차이, 4)작전 수행 횟수와 피로도, 5)포로가 되었을 시 처형되거나 고문 당할 가능성이 사기에 미치는 영향에 대한 연구"를 제시한다. 2번과 3번의 연구 주제는 한국전쟁기 '군학복합체'의 지식생산의 의미에 대해 많은 것을 시사한다.

10 조지 E. 스트레이트마이어, 『극동공군 사령관 조지 E. 스트레이트마이어 장군의 한국전쟁 일기』. 윌리엄 T. 와이블러드 엮음, 문관현 외 옮김. 플래닛미디어, 2011, 403쪽; 446쪽. 당시 극동공군이 작성한 자체 연구는 당시 작전사령관이자 이후 제5공군 사령관으로 부임하는 글렌 바커스(Glenn O. Barcus)와 콜로라도 대학의 로버트 스턴스(Robert L. Stearns)가 주도했으며, 이들의 연구 결과는 Tactical Air Command, "An Evaluation of the Effectiveness of the United States Air Force in Korea", 1951 로 제출된다. 전체 7권으로 이루어진 보고서 중 제5권의 제목은 "Psychological Effects of Air Activity in Korea"로, 공군 작전이 북한 군인, 남한의 지도자 및 민간인에게 미친 심리적 영향을 포로 심문보고서 및 인터뷰를 통해서 규명하는 내용이었으며, HRRI의 심리전 연구팀의 현지 인터뷰 활동과 동시에 진행되었을 가능성이 높다. 보고서의 제6권의 제목은 "Certain Aspects of Personnel"로, HRRI의 장병 사기 연구팀과의 공동 작업을 통해 작성되었던 것으로 보인다. 위의 보고서들은 국립중앙도서관에서 열람 가능하다.

11 고바야시 소메이, 「한국전쟁기 유엔군의 포로교육 프로그램」, 기시 도시히코 외, 『문화냉전과 아시아: 냉전 연구를 탈중심화하기』, 소명출판사, 2012, 231쪽; Robert Oppenheim, *Op cit*, pp.230-232.

12   존 베넷과 존 펠젤 등은 일본 GHQ의 여론사회조사과에서 활동하면서, '전통-
     근대', '서구-동양' 등의 이항대립적인 문화적 개념으로서 일본 사회를 설명하
     는 것에 대해 비판적 태도를 공유했던 것으로 보인다. 특히 베넷은 루스 베네
     딕트의 '국화와 칼' 등의 작업에 대해 대단히 비판적인 태도를 취해왔다. 오펜
     하임은 이들의 이러한 인류학적 관점을 바탕으로 펠젤의 한국 현지조사 결과
     를 해석하고 있다. *Ibid*, 223~235쪽.

13   장병 사기 연구팀의 보고서는 "Human Factors Affecting the Air War Effort:
     A Brief Summary of FEAF Personnel at a Critical Period in the Korean
     War: Dec 50-Jan 51"라는 제목의 보고서로 1951년 제출된다. 이 연구보고서
     에는 여러 작전 수행의 조건들, 특히 적 진영에 보급품을 운반하는 민간인을
     공격하라는 작전 명령이 공군 장병의 사기에 미치는 영향을 조사하는 내용들
     이 포함되어 있다. 미주 9번의 내용을 참고하라. 한국전쟁기 미국의 군 관련 기
     관에 종사하던 학자들이 공중폭격과 관련하여 진행한 전반적 연구 활동들에
     대해서는 김태우, 「전쟁기의 과학과 평화 : 한국전쟁기 미국 민간인 과학자들의
     공군 작전분석 활동」, 『한국과학사학회지』, 36(3), 2014.

14   참여 연구자들에 대한 가장 기본적인 정보는 크리스토퍼 심슨, 앞의 책; Ron
     Robin, *Op cit*, pp.76-78을 참조할 수 있다. HRRI 심리전 연구팀의 구성원은
     11월 중순에 확정되었으며, 11월 25일에 앨러바마(Alabama)로 소집되었다.
     라일리와 펠젤이 먼저 합류했으며, 팀의 리더였던 슈람은 11월 20일에야 합류
     가 결정되었다. 원래는 미시간 주립대학 사회학과의 존 유심(John Useem)이
     팀원이었으나, 마지막 순간에 취소하는 바람에 슈람이 합류하게 되었다. Rob-
     ert Oppenheim, *Op cit*, pp.223-228.

15   이에 덧붙여 브루스 커밍스는 트루먼 대통령 시기의 심리전 기구인 '심리전 전
     략 위원회(Psychological Strategy Board)의 문서를 전거로, HRRI의 연구가
     공군대학 뿐 아니라, 랜드 연구소 및 국무부 OIR의 외부연구단장으로 있던 에
     브론 커크패트릭(Evron Kirkpatrick)을 통해서 국무부와의 조정을 거쳤음을
     지적한다. Bruce Cumings, *The Origins of the Korean War, Volume II: The
     Roaring of the Cataract*, 1947-1950, Yuksabipyungsa, [1990] 2002, p.898,
     ff.8

16   HRRI, Report No.1, iii-iv.

17   한국파견 이전에는 전황이 유리했기 때문에 연구팀은 38선 이북 지역도 현지
     조사가 가능하지 않을까 기대했던 것으로 보인다. '소비에트 사회체계 분석'이

라는 관점에서 본다면 3개월 가까이 소비에트화를 경험했던 서울보다 1945년 이후 5년간 사회주의를 체험했던 북한, 특히 평양이 연구 가치가 높은 대상이 었기 때문이다. 하지만 중국 참전 이후 유엔군이 후퇴하면서 북한의 소비에트 화에 대한 애초 조사계획은 변경이 불가피했다. *Ibid*, p.iv.

18   *Ibid*, p.1.

19   HRRI, Report No.2, pp.25-38. 흥미로운 것은 남한과 북한의 소비에트화 과 정을 소비에트화의 초기/중기 단계로 구분하고 있다는 점이다. 남한과 북한의 공간적 차이와 소비에트화의 역사적 맥락의 차이는 사상된다. 이는 연구 전체 의 기획과도 관계가 있는데, HRRI보고서에서 한국의 사례는 특수한 사례라기 보다는 모스크바의 소비에트화 '청사진'이 위로부터 덧씌워진(imposed) 결과 로서 이해되고 있다. 이러한 전제에서 한국에 대한 연구를 통해 소련 및 그 위 성국가들에 대한 일반화된 심리전 전략을 도출하는 작업이 가능했다고 할 수 있다. HRRI, Report No.1, pp.17-18를 참조.

20   HRRI팀의 한국조사가 논의되던 시점인 1950년 10월 28일에 이미 미국 국무부 정보조사국(Office of Information and Research)의 극동조사부 소속 조사관 들은 유엔군이 접수한 평양에서 현지조사를 수행했다. 이들은 주로 북한에 대 한 소련의 영향력 평가, 북한 정권의 효율성 평가에 초점을 맞추어 광범위한 연구를 진행했다. 이들의 연구결과는 "North Korea: A Case Study of a Soviet Satellite", OIR Report No.5500, April 2, 1951 및 OIR Report No.5600, May 20, 1951로 비밀 출간된다. 하지만 국무부 보고서에서는 이러한 연구 결과가 심리전 전략에 지닐 수 있는 함의는 충분히 논의되지 못했다. 두 문서 모두 국 사편찬위원회에서 열람 가능하며, 후자의 보고서는 정용욱·이길상 편, 『해방 전후 미국의 대한정책사 자료집 13』. 다락방. 1995에도 수록되어 있다.

다른 한편 존스 홉킨스 대학의 작전분석연구소(ORO)는 미 극동사령부와의 연 계 하에 1950년 9월부터 전쟁포로 심문 등을 통해 미국 심리전의 효과를 평가 하기 위한 다양한 연구를 진행해오고 있었다. 이임하, 『적을 삐라로 묻어라: 한 국전쟁기 미국의 심리전』, 철수와영희, 2012, 71~77쪽. 하지만 이러한 연구들 은 주로 전술적 차원에서 심리전의 효율성을 평가하는데 집중하고 있었으며, HRRI와 같이 소비에트 체제의 취약성을 전략적 심리전의 차원에서 활용하고 자 하는 연구는 진행하지 않았다. 전쟁포로에 대한 대규모 조사를 활용한 대표 적인 ORO의 연구로는 Operations Research Office. "An Evaluation of PSY-WAR Influence on North Korean Troops", 1951(ORO-T-12-FEC)가 있다.

위 자료는 국립중앙도서관에서 열람 가능하다. ORO의 다른 주요 연구보고서
는 한국학중앙연구원 편, 『6·25 전쟁기 미군 심리전 관련 자료집』, 선인, 2005
에 수록되어 있다.

21　HRRI, Report No.1, p.18. 한국 도착 이후 HRRI팀의 보다 자세한 행적에 대해
서는 Robert Oppenheim, *Op cit*, pp.227-230을 참조.

22　HRRI, Report No.1, p.189.

23　ATIS는 본래 태평양전쟁기 일본군 문서의 번역, 분석과 포로에 대한 조사를 실
시하는 직무를 맡았던 연합군 기구였다. 1945년 10월 2일 GHQ의 출범과 함
께 ATIS는 G-2의 하위 기관이 되었으며, 1945년 11월에는 ATIS기지가 마닐
라에서 도쿄로 이동했다. 1946년 4월 30일 연합국 기관으로서의 ATIS는 해산
되고, 극동군 총사령부 G-2에 인수된다. 하지만 이후에도 ATIS라는 호칭은 계
속 사용되었다.(검색: 일본 국회도서관)
한국전쟁기 포로들에 대한 ADVATIS 심문자료들은 미 국립문서기록관리청
(NARA) RG 319(Records of the Army Staff), G-2, Intelligence Groups,
Box 37; RG 338(Records of U.S. Army Operational, Tactical, and Support
Organizations), Classified Organizational History Files, Box 56-Box 62 등
에 보관되어 있다. 이것은 국사편찬위원회 전자사료관에서도 열람 가능하다.

24　한국전쟁기 미군의 포로에 대한 규정 방식에 대해서는 김학재, 「진압(鎭壓)과
석방(釋放)의 정치」, 『제노사이드연구』5, 2009, 57~58쪽; 전갑생, 「거제도 포
로수용소 설치와 포로의 저항」, 『제노사이드연구』2, 2007을 참조.

25　예컨대 O Te Il(ATIS Interrogation Report No.171), RG 319, G-2 Intelli-
gence Group, Box 37을 보라. 조금은 이례적인 자세한 심문 내용이 기록된
사례지만, Lee Tae Bok(ATIS Interrogation Report No. 117)의 내용도 흥미
롭다.

26　사실 전쟁포로들을 활용한 사회과학 연구에서 자료의 객관성의 문제는 이미 2
차대전기 포로수용소에서 진행한 심리전 연구에서도 제기되었던 바 있었다.
미 육군 심리전부에서 활동하던 에드워드 쉴즈(Edward Shils)와 모리스 야노
비츠(Morris Janowitz)가 2차대전기 유럽의 포로수용소에서 수행한 연구에 대
해 당시 제기된 비판적인 평가로는 Ron Robin, *Op cit*, 2001, pp.98-99.

27　유춘호의 심문조서는 ATIS Interrogation Report No.157, 그의 심문조서 내용
을 1인칭의 구술로 각색한 내용은 HRRI, Report No.1, pp.32-33에 나타난다.

28　*Ibid*, pp.17.

29 흥미롭게도 HRRI와 같은 시기에 서울지역에서 40여 명의 민간인들을 인터뷰하여 공군 폭격의 심리적 영향에 대한 연구를 진행했던 극동공군의 작전분석 연구보고서는 오히려 이러한 연구방법상의 문제를 훨씬 분명하게 언급하고 있다. "대부분의 응답자들은 아마도 전시의 한국에서 친공산주의적 견해를 표현하는 것이 안전하지 않다고 생각했을 것이며, 일부는 유엔의 정책을 비판하는 것 역시 용인되지 않을 것이라 생각했을 것임이 분명하다." 때문에 인터뷰가 공군의 활동으로 간주되어 응답자들이 왜곡된 진술을 하는 것을 피하기 위해서 "질문자들은 그가 전시 한국에 대한 조사를 목적으로 랜드 연구소에 의해 고용되었음을 증명하는 서류를 지참했다". 하지만 이러한 임기응변이 얼마나 효과적이었는지는 미지수였다. Tactical Air Command, *Op cit*, vol.V, pp.42-43.

30 John W. Riley jr., "December 29 1950"; "January 13 1951" in *John Riley Papers*, Private collection of Lucy Sallick. 이 문서들은 존 라일리가 한국에서 가족들에게 보낸 편지 및 각종 기록들을 모은 것이다. 호의로 자료를 제공해준 루시 살릭과 자료 입수에 도움을 준 로버트 오펜하임에게 감사한다.

31 질문지의 설계를 보여주는 자료로는 1951년 1월 14일자 라일리의 메모 "Codes and Sorting Instructions for Refugee Study"를 볼 수 있다. 설문조사의 표집 과정에 대해서는 HRRI, Report No.1, pp.283-286.에 기술되어 있다.

32 한국전쟁기 한국정부 및 미군의 피난민 정책과, 피난민 수용소의 설치 및 운용 과정은 강성현, 「한국전쟁기 한국정부와 유엔군의 피난민 인식과 정책」, 서중석 외, 『전장과 사람들: 주한유엔민간원조사령부 자료로 본 한국전쟁의 일상』, 선인, 2010; 공준환, 「한국전쟁기 민간인 피해의 사회학적 연구: 통계생산의 정치성을 중심으로」, 서울대학교 사회학과 석사학위논문, 2015, 82~97쪽을 참조.

33 HRRI, Report No.1, pp.287.

34 펠젤은 12월 17일 하버드대학 클럭혼에게 보낸 편지에서 자신이 맡은 역할에 충실하기 위해 부산을 벗어나 필드를 방문하고 싶다는 의사를 밝히고 있다. 펠젤의 현장조사에 대한 간략한 정황은 Robert Oppenheim, *Op cit*, 228-229을 참조. 또한 펠젤과 동행한 윕스 소령의 해방 전후 활동 양상에 대해서는 정병준, 「남한진주를 전후한 주한미군의 對韓정보와 초기점령정책의 수립」, 『史學研究』, 51, 1996, 156쪽; 169~172쪽을 참조.

35 일본 여론사회조사과의 베넷은 1950년 10월 13일의 주간 보고서에서 극동공

군 특수조사국(OSI) 소속의 웜스 소령이 자신을 비공식적으로 방문하여, 공군에서 폭격 및 전쟁의 정치적, 심리적, 사회적 영향력을 평가하는 서베이 조사를 계획하고 있다고 밝히며, 이에 대한 조언을 구했다고 진술하고 있다. Robert Oppenheim, *Op cit*, p.236. 여기에서 웜스가 언급하는 연구는 앞서 미주 9번에서 언급한 것과 동일한 것으로 짐작된다.

36 Bruce Cumings, *Op cit*, pp.677-680; 정병준, 「한국 농지개혁 재검토: 완료시점·추진동력·성격」, 『역사비평』, 65, 2003, 148~149쪽.

37 보도연맹원 학살에 대해서는 HRRI Report No.1, p.129, 농지개혁 현황에 대해서는 pp.176-187, 공산군 '부역자'들의 동기에 대해서는 p.158을 보라. 반면 일부 연구는 펠젤의 장이 지주와 농민의 계급적 대립관계를 '동양적'인 가족구조의 대립으로 치환하는 오리엔탈리즘적 인식구조를 지녔다는 차원에서 대단히 비판적 평가를 내리기도 한다. Ron Robin, *Op cit*, pp.77-85; 정용욱, 앞의 글, 127~128쪽

38 HRRI, Report No.1, pp.17-18. 소비에트화 과정에 대한 저자들의 이러한 요약은 보고서 각 장의 목차 구성에서 대체로 잘 드러난다.

39 *Ibid*, pp.14-15; pp.272-276. 앞에서 살펴보았던 보고서 1권 5장의 피난민 설문조사의 결과 역시 북한 체제에 대한 가장 큰 불만이 개인적 자유의 억압과 관련된 것이었다는 견해를 지지해주는 증거로서 인용된다.

40 예컨대 펠젤은 마을의 인민위원장과 노동당 위원장으로 활동했던 인물 등의 개인사를 자세히 서술하고 있다. 이를 통해서 정실부인과 첩의 자손간의 갈등구조, 노비집안의 동향, 북한군 진주 이전의 남한 경찰의 학살 등의 복합적 맥락들이 공산당 간부의 충원 과정에 작용하는 과정을 간접적으로 보여준다. *Ibid*, 147-158.

41 *Ibid*, pp.161-165.

42 *Ibid*, pp.77-80.

43 HRRI, Report No.2, pp.31-33.

44 *Ibid*, pp.16-38. 이러한 연구의 연장선에서 슈람은 이후 ORO의 연구 프로젝트에 참여, 심리전에서의 라디오 활용에 대한 연구를 진행한다. 슈람의 보고서는 Operations Research Office. "FEC Psychological Warfare Operations: Radio", 1952(ORO-T-20-FEC)로 출간된다. 국사편찬위원회에서 열람이 가능하다.

45 HRRI, Report No.1, pp.v. HRRI 연구팀을 보조했던 한국인들의 숫자가 25명

이었다는 진술은 보고서 내에서는 나오지 않으며, 슈람과 라일리가 보고서의 내용 일부를 미국에서 발표한 글에 나타난다. Schramm, Wilbur and Jorn W. Riley. jr., "Communication in the Sovietized state, as demonstrated in Korea." *American Sociological Review*(16.6), 1951, p.757.

46   HRRI, Report No.1, pp.v; John W. Riley jr., "December 12 1950" in *John Riley Papers*.

47   John W. Riley jr. "December 12 1950"; "December 16 1950" in *John Riley Papers*. 이진숙의 약력은 이진숙, 『心理學 文集』. 서울대학교 심리학과 동창회, 1993, 380쪽. 최창순의 활동에 대해서는 신영전·서제희, 「미군정 초기 미국 연수를 다녀온 한국인 의사 10인의 초기 한국보건행정에서의 역할」, 『보건행정학회지』, 23(2), 2013, 196~206쪽.

48   HRRI, Report No.1, pp.314-316.

49   HRRI, Report No.2, pp.41-42.

50   HRRI 공군대학극동연구단(AUFERG)는 심리전 연구팀이 한국을 떠난 직후인 1951년 2월에 극동공군 및 미육군 제8군과의 협력 하에 부산에 상설 파견지부를 설치, 연구 활동을 지속해나간다. 그런데 부산 지부의 주된 기능은 다름 아닌 한국인 및 중국인 전쟁포로에 대한 심문과 관련된 프로젝트에 참여하고 있는 한국인 사회과학자들에 대한 관리감독 업무였다. HRRI, "History of HRRI", Air University, p.2. 이는 HRRI 보고서 작성 과정에서 형성된 한국인 사회과학자들과의 협력 관계가 일회적인 사건으로 그친 것이 아니라, 하나의 전시 사회과학의 조사 장치의 일부로서 제도화되었음을 보여주고 있다. 또한 HRRI의 보고서 작성에 관여한 인물들 중의 최소한 일부는 이후에도 지속적으로 미국 연구자들의 전시 사회과학 연구에 참여했을 가능성은 충분히 존재한다.
바로 이러한 장치를 활용하여, 랜드 연구소의 알렉산더 조지(Alexander George)는 1951년 초반에 전쟁 포로 심문을 통하여, 공군 작전이 적 장병들에게 미치는 심리적 영향에 대한 몇 권의 작전 분석 보고서를 공군에 제출할 수 있었다. FEAF Operational Analysis Office, "Operational Analysis Office Memorandum No.43: Physical and Psychological effects of interdiction air attacks as determined from POW interrogations", 1951.5.21. 이 보고서는 포로 심문을 통한 자료 생산의 전반적 과정에서 HRRI의 극동연구단 및 한국인 인력의 도움을 받았음을 언급하고 있다. 위 자료는 국립중앙도서관에 소장된 노근리 파일 내에 포함되어 있다.

51 제출된 HRRI 보고서에 대한 공군의 평가에 대해서는 George W. Crocker, *Op cit*, p.190을 보라. 또한 1951년 이후부터 1954년 연구소의 해체에 이르는 기간 동안 HRRI 내부의 당시 대립구도에 대해서는 Robert Oppenheim, *Op cit*, pp.239-242을 참조.

52 이후 HRRI 심리전팀의 연구자들의 대조적인 행보는 이런 면에서 시사적이다. 부소장 윌리엄스는 소장 보어스에 대한 '쿠데타'를 통해서 연구소의 활동을 군사적 목적에 긴밀하게 결합시키는데 앞장 선다. 라일리와 슈람은 이후에도 커뮤니케이션 연구자로서 군의 심리전 관련 프로젝트에 긴밀하게 협력한다. 크리스토퍼 심슨, 앞의 책, 259쪽; 265쪽. 반면 펠젤의 경우, 1963년 하버드-옌칭 연구소장으로 부임하기 이전까지 군 관련 연구에 참여한 경력은 확인되지 않는다.

54 이들은 각각 Schramm, Wilbur and Jorn W. Riley. jr, *Op cit*; Schramm, Wilbur, John W. Riley and Frederick Williams, "Flight from Communism: A Report on Korean Refugees", Public Opinion Quarterly 15 No.2, 1951로 발표된다. 후자에서는 HRRI보고서 1권 5장의 내용을 거의 그대로 전재하고 있으며, 전자에서는 1권 2장의 내용이 주류 사회과학 논문의 형식으로 정리된다.

54 Schramm Wilbur and John W. Riley. jr, *Op cit*, p.757.

55 슈람은 자신의 1954년 편저에서, 자신의 커뮤니케이션 이론이 보편적 적용가능성을 논하면서, 그 사례 중의 하나로 한국전쟁기 전쟁포로들과의 인터뷰를 통한 연구 결과를 꼽고 있다. Wilbur Schramm(eds), *The process and effects of mass communication*, University of Illinois Press, University of Illinois Press, 1954, pp.17-18.

56 Ron Robin, *Op cit*, pp.90-93.

3장

냉전의 텍스트화, 텍스트의 냉전화:

한국전쟁과 The Reds Take a City의 탄생과 변주

1 이 글은『역사비평』2017년 봄호에 수록된 글을 추후 수정한 것이다. 이 자리를

빌어 원고의 토대가 되는 냉전학지 세미나팀을 이끌어주신 강성현 박사님과 중요 자료를 흔쾌히 제공해주신 텍사스대학교 로버트 오펜하임(Robert Oppen-heim) 교수님께 감사드린다.

2 정용욱, 「6·25 전쟁의 미군의 삐라 심리전과 냉전 이데올로기」, 『역사와 현실』 51호, 2004; 정용욱, 「6·25 전쟁기 미군의 심리전 조직과 전개양상」, 『한국사론』 50호 2004; 이임하, 『적을 삐라로 묻어라: 한국전쟁기 미국의 심리전』, 철수와영희, 2012.

3 Ron Robin, *The Making of the Cold War Enemy: Culture and Politics in the Military-Intellectual Complex*, Princeton University Press, 2001; 크리스토퍼 심슨, 정용욱 옮김, 『강압의 과학: 커뮤니케이션 연구와 심리전, 1945-1960』, 선인, 2009.

4 신형기, 「6·25와 이야기: 전쟁 수기들을 중심으로」, 『상허학보』 31호, 2011; 서동수, 『한국전쟁기 문학담론과 반공프로젝트』, 소명출판, 2012 등을 참조하라. 이행선, 「한국전쟁, 전쟁수기와 전시의 정치」, 『상허학보』 46호, 2016의 연구는 '도강파'와 '잔류파'의 대립을 넘어서, 전방의 기록과 후방의 기록을 대비하여 좀 더 입체적인 수기 분석을 시도하고 있지만, 철저하게 국내적 의미만을 탐구하고 있다는 측면에서 앞의 연구들과 동일한 지평에 서 있다.

5 John W. Riley and Wilbur Schramm, *The Red Takes a City: The Communist Occupation of Seoul with Eyewitness Accounts*, Rutgers University Press, 1951.

6 민규식에 대해서는 John W. Riley and Wilbur Schramm, 앞의 책, 68~69쪽. 계광순의 경우, John W. Riley and Wilbur Schramm, 앞의 책, 146~147쪽을 보라.

7 Frederick W. Williams, "Foreword," John W. Riley and Wilbur Schramm, 앞의 책, v쪽.

8 HRRI 연구진의 결성과 한국에서의 활동에 대해서는 Robert Oppenheim, "On the Locations of Korean War and Cold War Anthropology," *Histories of Anthropology Annual* Vol. 4, 2008. 이 책의 2장에 실려있는 글을 참고.

9 을유문화사 엮음, 『을유문화사 50년사』, 을유문화사, 1997, 12쪽. 1951년 윤석중과 조풍연은 을유문화사를 떠나게 되지만, 윤석중과 조풍연은 이후에도 '문화냉전'의 전사로 활발하게 활동한다.

10 한국문제연구소 엮음, 『동란의 진상: 괴뢰군 선전은 새빨간 거짓말이었다』, 을유문화사, 1950.

11　윤석중의 삶과 활동에 대해서는 김제곤, "윤석중 연구," 인하대학교 박사학위
　　논문, 2013. 『나는 이렇게 살았다』의 출간 경위에 대해서는 같은 논문, 84쪽.

12　영어에 능숙했던 조풍연이 『나는 이렇게 살았다』의 존재를 HRRI 팀에게 알렸
　　을 가능성도 있다. 실제로 라일리는 개인 서한을 통한 자신이 접촉한 인물 중
　　"저명한 출판인"이 있다고 밝히고 있다. 조풍연과 유진오가 친분이 있었기에,
　　조풍연을 통해서 유진오가 집필에 참여한 『고난의 90일』을 소개 받았을 수도
　　있을 것이다. John W. Riley Jr., "December 12 1950" in *John Riley Papers*.

13　HRRI 팀과는 별개로 국무부 정보조사국 요원(Office of Information Re-
　　search)이 유엔군 북진 이후 평양에서 현지조사를 실시했다. 이 현지조사
　　의 결과물은 후에 *North Korea: a Case Study in the Techniques of Take-
　　over*(1961)로 출간된다.

14　이후 윤석중은 이 책을 자유아시아위원회에서 일하고 있던 조풍연을 통해 영
　　문 번역서를 내고자 노력했다. 정종현, 「자유아시아위원회(CFA)의 '원고 프로
　　그램' 지원 연구」, 『한국학연구』 43호, 2016. 제6장 참고.

15　본 연구는 컬럼비아대학교 도서관에 마이크로필름 형태로 소장되어 있는
　　HRRI의 보고서를 활용했다.

16　Frederick W. Williams, "Foreword," John W. Riley and Wilbur Schramm,
　　앞의 책, vi쪽.

17　HRRI, "Implications and Summary of a Psychological Warfare Study in
　　South Korea," Air University, 1951, p.41. 이 자료는 HRRI를 연구했던 텍사
　　스대학교의 로버트 오펜하임 교수가 개인 소장 자료를 제공해주었다.

18　마을 단위의 한국전쟁에 주목하는 한국학계에 등장한 것은 2000년 전후의 시
　　점부터이다. 이에 대해서는 윤택림, 『인류학자의 과거 여행: 한 빨갱이 마을의
　　역사를 찾아서』, 역사비평사, 2003; 박찬승, 『마을로 간 한국전쟁: 한국전쟁기
　　마을에서 벌어진 작은 전쟁들』, 돌베개, 2010 등을 보라.

19　Yu Chin O, "Political Reorientation Campaigns in North and South Ko-
　　rea," PSICK, p.324.

20　실제로 RTC의 모든 사례가 『나는 이렇게 살았다』와 『고난의 90일』에 의거한
　　것은 아니다. RTC 72~73쪽에 등장하는 의사의 사례는 HRRI 보고서 제2장에
　　등장하는 Case 7의 요약이다. 75~77쪽은 Case 8(노동자)이다. 112~113쪽에
　　는 Case 6(대학교수), 120쪽에는 Case 9(작가), 121~122쪽에는 Case 1(전기
　　기술자), 138쪽에는 Case 2(공무원)의 사례가 소개된다.

21   John W. Riley and Wilbur Schramm, 앞의 책, 6쪽.

22   John W. Riley and Leonard Cottrell, "Research for Psychological Warfare,"
     Public Opinion Quarterly 21, 1957.

23   사상전의 계보에서 *RTC*와 흡사한 '반공 도서'가 한국에서 제작되기도 했다. 반
     공 도서의 제작에 있어 *RTC*의 경험이 어떻게 참조되었는지, 이 둘 사이에 연속
     성이 있었는지는 또 다른 탐구대상이라 할 수 있다. 흥미로운 점은 반공 도서
     제작에 있어 북한 피란민의 경험이 주목되었다는 것이다. 소련 시베리아와 중
     앙아시아에서 강제노동을 한 북한 피란민의 글이『시베리아 유형기』가 중앙문
     화사에서 1953년에 출간되었다고 한다. 장영민, 「한국전쟁기 주한 미국 공보원
     의 선전활동」, 『한국근현대사연구』 57권, 2011, 155쪽.

24   "The Secretary of State to All Diplomatic Offices," 1952.6.17., *FRUS*, 1952–
     1954, National Security Affairs, Volume II, Part 2, Document 298.

25   이 책은 사상계사를 통해『공산주의를 벗어난 인물들』(을유문화사, 1952)로 번
     역·소개되었다.

26   프랭크 손더스, 유광태·임채원 옮김, 『문화적 냉전: CIA와 지식인들』, 그린비,
     2016, 120쪽.

27   Greg Barnhisel, *Cold War Modernists: Art, Literature, and American Cul-
     tural Diplomacy*, Columbia University Press, 2015, 116쪽.

28   約翰 賴萊(John W. Riley), 惠爾勃 許雷姆合(Wilbur Schramm), 『漢城陷敵記』,
     中國教育用品供應社, 1953.

29   約翰 賴萊(John W. Riley), 惠爾勃 許雷姆合(Wilbur Schramm), 앞의 책, 1쪽.

30   約翰 賴萊(John W. Riley), 惠爾勃 許雷姆合(Wilbur Schramm), 앞의 책, 2쪽.

31   이파네마 출판사의 활동에 대해서는 Laura de Oliveira, *Guerra fria e Po-
     litica editorial: a trajetoria de GRD e a campanha anticommunista dos
     Estados Unidos no Brazil*, 1956–1968, Eduem Maringa, 2015, 138쪽. 소련
     을 배신한 소련 출신 암호분석관 이고르 구젠코의 책은 사상계사를 통해『거
     인』(1955), 『거신의 추락』(1961)으로 번역되기도 했다.

32   일본은 한국전쟁 당시 기뢰제거 등 다양한 군사행동을 수행했다. 다만 직접적
     인 전투에 참가하지 않았다는 의미에서 이렇게 표현했다.

33   金允中, "悲劇の教訓," 『旋風』 4권 4호, 1951, 7쪽.

34   실제 일본인 기자단이 직접 한국전쟁을 취재하게 되는 것은 1951년 7월의 일
     이었다. 이에 대해서는 요네즈 토쿠야, 「일본 언론의 한국전쟁 보도와 그 성격:

일본인 종군기자의 활동을 중심으로」, 서울대학교 석사학위 논문, 2016.

35 『고난의 90일』은 '대중의 계몽'과 '반공 성전'을 위해 기획된 것이었다. 유진오 외, 『고난의 90일』, 수도문화사, 1950, 4쪽.

36 물론 지식인에 대한 문화냉전은 도서 계획 프로그램으로 줄곧 전개되었다. 특히 한국전쟁기 미 공보원의 도서 계획에 대해서는 장영민, 「한국전쟁기 주한 미국공보원의 선전 활동: 인쇄매체를 중심으로」, 『한국근현대사연구』 57호, 2011.

37 "The Red takes a City," 1953.7.27., NARA, USA, RG 306, Entry UD-WW 27, BOX 1. 본 연구는 국사편찬위원회에 수집된 자료를 활용했다.

38 현재 그 자료가 국사편찬위원회에 소장되어 있다.

39 「부고: 김영상 동아일보 전 편집국장」, 『동아일보』 2003.7.11.

40 한국전쟁기 인민재판의 경험은 당대 한국인에게 상당한 상흔을 남겼다. 특히 인민재판의 경우, 당대에 널리 읽히던 김팔봉(김기진)의 글을 참고했을 가능성이 크다. 실제로 김팔봉의 글은 1988년에 재출간되는 『나는 이렇게 살았다』에 모윤숙의 "회상의 창가에서"와 더불어 추가되어 있다.

41 마닐라 지역제작센터에 주목하고 있는 국내 학계의 연구로는 허은, 「냉전시대 미국정부의 『자유세계』 발간과 '자유 동아시아'의 형성」, 『아세아연구』 58-1호, 2015, 106~107쪽.

42 Earl J. Wilson. "The Far Eastern Regional Production Center," in William Dougherty ed, *A Psychological Warfare Casebook*, Operations Research Office, 1958, pp.150-153.

43 Earl J. Wilson, 앞의 글, 153쪽.

44 마닐라 센터에서는 지식인을 대상으로 잡지 『자유세계』를 발간하기도 했다. 『자유세계』 역시 각 국의 상황에 맞게 개별적으로 인쇄되었다. 이에 대해서는 허은, 앞의 논문.

45 *When the Communist Came*의 제작을 위한 영국-미국의 협력에 대해서는 Andrew Defty, *Britain, America and Anti-Communist Propaganda 1945-53: The Information Research Department*, Routledge, 2013, p.161.

46 앞으로의 과제는 냉전의 심리전과 한국에서 자체적인 맥락을 지닌 사상전의 결합을 탐구하는 것이다. 오영진의 활동을 주목한 이봉범의 연구는 좋은 시사점을 준다. 이봉범, "냉전과 월남지식인, 냉전문화기획자 오영진: 한국전쟁 전후 오영진의 문화 활동," 『민족문학사연구』 61호, 2016.

4장

전쟁 속의 만화, 만화 속의 냉전: 한국전쟁기 만화와 심리전

1 김종숙, 「6·25전쟁기 심리전 운용실태 분석」, 『군사』 53호, 국방부 군사편찬연구소, 2004, 138쪽.

2 「삽화만화가 십여 명 소묵회 결성」, 『경향신문』 1946.2.24., 기사와 「소묵회 화료 인상」, 『경향신문』 1949.9.3. 기사 참조.

3 김용환, 『코주부 표랑기』, 융성출판, 1983, 137~144쪽.

4 조은정, 「6.25전쟁기 미술인 조직에 대한 연구」, 『한국근현대미술사학』, 2010, 96쪽.

5 조은정, 위의 글, 2010, 97쪽.

6 조은정, 위의 글, 2010, 95~97쪽.

7 장진광은 1912년 미국 하와이에서 출생하여 모친을 따라 중국 상해 프랑스조계에서 살았으며, 황포군관학교를 졸업하고 1927년 중국 광저우봉기에 동참하였다. 그 후 테러 활동을 통해 의열단 자금을 마련하다가 체포되어 3년간 나가사키 형무소에서 복역하였고, 중일전쟁 발발 후인 1937년 12월에 중앙육군군관학교에 입학하여 1938년에 졸업하였다. 화북 팔로군에서 항일무장투쟁 활동을 했고, 1941년부터 화북조선청년연합회 활동을 하다가 해방 후인 1945년 12월에 북으로 귀국한 후 조선노동당 중앙선전부 부부장과 잡지사인 활살사 사장 등을 역임하였다. 한국학중앙연구원, 한국역대인물 종합정보시스템(http://people.aks.ac.kr/front/tabCon/ppl/pplView.aks?pplId=PPL_7HIL_A1912_1_0026833).

8 김규택(1906~1962), 호는 웅초. 일본 가와바다미술학교(川端美術學校)를 졸업하고 1930년대 초 『개벽』, 『어린이』, 『제일선』 등에 만화와 삽화 등 작품을 게재하고 만화만문 〈모던 춘향전〉을 연재했다. 〈벽창호〉, 〈억지춘향〉 등의 만화를 발표하다가 해방 이후 『조선일보』에 시사만평을 발표하였고 한국전쟁 이후에도 『한국일보』에서 시사만화를 연재하다가 병으로 사망하였다.

9 김용환(1912~1998) 만화가, 삽화가, 역사풍속화가, 만화발행인 등. 도쿄제국미술학교를 졸업하고 기다코지라는 일본 이름으로 삽화가로 활동하가 해방직전에 조선으로 건너와 『신동아』, 『소년』, 『소년조선일보』 등에 〈똘똘이〉를 연재하고 해방이후에 『서울 타임즈』, 『중앙신문』 등에 시사만화를 그렸다. 한국 최초의 만화단행본 『홍길동의 모험』을 출판하였고 『보물섬』, 『토끼전』 등 다수의 만화단

행본을 출판했다. 특히 1952년에 월간『학원』에 〈코주부 삼국지〉가 연재되면서 '코주부'캐릭터는 대중적으로 알려지게 되었고 이후 만화단행본과 시사만화 등에 '코주부'가 많이 활용되면서 김용환을 상징하는 캐릭터가 되기도 했다.

10 김용환, 앞의 책, 1983, 145~146쪽.

11 김용환, 위의 책, 1983, 148~149쪽.

12 김용환의 증언에 의하면 쿠클리스는 한 사람의 이름이 아니라 쿠프리야노프, 쿠루이노프, 스코노프 세 사람의 머리글자를 딴 이름이었다고 한다.

13 '악어'라는 뜻의 소련 풍자만화 잡지. 1922년에 창간되어 월 3회 발행되었으며 소련 사회의 관료주의, 사회악을 날카롭게 비판하였다.

14 『활살』은 활살시사만화잡지사에서 발행한 북한의 시사만화잡지다. 조은정에 의하면 1950년 1월호가 제16호이고 1953년 6, 7월호가 제34호인 것으로 보아 지속적으로 발행된 잡지였음을 알 수 있다.. 이 잡지는 한국전쟁 당시 심리전을 위한 선전만화 팸플릿과 같은 용도로 활용되었다고 짐작된다. 현재 볼 수 있는『활살』은 1951년 3월 10일에 발행된 제22호로, 책임주필은 장진광이며 정가는 40원이고 14쪽 분량이다. 종이 질이나 인쇄상태도 양호하다.『활살』원본은 북한 이외에는 미국 국립공문서보존기록관리청(NARA)에 소장되어 있다고 한다. 한국전쟁 시기 미국이 한반도 전역에서 방대한 자료를 수집하여 가져갔는데, 1977년에 기밀 해제된 자료 가운데『활살』제34호(1953년 7월 30일 발행)가 들어 있었다. 남아 있는『활살』제22호에는 '길림성 도서관' 도장이 찍혀 있어, 중국에 있던 것이 국내로 유입된 것으로 보인다. 내용은 대부분 한반도를 침략한 미 제국주의를 주적으로 삼아 그들의 만행을 고발하는 만평이 주를 이룬다.

15 이갑기(1908~?) 카프(KAPF) 맹원으로 활동하던 서양화가, 만화가, 문학평론가. 1930년 무렵에『시대일보』후신인『중외일보』에 근무하면서 본명과 현인(玄人)이란 필명으로 만화를 그렸다. 해방후 단정 수립 후 월북한 것으로 알려져 있다.

16 김용환, 위의 책, 1983, 148~149쪽.

17 조은정, 앞의 글, 2010, 98쪽.

18 정현웅(1910~1976) 서양화가, 만화가. 1927년 조선미술전람회에 입선을 하면서 화가활동을 시작했고『동아일보』,『조선일보』,『조광』,『소년』등 신문과 잡지에 표지화, 삽화, 만화 등을 게재했다. 〈삼사문학〉 동인으로 비평 활동도 활발했다. 특히 백석의『나와 나타샤와 흰당나귀』등 다수의 문인들 책 장정을 맡기도 하며 출판미술가로 활약이 컸다. 해방이후 조선아동문화협회를 결성하여『소학생』등의 표지화를 담당했고 다수의 아동만화단행본을 출판했으며 조선미술동맹

위원으로 활동하면서 『신천지』편집장 활동도 하였다. 또한 해방공간에서는 시사만화를 그렸다. 월북 이후 고구려 고분벽화를 모사하는 일에 매진하였고 각종 출판물의 삽화와 그림책 등 다채로운 활약을 했다.

19 최석태, 「만화가로서의 정현웅」, 『만화가 정현웅의 재발견』, 현실문화, 2012, 61~62쪽

20 임동은(생몰년미상) 화가. 일제시기부터 활동했던 화가이자 삽화가, 만화가이다. 『조광』, 『신동아』, 『별건곤』등의 잡지에 삽화와 만화를 그렸다. 특히 해방이후 정현웅과 함께 『소학생』등의 아동 잡지에 표지화, 동시동요 일러스트와 만화를 연재했다. 『효동이』, 『코공주』, 『늑대소년』등의 만화를 출판했다. 1948년 『서울신문』에 시사만화를 연재했다.

21 최태만, 「한국전쟁과 미술-선전, 경험, 기록」, 동국대학교 박사학위논문, 50~52쪽.

22 조은정, 앞의 글, 2010, 99쪽.

23 손상익, 『한국만화통사』 하, 시공사, 1998, 62쪽.

24 조은정, 앞의 글, 2010, 99쪽.

25 김성환(1932~) 만화가. 1949년 『연합신문』에 〈멍텅구리씨〉연재를 하면서 만화를 시작하고 한국전쟁 이후에 『도토리 용사』, 『꺼구리군 장다리군』을 출판하였고 1955년부터 동아일보에 시사만화 〈고바우 영감〉을 장기 연재했다.

26 최태만, 앞의 글, 2008, 50쪽.

27 신문 앞면에는 발행 시기가 단기 4284년 2월 15일(일요일)로 되어 있으나 뒷면의 내용과 날짜를 보아 단기 4284년 4월 15일로 추정된다.

28 이상호(1927~1992) 만화가. 군대에서 만화를 시작하여 〈갈비씨〉 캐릭터로 다양한 유머만화를 출판했다.

29 한영주, 『한국 만화사 구술채록연구 5. 김성환』, (재)부천만화정보센터, 2009, 73~74쪽.

30 이재화(?~1994) 만화가. 해방직후 미군정청이 발행한 『농민주보』에서 작품활동을 시작해 『아동구락부』등의 잡지에 만화를 발표했다. 휴전 후 『평화신문』에서 주간만평을 연재했고, 대표작은 『철방구리』이다.

31 손상익, 앞의 책, 1998, 60~61쪽.

32 김경언(1929~1996) 서울대 생물학과 졸업. 1955년 『경향신문』에 4칸 시사만화 〈두꺼비〉를 연재하는 등 시사만화를 그리기도 했으나 군대만화인 『칠성이』시리즈, 『의사 까불이』, 『우락돌이 부락돌이』, 『먹보』, 『박김이 삼국지』등 많은 아동명랑만화를 발표했다.

33 정훈50년사 편찬위원회,『정훈오십년사』, 육군본부 정훈감실, 1991, 286쪽.

34 김용환, 앞의 책, 1983, 211~212쪽.

35 김종래(1927~2001) 만화가. 한국전쟁 시기에 만화를 시작하여 전쟁 후『눈물의 수평선』,『복수의 칼』등을 출판하면서 인기작가 반열에 올랐다.『엄마 찾아 삼만리』,『암행어사』,『마음의 왕관』,『도망자』시리즈 등 많은 작품을 발표하면서 1970년대까지 왕성한 활동을 했던 한국 서사만화의 대표작가이다.

36 박재동 외,『한국 만화의 선구자들』, 열화당, 1995, 97~99쪽.

37 『정훈대계 2』, 국방부 정훈국 발행, 1956, G23~G24쪽.

38 최태만, 앞의 글, 2008, 57쪽.

39 이임하,『적을 삐라로 묻어라』, 철수와 영희, 2012, 57~65쪽.

40 박광현(1928~1978) 해방후 출판사에 근무하면서 도안 작업하며 만화수업을 하였고 딱지만화『쌍칼』로 데뷔했다. 전쟁 중에『숙향전』을 발표했고, 휴전 이후부터 1960년대의 대표적인 작가 중 한명이다.『임금님과 옥녀』,『병풍동자』,『피묻은 수첩』,『그림자 없는 복수』등 다수의 작품이 있다.

41 손상익, 앞의 책, 1998, 91쪽.

42 김용환, 앞의 책, 1983, 211쪽.

43 최태만, 앞의 글, 2008, 127~128쪽.

44 김의환(191?~?) 삽화가, 만화가. 일본에서 형 김용환과 함께 유학하였고 시바 요시오라는 일본 필명으로 삽화가로 활동하다가 김용환과 함께 돌아와 해방기 아동출판미술가로 왕성하게 활동했다. 1946년에『웅철이의 모험』으로 만화를 그리기 시작하여『어린 예술가』,『피터팬』,『걸리버 여행기』등을 발표했고,『임거정』,『백가면』,『유관순』등 다양한 장르의 만화를 출판했다.

45 최열,『한국 만화의 역사』, 열화당, 1995, 98~99쪽.

46 한국만화영상진흥원 만화박물관,『우리 대한민국』관련 회의록 참조.

47 손상익, 앞의 책, 1998, 88쪽.

48 W. Kendall etc, FEC Psychological Warfare Operations: Leaflets (FEC), 1952. 3. 31., 320쪽(최태만, 앞의 글, 2008, 127쪽 재인용).

49 조은정,「한국전쟁기 남한 미술인의 전쟁 체험에 대한 연구」,『한국문화연구』3호, 이화여대 한국문화연구원, 2002, 139~193쪽.

50 임수(1927~) 만화가. 한국전쟁 시기에 만화를 시작하여 1950년대부터 1970년대까지『거짓말박사』,『촤이나박』,『거인』,『위대한 인디언』등 다수의 만화를 출판하며 왕성한 만화창작활동을 했다.

51 「만화가 1세대 임수 씨 "난 만화로 전쟁을 치렀다…이름하여 선무공작대"」, 『조 선일보』 2010.5.6.

52 백정숙, 『한국만화사 구술채록연구사업 8. 임수』, 한국만화영상진흥원, 2010, 84~86쪽.

53 정운경(1934~) 만화가. 한국전쟁 휴전 이후 『여원』에서 '왈순아지매' 캐릭터를 만들고 이후 『대한일보』, 『경향신문』 등에서 4칸 시사만화로 연재하다가 1975년 부터 『중앙일보』에서에서 〈왈순아지매〉를 2002년까지 연재했다. 한국 시사만화 가 중에 대표적인 작가중 한명이다. 『또복이』, 『진진돌이』 등의 아동만화도 있다.

54 김용환, 앞의 책, 1983, 218쪽.

55 신동헌(1927~) 만화가, 애니메이션 감독. 아동주간지에 『스티브의 모험』으로 데뷔하여 신문 잡지에 〈주태백〉 시사만화를 연재하기도 했고, 『엉터리 목공소』, 『사자소년』 등의 만화를 출판했고 『럭키 칠봉이』, 『왈가닥 왈직이』 등의 만화를 발표했다. 1966년 TV광고 '진로소주'를 애니메이션으로 제작하면서 애니메이션 감독으로 활동하다가 동생인 신동우 작가의 작품인 『홍길동』을 한국 최초의 극 장용 장편애니메이션으로 만들었다. 『홍길동』, 『호피와 차돌바위』 등의 애니메 이션을 제작하면서 극장용 장편애니메이션 세계를 열었다.

56 신동우(1936~1994) 만화가. 한국전쟁 중이던 1953년에 17살의 나이로 『땃돌이 의 모험』을 발표하면서 만화를 시작했다. 『풍운아 홍길동』, 『검호날쌘돌이』, 『허 진형제복수록』 등의 많은 아동만화를 출판했다.

57 최석태, 『한국만화사 구술채록연구사업 1. 신동헌』, 한국만화영상진흥원, 2007, 94~100쪽.

58 손상익, 앞의 책, 1998, 89쪽.

59 위의 책, 1983, 220~233쪽.

60 「요즘 아동 장래의 희망」, 『동아일보』 1950.2.6.

61 만화수집가 김현식 선생의 소장품과 한국만화영상진흥원의 만화박물관에서 소 장하고 있는 자료이다.

62 '딱지본'이란 조선시대의 필사본과 목판본의 고대소설을 근대화 이후 1913년경 부터 신문관에서 납 활자로 찍어낸 값싼 소설책이다. 판형은 B6 정도로 작았으 며 값은 6전으로 서민들이 부담 없이 구입할 수 없을 만큼 싸서 '육전소설'이라 고도 했다. 1948년부터 등장한 딱지만화는 특히 한국전쟁기에 활성화되면서 조 악한 품질로 인해 저급한 문화의 대명사로 지칭되기도 한다. 딱지만화는 전쟁 전후로 보잘것없는 재생용지를 손바닥만 한 크기로 잘라 16쪽 내외로 묶은 만화

책이다. 길거리에 펴놓고 팔기도 했지만 구멍가게에서 어린이들이 과자를 사면
경품으로 끼워주기도 했다.

63 한영주, 앞의 책, 2009, 203쪽.

64 김창남, 『대중문화의 이해』, 한울, 2003, 121쪽.

65 김균, 「미국의 대외 문화정책을 통해 본 미군정 문화정책」, 『한국언론학보』44호,
    한국언론학회, 2000, 55쪽.

5장

'열혈 냉전': 한국전쟁 시기 중국의 만화 선전

1 翟强, 「国际学术界对冷战时期美国宣传战的研究」, 『历史研究』2014年 第3期.

2 Paul G. Pickowicz, 「冷战宣传再研究—解读中美电影中的朝鲜战争形象」, 华东
   师范大学中国当代史研究中心编, 韩钢主编, 『中国当代史研究』(三), 九州出版社,
   2011年版, 第249页.

3 侯松涛, 『全能政治: 抗美援朝运动中的社会动员』, 中央文献出版社, 2012年版.

4 (德) Edward Fox, 『欧洲风化史』, 侯焕闳译, 辽宁教育出版社, 2000年版, 第5页.

5 丰子恺, 「漫画的描法」, 『丰子恺文集』(艺术卷4), 浙江文艺出版社, 浙江教育出版
   社, 1990年版, 第259页.

6 毕克官, 黄远林, 『中国漫画史』, 北京文化艺术出版社, 1986年版, 第72页.

7 丰一吟编, 『现代美术家画论·作品·生平-丰子恺』, 学林出版社, 1987年版, 第243页.

8 邢战国, 张静, 「清末政治漫画析论」, 『理论界』2006年 第2期.

9 甘险峰, 「中国漫画的几个史实问题」, 『国际新闻界』2010年 第12期.

10 黄远林, 「20世纪中国漫画发展的基本特征」, 『美术』2000年 第5期.

11 毕克官, 『中国漫画史话』, 百花文艺出版社, 2005年版, 第4页.

12 侯松涛, 「漫画与政治—抗美援朝运动中的漫画」, 『华东师范大学学报(哲学社会科
    学版)』2012年 第1期.

13 沈志华, 「朝鲜战争研究综述: 新材料和新看法」, 『中共党史研究』1996年 第6期.

14 沈志华, 『毛泽东, 斯大林与朝鲜战争』, 广东人民出版社, 2004年 3月 第2版, 第
    210-211页.

15 （美）Maurice Meisner,『毛泽东的中国及其发展—中华人民共和国史』, 张瑛译,
社会科学文献出版社 1992年版, 第90-91页.

16 关于中国作出抗美援朝决策的原因, 可参阅沈志华的「新材料和新看法(续)」(『中
共党史研究』1997年 第1期); 关于中国出兵朝鲜的决策过程, 可参阅沈志华的『毛
泽东, 斯大林与朝鲜战争』(广东人民出版社 2004年 3月 第2版).

17 当代中国丛书编辑部编,『当代中国的山东』上册, 中国社会科学出版社 1989年版,
第103页.

18 侯松涛,「抗美援朝运动与民众社会心态研究」,『中共党史研究』2005年 第2期;「试
析朝鲜战争爆发后中国政府对相关谣言的应对与处理」,『中共党史研究』2008年
第5期.

19 "唐山专区抗美援朝运动初步经验"(1950年11月29日),「人民日报」1950年12月12
日 第1版.

20 "陕南区党委关于群众时事宣传工作的报告"(1950年11月22日),『党内通讯』第62
期, 中共中央西北局党内通讯社, 1950年编印, 第12页.

21 「北京市抗美援朝运动报告(一)」(1950年11月5日),『北京工作』第8期, 中共北京
市委政研室1950年编印;「北京市关于学生抗美援朝运动情况的报告」(1951年1
月),『斗争』第70期, 中共中央华东局1951年编印.

22 「中共上海市委员会关于抗美援朝爱国运动的初步总结」(1951年2月),『斗争』第
80期, 中共中央华东局1951年编印, 第6页;「西宣部(指当时的西北局宣传部)关于
重视时事宣传的指示」(1950年10月23日),『党内通讯』第59期, 西北局党内通讯社
1950年编印, 第4页;「陕南区党委关于群众时事宣传工作的报告」(1950年11月22
日),『党内通讯』第62期, 西北局党内通讯社1950年编印, 第12页.

23 文汇报社会大学编辑部编,『抗美援朝 保家卫国』, 上海文汇报社, 1950年版, 第40页.

24 参见,「人民日报」1950年11月2日 第1版.

25 朱民,『大众日五十年』上册(初稿), 山东大众日报社, 1986年10月编印, 第347页.

26 参见钟梦竹,「浅谈我国报纸时事漫画」,『新闻世界』2013年 第4期.

27 胡考,「希望漫画界参加救亡统一战线」,『小民报』1936年10月15日"十日漫画刊"1
卷 5号.

28 刘建新等,「抗战中, 漫画家的心, 是火热的!—本刊专访全国政协委员, 漫画家毕克
官」,『新闻与写作』2005年 第8期.

29 胡乔木,"文艺工作者为什么要改造思想?,"「人民日报」1950年12月5日 第1版.

30 陶铸,「团结全体爱国人民展开抗美援朝运动」, 中国人民保卫世界和平反对美国侵

略委员会广西分会编印, 第3页.

31   张白,"全国知识界在抗美援朝运动中大步前进,"「光明日报」1951年5月10日 第1版.

32   戈扬,「湖北省抗美援朝运动的初步收获」, 中国人民保卫世界和平反对美国侵略委员会编,『把抗美援朝运动推进到新的阶段』, 人民出版社, 1951年版, 第133页;「川南区党委关于1951年普及和深入抗美援朝运动的计划」(1951年3月15日),『西南工作』第52期, 中共中央西南局1951年编印, 第43页.

33   「人民日报」1950年11月12日 第2版;「光明日报」1950年11月12日 第4版.

34   王朝闻,"关于时事漫画,"「人民日报」1950年11月12日 第7版.

35   "华君武拒绝被称大师,"「通辽日报」2011年1月5日 第7版;「百年中国漫画(一)华君武漫画」,『新湘评论』2011年 第2期.

36   方成,「人民日报的漫画」,『新闻战线』1989年 第10期.

37   方成,『新闻与漫画』,『当代传播』2005年第4期;『往事闲谈美术组』, 人民日报报史编辑组编:『人民日报回忆录』(1948-1988), 人民日报出版社, 1988年版, 第378页.

38   侯松涛,「漫画与政治——抗美援朝运动中的漫画」,『华东师范大学学报(哲学社会科学版)』2012年 第1期.

39   甘险峰,『中国漫画史』, 山东画报出版社, 2008年版, 第250页.

40   常军芳,「政治漫画中多模态隐喻的动态构建与媒体的意识形态」,『佳木斯职业学院学报』2015年 第11期.

41   「武汉市委关于抗美援朝以来资产阶级动态及统战工作情况的报告」(1950年10月23日),『城市资料』第3期, 中共中央中南局政策研究室1951年编印, 第33页.

42   「北京市学生抗美援朝运动的报告」(1951年1月),『北京工作』第9期, 中共北京市委政研室1951年编印.

43   当代中国丛书编辑部编,『当代中国的山东』上册, 中国社会科学出版社, 1989年版, 第103页.

44   「北京市学生抗美援朝运动的报告」(1951年1月),『北京工作』第9期, 中共北京市委政研室1951年编印.

45   「北京一部分学生的思想动态」(1951年6月20日),『宣传通讯』第8期, 中共中央宣传部秘书处1951年编印, 第18页.

46   「华东局关于抗美援朝, 土改诸问题向中央的综合报告」(1951年1月),『斗争』第66期, 中共中央华东局1951年编印, 第6页.

47   「目前时事学习与宣传要点」, 文汇报社会大学编辑部编,『抗美援朝 保家卫国』, 文汇报社, 1950年版, 第43页.

48 『目前时事学习与宣传要点』, 文汇报社会大学编辑部编:『抗美援朝 保家卫国』, 文汇报社, 1950年版, 第43页.

49 国家统计局编, 『中国统计摘要』(1985), 中国统计出版社, 1996年版; (日)浅井加叶子, 『当代中国扫盲考察』, 当代中国出版社, 1999年版, 第1页.

50 方杰, 「我们抽查了西安市一个街道派出所抗美援朝宣传工作」, 中国人民保卫世界和平反对美国侵略委员会编, 『开展抗美援朝运动的方式和方法』, 人民出版社, 1951年版, 第130页.

51 乔山, 「把农村的反封建斗争和抗美援朝的反帝斗争结合起来」, 中国人民保卫世界和平反对美国侵略委员会编, 『怎样在农村中开展抗美援朝运动』, 人民出版社, 1951年版, 第124页.

52 (韩)黄普基, 「历史记忆的集体构建: "高丽棒子"释意」, 『南京大学学报: 哲学· 人文科学· 社会科学』2012年 第5期.

53 郝明甫, 「新乡县农村掀起了抗美援朝运动」, 中国人民保卫世界和平反对美国侵略委员会编, 『怎样在农村中开展抗美援朝运动』, 人民出版社, 1951年版, 第57页.

54 参见马钊, 「政治, 宣传与文艺: 冷战时期中朝同盟关系的建构」, 『文化研究』2016年 第24辑, 社会科学文献出版社, 2016年版, 第104页.

55 沈志华主编, 『中苏关系史纲』, 新华出版社, 2007年版.

56 余敏玲, 「学习苏联: 中共宣传与民间回应」, 『中央研究院近代史研究所集刊』, 中华民国92年6月 第40期.

57 新华社新闻研究部编, 『新华社文件资料选编(1949-1953)』第2辑, 新华社新闻研究部 1980年代出版(具体时间不详), 第92页.

58 李若建, 「1950年代华北地区"割蛋谣言"研究」, 『开放时代』2007年 第3期.

59 「一区委关于反水鬼毛人的情况简结」(1953年7月31日), 郯城县档案馆一区委永久卷63-1-8, 第52页.

60 「武汉市委关于抗美援朝以来资产阶级动态及统战工作情况的报告」(1950年10月23日), 『城市资料』第3期. 中共中央中南局政策研究室1951年编印, 第33页.

61 "山东抗美援朝运动 全省各地工作面貌一新," 「人民日报」1951年3月24日 第3版.

62 米谷, 「谈漫画他们问题」, 北京群众艺术馆编, 『和美术爱好者谈美术』, 北京大众出版社, 1956年版, 第23页.

63 沈志华, 『毛泽东, 斯大林与朝鲜战争』, 广东人民出版社, 2004年3月 第2版, 第361页.

64 「上海蓬莱区百寿坊抗美援朝宣传教育初步调查」, 中国人民保卫世界和平反对美国侵略委员会编, 『开展抗美援朝运动的方式和方法』, 人民出版社, 1951年版, 第

134页.

65 「乐园任意仇恨美帝——访北京香山慈幼院」,『家』第64期, 上海家出版社, 1951年6月号, 第127页; 黄敦诗, 「把抗美援朝爱国主义教育贯彻到保育工作中去」,『家』第67期, 上海家出版社, 1951年9月号, 第78页.

66 何妍, 「20世纪60年代中国媒体宣传中的美, 苏形象—以〈人民日报〉为个案」, 2005年香港中文大学第一届国际博士研读班论文.

67 参见何妍, 「20世纪60年代中国媒体宣传中的美, 苏形象—以〈人民日报〉为个案」, 2005年香港中文大学第一届国际博士研读班论文.

68 杨玉圣,『中国人的美国观』, 复旦大学出版社, 1996年版, 第258页.

69 参见(日) 依田荣津子,「漫画期刊与群众的自我教育」,『中国图书评论』2011年 第2期.

70 叶浅予, 「欣赏农民的一双泥腿」,『美术』1962年 第3期.

71 吴雪杉, 「体制内外: 叶浅予中国画的"新"与"旧"」,『美术学报』2014年 第1期.

72 李辉,「拼贴风中碎片(二)----追寻"文革初期"的美术风云」,『书城』2008年 第11期.

73 吴雪杉, 「讽刺的权力--从廖冰兄看1950年代中国漫画之体制化」,『美术研究』2013年 第1期.

6장

미국의 포로 자원송환과 재교화 정책, 전쟁의 최종 결과를 결정하다:
워싱턴 정책 입안부터 거제도 정책 시행까지

1 Dean Acheson, *Present at the Creation: My Years in the State Department*, New York: Norton, 1969, p.652. 중국인 사망자 수는 총 사망자수 180,000명의 절반과 동일한 최소추정치이다. 다음을 참조하라. Xu Yan, "Zhongguo xisheng 18 wan Zhiyuanjun"[중국 인민지원군의 사망자 통계로는 180,000명이다]. *Wenshi Cankao* [History Reference] vol. 83(2010.7.), p.83. 한국인 민간인 사망자 수는 총 사망자수 280,000명의 절반과 동일한 최소 측정치이다. 다음을 참조하라. Memorandum by USSR Embassy to North Korea(1954.3.), Shen Zhihua ed., *The Korean War: Declassified Documents from Archives in Russia II*, Taipei: Institute of Modern History, Academia Sinica, 2003,

p.1,341.

2 *New York Times*, 1951.11.20.

3 United States Department of State, *The China White Paper, August* 1949: *Originally Issued As United States Relations with China, with Special Reference to the Period* 1944-1949, Stanford, CA: Stanford University Press, 1967, p.xvi.

4 Robert L. Beisner, *Dean Acheson: A Life in the Cold War*, New York: Oxford University Press, 2006, pp.187-188; p.415.

5 Davies Memo(1945 4. 15.), U. S. Department of State, *Foreign Relations of the United States(FRUS)* 1945, vol. 7, p.336; Davies to Vincent(1945.1.4.), *FRUS* 1945, vol. 7, p.158.

6 John L. Gaddis, *George F. Kennan: An American Life*, New York: Penguin Press, 2011, p.279; p.358. 캐넌은 또한 그의 회고록에서 데이비스가 자신에게 은혜를 베풀었다는 점을 인정한다. George F. Kennan, *Memoirs*, 1925-1950, Boston: Little, Brown, 1967, p.239를 보라. 두 사람 사이의 긴밀한 유대 관계는 우연적이지만 중대한 결과를 초래했다. 1945 년 1월 초, 국무부는 장개석 주변에서 중국을 통일하려는 노력을 방해했다고 데이비스를 비난한 패트릭 헐리 대사의 요구에 굴복하여 데이비스를 중국 외부로 이직시켰다. 모스크바 주재 미국 대사관에서의 다음 임무에서 데이비스는 캐넌의 가장 신뢰하는 친구가 되었다.

7 PPS Memorandum, "The Inauguration of Organized Political Warfare"(1948. 5. 4.), *FRUS* 1945-50, *Emergence of the Intelligence Establishment*:, p.668.

8 Memorandum by John P.Davies, "U.S. Policy with Respect to the Far East"(1948.12.6.), RG 43, FEC Records, Box 222, Cited in Michael Schaller, *The American Occupation of Japan: The Origins of the Cold War in Asia*, New York: Oxford University Press, 1985, p.157.

9 Sarah-Jane Corke, *U.S. Covert Operations and Cold War Strategy: Truman, Secret Warfare and the CIA*, 1945-53, London: Routledge, 2008, pp.78-80.

10 Gaddis, *Op cit.*, p.387.

11 *FRUS* 1949 *vol.* 7, pp.1,218-1,219

12 *FRUS* 1950-55, *The Intelligence Community*: p.2.

13 Gaddis, *Op cit.*, p.391; *FRUS* 1950, vol. 1, p.252.

14 Omar N. Bradley and Clay Blair, *A General's Life: An Autobiography*, New York: Simon and Schuster, 1983, p.559; *FRUS* 1950, vol. 7, pp.716-717.

15 Harry S. Truman, and Dean Acheson, *Affection and Trust: The Personal Correspondence of Harry S. Truman and Dean Acheson*, 1953-1971, New York: Knopf, 2010, p.115. 1861년 불런 전투에서 북군은 남군에게 참패를 당하였다. 이는 미국 남북전쟁에서 북군이 패배한 최초의 주요한 전투이다.

16 몇몇 학자들이 NSC 81/1에서 포로 교화에 대한 측면을 연구하였다. 그러나 이것의 영향력을 완전히 인지하지 못했다. 예를 들어, Tal Tovy, "Manifest Destiny In POW Camps: The US Army Reeducation Program During the Korean War," *Historian* vol. 73, no. 3 (2011), pp.503-525.

17 *FRUS* 1950, vol. 7, p.718.

18 커밍스는 NSC 81과 롤백 전략이 "압록강에 미국 부대의 도착이 아닌 중국군의 개입을 초래했다"고 주장한다. Bruce Cumings, *The Korean War: A History*, New York: Modern Library, 2010, p.25.

19 *FRUS* 1950, vol. 7, p.718.

20 *FRUS* 1950, vol. 7, p.715.

21 MacArthur to Department of the Army, "Reorientation Program for North Korean Prisoners of war"(1951.2.28.), MacArthur Archives, RG 319, Special Warfare, Top Secret Correspndence, Box. 19.

22 United States Army Military History Office, *The Handling of Prisoners of War During the Korean War*, San Francisco, CA: Headquarters, U.S. Army, Pacific, 1960(hereafter *Handling*), p.5; p.102; MacArthur to Department of the Army, "Reorientation Program for North Korean Prisoners of war"(1951.2.28.), MacArthur Archives, RG 319, Special Warfare, Top Secret Correspndence, Box. 19.; *FRUS* 1950, vol. 7, p.857; pp.1,007-1,010, and passim.

23 Muccio to Acheson(1950.10.9.), *FRUS* 1950, vol. 7, p.919.

24 Bruce Cumings, *The Origins of the Korean War*, Princeton, NJ: Princeton University Press, 1990, vol. 2, p.711; "Addendum To Notes On Wake Conference October 14, 1950," Truman Library, Acheson Papers, Secretary of

State File.

25 Ron Robin, *The Making of the Cold War Enemy: Culture and Politics in the Military-Intellectual Complex*, Princeton University Press, 2001, p.153.

26 Cumings, *The Origins of the Korean War*, vol. 2, p.709; *The Korean War: A History*, p.22; p.229; Beisner, *Op cit.*, pp.398-399.

27 James F. Schnabel, *Policy and Direction: The First Year*, Washington, DC: Office of the Chief of Military History, 1972, pp.182-183; Acheson, *Op cit.*, p.452.

28 U.S. Army Military History Office, *Op cit.*, p.103; MacArthur to Department of the Army, "Reorientation Program for North Korean Prisoners of war"(1951.2.28.), MacArthur Archives, RG 319, Special Warfare, Top Secret Correspndence, Box. 19.

29 Collins to MacArthur, "Reorientation Program for Prisoners of war"(1951.3.22.), MacArthur Archives, RG 319, Special Warfare, Top Secret Correspndence, Box. 19.

30 "POW Population by Month"(1953.7.), US NARA, RG 554, U.S. Army Far East HQ, Office of the Provost Marshal, Statistical Reports Relating to Enemy POWs 1950-1953, Box. 1.

31 JCS to Ridgway(1951.5.1.&31.), *FRUS* 1951, vol. 7, pp.397-398; p.492.

32 Demaree Bess, "The Prisoners Stole the Show in Korea," *Saturday Evening Post* (1952.11.1.), p.52.

33 U.S. Army Military History Office, *Op cit.*, p.102.

34 CIE Field Operations Division weekly report는 1951년 11월 16일에 끝난다. Records of the Civil Information and Education (CI&E) section, US NARA, RG 554, Box. 3, Annex VI,

35 Ma He 馬和, "Hanzhan yu qianfu douzheng" 韓戰與遣俘鬥爭 [Korean War and the Struggle over POW Repatriation], in *Caihui rensheng bashi nian, Chen Jianzhong xiansheng bazhi huadan wenji* 彩繪人生八十年: 陳建中先生八秩華誕文集 [Eighty years of colorful life—essay collections in celebration of the eightieth birthday of Mr. Chen Jianzhong], Taipei: Riben yanjiu zazhishe, 1992, p.443.

36 William C. Bradbury, et al., *Mass Behavior in Battle and Captivity: The*

Communist Soldier in the Korean War, Chicago: University of Chicago Press, 1968, p.259.

37 John J. Muccio oral history(1971.2.18.), Harry S. Truman Library, pp.100-101.

38 예를 들어 Barton J. Bernstein, "The Struggle over the Korean Armistice: Prisoners of Repatriation?", Bruce Cumings ed., *Child of Conflict: The Korean-American Relationship*, 1945-1953, Seattle: University of Washington Press, 1983, p.285; Jon Halliday and Bruce Cumings, *Korea: the Unknown War*, New York: Pantheon, 1988, p.178; Rosemary Foot, *A Substitute for Victory*, Ithaca and London: Cornell University Press, 1990, p.113; Charles S. Young, *Name, Rank, and Serial Number: Exploiting Korean War POWs at Home and Abroad*, New York: Oxford University Press, 2014, p.44.

39 "POW Population by Month," US NARA, RG 554, Statistical Reports Relating to Enemy POWs 1950-53, Box 1.

40 Huang Tiancai 黃天才, interview by author(2010.7.13.), Taipei.

41 Ma He, *Op cit.*, p.443. 결국 1953년 봄, 진건중은 육군 부무관(Deputy Army Attache)로 위장한 가명을 사용하여 개인적으로 한국으로 갔다. 1954년 1월 14,220명이 대만으로 도착할 때까지 그는 한국에서 포로들의 싸움을 조정했다.

42 Fangong yishi fendou shi bianzuan weiyuanhui ed., *Fangong yishi fendou shi* [The history of the Anti-Communist Fighters' struggles], Taipei: fangong yishi jiuye fudaochu, 1955, pp.209-210.

43 Telegram, Briggs to Dulles(1953.6.29.), US NARA, RG 59, Decimal Files, 695A.0024, 6-2953.

44 Muccio to Johnson(1952.2.27.), *FRUS*, 1952-1954, vol. 15, pp.64-65.

45 U.S. Army Military History Office, *Op cit.*, pp.106-107.

46 Bradbury et al., *Op cit.*, p.219. Also in US NARA, RG 554, Records of the Civil Information and Education (CI&E) section에서 인용.

47 Memorandum by the State Department to ICRC(1952.7.3.), US NARA, RG 59, Decimal File 1950-1954, 695A.0024, 7-352.

48 CIE Field Operations Division Report for week ending(1951.9.14.), US NARA, RG 554, Records of the Civil Information and Education (CI&E) section, Box. 3, Annex. IV.

49 Memorandum by Young to Alexis Johnson, "Answers to Questions on Prisoners of War"(1952.5.22.), US NARA, RG 59, Decimal File 1950-1954f, 695A.0024, 5-2252.

50 Memorandum by the State Department to ICRC(1952.7.3.), US NARA, RG 59, Decimal File 1950-1954, 695A.0024, 7-352. 밑줄은 원문에서 인용한 것이다.

51 Telegram No. 20, Muccio to Acheson(1952.7.2.), US NARA, RG 59, Decimal File 1950-1954, 695A.0024, 7-252.

52 Boatner, letter to the Adjutant General, Department of the Army, "Comments on 'Truce Tent and Fighting Front', Center of Military History, 1966"(1967.1.31.), Hoover Archives, Boatner Papers, Box. 2, Enclosure. B, 3. "정보교육 프로그램은 섬 사령관의 관할이 아니라 오직 도쿄의 연합군 최고사령부의 관할이었다. 나는 현지 교육 담당의 항의에도 불구하고 해당 프로그램을 종료하고 이에 대한 어떠한 반응도 무시했다."(1952년 5월 사령관에 취임한 뒤).

53 Memorandum by Monta L. Osborne(1951.8.14.), US NARA, RG 554, Records of the Civil Information and Education (CI&E) section.

54 Memorandum by W. E . Stout(1951.8.31.), US NARA, RG 554, Records of the Civil Information and Education (CI&E) section.

55 Gao Wenjun 高文俊. *Hanzhan yiwang*: *yuxue yusheng hua renquan* 韓戰憶往: 浴血餘生話人權 [Remembering the Korean War: Discussing human rights after surviving the bloodbath], Taipei: Shengzhi wenhua 生智文化, 2000, p.161.

56 CIE Field Operations Division Report for week ending(1951.9.7.), US NARA, RG 554, Records of the Civil Information and Education (CI&E) section, Box. 3, Annex. VI. 이 표현들은 해당 보고서의 고유한 번역이다.

57 Chen Jiying, "Jujidao han zei bu liangli (shang)" [Struggles between the loyalists and traitors on Koje Island, Party One] in *Fangong yishi fendou shi*, pp.51-68.

58 Memorandum by Manhard to Muccio(1952.3.14.), *FRUS* 1952-1954, vol. 15, pp.99.

59 Chen Jiying, *Op cit.*, p.39.

60 Bradbury et al., *Op cit.*, p.xviii.

61 Memorandum by Manhard to Muccio(1952.3.14.), *FRUS*, 1952-1954, *vol.* 15, pp.99.

62 Wang Dongyuan to Ye Gongchao, telegram(1952.1.8.), TWJSS 633.43, 5530946-51. "대만으로 돌아가자"는 용어는 중국의 합법정부로서 국민당 정부의 정당성을 강조하기 위해 사용되었다.

63 Charles Stelle to Paul Nitze, "The POW Issue in the Armistice Negotiations"(1952.1.24.), PPS files; "Alternative courses of action on POW problem"(1952.1.28.), Harry S. Truman Library, Matthews Papers, Cited in Bernstein, *Op cit.*, pp.275-276; p.285.

64 He Ming 贺明. Jianzheng: Chaoxian Zhanzheng zhanfu qianfan jieshi daibiao de riji 见证: 朝鲜战争战俘遣返解释代表的日记 [Witness: Diaries of an "Explanation" representative during the POW repatriation in the Korean War], Beijing: Zhongguo wenshi chubanshe 中国文史出版社, 2001, p.63.

65 Allan E. Goodman ed., *Negotiating While Fighting: The Dairy of Admiral C. Turner Joy at the Korean Armistice Conference*, Stanford, CA: Hoover Institution Press, 1978, p.355.

66 CINCUNC Tokyo to Department of Army(1952.4.11.), US NARA, RG 319, Army G3 383.6 TS, Box. 127.

67 이 표현의 출처는 다음과 같다. Lyman Van Slyke, "Introduction," U.S. Department of State, *The China White Paper*, unpaged.

68 Charles H. Taquey, "The Prisoners Who Chose Freedom"(1954.8.20.), Eisenhower Library, Operations Coordinating Board Central Files, Box 118, 383.6. Cited in Young, *Op cit.*, p.175.

69 Bradley to Marshall, "Policy on Repatriation of Chinese and North Korean Prisoners"(1951.8.8.), *FRUS* 1951, vol. 7, p.793.

70 C. Turner. Joy, *How Communist Negotiate*, New York: The Macmillan Company, 1955, p.152.

71 "POW Population by Month," US NARA, RG 554, Statistical Reports Relating to Enemy POWs 1950-53, Box 1.

7장

수용소와 죽음의 경계선에 선 귀환용사: '지옥도' 용초도와 귀환군 집결소

1   미송환은 제네바협약 「포로의 대우에 관한 1949년 8월 12일(제3협약)」 제
    118조에 따라 "포로는 적극적인 적대행위가 종료한 후 지체없이 석방하고 송
    환(Repatriation)해야 한다"는 규정을 벗어나 미군에서 제기한 '자원송환원칙
    ((Voluntary Repatriation)' 또는 '비 강제송환원칙(non-forcible repatriation)'
    을 적용받은 상태를 일컫는다. 특히 유엔군사령부의 '자원송환원칙'은 군사협상
    에서 다뤄져서는 안 되는 "정치적 문제"라고 규정되었다(「Geneva Convention
    Relating to the Treatment of the Prisoners of War of August 12, 1949」). 미
    귀환포로들은 제네바협정으로 보호 받지 못한 채 '정치적 의도'에 따라 규정되
    면서 '반공포로'라고 불렸다. 따라서 필자는 '반공포로'가 아닌 미귀환포로라고
    지칭한다.

2   한국정부는 6·18 탈출자들을 소위 '反共捕虜(Anti-communist 또는 Non-Com-
    munist 포함)'라 일컬으며 정치 사상적 존재로 재탄생시켰다. 일명 '반공신화'
    의 탄생은 黃世俊의 『新生의 날』(公友社, 1954)에서 만들어진다. 그 뒤 宋孝淳
    의 『大釋放』(서울: 新現實社, 1976)은 반공이데올로기와 결합되어 '반공신화'의
    재생산을 이끌어낸다. 한국정부는 6·18 탈출자들을 조직적으로 탈출시키고 보
    호했음을 인정했다. 포로 탈출은 이승만 대통령의 지시였음이 유엔군사령부 여
    러 공식 문건에서 확인된다. 따라서 필자는 정치적인 용어인 '반공포로'가 아닌
    6·18 대탈출 포로라고 규정하고 지칭하고자 한다.

3   조성훈, 『6·25전쟁과 국군포로』, 국방부 군사편찬연구소, 2014.6.30.

4   국방부, 『국군포로문제: 실상과 대책』, 국방부, 1999; 김복동, 『국군포로 현황과
    실태』, 1998.12; 김수암·이금순·최진욱·서은성, 『국군포로『납북자문제』, 통
    일연구원, 2007; 裵東傑, 『北韓捕虜收容所를 찾아서』, 1962; 이원혁, 「17세의 포
    로」, 『6·25 참전용사의 수기』, 공보국 조사국, 1962; 이기봉, 「북괴포로수용소」,
    조선일보사, 『전환기의 내막』, 1982; 오용주, 「해방전사 120일」, 전라남도 재향
    군인회, 『6·25가 남긴 증언』, 1986; 최춘영, 「상좌동지! 우리를 총살해 주시고」,
    『월간조선』 2000.8; 한명욱, 『전북괴군대좌, 회한의 수기』, 을지사, 1982; 정한
    철, 『탈주 400리』, 병학사, 1986; 박정인, 『풍운의 별』, 홍익출판사, 1990; 조창호,
    『돌아온 사자』, 지호출판사, 1995; 오용일, 『천마수용소』 상·하, 서울: 박이정,

2001; 강철환, 『수용소의 노래』, 시대정신, 2003.

5   박진홍은 1931년 대구에서 출생했으며 1950년 대구의과대 재학 중 학도병으로 지원했다가 11월 개천에서 포로가 되었다. 그는 화풍 광산 포로수용소, 벽동 포로수용소에서 포로학습 등 사상교육을 받았고 통나무 다리에서 노역하면서 부활대에 가입하여 탈출 계획을 세웠다. 그는 강동 제8포로수용소로 이동해 99일간 영창생활을 마치고 포로심문을 받았으며 뺑골, 선천, 천마수용소를 거쳤다. 천마수용소에서 인민군 귀환수용소 건설에 참여했다. 포로 번호 817번인 그는 1953년 8월 17일 판문점을 통해서 귀환했다. 박진홍은 제7보병사단에서 덕천지구 전과를 인정받아 화랑무공훈장을 받았다(박진홍, 『6.25국군포로 체험기 돌아온 패자』, 역사비평사, 2001; 조성훈, 『6.25전쟁과 국군포로』, 2014, 173쪽).

6   박진홍, 『6.25국군포로 체험기 돌아온 패자』, 2001.

7   姜龍俊, 「鐵條網」『思想界』 1960년 7월호 제8권 제7호 통권 제84호, 1960; 朴榮濬, 「龍草島近海」『戰線文學』, 陸軍從軍作家團, 1953년 12월, 58~69쪽; 鮮于煇, 『歸還』, 大邱: 青丘出版社, 1954.

8   RG 338, Eighth U.S. Army, Military History Section, Entry A1 224, Box 1661, Enemy Prisoner of War Records, 1951-53, Operation Little Switch, Section 1, Base Camp, Panmunjom Ops. & Possible Info. Aches (1 of 2), 1953.

9   「수천에 「자유의 집」귀환포로를 수용」『朝鮮日報』, 1953.4.20.(조2면).

10   『東亞日報』 1953.4.18., 21.

11   『京鄕新聞』, 1953.4.19., 23.

12   「도라오는 우리의 아들들!」『京鄕新聞』, 1953.8.5.

13   대만은 미송환포로를 '反共義士'라고 불렀다(中華民國國防部史政局, 『留韓反共義士處理案 1』, 1953.10.~12., 국사편찬위원회 전자사료관 사료참조코드: ATW006_00_00C0033). 북한은 '귀환병'이라고 지칭했다(『解放新聞』, 1953.8.11.). 유엔군 공식문서에는 "Repatriation" 또는 "Returnees"라고 혼용하고 있다. 필자는 북한 내 수용소에서 귀환 포로들을 '국군귀환포로'라고 통칭한다.

14   박진홍, 『돌아온 패자』, 2001, 199쪽.

15   판문점 해방촌에서 열린 환영식에는 대통령 이승만뿐만 아니라 국회 국방위원회 任興淳 의원 등이 참석했다. 임흥순 의원은 1953년 8월 4일 제16회 국회임시회에서 '국군 유엔군의 귀환용사 및 띈 소장 환영의 건'을 상정해서 '귀환용사'들을 방문하자고 제안했다. 국회 속기록을 보면 임흥순은 "환영위문단" 조직을 말

하면서 국군귀환포로보다 딘 소장의 귀환 환영식에 초점을 두고 있었다. 이날 국회는 국군 귀환포로가 돌아오는 날짜가 아닌 딘 소장의 귀환 날짜에 나가서 환영식을 열기로 결정했다. 결국 임흥순 혼자 8월 5일 귀환포로 행사장에 참석했다(국회사무처,「國會臨時會議速記錄」제33호 제16회 국회임시회의, 1956.8.4).

16 RG 338, Eighth U.S. Army, Military History Section, Entry A1 224, Box 1661, Enemy Prisoner of War Records, 1951-53, Operation Little Switch, Section 1, Base Camp, Panmunjom Ops. & Possible Info. Aches (1 of 2), 1953.4.

17 최석(1917~1982)은 함남 출신이고 와세다 대학을 다니는 중 일본군 예비사관학교 교관(소위)으로 있다가 해방 후 조선학병동맹과 학병단에서 활동하다가 1946년 3월 23일 군사영어학교 졸업 및 육군참위(소위)로 임관해서 1948년 18연대장과 1949년 보병학교와 학생연대대장을 거쳐 1950년 5월 제1훈련소장, 같은 해 10월 제3군단 참모장에서 1951년 4월 제9사단장 등을 거친 인물이다. 전쟁직후 1953년 12월 그는 육군본부 작전국장을 맡았고, 1955년 21사단장과 제3구 사령관, 1군 부사령관을 거쳐서 1959년 7월 군사정전위원회 한국대표로 있다가 1961년 5.16쿠데타 직후 육군중장으로 예편했다. 그 이후 그는 국가보안회의자문위원 등을 지냈다(憲兵史編纂委員 編著,『韓國憲兵史』, 1952, 附錄 4쪽;『東亞日報』, 1959.7.21, 1961.8.24).

18 육본 인참부,『포로관계 참고철』, 육군기록정보단, 1953-1954.

19 RG 319, Assistant Chief of Staff, G-2, Intelligence; Records of the Investigative Records Repository: Security Classified Intelligence and Investigative Dossieres - Impersonal Files, 1939-1980, *North Korean Indoctrination - ROK PW, II of III*, 1953;「數字가 立證하는 "虐待" 歸還兵大部分이 肺患凍傷」『朝鮮日報』, 1953.4.29(조2).

20 RG 338, Eighth U.S. Army, Military History Section, Entry A1 224, Box 1661, Enemy Prisoner of War Records, 1951-53, Operation Little Switch, Section 1, Base Camp, Panmunjom Ops & Possible Info. Aches (2 of 2), 1953.

21 『東亞日報』, 1953.4.26;『京鄉新聞』, 1953.4.29. 이광애는 1953년 4월 24일 자유촌(Liberty Village) 병원에서 "3명의 여자전우들"이 아직도 있다고 밝히고 수용소 내의 생활을 증언했다.

22 RG 338, Eighth U.S. Army, Military History Section, Entry A1 224, Box

1663, Enemy Prisoner of War Records, 1951-53, Big Switch Press Release to Final Report of the Neutral Nations Repatriation Commission, Operation Big Switch, 1953, "*Returnee Progress Report as of* 2400 *hours* 9 *september* 1953*", 10. september, 1953.

23 위의 문서, "*Returnee Progress Report as of* 2400 *hours* 9 *september* 1953", 10. september, 1953.

24 미귀환포로 관련 자료와 연구는 다음을 참고할 수 있다. 정부측 문서는 국방부 합동참모본부, 「미귀환포로 추산수 통보의뢰의건 "회보"」, 1955(국가기록원 관리번호: CA0311510); 국방부 인사국 인사과, 「미귀환포로에관한건」, 1956(관리번호: BA0138086) 등이 있다. 주요 논저는 조성훈, 앞의 책, 2014, 179~212쪽 참조. 여기서 '미귀환포로'의 논의는 다루지 않는다.

25 육본 인참부, 『포로관계 참고철』, 1953-1954. 군사정전위원회 대한민국 국군 대표단, 「捕虜關係 來韓綴」, 1954-1958에는 대령·중령·소령 각각 1명씩, 대위 14명, 중위 59명, 소위 119명, 특등상사 4명, 일등상사 65명, 이등상사 204명, 일등중사 364명, 이등중사 688명, 하사 1,175명, 일병 2,5471명, 이병 1,642명, 카투사 154명, 군속 189명, 경찰 5명, 민간인 384명, 해병대 63명, 방위군 1명, 사망(교환 직후 사망자) 1명 등이다.

26 유엔군사령부는 각 언론사 기자들에게 제공할 수 있는 '비보안정보'라는 보도지침을 작성해서 배부했다. 국군귀환포로와 유엔군 포로들은 북한 지역 포로수용소의 생활과 북한인민군의 잔학행위를 기자회견을 통해서 밝혔는데, 이는 유엔군사령부의 지침이었다(『朝鮮日報』, 1953.4.25; 위의 문서, Operation Little Switch, Section 1, Base Camp, Panmunjom Ops. & Possible Info. Aches (1 of 2), 1953.

27 『京鄕新聞』, 1953.4.19; RG 338, Eighth U.S. Army, Military History Section, Entry A1 224, Box 1661, Enemy Prisoner of War Records, 1951-53, Operation Little Switch, Section 1, Base Camp, Panmunjom Ops. & Possible Info. Aches (1 of 2), 1953.

28 미군을 비롯한 유엔군 상병포로들은 '자유촌(Freedom Village)'에서 헬리콥터를 이용해 영등포 제121후송병원(중환자)과 인천·부산을 거처 일본 유엔군사령부 산하 병원으로 흩어졌다.

29 『朝鮮日報』, 1953.8.6; 『東亞日報』, 1953.8.31.

30 「歸還傷兵捕虜. 不遠家庭으로 送還? 治療 經過는 至極히 良好」 『朝鮮日報』,

1953.7.14(조2면).

31 「龍草島施設完備 歸還勇士再訓練實施」『東亞日報』, 1953.9.13.

32 『顯宗實錄』 10권, 현종 6년 7월 9일 계사 2번째 기사; 『顯宗改修實錄』 13권, 현종 6년 7월 9일 계사 2번째 기사.

33 Record Group 338: Records of U.S. Army Operational, Tactical, and Support Organizations (World War II and Thereafter), 1917 - 1993, Records Relating to Enemy Prisoners of War, 1951 - 1960 [Entry A-1 224]
사료철 RG 338, Eighth U.S. Army, Military History Section, Entry A1 224, Box 1650, Enemy Prisoner of War Records, 1951-53, Final Report to Control Prisoners of War, HQ KCOMZ, The Handling of Prisoners of War during the Korean War, June 1960; Monthly Command Report, United Nations Prisoner of War Camp Number One (Koje-do), Military Police Group 8137th AU, APO 59, GSGPO-28, January 1952-March 1953.

34 조흥만은 1926년생이며 제1군사령부 헌병참모, 헌병사령부 참모장을 거쳐 1960년 10월 국방부합동조사대장으로 있다가 1961년 2월 육군헌병감으로 재직 중 5·15쿠데타 직후 내무부 치안국장에 오르고 1961년 7월 준장으로 예편하자 바로 민주당에 입당한 후 다시 1963년 3월 신민당으로 자리를 옮겨 총무위원회 부위원장 및 제7대 국회의원(전국구)을 지냈다(『京鄕新聞』, 1960.10.6.; 『東亞日報』, 1961.2.14., 5.17., 7.4.).

35 출처: RG 389, Eighth U.S. Army, Military History Section, Entry A1 224, Box 1650, United Nations Prisoner of War Camp Number One (Koje-do), Military Police Group 8137th AU, APO 59, GSGPO-28, Monthly Command Report, January 1953).

36 육군본부, 『한국전쟁사료』 90권, 1990.10.30, 12~16쪽.

37 박진홍, 『돌아온 패자』, 2001, 200~201쪽.

38 William(Bill) Richardson, Valleys of Death: A Memoir of the Korean War, pp.309-310; Raymond B. Lech, Broken Soldiers, University of Illinois Press, Urbana and Chicago IL, 2000; cloth, p.330.

39 『東亞日報』, 1954.1.22; 江海東, 『一萬四千個證人』, 34, 154쪽. 앞서 1953년 6·18 대탈출 때 미귀환 북한인민군과 함께 나온 중국인민지원군 중 대만에 간 63명은 10월 8일 대만에서 성대한 환영식에 참여했다. 이들은 10월 7일 부산에서 대한국민항공사 소속 여객기에 나눠 타고 대만에 도착했다(「前中共 捕虜 7일 臺灣

에」『朝鮮日報』, 1953.10.10(조2).

40 『解放新聞』, 1953.8.11.

41 『東亞日報』, 1953.9.13.;『自由新聞』, 1953.9.13.

42 「高度의 民心啓導」『京鄕新聞』, 1953.8.2.

43 「황홀한 자유의 천지! 환희에 넘친 귀환 용사들 방아타령도 나오는 "자유의 문"」
『朝鮮日報』, 1953.8.6(조2면).

44 RG 338, Eighth U.S. Army, Office of the Assistant Chief of Staff, G-2 (In-
telligence); Security Classified General Correspon, "383.6 Interrogation of
PWs", 1953.4.28.

45 RG 338, Eighth U.S. Army, Military History Section, Entry A1 224, Box
1661, Enemy Prisoner of War Records, 1951-53, Operation Little Switch,
Section 1, Base Camp, Panmunjom Ops. & Possible Info. Aches (1 of 2),
1953.

46 RG 319, Assistant Chief of Staff, G-2, Intelligence; Records of the Investi-
gative Records Repository: Security Classified Intelligence and Investigative
Dossieres - Impersonal Files, 1939-1980, "North Korean Indoctrination -
ROK PW, III of III", 1953.9.3.

47 RG 319, Assistant Chief of Staff, G-2, Intelligence; Records of the Investi-
gative Records Repository: Security Classified Intelligence and Investigative
Dossieres - Impersonal Files, 1939-1980, "AGENT REPORT", 1953.6.26.

48 위 문서 "AGENT REPORT", 1953.6.15. 국군귀환포로들의 진술에 따르면 제7천
마(chonma)포로수용소로부터 약 1천명의 한국군 포로와 북한군 1개 중대 경비,
198명의 한국군 포로들이 귀환했다. 제8강동(Kangdong)포로수용소에는 한
국군 1,200명이 수용되었고 1953년 1월 제8천마수용소로 이동했다. 제10신정
(sijung) 포로수용소에는 약 700명의 한국군 포로와 북한군 100명이 경비를 담
당했고, 안주(Anju)포로수용소는 한국군 600명과 약 50명의 북한군 경비가 있
었는데 포로 전원이 1953년 1월 제11만포진(manpojin)포로수용소로 이동했다.
제11만포진포로수용소에는 1,500명의 한국군 포로, 절산(cholsan)포로수용소
에 1,500명의 한국군, Uha-ri포로수용소에는 800명의 한국군 포로가 있었고 약
100명 중국인민지원군이 경비를 맡았다. 제11평양포로수용소에는 약 1천명 한
국군 포로가 있었는데 1953년 1월 제11sampung포로수용소로 이동했다. 제12
창동포로수용소에는 약 1천명의 한국군 포로, 제9평양포로수용소에는 약 1,500

명의 한국군이 수용되었고 약 60명의 민간경찰(civilian police)이 경비를 담당했다. 제7pukjin포로수용소는 약 500명의 한국군, sinsnju 포로수용소에는 약 1천명 한국군 포로, 제13Oegwi 포로수용소에는 약 600명 한국군 포로들이 수용되었다(308th CIC Det, "*REPORT OF INVESTIGAION*", 1953.6.15.

49 308th CIC Det, "*COMMUNIST INDOCTRINATION OF ROKA PW*", 15 June 1953. 이 조사보고서에 첨부된 북한 내 국군포로 수용소의 수용소 내의 '반공 조직(anti-communist organization) 현황을 보면 太極團(Taekeuk Corps, 제11수용소, 1952년 1월 결성)은 chonms과 강동(kangdong), 大韓復活隊(korean revival force)은 평양·강동·만포진, 爆發團(explosion corps)은 강동과 길림(kilim), 復舊隊(Restoration Force, 제9수용소), 大韓恐喝團(Korean Terrorist Force, 제9수용소), 義血團(Righteous Blood Force, 제9 만포진수용소), 太極白骨隊(Taekeuk White Bone Force, Yongbyun 훈련학교), 大韓民族同志會(Korean Racial Brotherhood, Yongbyun 훈련학교) 등이 있었다. 그 외 教友會(Church Member Association, 제8 수용소)와 협력위원회(Cooperation Committee, Sijong camp, 1953.4.5), 二月會(February Association, 제9수용소) 등이 조직되었다.

50 박진홍, 『돌아온 패자』, 2001, 214~218쪽.

51 박진홍, 『돌아온 패자』, 2001, 212~213쪽.

52 「將經國呈反共義士就業輔導處工作總報告」(民國43年6月), "留韓反共義士處主里案",『國防部檔案』, 國防部 소장, 檔號: 0001238900090036·7; 任念祖 編, 『中華民國史事紀要』, 民國 43年 1至 6月份, 176·319쪽; 周琇環 編,「駐韓大使館電」,『戰後外交史料彙編-韓戰與反共義士篇(二)』, 臺北: 國史館, 民國 95年 10月, 357쪽.

53 「附件 一. 首批歸國反共義士活動日程草案之一」, 國軍檔案 檔號: 545~6355, 臺灣 中央研究院近代史研究所; 박영실,「반공포로 63인의 타이완행과 교육 및 선전 활동」,『정신문화연구』통권 125호 제37권 제2호, 한국중앙연구원, 2014년 여름호, 78쪽; 주수환,「접운한전반공의사래대지연구(1950-1954)」第二十八期,『國史館館刊』, 國史館, 2011년 6월, 138~145쪽 참조.

54 정근식·김란,「두 갈래길, 중국지원군 포로의 생애서사: 장저쓰(張澤石)와 류춴지엔(劉純儉)의 구술사에 기초하여」,『구술사연구』제7권 1호, 한국구술사학회, 2016년 6월, 30쪽.

55 RG 153, Post Capture Offense Case Files, 1951-53, Entry 308, Box 7, [Report of Investigation], Case No. 32-34, 1952.8. 장저스는 손진관((孫振冠, SUN

JIN KWAN, 1922년생, 중국인민지원군 포로 대표)과 함께 1952년 5월 7일 도드 사건에 주동자로 지목되어 같은 해 6월 19일 제94헌병중대 일명 '최고감옥(Maximum Security)'에서 생활하다가 제8제주시포로수용소를 거쳐 1953년 8월 중국으로 귀환했다.

56 정근식·김란,「두 갈래길, 중국지원군 포로의 생애서사: 장저쓰(張澤石)와 류췬지엔(劉純儉)의 구술사에 기초하여」, 앞의 논문, 31쪽.

57 육본 인참부,『포로관계 참고철』, 1953-54.

58 박진홍,『돌아온 패자』, 2001, 211쪽.

59 육본 인참부,『포로관계 참고철』, "釋放反共捕虜處遇", 1953.8.6.

60 육본 인참부,『포로관계 참고철』, "대대장회의록, 1953.12.28.

61 『對共三十年史, 國軍保安司令部, 1978.12.20., 123쪽.

62 육본 인참부,『포로관계 참고철』, 1953-1954.

63 국회사무처,「제16회 국회임시회의속기록」제40호, 1953.9.23.

64 박진홍,『돌아온 패자』, 2011, 218~219쪽.

65 김남조(78, 통영시 한산면 용호리 거주, 소개민), 증언, 2015.9.11.

66 LEAD SHEET, 1953.6.1.

67 박진홍, 앞의 책, 209쪽.

8장

시각과 청각의 양안관계: 냉전기 대만해협 양안의 심리전을 중심으로

1 이 글은 江柏煒와 林美華이 공저한『聲音的記憶: 金門的戰地廣播及其影響前線的呼喚: 金門的戰地廣播及其社會生活』(2015)에서 공표(空飄), 해표(海漂)에 관한 내용을 보충하여 재작성하였다.
   李永熾監修, 薛化元主編,『台灣歷史年表—終戰篇 I (1945-1965)』, 台北: 業強出版社, 1990, 頁78.

2 金門縣政府,『金門縣志: 96續修』, 金門: 編者自印, 2009, 頁99-101.

3 Michael Szonyi, *Cold War Island: Quemoy on the Front Line*, New York: Cambridge University Press, 2008, p.25.

4　'단타쌍불타'는 1978년 12월 15일 미국과 중국이 수교한 후에야 중지되었다. 이
와 동시에 당시 대규모 군대가 금문도에 주둔했다. 미국 국립문서기록관리청
에 소장되어 있는 금문도 관련 1954년의 중앙정보국(CIA) 문서에는 당시 국
민정부군 42,100명과 유격대 6,000명이 금문도에 주둔했다고 기록되어 있다.
US NARA CIA, "The Chinese Offshore Islands", 8 Sept. 1954, p.3. 檔案編號
CIA-RDP80R01443R000300050008-7.

5　金門縣政府, 『金門縣志』, 金門: 金門縣政府出版, 1992, 頁116; 頁223-224.

6　Michael Szonyi, *Op cit.* p.244.

7　國防部政戰資訊服務網(http://gpwd.mnd.gov.tw/Publish.aspx?cnid=32, 2016
년 5월 30일 검색).

8　거광일 교학(莒光日教学)이란 국민당군의 '거광원지(莒光園地)'라는 TV교육 프
로그램의 약칭이다. 국민당 군대는 주로 이 프로그램을 통해 애국주의 교육을
실시했다. 거광일 교학은 민국 63년(1974년) 6월 13일에 국방부가 TV정치교학
지도위원회(電視政治教學指導委員會)를 설립한 것에서 시작된다. 이 조직에서
TV교육을 계획하여 같은 해 7월1일에 처음으로 시험 방송하였다. 이 프로그램
은 국방부에서 제작을 책임지고 중화TV공사(中華電視公司)의 채널을 통해 방
송되었다. 민국 64년(1975년) 1월부터 중화TV공사에서는 전문 제작인을 배치,
전문가와 학자들을 모아 프로그램을 계획했다. 프로그램은 회당 90분 길이의 방
송이었다.
國防部政戰資訊服務網, http://gpwd.mnd.gov.tw/Publish.aspx?cnid=40,
2016년 5월 30일 검색).

9　민국 38년(1949년) 5월 1일에 국민당 군부는 강서성 남창시에서 부대의 교육,
훈련, 문화 선전을 위한 신문인 「정기중화보」라는 군대 신문을 창간하였다. 이
신문은 원래 제 18군에서 「무사보(無邪報)」라고 불렸는데, 후에 정기중화보(正
氣中華報)로 개명되었다. 같은 해 5월 13일에 새로 성립된 제12병단은 호련(胡
璉)을 사령관으로, 호소(胡素)를 부사령관으로 임명, 강서성에서 광동성 조산
(潮汕)일대로 후퇴하였다가 10월에 지시에 따라 금문으로 방어진지를 옮겼다.
그 해 11월 23일에 복건성 정부가 금문으로 옮겨졌고 중앙에서는 호련을 복건
성 정부의 주석 겸 제12병단 사령으로 임명하였다. 같은 날 정기중화보도 군을
따라 광동성 조산에서 금문으로 옮기게 되었다. 신문사의 인쇄기도 함께 배로
운송되어 초반에는 전수두(前水頭)의 유당(酉堂)에 잠깐 머무르다가 3개월 후
금성 북문의 기독교의 다층 건물로 옮겨졌다. 정기중화보는 11월 25일에 금문에

서 재발행되었고 초임 사장은 장명강(張鳴岡), 총편집장은 조일범(曹一帆)이었다. 신문은 군부에서 전적으로 관리하였다. 민국 39년(1950년)에 정기중화보는 정식으로 내정부(內政部)에 등록되어 합법적 지위를 얻었고 민국 40년(1951년) 10월에 신문사는 금문방위사령부로 편입되었다. 그 외에 민국 54년(1965)년에 창간된, 발행인이 오보화(吳寶華)이고 사장이 사해도(謝海濤)인 금문일보는 정기중화보에서 겸하여 발행한 것이다. 이 두 신문은 사실상 하나와 다름없었는데, 발행인은 모두 금문전지정무위위회의 비서장이고, 사장은 군직정전상교(軍職政戰上校)이다. 유일한 차이는 정기중화보는 방어지역의 장교와 병사들을 대상으로 발행하는 것으로 주로 군대 내의 뉴스를 다룬다는 것이고 금문일보는 민간을 대상으로 발행하는 것으로, 주로 지방의 사회 뉴스를 보도한다는 것이다. 1992년 11월 7일에 전지정무가 종료될 때 금문일보 신문사는 금문현 정부에 소속되어 금문일보를 발행하게 되었고, 정기중화보는 금문방위사령부가 인수하여 주간지 형태로 발행되었다.

10   記者不詳,「正氣中華報」, 1957.10.7.

11   記者不詳,「正氣中華報」, 1958.11.1.

12   광화원 심리전 자료관의 개설 초기에 정기중화보는 다음과 같이 보도한 바 있다. "광화원 심리전 자료관은 민국 72년 2월에 착공하여 1년 후에 완공되었다. 심리전 자료관의 낙성식은 2월 22일 오전 8시에 거행되었다. 사령관이 친히 낙성식의 사회를 맡았고 방위 구역 부사령관, 정전주임, 각 수비구역 지휘관, 주임 및 금문현 현장 장인준(張人俊) 등 수장들이 의식을 관람하였다. 낙성식이 끝나고 사령관은 전체 관원들을 인솔하여 심리전 자료관이 전시한 여러 가지 성과물을 관람하였고, 목란(木蘭)이 수행하면서 안내하였다. 심리전 자료관의 내부 시설로는 전시실, 슬라이드실, 적에 대한 우리 군의 심리전 방식과 방법(공표, 해표, 선전, 방송이 포함됨), 해협 양안의 생활에 대한 비교, 대륙으로 보내는 전단지 실물, 심리전 성과 등이 있다. 대형 스피커 하나가 전시되어 있는데 이 스피커는 '8·23 포격전'을 겪은 것으로 중대한 역사적 의의를 가진다. 광화원 심리전 자료관은 전시 내용이 매우 충실하여 방어지역의 심리전 성과를 전시할 수 있을 뿐만 아니라 공비(共匪)의 통일전선 음모를 폭로하고 선전 교육을 강화하며 비적들에 대한 적대의식을 강화할 수 있다." 기자 미상,「중화정기보」, 1983.2.23. 제2면.

13   당시 정2팀이 접대한 국내외 귀빈은 아래와 같은 여러 부류 인사가 있었다. 1. 언론계 인사: 국외 언론기자 위주. 2. 교육계: 국내외 유명한 전문학교 사생 및

금문 전투영(戰鬥營) 학생들. 3. 문화계: 국내외 문예 인사, 연예인 등. 4. 주중 외교 사절. 5. 군부 대표(1980년대 금방부 정2팀 팀장 겸 군사대변인 한정락(韓鼎洛)에 대한 인터뷰, 금문대학, 2012.8.24.).

14 예를 들면 1965년에 서독의 한 신문사 총편집장이 금문을 방문하였는데 그는 심리전 시설에 대해 특별히 관심을 가졌다. 보도에서는 "금문을 방문한 서독 薩布律肯 신문의 총 편집장인 태등(泰登)은 어제 방위부에 영문으로 된 편지를 맡기면서 이 편지를 번역하여 대륙으로 전송해 줄 것을 요구하였다. 그는 편지에서 비유럽(匪區) 군민들에게 중화민국의 군대는 서독 정부처럼 반드시 잃은 영토를 광복하고 국토를 재정돈 할 것이다"라고 말하였다. 태등이 참관한 코스는 마산전초(馬山前哨), 포병진지, 방송국, 심리전 지휘소, 경천청, 태무공묘, 보병 연지휘소, 고령두, 유치원, 중학교, 초등학교, 고강루 등이 포함되었다. 태등은 심리전 시설에 대해 특별한 관심을 보였는데 그는 해표, 공표 등을 통해 대륙으로 전단지를 보내는 것을 참관하다가 감흥이 일어 영문으로 편지를 작성하여 방위부에 맡기면서 이것을 중국어로 번역하여 대륙으로 보내줄 것을 요구하였다." 기자 미상, 「중화정기보」, 1965.11.19. 제1면.

15 "이정공장"이 설립된 후 여러 종류의 기구가 순조롭게 생산되고 있었지만 연구 개발 작업은 계속 진행되고 있었다. 중고도 기구의 적재량을 크게 증가시킨 것은 그러한 작업의 한 성과였다. 중고도 기구의 최대 적재량은 원래 18 킬로그램으로, 비행 고도와 거리가 부족하여 심리전에서의 효과가 적었다. 영소위(榮塑委)는 중앙연구원 수학연구소에 위탁하여, 운삼공사로부터 구입한 방정식에 대한 연구를 진행했는데, 그 결과 비행 높이가 9,000~12,000미터에 달하고, 최대 적재량이 90킬로그램이 되는 대형 중공기구가 개발되었다. 여러 차례의 방출 시험을 통해 효과를 검증한 후, 국방부는 이 기구를 정식으로 '3200 기구'로 명명하였는데 이 기구는 본국에서 자체적으로 연구 개발한 최초의 공표 기구였다. 그러나 고공을 비행하는 기구는 5~10월 사이에만 방출할 수 있었다. 11월에서 다음해 4월까지는 가끔 동풍이 불 때도 있었지만 지면에서의 풍속이 너무 빨라 기구를 방출할 수 없었던 것이다. 영소는 중공기구 3200의 성공 경험에 힘입어 1981년에 저공구(低空球, 비행 높이 900미터, 최대 적재량 18킬로그램)를 추가로 개발하여 겨울에는 중고도와 고고도용 기구를 방출할 수 없는 문제를 해결하였다. 財団法人古都保存再生文教基金会, 『形塑梦工场: 退辅会荣民塑胶工厂』, 台北: 行政院文化建设委员会文化资总管理处筹备处, 2008, 页60-67.

16 王四川訪談, 金門大學, 2012.8.24.

17 "민국 24년, 현장 이세갱(李世賡)은 변방의 치안을 위해 성 정부를 통해서 교통 부에 금문에 특파원을 보내 현지를 조사하여 방송국을 설치 해줄 것, 상회를 부 설하고 방송국 국장과 기술자 1명을 보내줄 것을 청구하였다. 설치된 방송국은 하문 방송국에 소속되고 경비는 교통부에서 지출하며 상업용 방송도 겸하였으 므로 백성들이 편리를 누릴 수 있었다. 25년 현장 광한(鄺漢)은 라디오를 구입 하여 현 정부에 설치하여, 현 정부에서는 수시로 방송을 들을 수 있게 되어 더욱 편리하였다." 金门县文献委员会, 『金门县志』, 金门: 编者自印, 1958, 页85.

18 "국방부 총정치부는 본 도의 방송사업을 중시하여 어제(주: 1953년 5월 26일) 이 부서의 방송 총대장 서복화(徐復華) 대령을 파견하였다. 일행에는 기술자 2 명이 포함되어 있고 두 세트의 방송설비를 가지고 왔다. 서 총대장은 어제 오전 에 호(胡) 총사령관을 찾아뵙고 오후에는 본도 동부 모 지역의 방송업무를 시찰 하였다. 본 도의 방송 사업 계획에 대해 서 총 대장은 머지않은 미래에 본 도에 방송국을 설립하고 본 도의 여러 적절한 지점에 파음참(播音站)을 설치하여 본 도의 군민이 방송을 들을 수 있도록 하겠다고 하였다." 記者, "總政治部將在本島, 設立播音電臺, 播音總隊長昨抵金," 「正氣中華報」, 1953.5.27.

19 明秋水編輯, 『蔣總統與金門』, 金門: 戰地政務委員會印, 1974, 页58.

20 금문에 정식으로 방송국을 설립하기 전에 금문에는 금문방위사령부에 소속된 방송국이 하나 있었다. 이 방송국은 대외 선전을 하지 않고 금문군대의 군관 과 병사들만을 대상으로 한다. 그러나 금문 민중들도 청취할 수 있고 방송 범위 는 금문성과 주둔지가 포함된다(외도는 포함되지 않는다). 陳三井 · 朱浤源 · 吳 美慧, 『女青年大隊訪問紀錄-郭劍英訪問紀錄』, 臺北: 中央研究院近代史研究院, 1995, 页500.

21 심리전(Psychological Warfare)은 선전을 통해 아군의 정신적 힘을 상대의 의 식 속으로 강제 주입하는 것으로, 아군에게 유리한 사건을 보도하고 적군에게 불리한 정보를 확대하며, 적군의 부정적 이미지를 부각하여 선전하는 것이다. 요컨대 "심리전 대상의 태도와 행위에 영향을 미쳐, 그들로 하여금 아군의 정치 적 호소, 행동 지시를 받아들이게 함으로써 작위 및 부작위의 행동을 취하게 하 는 것"이다. 總政治作戰局編, 『心理作戰概論』, 台北: 編者自印, 1990, 页49.

22 盧成束, "北國兒女虛心求進," 「正氣中華報」 2版, 1965.7.5.

23 訪談: 前喊話站及光華電臺播音員鄧榕榕, 電話訪談, 2009.4.10.

24 金門縣政府, 『金門縣志』, 页1,258.

25 明秋水編輯, 『蔣總統與金門』, 页58.

26 郭源訪談, 高雄郭宅, 2009.10.9.

27 鄧榕榕訪談, 電話訪談, 2009.4.10.

28 方美麗訪談, 電話訪談, 2009.4.9.

29 中央廣播電臺編, 『心戰廣播寫作研究』, 台北: 編者自印, 1975, 页185-191; 页
    218-221.

30 鄧榕榕訪談, 電話訪談, 2009.4.10.

31 민남 적후 작전처(閩南敵後工作處)의 약칭이 민공처(閩工處)이다. 1954년에 미
    국 중앙정보국 관할 하의 서방기업공사가 운영이 중단되고 나서 서방기업공사
    의 지원을 받던 복건 반공구국군 민남(閩南), 민북(閩北) 사령부가 철폐되고 이
    를 민남, 민북 작전처로 개편하였다. 소속은 국방부 정보국으로 바꾸었다.

32 方美麗訪談, 電話訪談, 2009.4.9.

33 華夏經緯網(http://big5.huaxia.com/xw/zh/2006/00442632.html) 2006.4.6.
    刊載, 引用日期 2014.10.22.

34 江柏煒主持, 『金門戰事紀錄及調查研究(二)』, 金門國家公園管理處委託研究, 未
    出版, 2005, 页67.

35 明秋水編輯, 『蔣總統與金門』』, 页58.

36 陳三井·朱浤源·吳美慧合著, 『女青年工作大隊訪問紀錄-懷燕, 樂莒軍訪問紀
    錄』, 臺北: 中央研究院近代史研究所, 2005, 页227; 页241.

37 薛祖森訪談, 金門薛宅, 2008.9.11.

38 顏藝芬, 『龔潔口述: 福建前線故事74期』, 2009.7月號, 台北: 中地文化有限公司,
    页171.

39 曲琳編輯, 「兩岸心戰60年」, 載於華夏經緯網(http://hk.huaxia.com/), 2008.10.
    21. 刊載, 搜尋日期 2014.3.29.

40 薛祖森訪談, 金門薛宅, 2008.9.11.

41 1951년 4월 22일 정기중화보의 보도에 의하면 당시에 정부는 사진기와 라디오
    를 엄격히 통제하였다: "군민을 막론하고 공적으로나 사적으로 라디오와 사진기
    를 소유한 자는 예외 없이 신고한 뒤 제한적으로 사용해야 한다. 신고방법: 1. 방
    위부와 금문 내의 모든 부대, 기관, 학교, 인민, 단체를 포함한 사진기와 라디오
    의 공적 사적 소유자는 신고 신청서 2부를 작성하여 헌병연대에 신고해야 한다.
    2. 각 지역의 부대 및 각 지역에서는 군(軍)과 사(師)를 신청 단위로 하여, 각 군
    (사)의 직속 및 배속 부대의 관할 지역 내의 모든 인민, 단체, 기관, 학교에서 공
    적이나 사적으로 보유하고 있는 사진기와 라디오에 대하여 신청신고서(군 2부,

사 3부)를 작성하여 해당 관할 군(사)에 신고해야 한다. 3. 신고한 사진기와 라디오에 대해서는 주관단위로부터 번호 수를 부여 받고 신고허가증을 발급 받아 신고했음을 증명하여야 한다. 4. 정한 기간 내에 신고하지 않을 경우 예외 없이 몰수한다.

사용규칙: 갑, 사진기에 대하여 1. 특별 허가가 없는 경우에 도시, 거리, 마을 등 외부에 사진기를 휴대하고 다녀서는 안 된다. 2. 촌락, 풍경, 교통 등을 촬영해서는 안 된다. 3. 병사 요지의 지형, 지모 및 모든 군사 관련 건축물을 촬영해서는 안 된다. 4. 집회 회장의 상황과 군정의 요인을 촬영해서는 안 된다. 5. 허가 없이 군정 포고 공문과 도표를 촬영해서는 안 된다. 6. 군대 주준지를 촬영해서는 안 된다. 을, 라디오에 대하여 7. 송수신기를 개조하여 사용해서는 안 된다. 8. 소련 및 비구(匪区)의 방송을 청취해서는 안 된다. 9. 이상 조항을 어긴 자에 대해서는 사진기, 라디오를 몰수하고 상황에 따라 처벌을 내린다. 10. 사진기, 라디오의 소유자가 바뀔 때에는 원 신고단위에 고지하고 허가증을 재발급 받아야 한다."

42 記者, "金城有線電台, 計劃日播三次, 播放內容初步決定," 「正氣中華報」第4版, 1965.4.15.

43 당시의 사교관은 주자사(朱子祠) 내에 있었다. 사교관의 전신은 1959년에 성립한 금문 현립 도서관이었는데 1962년에 금문 현립 사회 교육관(사교관은 약칭임)으로 바꾸었다. 사교관은 1984년에 현재의 복건성 정부 판공처가 위치한 오강계(浯江溪) 옆으로 옮겨졌고, 1995년에 다시 환도북로(環島北路)의 신축 건물로 옮겨졌다. 원 건물은 금문현 정부에서 사용하고 있다. 2000년에 사교관은 현립문화센터로, 2004년에는 금문현 문화국으로 체제를 바꾸었다.

44 蔡琪秀(播音員)談, 金門縣文化局, 2008.6.26.

45 記者, "金城有線電台, 計劃日播三次, 播放內容初步決定," 「正氣中華報」第4版, 1965.4.15.

46 蔡琪秀(播音員) 訪談, 金門縣文化局, 2008.6.26.

47 資料來源: 「正氣中華報」, 金門, 1965.4.15., 第4版.

48 蔡琪秀, 金門縣文化局, 2008.6.26.

49 許燕學訪談, 金門技術學院, 2008.9.16.

50 李瓊芳, 金門技術學院, 2008.12.18.

51 鄧文金, 金門技術學院, 2010.1.20.

52 顏藝芬, 『龔潔口述: 福建前線故事74期』, 頁171.

53 鄧文金, 金門技術學院, 2010.1.20.

54 顔藝芬, 『龔潔口述: 福建前線故事74期』, 頁171.

55 中華民國廣播電視協會編, 『廣播電視年鑑』, 編者自印, 1990, 页107.

56 孫振榮訪談, 電子信函問答, 2008.11.8.

57 范義彬訪談, 高雄林試所六龜研究站, 2008.11.5.

58 記者, "竊聽自由之聲, 被匪暴力槍殺,"「正氣中華報」第2版, 1953.2.23. 當然, 有可能這則報導是國軍刻意醜化共產黨的假新聞.

59 周明訪談, 廈門周宅, 2009.1.9.

60 陳支平訪談, 廈門大學國學研究院, 2009.3.20.

61 陳支平訪談, 廈門大學國學研究院, 2009.3.20.

62 陳支平訪談, 廈門大學國學研究院, 2009.3.20.

63 周明訪談, 廈門周宅, 2009.1.9.

64 周明訪談, 廈門周宅, 2009.1.9.

65 同前註, 页6.

66 大崙尾藝術工作隊, 『彼岸-起義與叛逃的歷史回顧』, 金門: 金門縣政府, 2004, 页28.

67 同前註, 页107-146.

68 陳榮昌, 『回首戰地播音歲月許冰瑩畢生難忘』, 金門: 金門日報, 2008.7.7.

69 陳書茶訪談, 金門八二三戰史館, 2008.9.10.

70 金門縣政府, 『金門縣志: 96續修』(卷九兵事志), 金門: 編者自印, 2009, 页125.

71 明秋水編輯, 『蔣總統與金門』, 页67.

72 1966년 1월 9일에 중국 공산당 해군 상륙정 하나가 마조 전선에 상륙하여 귀순하였다. 이 상륙정의 최대 적재량은 25톤이었고 번호는 F131호였다. 탑승한 관병은 오문헌(吳文献), 오진가(吳珍加), 오춘복(吳春富)이었고, 이들은 중국공산당 복건군관구 민북 항운대대 소속이었는데, 마조 군민들의 열렬한 환영과 접대를 받았다. 당시 마조일보(馬祖日報)에 실은 뉴스 내용으로는 "1966년 1월 9일 새벽 0시 40분에 마조 주둔군은 바다 위에서 목표물이 접근하고 있음을 발견하였다. 마조 방위부는 즉시 해상 병력을 파견하여 감시하였다. 새벽 2시 즈음에 귀순한 함선임을 확인하고 새벽 3시에 남간(南竿)에서 상륙하도록 하였다. 세 명의 관병은 '그들은 공비의 기만과 압박에 못 이겨 자유를 향한 모험을 했다'고 하였다." 이것은 중국 공산당 해군의 함선이 처음으로 귀순한 사건이었다. 记者, "匪海军登陆艇一艘, 昨晨起义驶抵马祖,"「正气中华报」头版, 1966.1.10.

73 記者, "1966年周恩來總理親自下令追殺叛徒," 新華網, 2012.6.4.

74 陳支平訪談, 廈門大學國學研究院, 2009.3.20.

9장

냉전 아시아에서 미국의 심리전과 거점으로서 오키나와

1　Odd Arne Westad, *The Global Cold War: Third World Interventions and the Making of Our Times*, Cambridge University Press, 2007.

2　益田実,「新しい冷戦認識を求めて－多元主義的な冷戦史の可能性」,『冷戦史を問いなおす－「冷戦」と「非冷戦」の境界』, ミネルヴァ書房, 2015.

3　Kenneth Osgood, *Total Cold War: Eisenhower's Secret Propaganda Battle at Home and Abroad*, University Press of Kansas, 2008; James Schwoch, *Global TV: New media and the Cold War*, 1946-69, University of Illinois Press, 2009; 허은,『미국의 헤게모니와 한국 민족주의』, 고려대학교 민족문화연구원, 2008; 성공회대 동아시아연구소,『냉전 아시아의 문화 풍경 1. 1940-1950년대』, 현실문화, 2008; 성공회대 동아시아연구소,『냉전 아시아의 문화 풍경 2. 1960-1970년대』, 현실문화, 2009 등.

4　Alfred H. Jr., Paddock, *U.S. Army Special Warfare, Its Origins: Psychological and Unconventional Warfare*, 1941-1952, University Press of the Pacific, 2002, p.2.

5　Christopher Simpson, *Science of Coercion: Communication Research & Psychological Warfare*, 1945-1960, Open Road Media, 1996, p.32.

6　"NSC 4: A Report to the National Security Council by the Executive Secretary on Coordination of Foreign Information Measures," 1947.12.9., PD00008, Digital National Security Archives(DNSA).

7　小林聰明,「冷戦期アジアにおけるVOAの展開と中継所の世界的配置」, 土屋由香・吉見俊哉,『占領する眼／占領する声－CIE／USIS映画とVOAラジオ』, 東京大学出版会, 2012.

8　"Psychological Warfare in Korea: An Interim Report," *The Public Opinion Quarterly*, Vol. 15, No. 1, 1951.

9　Dr. W. Stockton, Jr. "7th Psychological Operations Group," 1967.10.17., USA, NARA, RG550, Entry88, Box15, 228-08 Unit History.

10　小林聰明, 「冷戦期アジアの「電波戦争」研究序説 – 朝鮮戦争休戦後のVUNC(国連軍総司令部放送)に注目して」, 『応用社会学研究』, 立教大学社会学部, 2010. 유엔군총사령부 방송 개시 경위에 대해서는 여전히 불분명한 점이 남아있다. 이에 대해서는 김영희, 『한국전쟁기 미디어와 사회』, 커뮤니케이션북스, 2015.

11　"Appendix: Chronological Table of Major Psywar Organizational Changes. A Brief Historical Sketch of the Korea Detachment, U.S. Army Broadcasting and Visual Activity, USA, NARA, RG550, Entry88, Box15, 228-08 Unit History.

12　*Ibid*,

13　Dr. W. Stockton, Jr., *Op cit*. p.3.

14　*Ibid*, p.1.

15　*Ibid*, p.3.

16　장영민, 「한국전쟁 전반기 미군의 심리전에 관한 고찰」, 『군사』 제55호, 2005.

17　Dr. W. Stockton, Jr., *Op cit*.

18　"Appendix," *Op cit*.

19　CIE/UNC의 포로 교육에 대해서는 小林聰明, 「朝鮮戦争期における国連軍の捕虜教育プログラム」, 貴志俊彦・土屋由香, 『文化冷戦の時代 – アメリカとアジア』, 国際書院, 2009에 참조(고바야시 소메이, 「한국전쟁기 유엔군의 포로교육 프로그램」, 기시 도시히코・쓰치야 유카 엮음, 김려실 옮김, 『문화냉전과 아시아』, 소명출판, 2012).

20　"Historical Profile of the 7th Psychological Operations Group," USA, NARA, RG550, Entry88, Box14(USARYIS 7th Psyop), p.3.

21　"Appendix," *Op cit*.

22　"Historical Profile of the 7th Psychological Operations Group," *Op cit*., p.3.

23　*Ibid*., p.5.

24　*Ibid*.. p.5.

25　*Ibid*.. p.3.

26　小林聰明, 「冷戦期アジアにおけるVOAの展開と中継所の世界的配置」, 土屋由香・吉見俊哉, 『占領する眼 / 占領する声 – CIE / USIS映画とVOAラジオ』, 東京大学出版会, 2012.

27 김영희, 『한국전쟁기 미디어와 사회』, 커뮤니케이션북스, 2015. 김영희 「1960년대 VUNC(유엔군총사령부방송) 프로그램과 청취 양상」, 『언론정보연구』 제51권 제1호, 2014. 김영희, 「1960년대 VUNC(유엔군총사령부방송)의 운영과 폐쇄」, 『한국언론학보』 제56권 5호, 2012. 장영민, 「한국전쟁 발발 직후 이승만 대통령의 라디오 특별방송 관련 자료」, 『한국근현대사연구』 제67집, 2013 등이 있다.

28 "Evaluation of Psychological Warfare Operations," 1958.4.1., USA, NARA, RG550, Box4, US Army Pacific.

29 *Ibid.,*

30 "A Brief Historical Sketch of the Korea Detachment, U.S. Army Broadcasting and Visual Activity", Pacific, *Op cit.*

31 "Evaluation of Psychological Warfare Operations," *Op cit.*

32 *Ibid.,*

33 "A Brief Historical Sketch of the Korea Detachment, U.S. Army Broadcasting and Visual Activity, Pacific," *Op cit.*

34 "A Brief Historical Sketch of the Korea Detachment, U.S. Army Broadcasting and Visual Activity, Pacific," *Op cit.*

35 「月刊雑誌「交流」発刊のおしらせ)」, 『交流』, 1957년 5월호.

36 "Evaluation of Psychological Warfare Operations," *Op cit.*

37 "Evaluation of Psychological Warfare Operations," *Op cit.*

38 "USARPAC B&VA Coordination with USCAR," 1959.11.20., Policy and Precedent Files, 1969: "7th Psychological Operations Group," NARA, USA, Policy and Precedent Files, 1969: "7th Psychological Operations Group," USA, NARA, RG 260, Folder5, Box20(Records of the U.S. Civil Administration of the Ryukyu Islands(USCAR)).

39 "Recommendation for the Proposed Okinawa Magazine "Shurei-No-Hikari", March 15, 1958, 1959, Policy and Precedent Files, 1969: "7th Psychological Operations Group," *Op cit.*

40 "USARPAC B&VA Coordination with USCAR," *Op cit.*

41 "Shurei-No-Hikari Magazine Reader's Survey," 1964.3., USA, NARA, RG550, Entry 201-121, Box2, United States Army Broadcasting & Visual Activity, 201-31 Survey of Shurei (65).

42 "History of the 7th Psychological Operations Group," 19 August 1965-31 December 1965, United States Army Ryukyu Islands, USA, NARA, RG550, Entry58, Box3, 2-05 Org History Files(3).

43 『守礼の光』(창간호), 1959년 1월호.

44 "History of the 7th Psychological Operations Group," *Op cit.*

45 *Ibid.*,

46 "History of the 7th Psychological Operations Group," *Op cit.*

47 *Ibid., Op cit.*

48 "70-S381-17 TESTIMONY NO: 3, United States Security Agreements and Commitments Abroad Japan and Okinawa," 1970.1.28. United States Senate, Subcommittee on U.S. Security Agreements and Commitments Abroad of the Committee on Foreign Relations, Washington, D.C., Library of Congress, pp.1,365-1,368. 이에 더하여 "Memorandum for the Assistant Secretary of Defense, International Security Affairs, General Records of the Department of State," USA, NARA, RG59 Box4, Subject Files of the Office of Korean Affairs, 1966-1974, Lot Files 73D360.

49 "7th Psychological Operations Group, Organizational Mission and Functional Manual," USA, NARA, RG550, Entry 58, Box15, 227-01 7th Psyop Gp Circular (67).

50 "70-S381-17 TESTIMONY NO: 3," *Op cit.*, pp.1,366.

51 "7th Psychological Operations Group, Organizational Mission and Functional Manual," *Op cit.*

52 *Ibid.*,

53 "Memorandum, Military Operations, SHUREI NO HIKARI, Department of the Army, headquarters, 7th Psychological Operations Group," 1971.1.8., USA, NARA, RG550, Entry58, Box15, 227-017th PSYOP Gp Memo (71).

54 *Ibid.*,

55 김영희와 장영민의 연구 참조.

56 "7th Psychological Operations Group, Organizational Mission and Functional Manual," *Op cit.*

57 "Korea Detachment, U.S. Army Broadcasting & Visual Activity Pacific," USA, NARA, RG 550, Entry58, Box14, 228-08 Unit History (24th PSYOP

Det, Korea).

58 小林聡明, VUNC(国連軍総司令部放送)の廃止過程−国務省・USIA・国防総省の
   対立と妥協をめぐって)」,『Intelligence(インテリジェンス)』15호, 早稲田大学
   20世紀メディア研究所, 2015.

59 "Historical Profile of the 7th Psychological Operations Group," *Op cit.*

60 "Organizational Chart, 24th PSYOP Det. (A&S)," USA, NARA, RG550, En-
   try58, Box14, 228−08 Unit History (24th PSYOP Det, Korea).

61 "Korea Detachment, U.S. Army Broadcasting & Visual Activity Pacific, Unit
   History," *Op cit.*

62 小林聡明,「沖縄返還をめぐる韓国外交の展開と北朝鮮の反応」,『日米同盟論−
   東アジアに位置する日本の行方)』, 竹内俊隆 編, ミネルヴァ書房, 2011.

63 "Korea Detachment, U.S. Army Broadcasting &Visual Activity Pacific, Unit
   History," *Op cit.*

64 『자유의 벗』, 1972년 6월호.

65 小林聡明,「VUNC(国連軍総司令部放送)の廃止過程− 国務省・USIA・国防総省
   の対立と妥協をめぐって」, *Op cit.*

66 小林聡明,「VOA施設移転をめぐる韓米交渉−1972−73年」,『マス・コミュニケ
   ーション研究』, 日本マス・コミュニケーション学会, 2009.

67 "70−S381−17 TESTIMONY NO: 3," *Op cit.*, pp.1,367.

68 *Ibid.*, pp.1,372.

69 "History of the 7th Psychological Operations Group," *Op cit.*

70 "Memorandum for the Assistant Secretary of Defense, International Securi-
   ty Affairs," *Op cit.*

71 "70−S381−17 TESTIMONY NO: 3," *Op cit.*, pp.1,372.

72 "Memorandum for the Assistant Secretary of Defense, International Securi-
   ty Affairs," *Op cit.*

73 小林聡明,「VUNC(国連軍総司令部放送)の廃止過程− 国務省・USIA・国防総省
   の対立と妥協をめぐって」, *Op cit.*

참고문헌

서장

냉전적 학지로부터 전지구적 사상운동으로

국내 저서 및 논문

권보드래, 「『사상계』와 세계문화자유회의 1950-1960년대 냉전 이데올로기의 세계
　　　　적 연쇄와 한국」, 『아세아연구』 54, 2011.

김예림, 「1950년대 남한의 아시아 내셔널리즘론 - 동남아시아를 정위(定位) 하기」,
　　　　『아세아연구』 55, 2012.

김정환·백원담 편, 『민중문화운동의 실천론: 신식민지주의와 민중문화운동론』, 도서
　　　　출판 禾多, 1984.

김태우, 『폭격: 미공군의 공중폭격 기록으로 읽는 한국전쟁』, 창비, 2013.

김학재, 『판문점 체제의 기원』, 후마니타스, 2015.

기시 토시히코·쓰치야 유카(貴志俊彦·土屋由香) 저, 김려실 역, 『문화냉전과 아시
　　　　아: 냉전 연구를 탈중심화하기 文化冷戰の時代 - アメリカとアジア -』,
　　　　소명출판, 2012.

노암 촘스키 외 저, 정연복 역, 『냉전과 대학』, 당대, 2001.

마루카와 데쓰시 저, 장세진 역, 『냉전문화론』, 너머북스, 2010.

박인숙, 「존 루이스 개디스(John Lewis Gaddis)의 "탈 수정주의(post-revisionism)
　　　　적" 냉전 해석에 대한 비판적 고찰: "We Now Know"를 중심으로」, 『대구
　　　　사학』 70권, 대구사학회, 2003.

박인숙, 「미국외교사와 '국제사' 문제」, 『미국사연구』 11, 2000.

백원담·임우경 편, 『냉전아시아의 탄생: 신중국과 한국전쟁』, 문화과학사, 2013.

백원담, 〈냉전기 아시아에서 아시아주의의 형성과 재편 Ⅰ〉, 『중국현대문학』, 한국중
　　　　국현대문학학회, 2007.

백원담, 〈아시아에서 1960-50년대 비동맹/제3세계운동과 민족·민중 개념의 창신〉,
　　　　『중국현대문학』, 한국중국현대문학학회, 2009.

사상계연구팀 편, 『냉전과 혁명의 시대 그리고 『사상계』』, 소명출판, 2012.

서울대 국제연구소 편, 신욱희·마상윤 책임편집, 『글로벌 냉전의 지역적 특성』, 『세

계정치』22, 2015.

성공회대 동아시아연구소 편, 『냉전아시아의 문화풍경』 I, 현실문화연구, 2008.

성공회대 동아시아연구소 편, 『냉전아시아의 문화풍경』 II, 현실문화연구, 2009.

왕후이(汪暉) 저, 백원담 역, 「20세기 중국역사의 시각에서 본 아시아 평화」, 『황해문
화』 2014년 여름호.

요시미 순야 외 저, 허보윤 외 역, 『냉전체제와 자본의 문화』, 소명출판, 2013.

이동기, 「유럽 냉전의 개요」, 『세계정치』 22, 2015.

이병한, 「신냉전사: 중국현대사의 새 영역」, 중국근현대사학회, 『中國近代史研究』 제
53집, 2011.

이임하, 『해방공간, 일상을 바꾼 여성들의 역사: 제도와 규정, 억압에 균열을 낸 여성
들의 반란』, 철수와영희, 2015.

진광흥(陳光興) 저, 백지운 외 역, 『제국의 눈』, 창비, 2003.

장세룡, 「헤테로토피아: 탈근대 공간 이해를 위한 시론」, 『大邱史學』 95호.

찰스 암스트롱 저, 김연철·이정우 역, 『북조선 탄생』, 서해문집, 2006.

최영보, 「냉전기원의 탈수정주의적 해석」, 한국미국사학회, 『미국사연구』 3, 1995.12.

크리스티안 마라찌 저, 서창현 역, 『자본과 언어: 신경제에서 전쟁경제로』, 갈무리,
2013.

테오도르 휴즈, 「냉전세계질서 속에서의 '해방공간' – 해방 직후의 남·북한문학」,
『한국문화연구』, 2005.

중국 저서 및 논문

『冷戰國際史研究文庫』, 九州出版社, 2013.

合同通信社 譯編, 『얄타秘密協定美國務省發表全文』, 合同通信社, 1956.

沈志華, 『冷战的再转型: 中苏同盟的内在分歧及其结局』, 九州出版社, 2013.

沈志華, 『冷戰中的盟友: 社會主義陣營內部的在國家關係』, 九州出版社, 2013.

沈志華, 『處在十字路口的選擇: 1956-1957年的中國』, 廣九人民出版社, 2013.

陳兼·餘偉民, 「'冷戰史新研究': 源起, 學術特徵及其批判」, 『歷史研究』 2003年 第3期.

鄧峰, 「近十餘年朝鮮戰爭研究綜述」, 『中共黨史研究』 2010年 09期.

于群 主編, 『新冷戰史研究: 美國的心理宣傳和情報戰』, 上海三聯書店, 2009.

羅小茗, 『製造 '國民': 1950-1970年代的日常生活與文藝實踐』, 上海書店出版社, 2011.

林毅夫, 姚洋(主编): 『中国的奇迹: 回顾与展望』, 北京大学出版社, 2005年

姚洋, 「中性政府与社会平等是中国经济增长的原因」, 『中国经济』, 2009年10月16日.

姚洋,「中性政府与国家政治精英的选拔」,『文化纵横』2015年6月号
楊奎松,『中間地帶的革命: 國際大背景下中共成功之道』, 山西人民出版社, 2010.
丸川哲史,『Resionalism』, 東京: 岩波書店, 2003.
丸川哲史,『冷戰文化論 – 竹内好と'敵對'』, 双風舍, 2005.
佐木秋夫,『苦惱するアジアの民族』, 時事通信社, 1973.

서양권 저서 및 논문

Akira Iriye, *The Cold War in Asia*, Prentice-Hall, 1974

Appy, Christian G., ed. Cold War Constructions: The Political Culture of United States Imperialism, 1945–1966. Amherst: University of Massachusetts Press, 2000.

Armstrong, Charles K. "The Cultural Cold War in Korea, 1945–1950." *The Journal of Asian Studies* 62, no. 1 (Feb. 2003).

Benedict Anderson, " 아시아를 둘러싼 이주와 문화변동–이주시대의 관 주도 민족주의와 쇠락 중인 영미권의 전지구적 헤게모니 Reflections on Late Nationalism, the State, Citizenship and Migration", '2015 국립아시아문화전당 비전포럼' 기조강연문, 국립아시아문화중심도시 아시아문화개발원, 2015.

Bernhard, Nancy E. U.S. Television News and Cold War Propaganda 1947–1960. Cambridge Studies in the History of Mass Communication, 1999.

Colomina, Beatriz, Annmarie Brennan, and Jeannie Kim eds. Cold War Hothouses: Inventing Postwar Culture, from Cockpit to Playboy. Princeton Architectural Press, 2004.

Fousek, John. To Lead the Free World: American Nationalism and the Cultural Roots of the Cold War. Chapel Hill and London: University of North Carolina Press, 2000.

Griffith, Robert. "The Cultural Turn in Cold War Studies." *Reviews in American History* 29, no. 1 (Mar. 2001).

Klein, Christina. Cold War Orientalism: Asia in the Middlebrow Imagination, 1945–1961. Berkeley: University of California Press, 2003.

Lashmar, Paul, and James Oliver. Britain's Secret Propaganda War: Foreign Office and the Cold War, 1948-77. Sutton Publishing Ltd., 1998.

Lucas, Scott. Freedom's War: The U.S. Crusade against the Soviet Union, 1945-
1956. Manchester University Press, 1999.

Major, Patrick, and Rana Mitter. "East is East and West is West?: Towards a
Comparative Socio-Cultural History of the Cold War." *Cold War History* 4, issue 1 (Oct. 2003).

Mayhew, Christopher. A War of Words: a Cold War Witness. Recorded and edited by Lyn Smith. Foreword by the Lord Jenkins of Hillhead. London: I.B. Tauris, 1998.

Nicholson, Steve. British Theatre and the Red Peril: The Portrayal of Communism 1917-1945. University of Exeter Press, 1999.

Saunders, Francis S. The Cultural Cold War: the CIA and the World of Arts and Letters. The New Press, 1999.

Westad, Odd Arne. Reviewing the Cold War: Approaches, Interpretations, Theory. Frank Cass, 2000.

Whitefield, Stephen J. The Culture of the Cold War. Second edition, The Johns Hopkins University Press, 1996.

1장

「심리전, 전후 세계질서를 구성하다」: 「낙하산뉴스」와 「자유세계」로 본 미국의 심리전

국방부, 『政訓大系』1, 청구출판사, 1956.

김학재, 「탈식민 냉전국가의 형성과 검열: 정부수립 전후 공보처의 활동과 통치성의 계보」, 『대동문화연구』74, 성균관대학교 대동문화연구소, 2011.

마고사키 우케루 지음, 문정인 해제, 양기호 옮김, 『미국은 동아시아를 어떻게 지배했나』, 메디치, 2013.

알렉스 아벨라 지음, 유강은 옮김, 『두뇌를 팝니다-미제국을 만든 싱크탱크 랜드연구소』, 난장, 2010.

이임하, 『적을 삐라로 묻어라-한국전쟁기 미국의 심리전』, 철수와영희, 2012.

장영민, 「6·25전쟁기 유엔군총사령부의 소리 라디오 방송에 관한 고찰」, 『한국근현대사연구』 47, 2008.

장용경, 「諷刺와 寓話 사이에서-한국에서의 동물농장』 번역의 정치」, 『역사문제연구』
26, 2011.

타케마에 에이지 지음, 송병권 옮김, 『GHQ』, 평사리, 2011.

황의웅, 「동물농장」(http://www.kmdb.or.kr).

『국민보』, 1952.10.8.

3D Historical Detachment, "EUSAK COMBAT PROPAGANDA OPERATIONS
1950.7.13.-1952.9.1.", 1953. 1, RG 550.

George S. Pettee, "US Psychological Warfare in Korean War", Operation Re-
search Office The Johns Hopkins University FEC, Maryland, ORO-
T-3(FEC), 1951.2.23.

John Ponturo, Willmoore Kendall, L.F. O`doneell, "EIGHT ARMY PSYCHOLOG-
ICAL WARFARE IN KOREAN WAR", Operation Research Office The
Johns Hopkins University, Maryland, ORO-T-17(FEC), 1951.12.

USAFPAC, Report on Psychological Warfare in the Southwest Pacific Area
1944-1945, RG 4 Box 56(MA).

USAFPAC, 「Basic Military Plan for Psychological Warfare Against Japan-Confer-
ence On Psychological Warfare Against Japan」, RG 4, Box 56.

William E. Daugherty, ORO-T-3(EUSAK), Evaluation and Analysis of Leaflet
Program in the Korean Campaign 1950. 6-12.

2장

냉전 사회과학의 '실험장'으로서 한국전쟁:
HRRI 심리전 프로젝트와 냉전적 학지의 생산구조

강성현, 「한국전쟁기 한국정부와 유엔군의 피난민 인식과 정책」, 서중석 외, 『전장
과 사람들: 주한유엔민간원조사령부 자료로 본 한국전쟁의 일상』, 선인,
2010.

고바야시 소메이, 「한국전쟁기 유엔군의 포로교육 프로그램」, 기시 도시히코 외, 『문

화냉전과 아시아: 냉전 연구를 탈중심화하기』, 소명출판사, 2012.

공준환, 「한국전쟁기 민간인 피해의 사회학적 연구: 통계생산의 정치성을 중심으로」, 서울대학교 사회학과 석사학위논문, 2015.

김태우, 「전쟁기의 과학과 평화: 한국전쟁기 미국 민간인 과학자들의 공군 작전분석 활동」, 『한국과학사학회지』, 36(3), 2014, 269~296쪽.

김학재, 「진압(鎭壓)과 석방(釋放)의 정치」, 『제노사이드연구』5, 2009, 45-100쪽.

노암 촘스키 외, 『냉전과 대학: 냉전의 서막과 미국의 지식인들』, 정연복 옮김. 당대, 2001.(원서: Chomsky, Noam, David Barsamian, and Howard Zinn, The cold war & the university. The New Press, 1997.).

미치바 치카노부, 「미 점령하의 '일본문화론': 《국화와 칼》그리고 일본과 미국의 문화정치/정치문화」, 성공회대 동아시아연구소, 『냉전 아시아의 문화풍경 1: 1940-1950년대』, 현실문화, 2008.

브루스 커밍스 외, 『대학과 제국: 학문과 돈, 권력의 은밀한 거래』, 한영옥 옮김. 당대, 2004.(원서: Simpson, Christopher(eds.), *Universities and Empire: Money and Politics in the Social Sciences during the Cold War*, The New Press, 1998.).

신영전·서제희, 「미군정 초기 미국 연수를 다녀온 한국인 의사 10인의 초기 한국보건행정에서의 역할」, 『보건행정학회지』, 23(2), 2013, 196~206쪽.

옥창준, [미발표원고]. 「냉전기 미국의 소비에트 연구와 HRRI」.

이임하, 『적을 삐라로 묻어라: 한국전쟁기 미국의 심리전』, 철수와영희, 2012.

이진숙, 『心理學 文集』. 서울대학교 심리학과 동창회, 1993.

전갑생, 「거제도 포로수용소 설치와 포로의 저항」, 『제노사이드연구』, 2, 2007. 95~125쪽.

정병준, 「남한진주를 전후한 주한미군의 對韓정보와 초기점령정책의 수립」, 『史學研究』, 51, 1996, 133~180쪽.

정병준, 「한국 농지개혁 재검토: 완료시점·추진동력·성격」, 『역사비평』, 65, 2003, 117~157쪽.

정용욱, 「6·25전쟁기 미군의 삐라 심리전과 냉전 이데올로기」, 『역사와 현실』, 51, 2004, 97~133쪽.

정용욱·이길상 편, 『해방전후 미국의 대한정책사 자료집 13』, 다락방, 1995.

조지 E. 스트레이트마이어, 『극동공군 사령관 조지 E. 스트레이트마이어 장군의 한국전쟁 일기』. 윌리엄 T. 와이블러드 엮음, 문관현 외 옮김. 플래닛미디어,

2011.(원서: Y′Blood, William T., *The Three Wars of Lt. Gen. George E. Stratemeyer. His Korean War Diary*. Office of Air Force History Washington D.C., 1999.).

크리스토퍼 심슨, 『강압의 과학: 커뮤니케이션 연구와 심리전, 1945-1960』. 정용욱 옮김. 선인, 2009.(원서: Simpson, Christopher, 1994. Science of Coercion: Communication Research and Psychological Warfare 1945-1960. Oxford University Press).

한국학중앙연구원 편, 『6·25 전쟁기 미군 심리전 관련 자료집』, 선인, 2005.

Bauer, Raymond A., Alex Inkles and Clyde Kluckhohn, *How the Soviet System Works*: *Culture, Psychological and Social Themes*, Harvard University Press, 1956.

Bowers, Raymond V., "The Military Establishment", in Paul F. Lazarsfeld, William H. Sewell [and] Harold L. Wilensky eds, The Uses of Sociology, Basic Books, 1967.

Crocker, George W., "Some Principles Regarding the Utilization of Social Science Research within the Military", in Social Scientists and International Affairs, 1969, 189-192.

Cumings, Bruce, *The Origins of the Korean War, Volume II*: *The Roaring of the Cataract, 1947-1950*, Yuksabipyungsa, [1990] 2002.

Engerman, David C., *Know Your Enemy*: *The Rise and Fall of America′s Soviet Experts*, Oxford Press, 2009.

FEAF Operational Analysis Office, "Operational Analysis Office Memorandum No.43: Physical and Psychological effects of interdiction air attacks as determined from POW interrogations", 1951.

HRRI, "Preliminary Study of the Impact of Communism Upon Korea: Psychological Warfare Report No.1", Air University, Maxwell Air Force Base, 1951.

HRRI, "Implications and Summary of a Psychological Warfare Study in South Korea: Psychological Warfare Research Report No.2", Air University, Maxwell Air Force Base, 1951.

HRRI, "Human Factors Affecting the Air War Effort: A Brief Summary of FEAF

Personnel at a Critical Period in the Korean War: Dec 50-Jan 51", Air University, Maxwell Air Force Base, 1951.

HRRI, "History of HRRI", Air University, Maxwell Air Force Base.

HRRI, "Correspondence and Reports Relative to the Air University Far East Research Group For Human Resources", Declassified materials, Air University, Maxwell Air Force Base.

Inkeles, Alex and Raymond A. Bauer, *The Soviet Citizen: Daily Life in an Totalitarian Society*, Harvard University Press, 1959.

Office of Information and Research, "North Korea: A Case Study of a Soviet Satellite", OIR Report No.5,600, May 20, 1951.

Operations Research Office, "An Evaluation of PSYWAR Influence on North Korean Troops", 1951(ORO-T-12-FEC).

Operations Research Office, "FEC Psychological Warfare Operations: Radio", 1952(ORO-T-20-FEC).

Oppenheim, Robert, "On the Locations of Korean War and Cold War Anthropology", *Histories of Anthropology Annual* 4(1), 2008, pp.220-259.

Riley, John W. jr., *John Riley Papers*, Private collection of Lucy Sallick.

Riley, John W. jr., Wilbur Schramm and Frederick W. Williams, "Flight from communism: A report on Korean refugees." *Public Opinion Quarterly* 15(2), 1951, pp.274-286.

Robin, Ron, *The Making of the Cold War Enemy: Culture and Politics in the Military-Intellectual Complex*. Princeton University Press, 2001.

Schramm, Wilbur(eds), *The process and effects of mass communication*, University of Illinois Press, University of Illinois Press, 1954.

Schramm, Wilbur and Jorn W. Riley. jr., "Communication in the Sovietized state, as demonstrated in Korea." *American Sociological Review* 16(6), 1951, pp.757-766.

Tactical Air Command, "An Evaluation of the Effectiveness of the United States Air Force in Korea", 1951.

3장

냉전의 텍스트화, 텍스트의 냉전화:
한국전쟁과 *The Reds Take a City*의 탄생과 변주

1차자료

[한국어 원본]
유진오 외, 『고난의 90일』, 수도문화사, 1950.11.
박순천 외, 『나는 이렇게 살았다: 수난의 기록』, 을유문화사, 1950.12.
오제도 외, 『적화삼삭구인집』, 국제보도연맹, 1951.

[일본어 잡지]
"慘!! 京城の悲劇." 『旋風』 4-4. 1951.4.

[HRRI 보고서]
HRRI, "A Preliminary Study of the Impact of Communism uoon Korea", Air
University, 1951.5.
HRRI, "Implications and Summary of a Psychological Warfare Study in South
Korea", Air University, 1951.5.

[RTC]
John W. Riley and Wilbur Schramm, *The Reds Take a City: The Communist
Occupation of Seoul with Eyewitness Accounts*, Rutgers University
Press, 1951.7.

[RTC 번역판]
John W. Riley and Wilbur Schramm, *Quando arrivano I Rossi*. Salani Editore,
1953.
約翰 賴萊(John W. Riley), 惠爾勃 許雷姆合(Wilbur Schramm), 『漢城陷敵記』, 中國
教育用品供應社, 1953.
John W. Riley and Wilbur Schramm, *Los Rojos toman una Ciudad*, Confiden-

cias, 1954.

John W. Riley and Wilbur Schramm, J. R. Souza trans, *Os Vermelhos atacam uma Cidade*, Ipanema, 1957.

2차자료

기시 도시히코·쓰치야 유카, 김려실 옮김, 『문화냉전과 아시아: 냉전 연구를 탈중심화하기』, 소명출판, 2012.

박찬승, 『마을로 간 한국전쟁: 한국전쟁기 마을에서 벌어진 작은 전쟁들』, 돌베개, 2010.

서동수, 『한국전쟁기 문학담론과 반공프로젝트』, 소명출판, 2012.

신형기, 「6·25와 이야기: 전쟁 수기들을 중심으로」, 『상허학보』 31호, 2011.

윤택림, 『인류학자의 과거 여행: 한 빨갱이 마을의 역사를 찾아서』, 역사비평사, 2003.

이임하, 『적을 삐라로 묻어라: 한국전쟁기 미국의 심리전』, 철수와영희, 2012.

이봉범, "냉전과 월남지식인, 냉전문화기획자 오영진: 한국전쟁 전후 오영진의 문화활동," 『민족문학사연구』 61호, 2016.

이행선, 「한국전쟁, 전쟁수기와 전시의 정치」, 『상허학보』 46호, 2016.

장영민, 「한국전쟁기 주한 미국공보원의 선전 활동: 인쇄매체를 중심으로」, 『한국근현대사연구』 57호, 2011.

정용욱, 「6·25 전쟁기 미군의 삐라 심리전과 냉전 이데올로기」, 『역사와 현실』 51호, 2004.

정용욱, 「6·25 전쟁기 미군의 심리전 조직과 전개양상」, 『한국사론』 50호 2004.

정종현, 「자유아시아위원회(CFA)의 '원고 프로그램'(Manuscript Program) 지원 연구」, 『한국학연구』 43권, 2016.

크리스토퍼 심슨, 정용욱 옮김, 『강압의 과학: 커뮤니케이션 연구와 심리전』, 선인, 2009.

프랜시스 손더스, 유광태·임채원 옮김, 『문화적 냉전: CIA와 지식인들』, 그린비, 2016.

허은, 「미국의 문화냉전과 '자유 동아시아'의 구축, 연쇄 그리고 균열: 미국 정부의 도서계획과 한국사회 지식인의 인식」, 『민족문화연구』 59호, 2013.

허은, 「냉전시대 미국정부의 『자유세계』 발간과 '자유 동아시아'의 형성」, 『아세아연구』 58-1호, 2015.

Andrew Defty, *Britain, America and Anti-Communist Propaganda 1945-53*: *The Information Research Department*, Routledge, 2013.

Earl J. Wilson, "The Far Eastern Regional Production Center," in William Dougherty ed, *A Psychological Warfare Casebook*, Operations Research Office, 1958.

Greg Barnhisel, *Cold War Modernists*: *Art, Literature, and American Cultural Diplomacy*, Columbia University Press, 2015.

Laura A. Belmonte, *Selling the American Way*: *U.S. Propaganda and the Cold War*, University of Pennsylvania Press, 2008.

Laura de Oliveira, *Guerra fria e Politica editorial*: *a trajetoria de GRD e a campanha anticommunista dos Estados Unidos no Brazil, 1956-1968*, Eduem Maringa, 2015.

Nicholas Cull, *The Cold War and the United States Information Agency*: *American Propaganda and Public Diplomacy, 1945-1989*, Cambridge University Press, 2008.

Robert Oppenheim, "On the Locations of Korean War and Cold War Anthropology," *Histories of Anthropology Annual* Vol. 4, 2008.

Ron Robin, *The Making of the Cold War Enemy*, Princeton University Press, 2001.

Steven Casey, *Selling the Korean War*: *Propaganda, Politics, and Public Opinion, 1950-1953*, Oxford University Press, 2008.

4장

전쟁 속의 만화, 만화 속의 냉전: 한국전쟁기 만화와 심리전

단행본

권헌익, 『또 하나의 냉전』, 민음사, 2013.

김영희, 『한국전쟁기 미디어와 사회』, 커뮤니케이션북스, 2015.

김용환, 『코주부 표랑기』, 융성출판, 1983.

김창남, 『대중문화의 이해』, 한울, 2003.

박명림,「한국전쟁의 전개 과정」,『한국전쟁연구』, 태암, 1990.

박재동 외,『한국 만화의 선구자들』, 열화당, 1995.

백정숙,『한국만화사 구술채록연구사업 4. 장은주』, 2007.

백정숙,『한국만화사 구술채록연구사업 8. 임수』, 한국만화영상진흥원, 2010.

손상익,『한국만화통사』 하, 시공사, 1998.

이임하,『적을 삐라로 묻어라』, 철수와영희, 2012.

최석태,『한국만화사 구술채록연구사업 1. 신동헌』, 한국만화영상진흥원, 2007.

최열,『한국 만화의 역사』, 열화당, 1995.

최열,『한국 현대미술의 역사』, 열화당, 2006.

한영주,『한국만화사 구술채록연구 5. 김성환』, (재)부천만화정보센터, 2009.

국방부 정훈국,『정훈대계』 2, 국방부 정훈국 발행, 1956.

정훈50년사 편찬위원회,『정훈오십년사』, 육군본부 정훈감실, 1991.

논문

공영민,「아시아재단 지원을 통한 김용환의 미국 기행과 기행 만화」,『한국학연구』제
40집, 2016.

김균,「미국의 대외 문화정책을 통해 본 미군정 문화정책」,『한국언론학보』44호, 한
국언론학회, 2000.

김영희,「한국전쟁 기간 삐라의 설득 커뮤니케이션」,『한국언론학보』52-1호, 한국언
론학회, 2008.

김종숙「6·25전쟁기 심리전 운용실태 분석」,『군사』53호, 국방부 군사편찬연구소,
2004.

김창집,「출판계 10년사: 해방 10년간의 출판계-이한국편」,『4290출판연감』, 대한출
판연감사, 1957.

김창집,「한국출판소사. 한출판문화협회」,『1963한국출판연감』, 1963.

박몽구,「한국전쟁기~1962년도 미확인 출판물 연구」,『한국출판학 연구』35권 2호,
2009.

최석태,「만화가로서의 정현웅」,『만화가 정현웅의 재발견』, 현실문화, 2012.

백정숙,「만화가라 부르고 싶은 작가 정현웅」,『만화가 정현웅의 재발견』, 현실문화,
2012.

백정숙,「정현웅을 만나 해방공간이 살아나다」,『근대서지』5호, 근대서지학회, 소명
출판, 2012.

백정숙, 「한국전쟁과 만화」, 『근대서지』 7호, 근대서지학회, 소명출판, 2013.

백정숙, 「해방기 만화목록」, 『근대서지』 10호, 근대서지학회, 소명출판, 2014.

이윤규, 「6·25전쟁과 심리전-'들리지 않던 총성, 종이폭탄! 비라'를 중심으로」, 『한국근현대미술사학』 21호, 한국근현대미술사학회, 2010.

장영민, 「한국전쟁 전반기 미군의 심리전에 관한 고찰」, 『군사』 55호, 국방부 군사편찬연구소, 2005.

조은정, 「한국전쟁기 남한 미술인의 전쟁 체험에 대한 연구」, 『한국문화연구』 3호, 이화여대 한국문화연구원, 2002.

조은정, 「한국전쟁기 북한에서 미술인의 전쟁 수행 역할에 대한 연구」, 『미술사학보』 30호, 미술사학연구회, 2008.

조은정, 「6·25전쟁기 미술인 조직에 대한 연구」, 『한국근현대미술사학』, 2010.

최태만, 「한국전쟁과 미술-선전, 경험, 기록」, 동국대학교 박사학위논문, 2008.

5장

'열혈 냉전' : 한국전쟁 시기 중국의 만화 선전

"唐山专区抗美援朝运动初步经验"(1950年11月29日),「人民日报」1950年12月12日.

"陕南区党委关于群众时事宣传工作的报告"(1950年11月22日),『党内通讯』第62期, 中共中央西北局党内通讯社, 1950年编印.

"华君武拒绝被称大师,"「通辽日报」2011年1月5日 第7版.

「光明日报」1950年11月12日 第4版.

「目前时事学习与宣传要点」, 文汇报社会大学编辑部编, 『抗美援朝 保家卫国』, 文汇报社, 1950年版.

「武汉市委关于抗美援朝以来资产阶级动态及统战工作情况的报告」(1950年10月23日), 『城市资料』第3期, 中共中央中南局政策研究室1951年编印.

「百年中国漫画(一)华君武漫画」, 『新湘评论』2011年 第2期.

「北京市关于学生抗美援朝运动情况的报告」(1951年1月),『斗争』第70期, 中共中央华东局1951年编印.

「北京市学生抗美援朝运动的报告」(1951年1月),『北京工作』第9期, 中共北京市委政研室1951年编印.

「北京市抗美援朝运动报告(一)」(1950年11月5日),『北京工作』第8期, 中共北京市委政研室1950年编印.

「北京一部分学生的思想动态」(1951年6月20日),『宣传通讯』第8期, 中共中央宣传部秘书处1951年编印.

「上海蓬莱区百寿坊抗美援朝宣传教育初步调查」, 中国人民保卫世界和平反对美国侵略委员会编,『开展抗美援朝运动的方式和方法』, 人民出版社, 1951年版.

「西宣部(指当时的西北局宣传部)关于重视时事宣传的指示」(1950年10月23日),『党内通讯』第59期, 西北局党内通讯社1950年编印.

「乐园任意仇恨美帝——访北京香山慈幼院」,『家』第64期, 上海家出版社, 1951年6月号.

「人民日报」1950年11月12日 第2版.

「人民日报」1950年11月2日 第1版.

「一区委关于反水鬼毛人的情况简结」(1953年7月31日), 郯城县档案馆一区委永久卷63-1-8.

「中共上海市委员会关于抗美援朝爱国运动的初步总结」(1951年2月),『斗争』第80期, 中共中央华东局1951年编印.

「川南区党委关于1951年普及和深入抗美援朝运动的计划」(1951年3月15日),『西南工作』第52期, 中共中央西南局1951年编印.

「陕南区党委关于群众时事宣传工作的报告」(1950年11月22日),『党内通讯』第62期, 西北局党内通讯社1950年编印.

「华东局关于抗美援朝, 土改诸问题向中央的综合报告」(1951年1月),『斗争』第66期, 中共中央华东局1951年编印.

甘险峰,「中国漫画的几个史实问题」,『国际新闻界』2010年 第12期.

甘险峰,『中国漫画史』, 山东画报出版社 2008年版.

戈扬,「湖北省抗美援朝运动的初步收获」, 中国人民保卫世界和平反对美国侵略委员会编,『把抗美援朝运动推进到新的阶段』, 人民出版社, 1951年版.

乔山,「把农村的反封建斗争和抗美援朝的反帝斗争结合起来」, 中国人民保卫世界和平反对美国侵略委员会编,『怎样在农村中开展抗美援朝运动』, 人民出版社, 1951年版.

国家统计局编,『中国统计摘要』(1985), 中国统计出版社, 1996年版.

当代中国丛书编辑部编,『当代中国的山东』上册, 中国社会科学出版社 1989年版.

陶铸,「团结全体爱国人民展开抗美援朝运动」, 中国人民保卫世界和平反对美国侵略委员会广西分会编印.

刘建新等,「抗战中, 漫画家的心, 是火热的!—本刊专访全国政协委员, 漫画家毕克官」,
　　　　『新闻与写作』2005年 第8期.

李若建,「1950年代华北地区"割蛋谣言"研究」,『开放时代』2007年第3期.

李辉,「拼贴风中碎片(二)----追寻"文革初期"的美术风云」,『书城』2008年第11期.

马钊,「政治, 宣传与文艺: 冷战时期中朝同盟关系的建构」,『文化研究』2016年第24辑,
　　　　社会科学文献出版社2016年版.

文汇报社会大学编辑部编,『抗美援朝 保家卫国』, 上海文汇报社, 1950年版

米谷,「谈漫画他们问题」, 北京群众艺术馆编,『和美术爱好者谈美术』, 北京大众出版社,
　　　　1956年版.

方杰,「我们抽查了西安市一个街道派出所抗美援朝宣传工作」, 中国人民保卫世界和平
　　　　反对美国侵略委员会编,『开展抗美援朝运动的方式和方法』, 人民出版社,
　　　　1951年版.

方成,「人民日报的漫画」,『新闻战线』1989年 第10期.

方成,「新闻与漫画」,『当代传播』2005年第4期;『往事闲谈美术组』.

丰一吟编,『现代美术家画论·作品·生平—丰子恺』, 学林出版社, 1987年版.

丰子恺,「漫画的描法」,『丰子恺文集』(艺术卷4), 浙江文艺出版社, 浙江教育出版社,
　　　　1990年版.

常军芳,「政治漫画中多模态隐喻的动态构建与媒体的意识形态」,『佳木斯职业学院学
　　　　报』2015年 第11期.

关于中国作出抗美援朝决策的原因, 可参阅沈志华的「新材料和新看法(续)」(『中共党
　　　　史研究』1997年 第1期).

关于中国出兵朝鲜的决策过程, 可参阅沈志华的『毛泽东, 斯大林与朝鲜战争』(广东人
　　　　民出版社 2004年 3月 第2版).

新华社新闻研究部编,『新华社文件资料选编(1949-1953)』第2辑, 新华社新闻研究部
　　　　1980年代出版(具体时间不详).

杨玉圣,『中国人的美国观』, 复旦大学出版社, 1996年版.

余敏玲,「学习苏联: 中共宣传与民间回应」,『中央研究院近代史研究所集刊』, 中华民国
　　　　92年6月 第40期.

吴雪杉,「讽刺的权力——从廖冰兄看1950年代中国漫画之体制化」,『美术研究』2013年
　　　　第1期.

吴雪杉,「体制内外: 叶浅予中国画的"新"与"旧"」,『美术学报』2014年第1期.

王朝闻,"关于时事漫画,"「人民日报」1950年11月12日 第7版.

人民日报报史编辑组编, 『人民日报回忆录』(1948-1988), 人民日报出版社1988年版.

张白, "全国知识界在抗美援朝运动中大步前进," 「光明日报」1951年5月10日 第1版.

翟强, 「国际学术界对冷战时期美国宣传战的研究」, 『历史研究』2014年 第3期.

钟梦竹, 「浅谈我国报纸时事漫画」, 『新闻世界』2013年第4期.

朱民, 『大众日五十年』上册(初稿), 山东大众日报社, 1986年10月编印

沈志华, 「朝鲜战争研究综述: 新材料和新看法」, 『中共党史研究』1996年 第6期.

沈志华, 『毛泽东, 斯大林与朝鲜战争』, 广东人民出版社, 2004年3月 第2版.

沈志华主编, 『中苏关系史纲』, 新华出版社, 2007年版.

毕克官, 黄远林, 『中国漫画史』, 北京文化艺术出版社, 1986年版.

毕克官, 『中国漫画史话』, 百花文艺出版社, 2005年版.

何妍, 「20世纪60年代中国媒体宣传中的美, 苏形象—以〈人民日报〉为个案」, 2005年香
        港中文大学第一届国际博士研读班论文.

何妍, 「20世纪60年代中国媒体宣传中的美, 苏形象—以〈人民日报〉为个案」, 2005年香
        港中文大学第一届国际博士研读班论文.

郝明甫, 「新乡县农村掀起了抗美援朝运动」, 中国人民保卫世界和平反对美国侵略委员
        会编, 『怎样在农村中开展抗美援朝运动』, 人民出版社, 1951年版.

叶浅予, 「欣赏农民的一双泥腿」, 『美术』1962年 第3期.

邢战国, 张静, 「清末政治漫画析论」, 『理论界』2006年 第2期.

胡考, 「希望漫画界参加救亡统一战线」, 『小民报』1936年10月15日 "十日漫画刊"1卷5号.

胡乔木, "文艺工作者为什么要改造思想?," 「人民日报」1950年12月5日 第1版.

黄敦诗, 「把抗美援朝爱国主义教育贯彻到保育工作中去」, 『家』第67期, 上海家出版社,
        1951年9月号.

黄远林, 「20世纪中国漫画发展的基本特征」, 『美术』2000年 第5期.

侯松涛, 「漫画与政治—抗美援朝运动中的漫画」, 『华东师范大学学报(哲学社会科学
        版)』2012年 第1期.

侯松涛, 「抗美援朝运动与民众社会心态研究」, 『中共党史研究』2005年 第2期;「试析朝
        鲜战争爆发后中国政府对相关谣言的应对与处理」, 『中共党史研究』2008
        年 第5期.

侯松涛, 『全能政治: 抗美援朝运动中的社会动员』, 中央文献出版社, 2012年版.

侯松涛, 「漫画与政治——抗美援朝运动中的漫画」, 『华东师范大学学报(哲学社会科学
        版)』2012年 第1期.

Paul G. Pickowicz, 「冷战宣传再研究—解读中美电影中的朝鲜战争形象」, 华东师范

大学中国当代史研究中心编, 韩钢主编, 『中国当代史研究』(三), 九州出版社, 2011年版, 第249页.

(德)Edward Fox, 『欧洲风化史』, 侯焕闳译, 辽宁教育出版社, 2000年版, 第5页.

(韩)黄普基, 「历史记忆的集体构建: "高丽棒子"释意」, 『南京大学学报: 哲学·人文科学·社会科学』2012年 第5期.

(美)Maurice Meisner, 『毛泽东的中国及其发展—中华人民共和国史』, 张瑛译, 社会科学文献出版社 1992年版, 第90-91页.

(日)浅井加叶子, 『当代中国扫盲考察』, 当代中国出版社, 1999年版, 第1页.

(日)依田荣津子, 「漫画期刊与群众的自我教育」, 『中国图书评论』2011年第2期.

6장

미국의 포로 자원송환과 재교화 정책, 전쟁의 최종 결과를 결정하다:
워싱턴 정책 입안부터 거제도 정책 시행까지

1차자료

[아카이브]

FRUS: United States Department of State. *Foreign Relations of the United States*.

> *FRUS 1945, 7.*
>
> *FRUS 1945-50, Emergence of the Intelligence Establishment.*
>
> *FRUS 1949, 7.*
>
> *FRUS 1950, 7.*
>
> *FRUS 1950-55, The Intelligence Community.*
>
> *FRUS 1951, 7.*
>
> *FRUS, 1952-1954, 15.*

Hoover Archives: Haydon L. Boatner Papers.

MacArthur Memorial Archives: RG 319 .

TWJSS: Archives of the Institute of Modern History, Academia Sinica, Taipei.

US. NARA: United States National Archives and Records Administration, II: RG 59, 319, 554.

[구술 역사 인터뷰]

Huang Tiancai, interview by author, July 13, 2010, Taipei.

Muccio, John J. oral History, Feb 18, 1971, Harry S. Truman Library.

[신문 및 언론기사]

Bess, Demaree. "The Prisoners Stole the Show in Korea." *Saturday Evening Post*, Nov. 1, 1952.

The New York Times

2차자료

Acheson, Dean. *Present at the Creation: My Years in the State Department*. New York: Norton, 1969.

Beisner, Robert L. *Dean Acheson: A Life in the Cold War*. New York: Oxford University Press, 2006.

Benben, John S. "Education of Prisoners of War on Koje Island, Korea." *Educational Record* vol. 36 (1955), pp.157-173.

Bernstein, Barton J. "The Struggle over the Korean Armistice: Prisoners of Repatriation?" in Bruce Cumings ed., *Child of Conflict: The Korean-American Relationship, 1943-1953*. Seattle: University of Washington Press, 1983. pp.261-307.

Bradbury, William C., Samuel M. Meyers, Albert D. Biderman et al. *Mass Behavior in Battle and Captivity: The Communist Soldier in the Korean War*. Chicago: University of Chicago Press, 1968.

Bradley, Omar Nelson, and Clay Blair. *A General's Life: An Autobiography*. New York: Simon and Schuster, 1983.

Caihui rensheng bashi nian, *Chen Jianzhong xiansheng bazhi huadan wenji* 彩繪人生八十年: 陳建中先生八秩華誕文集 [Eighty years of colorful life—essay collections in celebration of the eightieth birthday of Mr. Chen Jianzhong]. Taipei: Riben yanjiu zazhishe, 1992.

Corke, Sarah-Jane. U.S. *Covert Operations and Cold War Strategy Truman, Se-*

cret Warfare and the CIA, 1945-53*. London: Routledge, 2008.

Cumings, Bruce. *The Korean War: A History*. New York: Modern Library, 2010.

Cumings, Bruce. *The Origins of the Korean War, vol. 2: The Roaring of the Cataract, 1947-1950*. Princeton, NJ: Princeton University Press, 1990.

Fangong yishi fendoushi bianzuan weiyuanhui 反共義士奮鬥史編纂委員會, ed. *Fangong yishi fendou shi* 反共義士奮鬥史 [The history of the Anti-Communist Fighters' struggles]. Taipei: fangong yishi jiuye fudao chu 反共義士就業輔導處, 1955.

Gaddis, John Lewis. *George F. Kennan: An American Life*. New York: Penguin Press, 2011.

Gao Qingchen 高慶辰. *Kongzhan fei yingxiong* 空戰非英雄 [Air fight non-hero]. Taipei: Maitian Chuban, 2000.

Gao Wenjun 高文俊. *Hanzhan yiwang: yuxue yusheng hua renquan* 韓戰憶往: 浴血餘生話人權 [Remembering the Korean War: Discussing human rights after surviving the bloodbath]. Taipei: Shengzhi wenhua 生智文化, 2000.

Goodman, Allan E., ed. *Negotiating While Fighting: The Dairy of Admiral C. Turner Joy at the Korean Armistice Conference*. Stanford, CA: Hoover Institution Press, 1978.

He Ming 贺明. *Jianzheng: Chaoxian Zhanzheng zhanfu qianfan jieshi daibiao de riji* 见证: 朝鲜战争战俘遣返解释代表的日记 [Witness: Diaries of an "Explanation" representative during the POW repatriation in the Korean War]. Beijing: Zhongguo wenshi chubanshe 中国文史出版社, 2001.

Hermes, Walter G. *Truce Tent and Fighting Front: U.S. Army in the Korean War*. Washington, DC: Center of Military History, U.S. Army. 2005.

Joy, C. Turner. *How Communist Negotiate*. New York: The Macmillan Company, 1955.

Kennan, George F. *Memoirs, 1925-1950*. Boston: Little, Brown, 1967.

Ma Guozheng (Ma Kuo-Cheng) 馬國正. *Fangong, konggong, kongguo? Hanzhan laitai Zhiyuanjun zhanfu wenti zhi yanjiu* 反共, 恐共, 恐國? 韓戰來台志願軍戰俘問題之研究 [Anti-Communist, Communist-phobia, Nationalist-phobia? A study on the CPV prisoners who came to Taiwan]. Master's thesis, Jiayi, Taiwan: National Chung Cheng University 國立中正大學, 2008.

Robin, Ron. *The Making of the Cold War Enemy: Culture and Politics in the Military-Intellectual Complex*. Princeton and Oxford: Princeton University Press, 2001.

Schaller, Michael. *The American Occupation of Japan: The Origins of the Cold War in Asia*. New York: Oxford University Press, 1985.

Schnabel, James F. *Policy and Direction: The First Year*. Washington, DC: Office of the Chief of Military History, 1972.

Shen Zhihua 沈志華, ed. *Chaoxian Zhanzheng: Eguo danganguan de jiemi wenjian* 朝鮮戰爭: 俄國檔案館的解密文件[The Korean War: Declassified Documents from Archives in Russia III]. Taipei: Institute of Modern History, Academia Sinica, 2003.

Tovy, Tal. "Manifest Destiny In POW Camps: The US Army Reeducation Program During the Korean War." *Historian* vol. 73, no. 3 (2011), pp.503-525.

Truman, Harry S., and Dean Acheson. *Affection and Trust: The Personal Correspondence of Harry S. Truman and Dean Acheson, 1953-1971*. New York: Alfred A. Knopf, 2010.

United States Army Military History Office. *The Handling of Prisoners of War During the Korean War*. San Francisco, CA: Headquarters, U.S. Army, Pacific, 1960.

United States Department of State. *The China White Paper, August 1949: Originally Issued As United States Relations with China, with Special Reference to the Period 1944-1949*. Stanford, CA: Stanford University Press, 1967.

Xu Yan 徐焰. "Zhongguo xisheng 18 wan Zhiyuanjun" 中國犧牲十八萬志願軍 [The Chinese People's Volunteers Army's Death Toll is 180,000]. *Wenshi Cankao* 文史參考 [History Reference] vol. 83, (June 2010), pp.82-84.

Young, Charles S. *Name, Rank, and Serial Number: Exploiting Korean War*

POWs *at Home and Abroad*. New York: Oxford University Press, 2014.

Zhou Xiuhuan (Chou Hsiu-huan), Zhang Shiying, Ma Guozheng 周琇環 張世瑛 馬國正, *Fangongyishi Fangtanlu* 反共義士訪談錄 [The Reminiscences of Korean War Anti-Communist Defectors]. Taipei: Academia Historica, 2013.

Zhou Xiuhuan 周琇環, ed. *Zhanhou waijiao shiliao huibian*: *Hanzhan yu fangong yishi pian 1-3* 戰後外交史料彙編: 韓戰與反共義士篇1-3 [Collections of postwar foreign policy documents: Korean War and Anti-Communist Righteous Men, vol.1-3]. Taipei: Academia Historica 國史館, 2005.

8장

시각과 청각의 양안관계: 냉전기 대만해협 양안의 심리전을 중심으로

1차자료

《正氣中華報》

1951年4月22日.

1953年2月23日, 第2版, 〈竊聽自由之聲, 被匪暴力槍殺〉.

1953年5月27日, 〈總政治部將在本島, 設立播音電臺; 播音總隊長昨抵金〉.

1957年10月7日.

1958年11月1日.

1965年4月15日第4版, 〈金城有綫電台, 計劃日播三次, 播放內容初步決定〉.

1965年11月19日, 第一版.

1966年1月10日, 頭版, 〈匪海軍登陸艇一艘, 昨晨起義駛抵馬祖〉.

1983年2月23日, 第二版.

陳榮昌, 2008年7月7日, 〈回首戰地播音歲月許冰瑩畢生難忘〉, 金門: 金門日報.

盧成束, 1965年7月5日, 第2版, 〈北國兒女虛心求進〉, 《正氣中華報》.

2차연구

大崙尾藝術工作隊, 『彼岸---起義與叛逃的歷史回顧』, 金門: 金門縣政府, 2004.

中央廣播電臺編, 『心戰廣播寫作研究』, 台北: 編者自印, 1975.

中華民國廣播電視協會編, 『廣播電視年鑑』, 編者自印, 1990.

江柏煒主持, 『金門戰事紀錄及調查研究(二)』, 金門國家公園管理處委託研究, 未出版, 2005.

李永熾監修, 薛化元主編, 『台灣歷史年表—終戰篇 I (1945-1965)』, 台北: 業強出版社, 1990.

明秋水編輯, 『蔣總統與金門』, 金門: 戰地政務委員會, 1974.

金門縣文獻委員會, 『金門縣誌』, 金門: 編者自印, 1958.

金門縣政府, 『金門縣志》』, 金門: 金門縣政府, 1992.

金門縣政府, 『金門縣志: 96續修』, 金門: 編者自印, 2009.

財團法人古都保存再生文教基金會, 『形塑夢工場: 退輔會榮民塑膠工廠』, 臺北: 行政院文化建設委員會文化資總管理處籌備處, 2008.

陳三井, 朱浤源, 吳美慧, 『女青年大隊訪問紀錄: 郭劍英訪問紀錄』, 臺北: 中央研究院近代史研究院, 1995.

陳三井, 朱浤源, 吳美慧, 『女青年工作大隊訪問紀錄: 懷燕, 樂茞軍訪問紀錄』, 臺北: 中央研究院近代史研究所, 2005.

總政治作戰局編, 『心理作戰概論』, 臺北: 編者自印, 1989.

顏藝芬, 『龔潔口述: 福建前線故事74期』, 年7月號, 台北: 中地文化有限公司, 2009.

CIA, "The Chinese Offshore Islands", 1954(CIA-RDP80R01443R0003 00050008-7, National Archives , USA)

Michael Szonyi, *Cold War Island: Quemoy on the Front Line*, New York: Cambridge University Press, 2008.

인터뷰 자료

方美麗, 2009년 4월 9일 訪談, 電話訪談.

王四川, 2012년 8월 24일, 金門大學.

李瓊芳, 2008년 12월 18일, 金門技術學院.

周明, 2009년 1월 9일, 廈門周宅

范義彬, 2008년 11월 5일, 高雄林試所六龜研究站.

孫振榮, 2008년 11월 8일, 電子信函問答.

許燕學, 2008년 9월 16일, 金門技術學院.

郭源, 2009년 10월 9일, 高雄郭宅.

陳支平, 2009년 3월 20일, 廈門大學國學研究院.

陳書茶, 2008년 9월 10일, 金門八二三戰史館.

蔡琪秀, 2008년 6월 26일, 金門縣文化局.

鄧文金, 2010년 1월 20일, 金門技術學院.

鄧榕榕, 2009년 4월 10일, 電話訪談.

薛祖森, 2008년 9월 11일, 金門薛宅.

韓鼎洛, 2012년 8월 24일, 金門大學.

9장

냉전 아시아에서 미국의 심리전과 거점으로서 오키나와

1차자료

Dr. W. Stockton, Jr. "7th Psychological Operations Group," 1967.10. 17., USA, NARA, RG550, Entry88, Box15, 228-08 Unit History.

"70-S381-17 TESTIMONY NO: 3, United States Security Agreements and Commitments Abroad Japan and Okinawa," 1970.1.28. United States Senate, Subcommittee on U.S. Security Agreements and Commitments Abroad of the Committee on Foreign Relations, Washington, D.C., Library of Congress.

"7th Psychological Operations Group, Organizational Mission and Functional Manual," USA, NARA, RG550, Entry 58, Box15, 227-01 7th Psyop Gp Circular(67).

"7th Psychological Operations Group," NARA, USA, Policy and Precedent Files, 1969.

"7th Psychological Operations Group," USA, NARA, RG 260, Folder5, Box20, Records of the U.S. Civil Administration of the Ryukyu Islands(US-CAR).

"Appendix: Chronological Table of Major Psywar Organizational Changes. A Brief Historical Sketch of the Korea Detachment, U.S. Army Broadcasting and Visual Activity, USA, NARA, RG550, Entry88, Box15, 228-08 Unit History.

"Evaluation of Psychological Warfare Operations," 1958.4.1., USA, NARA, RG550, Box4, US Army Pacific.

"Historical Profile of the 7th Psychological Operations Group," USA, NARA, RG550, Entry88, Box14, USARYIS 7th Psyop.

"History of the 7th Psychological Operations Group," 19 August 1965-31 December 1965, United States Army Ryukyu Islands, USA, NARA, RG550, Entry58, Box3, 2-05 Org History Files(3).

"Korea Detachment, U.S. Army Broadcasting & Visual Activity Pacific," USA, NARA, RG 550, Entry58, Box14, 228-08 Unit History(24th PSYOP Det, Korea).

"Memorandum for the Assistant Secretary of Defense, International Security Affairs, General Records of the Department of State," USA, NARA, RG59 Box4, Subject Files of the Office of Korean Affairs, 1966-1974, Lot Files 73D360.

"Memorandum, Military Operations, SHUREI NO HIKARI, Department of the Army, headquarters, 7th Psychological Operations Group," 1971.1.8., USA, NARA, RG550, Entry58, Box15, 227-017th PSYOP Gp Memo(71).

"NSC 4: A Report to the National Security Council by the Executive Secretary on Coordination of Foreign Information Measures," 1947. 12. 9, PD00008, Digital National Security Archives(DNSA).

"Organizational Chart, 24th PSYOP Det.(A&S)," USA, NARA, RG550, Entry58, Box14, 228-08 Unit History(24th PSYOP Det, Korea).

"Psychological Warfare in Korea: An Interim Report," *The Public Opinion Quarterly*, Vol. 15, No. 1, 1951.

"Recommendation for the Proposed Okinawa Magazine "Shurei-No-Hikari", March 15, 1958, 1959, Policy and Precedent Files, 1969.

"Shurei-No-Hikari Magazine Reader's Survey," 1964. 3, USA, NARA, RG550, Entry 201-121, Box2, United States Army Broadcasting & Visual Activity, 201-31 Survey of Shurei(65).

"USARPAC B&VA Coordination with USCAR," 1959.11.20., Policy and Precedent
        Files, 1969.

2차자료
고바야시 소메이, 「한국전쟁기 유엔군의 포로교육 프로그램」, 기시 도시히코 · 쓰치야
        유카 엮음, 김려실 옮김, 『문화냉전과 아시아』, 소명출판, 2012.
김영희, 「1960년대 VUNC(유엔군총사령부방송)의 운영과 폐쇄」. 『한국언론학보』 제
        56권 5호, 2012.
김영희, 「1960년대 VUNC(유엔군총사령부방송) 프로그램과 청취 양상」, 『언론정보연
        구』 제51권 제1호, 2014.
김영희, 『한국전쟁기 미디어와 사회』, 커뮤니케이션북스, 2015.
성공회대 동아시아연구소, 『냉전 아시아의 문화 풍경 1. 1940-1950년대』, 현실문화,
        2008.
성공회대 동아시아연구소, 『냉전 아시아의 문화 풍경 2. 1960-1970년대』, 현실문화,
        2009.
장영민, 「한국전쟁 전반기 미군의 심리전에 관한 고찰」, 『군사』 제55호, 2005.
장영민, 「한국전쟁 발발 직후 이승만 대통령의 라디오 특별방송 관련 자료」, 『한국근
        현대사연구』 제67집, 2013.
허은, 『미국의 헤게모니와 한국 민족주의』, 고려대학교 민족문화연구원, 2008.

小林聰明, 「朝鮮戦争期における国連軍の捕虜教育プログラム」, 貴志俊彦 · 土屋由香,
        『文化冷戦の時代-アメリカとアジア』, 国際書院, 2009.
小林聰明, 「VOA施設移転をめぐる韓米交渉-1972~73年」, 『マス · コミュニケーショ
        ン研究』, 日本マス · コミュニケーション学会, 2009.
小林聰明, 「冷戦期アジアの「電波戦争」研究序説-朝鮮戦争休戦後のVUNC(国連軍総
        司令部放送)に注目して」, 『応用社会学研究』, 立教大学社会学部, 2010.
小林聰明, 「沖縄返還をめぐる韓国外交の展開と北朝鮮の反応」, 『日米同盟論-東アジ
        アに位置する日本の行方)』, 竹内俊隆 編, ミネルヴァ書房, 2011.
小林聰明, 「冷戦期アジアにおけるVOAの展開と中継所の世界的配置」, 土屋由香 · 吉
        見俊哉, 『占領する眼 / 占領する声 - CIE / USIS映画とVOAラジオ』, 東
        京大学出版会, 2012.
小林聰明, VUNC(国連軍総司令部放送)の廃止過程- 国務省 · USIA · 国防総省の対立

と安協をめぐって)」,『Intelligence(インテリジェンス)』15호, 早稲田大
学20世紀メディア研究所, 2015.

Alfred H. Jr., Paddock, *U.S. Army Special Warfare, Its Origins: Psychological
and Unconventional Warfare, 1941-1952*, University Press of the
Pacific, 2002.

Christopher Simpson, *Science of Coercion: Communication Research & Psy-
chological Warfare, 1945-1960*, Open Road Media, 1996.

James Schwoch, *Global TV: New media and the Cold War, 1946-69*, Universi-
ty of Illinois Press, 2009.

Kenneth Osgood, *Total Cold War: Eisenhower's Secret Propaganda Battle at
Home and Abroad*, University Press of Kansas, 2008.

Odd Arne Westad, T*he Global Cold War: Third World Interventions and the
Making of Our Times*, Cambridge University Press, 2007.

지은이/엮은이 소개

강성현

성공회대학교 동아시아연구소 HK연구교수. 한국과 동아시아의 사상통제와 전향, 공안, 법과 폭력, 전쟁과 학살, 과거청산, 점령과 군정, 일본군 '위안부' 문제, 사진에 깊은 관심을 갖고 연구하고 있다. 『황해문화』와 『사회와 역사』 편집위원으로 활동하고 있다. 주요 저서로 『한국전쟁 사진의 역사사회학』(공저), 『식민주의, 전쟁, 군 '위안부'』(공저), 『한국현대 생활문화사 1950년대: 삐라 줍고 댄스홀 가고』(공저), 『세월호 이후의 사회과학』(공저) 등이 있다.

고바야시 소메이(小林聡明)

일본대학 법학부 준교수. 동아시아 국제정치사와 미디어사, 한반도 지역연구를 하고 있다. 주요 저서로 『재일조선인의 미디어 공간』(단독), 『미디어와 문화의 일한관계-상호이해의 심화를 위하여』(공저) 등이 있다.

김민환

한신대학교 정조교양대학 조교수. 박사학위 논문은 「동아시아 평화기념 공원의 형성과정 비교연구: 오키나와, 타이페이, 제주의 사례를 중심으로」이다. 동아시아에서 일본 제국 해체기 발생한 전쟁과 폭력을 '국가폭력'의 관점이 아니라 '국가를 낳은 폭력'이라는 관점에서 파악했다. 주요 논문으로는 「동아시아 변경 섬의 지정학과 냉전체제 성립기 국가폭력 발생의 구조」 등이 있다.

김일환

서울대학교 사회학과 박사과정. 해방 이후 한국 고등교육의 구조변동을 동아시아적 맥락에서 살펴보는 작업에 관심을 가지고 있다. 발표한 글로는 「한국 대학구조조정의 형태변화에 대한 연구: 2003~2012」 등이 있다.

백원담

성공회대학교 동아시아연구소 소장·일반대학원 국제문화연구학과 주임교수·중어중국학과 교수, 中國 上海大學文化硏究學系 해외교수, 〈황해문화〉 편집위원, 臺灣 『人間思想』 편집위원, 미국 Columbia 대학 Korean Studies & Weatherhead Institute 방문학자, 中國 淸華大學 高等人文社會硏究所 방문학자, 한국문화연구학회 회장, 한국냉전학회 부회장. 논저로는 『신중국과 한국전쟁』, 『동아시아 문화의 생산과 조절』, 『냉전 아시아의 문화풍경 Ⅰ·Ⅱ』, 「The 60th anniversary of the Bandung Conference and Asia」, 「1960-70年代亞洲的非結盟 / 第三世界運動和民族 . 民衆槪念的創新」, 「냉전연구의 문화적 지역적 전화문제」 등이 있다.

백정숙

만화평론가. 한국예술종합학교, 성공회대학교, 아주대학교 강사. 성공회대학교 국제문화연구학과에서 박사를 수료했고, 한국 만화의 사회문화사를 탐구 중이다. 주요 저서로 『한국 만화의 선구자들』(공저), 『한국 만화의 모험가들』(공저), 『날자 우리 만화』(공저) 등이 있다.

옥창준

서울대학교 정치외교학부 외교학전공 박사과정 수료. 냉전기 제3세계의 역사와 이를 사회과학의 언어로 포착하고자 한 냉전 사회과학의 역사에 관심을 두고 공부를 하고 있다. 주요 논문으로는 「미국으로 간 '반둥정신': 체스터 보울즈의 제3세계」가 있다.

이임하

성공회대학교 동아시아연구소 HK연구교수. 주요 저서로『해방공간, 일상을 바꾼 여성들의 역사적을 삐라로 묻어라』,『전쟁미망인 한국현대사의 침묵을 깨다』등이 있다.

장보웨이(江栢煒)

대만사범대학교 동아시아학과 교수. 해외 화인과 화교, 물질문명사, 사회문화사, 냉전 연구 및 그 문화유산의 보호에 관해 관심을 갖고 연구하고 있다. 주요 논문으로「변경(邊界)와 과경(跨界): 동아시아 시선 속의 진먼 지역사 연구」,「混雜的現代性: 近代金門地方社會的文化想像及其實踐」등이 있다.

전갑생

서울대학교 아시아연구소 연구원. 최근 한국전쟁과 수용소 연구를 하고 있다. 주요 저서로『한국전쟁과 분단의 트라우마』,『주권의 야만: 밀항, 수용소, 재일조선인』(공저),『원자폭탄, 1945년 히로시마…2013년 합천』(공저),『전쟁과 국가폭력』(공저) 등이 있다.

정준영

서울대학교 규장각한국학연구원 조교수. 역사사회학, 지식사회학을 전공했고, 최근 한국에서 근대적인 학술장(學術場)이 형성되는 역사적 경위 및 제도적 특징에 관심을 갖고 연구하고 있다. 저서로는『식민권력과 근대지식: 경성제국대학 연구』(공저),『식민주의 역사학과 제국』(공저) 등이 있고,「해방 직후 대학사회 형성과 학문의 제도화: 학과제 도입의 역사사회학적 의미」,「피의 인종주의와 식민지의학」,「식민사관의 차질(蹉跌): 조선사학회와 1920년대 식민사학의 제도화」등의 논문을 발표했다.

창청(常成)

홍콩과학기술대학교 인문학부 조교수. 전쟁포로 연구를 사회사, 정치사, 군사사, 냉전국제사의 관점에서 관심을 갖고 연구하고 있다. 주요 논문으로 「新中國」的叛逃者 : 韓戰反共戰俘的生死逃亡路 , 1950－1954」, 「韓戰戰俘, ‘反共義士’張一夫先生訪問記錄」 등이 있다.

허우쑹타오(侯松濤)

중국정법대학 마르크스주의학원 부교수. 주요 논문으로 「朝鮮战争爆发后中国政府对相关谣言的应对与处理」, 「抗美援朝运动与一种社会动员模式的形成」 등이 있다.